이야기 행정학

정 충 식 지음

도서출판 조명문화사
CMPress

머리말

이야기 하나(저자를 위한 변명): 이 책의 집필은 3년 전에 우연한 기회에 시작되었습니다. 당시에 고등학교 3학년이던 아들이 대학에 진학하려고 「경영학콘서트」라는 책을 읽고 독후감을 지원서에 첨부하였습니다. (실제로는 대학교 입시시스템에 업로드했습니다). 이 때 제가 주제넘게 아들의 대학입시를 도와주겠다고, 독후감을 교정보다가 자연스럽게 경영학콘서트까지 읽게 되었습니다. 그리고 책이 수십만권이나 팔렸다는 소식을 접하고는, 이와 유사하게 행정학콘서트를 출간해 보겠다는 생각을 하게 된 것입니다.

2년 전에 출판사와 출간 계약을 체결했지만 저자의 게으름으로 원고는 차일피일 미루어지는 상황에서 다른 분이 행정학콘서트라는 이름의 책을 출간했다는 소식을 들었습니다. 따라서 책의 제목을 이야기 행정학으로 바꾸어서 집필하였습니다. 차라리 제게는 잘 되었다고 생각합니다. 경영학콘서트는 경영학에서 생산관리의 한 분야를 집중적으로 조명한 책입니다. 행정학콘서트는 이제까지의 행정학 역사에서 유명한 사람들을 선별해서 요약한 것입니다. 따라서 이 책처럼 행정학 개론을 알기 쉽게 풀어서 쓴 책의 제목으로는 적합하지 않을 수 있습니다.

이야기행정학을 쓰면서 제가 얼마나 행정학에 무지한지를 알게 되었습니다. 행정학을 강의한 지 20년이 넘었고, 10년 전에 행정학 개론을 강의한 적도 있기는 하지만 여전히 행정학은 저에게 어려운 학문입니다. 행정학의 세부 분야가 상당히 많은 데 전자정부를 전공한 저자가 행정학의 모든 분야를 다 이해하고 이것을 쉽게 풀어서 전달해야 한다는 것은 고역이었습니다. 만일 여러분들이 이 책을 읽다가 어렵다고 느끼시면, 그것은 제가 그 부분을 잘 이해하지 못하고 있기 때문에 독자들에게 쉽게 전달하지 못한 것입니다. 따라서 제가 이야기행정학을 집필한 것은 만용에 가까운 일이라는 것을 이제야 깨달았습니다.

이야기 둘(책의 내용과 활용): 이 책은 기존의 행정학 교과서들과는 다른 관점에서 출발하였습니다. 이 책은 고등학교를 졸업하고 9급 공무원시험을 준비하는 수험생들과 대학에서 행정학을 교양으로 수강하려는 학생들을 대상으로 하여 집필되었습니다. 따라서 행정학의 필수 내용들만을 간추려서 보다 쉽고 간결하게 전달하려고 노력하였습니다. 이 책은 크게 3편 12장으로 구성되어 있습니다. 이것은 대학에서 실제적으로 12주 강의를 하는 것을 염두에 둔 것입니다.

책의 내용을 간략하게 정리하면 다음과 같습니다. 우선 제1편은 행정의 기본 개념을 다루고 있습니다. 제1장에서는 행정의 개념 및 우리나라 행정학의 발전 과정에 대하여 설명하였습니다. 제2장에서는 행정의 이념과 접근방법론 그리고 행정윤리 등 행정학의 학문적 기초를 설명하였습니다. 제3장에서는 정부의 개념 및 구조와 역할 등을 설명하였습니다. 제4장에서는 공무원의 종류와 임용 및 현황에 대하여 설명하였습니다.

이어서 제2편에서는 행정학의 여러 분야들을 모아 보았습니다. 우선 제5장에서는 행정조직에 대하여 설명하였습니다. 이어서 제6장에서는 인사행정의 분야들을 설명하였습니다. 제7장은 재무행정의 분야를 다루고 있습니다. 제8장은 지방자치 분야입니다. 제9장은 정책학을 설명하였습니다. 그리고 제10장은 전자정부에 대하여 자세하게 설명하였습니다.

마지막으로 제3편에서는 새로운 행정을 위하여 행정의 미래를 기술하였습니다. 제11장에서는 행정혁신에 대하여 설명하였습니다. 행정개혁에 대한 이론과 함께 역대 우리정부의 행정개혁의 전개과정을 살펴보았습니다. 이와 함께 전자정부를 통한 행정개혁도 기술하였습니다. 마지막으로 제12장에서는 미래 우리정부의 모습과 정보기술을 활용한 미래정부의 모습들에 대하여 기술하였습니다.

따라서 이 책은 공무원시험 준비생들이 공부를 시작하기 전에 행정에 대하여 개념을 정립하는데 유용한 내용들을 담고 있습니다. 또한 대학교 강의에서는 행정학 전공자가 아닌 학생들을 위한 교양과목의 행정학 개론 교재로 쓰일 수 있을 것입니다.

이야기 셋(독자들에게): 행정학의 학문적 대상들은 사회과학의 여러 학문 분과들 가운데서 여러분들의 실제 사회생활과 가장 밀접하게 연계되어 있습니다. 따라서 이 책을 읽는 과정이나 읽고 난 이후에 여러분들의 주변에서 일어나는 일들을 행정과 연관시켜서 잘 살펴보아야 합니다.

예를 들어 예산안의 날치기 처리만이 아니라 예산안의 내용들이 보다 중요합니다. 그리고 지방자치단체의 기능 및 구조에도 관심을 가져야합니다. 더 나아가 국가정책 및 새로이 출범하는 정부의 국정과제 등에도 관심을 기울여야 합니다.

누군가가 책 속에 길이 있다고 했는데 요즘에는 맞지 않는 이야기입니다. 오늘날에는 인터넷 속에 아니 여러분들 손에 쥐어진 스마트폰 속에 길이 있습니다. 하지만 책 속에는 길이 아니라 방향이 있습니다. 이제는 단순 지식보다는 인생의 방향이 보다 중요한 시대입니다. 따라서 여러분들이 이 책을 통하여 행정학에 대한 방향을 잘 정립하고 인생을 새로이 개척하시기를 기원합니다.

2013년 12월말

경성대 연구실에서 정충식

(cschung@ks.ac.kr)

차 례

머리말

제1편 행정의 기본개념

제1장 행정이란 무엇인가? ………… 3
제1절 행정의 개념 ………… 3
1. 행정의 개념 ………… 3
2. 행정과 경영의 비교 ………… 5
3. 행정과 정치의 비교 ………… 9
제2절 우리나라 행정학의 발전과정 ………… 12
1. 행정학의 태동기(1950-60년대) ………… 13
2. 행정학의 정착 및 발전기(1970-90년대) ………… 14
3. 행정학의 현주소(2000년 이후) ………… 16
제3절 행정에 대한 새로운 시각과 접근 ………… 19
1. 사대주의(事大主義)의 극복 ………… 20
2. 미국식 제도의 도입 사례 ………… 22
쉬어가기: 정치행정이원론과 정치행정일원론 ………… 26

제2장 행정학의 학문적 기초 ………… 31
제1절 행정 이념 ………… 31
제2절 행정 접근방법론 ………… 36
제3절 행정 윤리 ………… 43
1. 부패의 개념과 유형 ………… 43
2. 행정윤리의 개념 ………… 44
쉬어가기: 공직자 재산등록(公職者 財産登錄) ………… 46

제3장 정부와 행정 ···· 51
제1절 정부의 개념과 정부관의 변화 ···· 51
1. 정부의 개념과 형태 ···· 51
2. 정부기관의 시대적 변천 ···· 52
제2절 정부의 구조와 역할 ···· 57
1. 정부의 구조와 역할 ···· 57
2. 정부의 역할과 기능 ···· 62
제3절 정부는 망하지 않는가? ···· 64
1. 해외 지방자치단체 파산 사례 ···· 65
2. 우리나라 지방자치단체 사례 ···· 67
쉬어가기: 정부는 망하지 않는가? ···· 71

제4장 공무원에 대하여 ···· 77
제1절 공무원의 종류 ···· 77
1. 경력직공무원 ···· 77
2. 특수경력직공무원 ···· 80
제2절 공무원의 임용 ···· 82
1. 공무원의 신규채용 ···· 82
2. 공무원의 승진 ···· 88
제3절 공무원의 현황 ···· 90
1. 공무원의 수 ···· 90
2. 공무원의 보수 ···· 92
3. 공무원 연금 ···· 95
쉬어가기: 중국의 사례:"공무원 시험으로 인생은 완성된다." ···· 98

제2편 행정의 여러 분야들

제5장 행정조직 ···· 107
제1절 행정조직이란 무엇인가? ···· 107
1. 조직 이론 ···· 108
2. 조직 구조 및 관리 ···· 119

제2절 행정조직의 주요 이슈들 ……… 125
1. 정부조직 ……… 125
2. 현재의 정부조직 ……… 131
제3절 행정조직의 과제들 ……… 134
1. 역대 정부의 정부조직 개편 ……… 134
2. 정부조직 개편의 문제점 ……… 138
쉬어가기: 미국의 정부조직 ……… 142

제6장 인사행정 ……… 147
제1절 인사행정이란 무엇인가? ……… 147
1. 인사행정의 제도적 기반 ……… 147
2. 인사행정 담당 기관 ……… 153
제2절 인사행정의 주요 이슈들 ……… 155
1. 고위공무원단 제도 ……… 155
2. 다면평가제도 ……… 157
3. 직무성과계약제 ……… 159
제3절 공무원 부패 및 현황 ……… 161
1. 부패에 대한 최근 동향 ……… 161
2. 행정의 투명성과 부패방지 ……… 164
쉬어가기: 국민권익위원회(國民權益委員會, Anti·Corruption and Civil Rights Commission) ……… 167

제7장 재무행정 ……… 173
제1절 재무행정이란 무엇인가? ……… 173
1. 정부예산의 이해 ……… 174
2. 예산의 내용 및 종류 ……… 176
3. 예산관련 법규 및 조직 ……… 185
제2절 재무행정의 주요 이슈들 ……… 188
1. 예산규범 ……… 188
2. 예산과정 ……… 189

3. 예산행태와 예산정치 ···· 191
제3절 재무행정의 과제들 ···· 192
1. 예산개혁 ···· 192
2. 예산과 정보 ···· 197
3. 시민의 예산참여 ···· 199
쉬어가기: 밑빠진 독상 ···· 201

제8장 지방자치 ···· 207
제1절 지방자치란 무엇인가? ···· 207
1. 지방자치의 이해 ···· 207
2. 지방자치단체의 계층과 구역 ···· 210
3. 지방자치단체의 기관 ···· 213
제2절 지방자치의 주요 이슈들 ···· 215
1. 정부 간 관계 ···· 215
2. 지방 재정 ···· 218
3. 주민 참여 ···· 220
제3절 지방자치의 과제들 ···· 222
1. 지방정부 역량 및 지역격차 ···· 222
2. 지방자치단체 간 연계협력 ···· 224
3. 자치 경찰 ···· 226
쉬어가기: 영화 속의 행정학-자치경찰 ···· 228

제9장 정책학 ···· 233
제1절 정책학이란 무엇인가? ···· 233
1. 정책학의 배경 ···· 233
2. 정책학의 이론적 토대 ···· 237
제2절 정책학의 주요 이슈들 ···· 245
1. 정책의 형성 ···· 245
2. 정책의 집행 ···· 252
3. 정책의 분석 및 평가 ···· 259

제3절 정책학의 과제들 ···· 262
1. 정부업무의 성과관리 ···· 263
2. 정부업무 평가제도 ···· 266
쉬어가기: 정책평가에서 시차적 접근의 필요성 ···· 271

제10장 전자정부 ···· 275
제1절 전자정부란 무엇인가? ···· 275
1. 전자정부의 이해 ···· 276
2. 전자정부의 발전 과정 ···· 285
3. 전자적 민원행정서비스의 제공 ···· 306
제2절 전자정부의 주요 이슈들 ···· 311
1. 행정정보 공동이용 ···· 311
2. 행정정보 공개 ···· 327
3. 정부통합전산센터 ···· 338
제3절 전자정부의 과제들 ···· 348
1. 전자정부 구현과 대통령의 리더십(1)
- 2007년판 전자정부론 ···· 349
2. 전자정부 구현과 대통령의 리더십(2)
- 2009년판 전자정부론 ···· 352
3. 전자정부 구현과 대통령의 리더십(3)
- 2012년판 전자정부론 ···· 355
쉬어가기: 서울시의 민원처리 온라인 공개시스템 (OPEN시스템) ···· 359

제3편 새로운 행정을 위하여

제11장 행정개혁 ···· 367
제1절 행정개혁이란 무엇인가? ···· 367
1. 행정개혁의 의의 ···· 367
2. 정부역할의 변화 ···· 369
제2절 우리정부의 행정개혁 전개과정 ···· 371
1. 김영삼 정부의 행정개혁 ···· 372

2. 김대중 정부의 행정개혁 ······ 374
3. 노무현 정부의 행정개혁 ······ 376
4. 이명박 정부의 행정개혁 ······ 380
5. 박근혜 정부의 행정개혁 ······ 383
제3절 전자정부를 통한 행정개혁 ······ 386
1. 정부혁신의 필요성 ······ 387
2. 정보기술을 활용한 행정혁신 ······ 389
쉬어가기: 클린턴정부의 행정 개혁 - 정부재창조 ······ 395

제12장 미래행정 ······ 401
제1절 미래 우리정부의 모습 ······ 401
1. 참여정부의 비전 2030 내용 ······ 402
2. 이명박 정부의 미래비전 2040 내용 ······ 405
제2절 IT를 활용한 미래정부의 모습들 ······ 411
1. 빅데이터를 활용한 지능형정부의 행정 ······ 411
2. 스마트워크를 활용한 스마트정부의 행정 ······ 416
제3절 미래 정부를 위한 이야기들 ······ 427
1. 미래 행정의 방향 ······ 427
2. 행정 패러다임 변화에 대응하는 정부의 역할 변화 ······ 430
쉬어가기: 한국행정학 50년의 제안 – 이종범 교수님 ······ 434

참고문헌 ······ 439

찾아보기 ······ 441

이야기 행정학

제 1 편
행정의 기본개념

어느 행정학 개론서에 "우리나라의 기존의 행정학 개론서는 모두 수면제다"라는 재미있는 글이 있습니다(황윤원, 2001). 저자도 이러한 이야기에 전적으로 동감하는 사람입니다. 왜 이러한 글이 나오게 되었는지에 대한 배경은 다음과 같습니다.

우선 행정학이 만들어진 미국의 경우, 대학교 학부과정에서는 행정학을 거의 가르치지 않고 있습니다. 미국에서 행정학은 법학, 의학 등과 함께 전문대학원에서 강의하는 교과목입니다. 따라서 미국에서 행정학개론을 접하는 학생들은 30대의 나이를 넘어서 기업이나 정부조직에서 사회생활의 경험을 가지고 있는 사람들입니다. 하지만 우리나라의 경우에는 전국의 200여 개 4년제 대학 모두 학부과정에서 행정학을 강의하고 있습니다. 상대적으로 우리나라에서는 대학에 갓 입학한 19세 학생이 행정학 공부를 시작하는 것입니다.

이처럼 사회생활에 대한 경험이 없는 어린 학생들이 정부의 기능과 역할 및 정책을 공부하는 것은 힘든 일입니다. 또한, 기존에 행정학 개론서들이 미국의 행정이론을 번역해서 설명하는데 치중하였기 때문에, 우리나라 실정에 맞지 않는 부분도 상당수 있었다고 생각합니다. 따라서 이제는 우리나라 행정에 맞는 행정학 개론서가 필요한 시점입니다.

또한, 이제 행정학은 눈높이를 낮추어서 고객지향적으로 독자들에게 다가가야 합니다. 이를 위해서는 외국의 행정이론을 교과서에 그대로 나열하기보다는 우리식으로 풀어서 알기 쉽게 전달해야 합니다. 그리고 대학생이 아니라 고등학생이 읽었을 때, 쉽게 의미가 전달될 수 있어야 합니다. 따라서 이 책에서는 알기 쉬운 행정 이야기를 중심으로 기술하고자 합니다.

제1편에서는 행정의 기본 개념을 이해하기 위해서 행정의 개념과 학문적 기초를 먼저 살펴보도록 하겠습니다. 이어서 정부의 기능과 공무원에 대하여 알아보도록 하겠습니다.

제 1 장

행정이란 무엇인가?

제1절 행정의 개념

1. 행정의 개념

행정(Public Administration)이란 무엇인가? 이러한 물음에 대하여 명확하게 기술해 놓은 책은 없습니다. 심지어 대표적인 행정학 개론서에서도 "행정은 정의할 수 없고 다만 기술(記述)할 수 있을 뿐이다."라는 말을 인용하고 있는 실정입니다(이종수·윤영진 외, 2012). 또한, 행정이라는 용어가 결정의 집행으로부터 정책의 창안에 이르기까지 최소한 15개의 서로 다른 의미가 있다고 설명하고 있습니다. 따라서 행정이라는 단어를 한마디로 정의하기는 불가능하다고 볼 수 있습니다.

성균관대학교 국정관리대학원의 유민봉 교수는 행정을 '국민을 대상으로 한 공공가치 실현의 거시적 차원과 이를 달성하기 위한 미시적 자원관리 및 재화와 서비스의 제공'으로 정의하고 있습니다(유민봉, 2012: 9). 즉 행정의 개념을 '사회의 공공가치를 실현하기 위하여 인적·물적 자원을 확보하고 관리해서 국민에게 재화와 서비스를 제공하는 활동'으로 정의합니다.

이러한 정의는 행정을 나타내는 영어 'Public Administration'에서도 그대로 드러납니다. Public이 공공가치를, Administration이 관리를 의미합니다. 따라서 행정은 아주 요약해서 '공공가치를 추구하는 관리(Administration that is public)'로 이해할 수도 있습니다.

일반적으로 '행정'이라는 개념은 적용 범위와 관련하여 넓은 의미의 행정과 좁은 의미의 행정으로 나눌 수 있습니다(이하 이종수·윤영진 외, 2012: 23). 넓은 의미의 행정은 조직 일반에 적용할 수 있는 인간 협동의 측면에 초점을 맞추고 있습니다. 이 개념은 포괄적인 성격을 가지면서 "고도의 합리성을 수반한 협동적 인간 노력의 한 형태"로 정의할 수 있습니다. 따라서 넓은 의미의 행정은 공공단체, 기업체 및 민간단체 등 모든 조직활동에서 찾아볼 수 있습니다.

좁은 의미의 행정은 정부관료제를 중심으로 이루어지는 활동을 의미합니다. 조금 더 엄밀하게 말하면 행정부의 구조와 공무원의 활동을 포함하는 개념입니다. 이 경우에도 행정을 국가 목적을 달성하기 위하여 사람과 물자의 관리로 보거나, 정책 결정과 집행을 중심으로 하는 정치 과정 일부로 볼 수도 있을 것입니다.

최근에는 이러한 개념들을 확장하여 '거버넌스(governance)'라는 용어가 널리 쓰이고 있습니다. 거버넌스는 '국가경영' 또는 '공공경영'이라고도 번역되며, 최근에는 행정을 '거버넌스'의 개념으로 보는 견해가 확산되고 있습니다. 거버넌스를 굳이 한자어로 표기해 본다면 '협치(協治)'라고 할 수 있을 것입니다. 거버넌스는 지역사회에서부터 국제사회에 이르기까지 여러 공공조직에 의한 행정서비스 공급체계의 복합적 기능에 중점을 두는 포괄적인 개념으로 파악될 수 있으며, 통치·지배라는 의미보다는 반관반민(半官半民)·비영리·자원봉사 등의 조직이 수행하는 공공활동으로 파악할 수 있습니다.

이상의 논의를 종합하여 행정의 개념을 정의하면 "행정이란 공익 목적을 달성하기 위한 공공문제의 해결 및 공공서비스의 생산과 분배와 관련된 정부의 제반 활동과 상호작용이다."라고 정의할 수 있습니다(이종수·윤영진 외, 2012: 23). 이러한 행정은 다음과 같은 네 가지의 특성을 지니고 있습니다.

첫째, 규범적으로 행정은 공익을 지향합니다. 구체적으로는 공공문제의 해결이라는 공공 목적을 달성하는 것입니다. 이것은 국방, 치안, 교육, 교통 및 환경보호 등과 같은 공공의 욕구를 충족시켜서 국민의 삶의 질을 증대시키는 것을 말합니다.

둘째, 행정은 공공서비스의 생산, 공급 및 분배와 관련된 모든 활동을 의미합니다. 여기에는 정책의 형성 및 집행, 행정기관의 내부관리, 참여자 간의 네트워크 구축 및 관리 등이 포함됩니다.

셋째, 행정의 수행은 정치권력을 배분으로 하지만 공공서비스의 생산과 공급은 정부가 독점하지 않습니다. 준정부기관 또는 민간부문과의 상호작용 및 협력적 관계를 통해 공공서비스를 생산, 공급 및 분배하고 있습니다.

넷째, 행정은 정치과정과 밀접하게 연계되어 있습니다. 행정은 공공문제의 해결 및 공공서비스의 생산 및 분배의 과정에서 국민의 의견을 존중하고 국민에 대하여 책임을 지게 됩니다. 이것은 민주주의 정치제도를 전제로 한 것입니다.

2. 행정과 경영의 비교

행정에 가장 유사한 분야가 경영입니다. 행정학을 전공하는 저자도 경영학석사 학위를 가지고 있습니다. 흔히들 미국에 가서 경영학석사 학위를 받아 왔다고 할 때, MBA를 취득했다고 합니다. 이러한 MBA는 Master of Business Administration의 약자입니다. 앞에서 살펴본 것처럼, 행정은 Public Administration입니다. 즉 대상만 다를 뿐 관리(Administration)의 본질은 같습니다.

간단하게 말하면 경영은 Business를 대상으로 관리하는 것이고, 행정은 Public을 대상으로 관리하는 분야입니다. 따라서 과거에 연구방법에서 많은 유사점이 있었지만, 최근에는 여러 분야에서 완전히 다른 모습들을 보여주고 있습니다. 이러한 행정과 경영의 차이점을 간략하게 살펴보면 다음과 같습니다(이하 유민봉, 2012: 10-16의 수정).

1) 목적: 추구하는 가치

우선 행정은 사회의 공공가치 실현을 목적으로 하므로 경영에서처럼 효율성이나 이윤 극대화의 원칙을 적용하기 곤란한 경우가 많습니다. 기업은 공장이나 창고를 지을 때, 비용과 효과를 서로 비교해서 가장 경제성이 높은 지역을 선정하겠지만, 정부의 경우에는 지역 간 균형발전이라는 중요한 공공가치를 고려해야 하므로 경제성은 오히려 떨어지지만 낙후된 지역을 개발하기로 할 수 있습니다.

효율성이나 경제성과 비교하면 공공가치의 실현은 그 추상성이 매우 높습니다. 즉, 행정의 목적은 경영보다 그만큼 모호하고 다양하며 구체적인 목표에 대한 합의가 상대적으로 어렵습니다. 이러한 추상성과 모호성 때문에 행정은 경영보다 성과에 대한 측정이 어렵다는 특성이 나타납니다. 쉽게 말해서 기업의 사장은 회사의 당기순이익으로 성과를 측정할 수 있지만, 서울과 부산의 시장(市長)들이 업무를 잘하고 있는지는 당기순이익으로는 알 수 없습니다.

2) 주체

행정의 주체가 정부에서 시민사회나 시장(市場)으로 그 범위가 확대되어 가고는 있지만, 아직 정부가 그 주도적인 지위를 차지하고 있습니다. 경영의 주체 역시도 노동조합, 시민사회, 정부와 소비자 등으로 확대되어 가지만 그 지배적인 지위는 역시 기업이라고 할 수 있습니다. 정부와 기업의 비교에서 두드러지게 나타나는 차이점은 권력성과 강제성, 독점성 및 규모입니다.

행정의 권력성과 강제성은 사유재산권의 제한에서 가장 잘 나타납니다. 정부가 신도시를 개발하거나 도로를 건설할 때, 땅 소유주가 팔기 싫어해도 정부는 토지를 수용할 수 있는 권한을 가지고 있습니다. 물론 적절하게 보상을 하여야 하지만, 공공가치와 공익을 위하여 개인의 자율적인 의사를 무시할 수 있는 권력을 가지고 있습니다. 이에 비하여 기업은 소비자의 자율성을 최대한 보장하여야 합니다.

특히 정부의 재화나 서비스는 독점적으로 제공되기 때문에 그 양이나 질이 마음에 들지 않아도 다른 대안이 존재하지 않습니다. 기업의 경우에도 독점성을 지닐 수는 있지만, 정부가 이들의 기업활동을 규제함으로써 소비자를 보호하고 경쟁할 수 있도록 시장을 유도할 수 있습니다. 그런데 정부는 이러한 시장원리가 작동하지 않기 때문에 정부실패의 가능성이 존재합니다.

규모의 측면에서 볼 때, 세계 어느 나라에서나 그 나라의 최대 기업 보다 정부의 규모가 클 수밖에 없습니다. 미국의 월마트(Walmart Stores)에서 근무하는 종업원들이 미국 군인들의 숫자보다 많다고 해도, 미국연방 및 주 정부 공무원들의 숫자를 당해낼 수는 없습니다.[1] 우리나라의 경우에도 삼성전자의 매출액이나 종업원의 수가 중앙정부를 능가할 수는 없습니다. 따라서 정부는 그 나라에서 가장 큰 기업보다 큰 조직입니다.

3) 자원의 관리활동

행정의 내부활동 즉 사람과 돈 등의 자원을 동원하고 관리하는 것은 경영과 가장 유사한 측면이 있습니다. 다만 이 경우에도 자원을 확보하고 관리하는 과정에서 경영보다 훨씬 경직성이 강하다는 특징이 있습니다. 공무원은 선발부터 공개경쟁을 철저하게 지켜야 합니다. 또한, 채용된 공무원은 법에 따르지 아니하고는 신분상의 불이익을 받지 않도록 규정하고 있기 때문에, 민간기업처럼 구조조정 등 급변하는 환경에의 탄력적인 대응이 어려울 수밖에 없습니다.

---

1) 참고로 세계 최대의 소매기업인 월마트는 2010년 말 기준으로 세계적으로는 210만 명, 미국 내에서는 140만 명의 직원을 고용하고 있습니다. 2011년 말 기준으로 전세계 파병군인을 포함한 미군의 숫자가 140만 명입니다.

재원의 확보와 집행에서도 철저하게 국회의 통제를 받고 또한 법적 근거를 가져야 합니다. 따라서 기업보다 예산절감의 유인책을 줄 수 없는 제약이 있습니다. 행정조직의 측면에서도 조직의 규모가 크고 법에 따른 행정을 집행하므로 환경 변화에 유연하게 대응하지 못하고 형식주의(red tape)와 같은 경직성이 민간기업보다 훨씬 강하게 나타납니다.

4) 재화와 서비스의 제공

재화와 서비스의 제공 측면에서는 무엇보다도 정부에서 제공하는 것은 공공재(Public Goods)의 특성이 강하다는 것입니다. 국방, 치안, 소방, 교육 및 도로 등의 재화나 서비스에서 그 특성이 잘 나타나는 것으로, 사유재와는 달리 한 사람의 소비가 다른 사람의 소비를 방해하지 않고(비 경합성), 대가를 내지 않는 사람의 소비를 배제하기 곤란합니다(비 배제성). 따라서 공공재는 민간기업이 공급하는 사유재와는 달리 수익자부담의 원칙을 적용하거나 시장에서의 수요와 공급의 법칙에 의해 시장가격이나 공급량이 결정되기 곤란한 구조로 되어 있습니다. 이러한 관점이 시장의 자율에 맡기지 않고 정부가 직접 개입하는 근거가 됩니다.

이처럼 정부가 제공하는 재화와 서비스는 가격 결정이나 수익자 부담 원칙을 적용하기 어려우므로, 재화와 서비스 공급에 필요한 재원을 세금으로 충당하게 되고, 공급자나 수요자 모두가 비용 개념이 약하기 때문에 낭비의 가능성이 높습니다. 또한, 시장 기능에 의한 효율적 자원 배분이 아니라 이해집단의 정치적 타협과 조정에 의한 자원배분이 이루어지기 때문에 경제적 측면에서의 효율성은 경시되기 쉽습니다.

5) 환경적 요소

정부의 행정은 기업의 경영에 비하여 법과 정치적 환경에 의한 영향을 많이 받게 됩니다. 민주주의의 근간은 기본적으로 법치주의이고, 행정은 국민을 대표하는 국회와 대통령이 정한 법과 명령에 근거해서 이루어져야 합니다. 국민에 대한 재화와 서비스의 제공은 물론이고, 인력확보 및 관리, 세금징수 및 예산집행 등 모든 업무가 법의 테두리를 벗어날 수 없으며, 이후에 국회의 국정감사 및 감사원의 직무감찰과 회계검사 등 지속적인 통제를 받게 됩니다.

이러한 법에 따른 통제 이외에 행정은 시민단체, 정당, 언론 및 여론 등에 의해 영향을 받게 됩니다. 기업도 시민단체나 언론 또는 여론의 영향을 받지 않는 것은 아니지만, 기업보다 정부가 훨씬 강한 환경의 영향을 받고 있습니다. 정부는 국민의 세금으로 운영되며 공공가치의 실현이라는 본질적 목표에서 기업보다 엄격한 환경에 대한 책임을 강요받게 됩니다. 따라서 이러한 요인 때문에 행위 결과에 대한 책임을 민감하게 고려하여 무사안일 및 보신행정에 빠질 가능성이 있습니다.

3. 행정과 정치의 비교

정치와 행정은 현대 민주주의를 이끄는 두 개의 수레바퀴라고 볼 수 있습니다(이하 이종수·윤영진 외, 2012: 67-79의 수정). 정치와 행정의 관계가 어떻게 설정되느냐에 따라서 행정의 실체와 역량이 달라집니다. 따라서 정치는 행정을 둘러싸고 있는 가장 중요한 핵심적인 환경요소입니다. 이제까지 정치와 행정은 서로 중첩된 영역을 가지고 끊임없이 상호작용하고 있습니다.

이러한 정치와 행정의 관계는 크게 두 가지의 관점에서 살펴볼 수 있습니다. 첫째는 기능적 관점에서 정치(정치인)와 행정(공무원)의 역할 분담 관계입니다. 둘째는 권력분립을 전제로 한 입법부와 행정부의 제도적 관계입니다. 이러한 역할 및 인식 그리고 제도적인 관계들은 시대에 따라서 지속해서 변화했습니다.

1) 정치와 행정의 기능적 관계의 변화 과정

전통적으로 민주주의 정치 체제에서 정치는 국민들의 의사를 수렴해 가치배분을 결정하는 '가치 개입적 행위'이며, 행정은 수렴된 의사를 반영한 정책을 실현에 옮기는 '가치 중립적 행위'로 간주했습니다. 행정과 정치를 이런 방식으로 구별하는 것은 정치는 국민들에 의한 국가의 목표를 설정하는 과정이며, 행정은 설정된 목표를 달성하기 위한 효율적 수단을 모색하는 과정으로 보기 때문입니다.

따라서 정치에서는 어떻게 하면 국민들의 의사를 골고루 잘 반영할 수 있을 것인지가 문제가 되며, 행정에서는 국민들이 원하는 것을 어떻게 하면 더 싸고 더 편하게 공급할 수 있을지가 문제가 됩니다. 또한, 본질에서 정치는 국민들의 의사를 반영하는 '민주성'을 확보하는 과정인데 반해서, 행정은 결정을 집행하는 과정에서의 '능률성' 또는 '효율성'을 확보하는 과정입니다.

정치와 행정을 이처럼 명백하게 구분하는 입장을 정치행정이원론이라고 합니다. 여기에서는 정치의 영역인 입법부에서 법률의 형식으로 정책을 결정하면, 행정부에서는 이를 단순하게 집행하는 것으로 인식합니다. 이러한 정치행정이원론은 행정을 정책의 효율적인 집행을 위한 전문적인 관리기술로 파악했으며, 행정에 대한 민주적 통제와 법의 지배를 강조했습니다.

이러한 정치행정이원론은 미국에서 1930년대 뉴딜정책 이후에 행정부의 신속한 의사결정의 중요성이 강조되면서 변화를 맞이합니다. 즉 행정과 정치가 불가분의 관계에 있다는 정치행정일원론이 등장합니다. 이러한 것은 미국의 상황이고, 우리나라의 경우에는 1960년대 발전행정론이 대두하면서 기존의 정치우위와는 다른 행정우위론의 입장에서 새로운 정치행정일원론이 나타납니다.

즉 정치와 경제 등 다른 사회체계가 미처 발전하지 못한 개발도상국에서 시급한 국가발전 사업들을 추진하기 위해서는 행정조직이 주도적인 역할을 하는 행정 우위의 신정치행정일원론이 제기되었습니다. 이러한 발전행정론은 우리나라를 비롯하여 일부 제3 세계 국가들에서 행정부 주도의 빠른 경제 성장을 유도하는 이론적 배경이 되었습니다. 그러나 행정이 정책 결정 역할, 즉 정치적 기능을 수행하는 단계에서 더 나아가 정치를 이끌고 심지어 대행까지 할 수 있다는 행정우위론은 정치통제의 민주성 원칙에서 벗어날 뿐만 아니라 관료주의화를 촉진함으로써 행정의 책임성과 대응성 확보를 어렵게 한다는 비판을 받았습니다.

미국에서 1960년대 후반에 논의되기 시작한 신행정론은 행정의 정책 결정 기능을 적극적으로 요청하면서도, 행정부의 정책 과정에서 관료주의화를 견제하기 위해 사회적 약자를 비롯한 다양한 사회 세력의 실질적 참여와 정책 결과로서의 형평성을 강조하였습니다.

결론적으로 현대 국가에서 정치와 행정은 서로의 영역을 엄격하게 구분하기 어려운 혼성의 영역으로 수렴하고 있습니다. 오늘날 정치가와 공무원은 함께 정책 결정 활동에 관여하고 있으며, 상호 간에 긴밀한 협력적 활동을 전개하고 있습니다. 그러나 행정의 정당성을 확보하기 위해서는 제도적인 장치로 공무원의 정치적 중립성과 이에 대한 정치적 통제가 필요합니다.

2) 행정부와 입법부 및 정당의 관계

원래 법률을 제정하는 입법 기능은 국회의 고유한 핵심 권한입니다. 법률은 행정의 근간이 되는 것으로서 그 자체가 중요한 정책 결정이기도 하고, 법률 시행이 곧 정책집행이 되는 것입니다. 따라서 정부의 정책이 권위를 부여받기 위해서는 반드시 국회에서 제정되는 법률로 뒷받침되어야 합니다.

그러나 행정 국가화 현상이 진전되면서 대부분 국가에서 입법(정책 결정)의 정부주도 경향이 나타나고 있으며, 위임입법의 확대에 따라서 정부가 직접 입법 기능의 일부를 대행하고 있습니다. 우리나라에서도 입법의 정부주도 경향이 나타나고 있습니다. 행정부의 입법 기능은 헌법상 정부의 법률안 제출권과 거부권, 법률 집행에 필요한 예산 등 기타 집행 기능에 의해 제도적으로 뒷받침되어 있습니다.

특히 현실적으로 우리나라 국회가 국민의 대표기관이자 입법부로서 독자적인 정치적인 위상을 확립하지 못했기 때문에 대통령과 정부에 의해서 좌우됐습니다. 또한, 헌법상 자유 위임의 원칙을 무색하게 할 정도로 소속 정당의 강력한 영향력에 의해 정부의 국회 지배가 일상화되었기 때문입니다. 따라서 오늘날의 행정은 권력분립에 따라 국회에서 입법한 법률(정책)을 단순히 기계적으로 집행하는데 머물지 않고, 법률의 내용을 형성하는 데 동참하는 적극적인 정치적 기능을 수행하고 있습니다.

이처럼 국회의 입법 기능에 정부가 적극적으로 참여하는 과정에서 행정기관의 공무원과 국회의원의 관계가 긴밀해지기도 합니다. 더 나아가 이 두 집단은 이익집단 대표들과 함께 이해관계를 공유하기도 합니다. 공무원과 국회의원(주로 해당 정책과 관련된 상임위원회 소속 위원) 및 이익집단이 상호 이해관계를 공유하면서 특정 이익을 대표하는 현상과 이들 집단 간의 공고한 이해관계의 연합을 철의 삼각(Iron Triangle)이라고 부릅니다.

제2절 우리나라 행정학의 발전과정

일반적으로 행정학의 발전을 이야기할 때는 독일의 관방학(官房學)[2]에서 시작하여, 미국의 우드로 윌슨(Thomas Woodrow Wilson)[3]으로 이어집니다. 그러나 여기에서는 외국의 행정학 발전은 생략하고 우리나라에 국한

---

2) 17세기 독일에서 발달한 국가관리학으로, 관방관리(Kammeralist)들에게 국가 통치에 필요한 행정기술과 지식을 제공하기 위해 형성된 학문 체계를 말합니다. 관방학을 흔히 행정학의 효시로 보는 것은 그것이 비록 종합적 학문에 지나지 않는 것이나 국가의 목적 또는 이념을 실현하는 데 있어서의 국가 활동을 제시한 이론이었기 때문입니다.

3) 윌슨은 19세기 말에 미국 정치를 좌지우지하던 엽관주의의 폐해를 극복하기 위해, 정치와 행정의 분리를 골자로 하는 펜들턴 법을 제정하였으며, 행정을 정치 권력적 현상이 아닌 관리 기술로 보아야 한다는 점을 강조하는 정치행정이원론을 주장했습니다. 그는 1887년에 '행정의 연구(The Study of Administration)'라는 저서를 통해 이러한 이론을 발표하였습니다. 이것은 사실상 미국 내에서 행정학을 정치학으로부터 독립된 개념의 학문으로 보는 최초의 이론이었기 때문에 우드로 윌슨을 '미국 행정학의 아버지'라 부르기도 합니다. 그는 1913년에 미국 28대 대통령(President of the United States)에 취임하였습니다.

해서 간략하게 살펴보고자 합니다.

1. 행정학의 태동기(1950-60년대)

고려대학교 명예교수이신 백완기 선생님의 저서에는 1940년대 후반에 서울대학교의 문리대와 법대에서 행정학 강의가 개설되었다고 기록되어 있습니다(백완기, 2005: 16). 그러나 우리나라에서 본격적인 행정학의 출발은 1955년을 기점으로 삼고 있습니다. 그 이유는 우선 1955년에 우리나라에서 최초의 행정학 개론서가 출간되었기 때문입니다. 1955년에 정인흥 선생님의 「행정학(제일문화사)」이 출간되었습니다. 그리고 1955년을 전후로 하여 여러 대학교에 행정학과가 개설되었습니다.[4] 특히 1959년에 서울대학교에 행정대학원이 설치되면서 행정학은 학문 역사에 유례가 없을 정도로 발전을 거듭하게 됩니다.

우리나라 행정학의 발전과정은 그 출발부터 미국식 행정학을 도입하는 것이었습니다. 그 이유는 미국의 기술원조계획의 일환으로 미네소타대학의 지원을 받아서 서울대학교에 행정대학원이 설립되었기 때문입니다. 초창기 대학교의 행정학과에서는 주로 공법학을 중심으로 강의하였고, 정치학도 개설되었습니다. 그러나 서울대학교 행정대학원의 설치로 본격적인 미국식 행정학이 보급되었습니다.

또한, 1956년에 '한국행정연구회'가 설립되어, 이후 1961년에 '한국행정학회'로 개칭되었습니다. 이어서 1962년에 서울대학교 행정대학원에서 '행정논총'을 창간하였고, 1967년에는 한국행정학회가 학회보인 '한국행정학보'를 창간하였습니다. 공무원 현장에서는 1961년에 제13회 고등고시 행정과 시험에서부터 행정학이 필수과목으로 채택되어 행정학의 보편화가 시작되었습니다.

---

4) 1946년에 서울대학교, 1948년에 부산대학교, 1955년에 고려대학교와 중앙대학교, 1958년에 연세대학교 및 1959년에 건국대학교에 각각 행정학과가 설치되었습니다.

2. 행정학의 정착 및 발전기(1970-90년대)

우리나라에 행정학이 정착하여 본격적인 발전을 시작한 것은 1970년대부터라고 할 수 있습니다(이하 황윤원, 2001: 153-155의 수정). 1970년대는 우리나라 국가발전 과정에서 행정이 사회발전의 주도적인 임무를 수행하던 시기였습니다. 따라서 행정학에 대한 수요가 매우 컸기 때문에 연구자의 수도 급증하게 됩니다. 더구나 미국과의 교류가 활발해지면서 미국의 원조계획에 공무원의 교육훈련이나 유학생의 훈련도 포함되어 보다 가속화되었습니다.

국내 경제의 측면에서도 당시 경제개발계획의 실행에 필요한 인력공급계획에 행정학 전공자가 있어야 한다는 필요성도 크게 이바지하였습니다. 그리고 지속해서 행정 고등고시 교과목에 행정학이 필수과목으로 자리 잡으면서, 행정학이 각종 공기업 입사시험 교과목으로까지 확대되었습니다. 따라서 1970년대는 행정학이 학문으로서 정착하는 시기였습니다.

이어서 1980년대부터 행정학의 발전이 본격화되었습니다. 그 결과로 2000년대에 우리나라 대학교 전체에서 경영학 전공에 이어서 행정학 전공 개설학과 수가 2위를 기록하게 됩니다. 따라서 행정학은 짧은 시간 내에 비약적인 발전을 이룩하였습니다. 그 이유를 간략하게 살펴보면 다음과 같습니다.

1) 관료 지향적 문화

우리나라는 오랜 관료 선호의 유교문화 전통으로 공직희망자가 많습니다. 특히 과거 경제개발계획의 시대에는 이러한 공직으로의 진출이 큰 의미를 지닐 수 있었습니다. 이러한 공직희망자들에게 필수적으로 요구되는 교과목이 행정학이었습니다.

2) 정치학 연구 억제로 인한 상대적 발전

우리나라는 정치 지향적인 사회이기 때문에 정치학에 대한 수요가 높은 편입니다. 그러나 1960년대와 70년대에 군사정권이 집권하면서 경제발전을 최우선의 국정목표로 설정하면서 정치활동은 위축되었습니다. 이와 함께 대학에서 정치학과의 증설이 억제되면서 대안으로 유사학과인 행정학과가 폭발적으로 증가하였다고 볼 수 있습니다.

3) 유학 자유화 및 전공의 개방성

1983년 외국 유학 자유화에 따라 유학생의 수가 급증하게 됩니다. 이와 함께 외국에서 행정학을 공부하는 학생 수도 많이 늘어납니다. 그 이유 중에 하나는 대학에서 행정학을 전공하지 않아도 석사나 박사과정을 이수할 수 있는 미국의 행정대학원 속성으로 인하여 행정학전공 유학생 비율이 높아지게 된 것입니다. 이들이 1980년대 후반과 1990년대 귀국하여 대학과 연구소에 자리 잡으면서 행정학의 발전에 이바지하게 됩니다.

4) 국내 대학원 교육의 확대

1980년대부터는 국내에서도 석·박사 학위 과정이 많이 개설되었습니다. 개인적인 사정으로 외국 유학을 하지 못한 사람들에게 국내에서 학위를 할 수 있는 여건도 조성되어 행정학 교육의 보편화를 가져오게 되었습니다. 특히 야간특수대학원에 행정학 석사학위 과정들이 급격하게 늘어나 행정학 교육의 보편화에 일익을 담당하였습니다.

5) 정부 자문의 급증

행정 현상이 복잡해지면서 행정현장에서 학자들이 자문해야 하는 일이 많아지기 시작하였습니다. 따라서 행정학자들이 정부의 각종 자문위원회에 위원으로 적극적으로 참여하게 되었고, 심지어는 행정에 직접 참여하기도 하였습니다.

3. 행정학의 현주소(2000년 이후)

지난 50여 년 동안 우리나라 학계에서 행정학이 거둔 비약적인 발전은 정말로 획기적입니다. 다만 이러한 양적 성장에 걸맞은 질적인 발전이 이루어졌는지에 대해서는 의견이 다를 수 있습니다.

우리 정부는 건국 이후부터 지금까지 법질서, 안보, 경제 성장 및 행정의 모든 영역에서 적극적인 임무를 수행했습니다. 물론 과거의 정책 기조는 분배보다는 성장 위주의 발전행정에 기초한 것이었습니다. 하지만 이제는 복지국가의 정책 비중이 늘어나고 있고, 그동안 억눌려왔던 시민들의 정치참여 욕구와 공공서비스에 대한 수요를 제공해야 하는 시점입니다. 따라서 민주화 이후에 지난 20여 년간 정부의 양적 규모는 지속해서 팽창했습니다.

하지만 2013년 현재 대한민국에서 행정의 역할은 전환점을 맞이하고 있습니다. 지속해서 늘어나는 정부 규모에 대하여 이제 '작은 정부'를 지향하는 움직임이 확대되고 있습니다. 즉 감세와 시장 활성화 및 일자리 창출을 통한 국가발전이 화두입니다. 하지만 한편에서는 사회안전망의 구축 및 급속한 복지확대를 위해서 증세가 필요하다는 주장도 있습니다. 더 나아가 작은 정부를 위해서는 공공서비스의 범위가 축소되어야 하는데 이것을 국민들이 인내해 줄 수 있는지도 의문입니다.

아무튼, 이러한 시대적 환경 변화에 대응하여 행정학의 분야에서는 다양한 정책과제들을 발굴하여 준비하고 있습니다. 특히 한국행정연구원에서는 2008년 정부 수립 60주년을 맞이하여 "한국행정 60년. 1948-2008"을 발간하여, 지난 60년간의 한국 행정을 분석하여 교훈을 얻고 새로운 미래를 준비하였습니다(한국행정연구원, 2008). 이와 함께 대한민국의 미래 행정에서 중요한 환경 변화 및 대응 정책을 제시하고 있습니다. 이러한 미래 행정 수요 및 정책과제들을 간단하게 정리하면 다음과 같습니다(최호진 외, 2008: 551-559).

1) 사회분야

한국 사회는 장기적인 군사독재 및 권위주의 국가 경험을 지니고 있습니다. 이후 민주화 운동을 거쳐서 독재국가에서 민주주의 국가로 변모한 대표적인 국가가 되었습니다. 하지만 서구의 국가들이 200여 년 걸려서 이룩한 산업화를 50여 년 만에 압축 성장으로 달성하는 과정에서 다양한 사회적 역기능을 경험하게 되었습니다. 급속한 도시화와 빈부격차 등이 대표적입니다. 그리고 2013년 현재 인터넷과 네트워크의 발전으로 인하여 온라인 소통 및 권력 불평등이 사회문제화되고 있습니다. 특히 중요한 것은 세계에서 유래를 찾을 수 없을 정도의 빠른 고령화 사회의 모습을 보이고 있다는 것입니다.

이러한 사회 변화에 대응하여 행정에서는 인구구조의 변화에 대응하는 정부, 사회 갈등을 적절하게 예방하는 정부, 국민이 양질의 삶을 추구할 수 있도록 지원하는 정부, 시민사회가 국정의 동반자로 기능할 수 있도록 하는 정부 등의 정책들을 준비하고 있습니다.

2) 과학기술 분야

인터넷의 급속한 확장 및 지능화된 정보기술의 발전으로 인하여, 다양한 분야에서 변화가 야기되고 있습니다. 특히 바이오 기술을 활용한 질병 치료, 전기와 수소 연료 전지 자동차 등 교통 기술 및 나노 기술에 이르기까지 과학 기술 정책의 중요성이 보다 드러나고 있습니다.

이러한 과학기술의 변화에 대응하여 행정에서도 여러 정책을 준비하고 있습니다. 박근혜 정부는 미래창조과학부를 신설하여 정보통신 기술과 과학기술 연구개발의 시너지 효과를 기대하고 있습니다. 구체적으로는 과학기술을 활용한 행정 기반을 마련하는 것입니다. 특히 사이버보안 및 안전 분야에 과학기술을 적용하여 재난안전으로부터 자유로운 정부를 만드는 것이 중요합니다.

3) 환경과 자원 분야

지난 이명박 정부는 '저탄소 녹색성장'을 국정과제의 한 축으로 설정하였습니다. 이처럼 지구의 기후 환경 변화에 대응한 녹색성장은 선진사회와 국가건설에 밑바탕이 되고 국민들의 삶의 질을 향상하는 것으로 인식되고 있습니다. 특히 현재 인류에게 부족한 자원인 식량, 에너지 및 물에 대한 관리의 중요성이 드러나고 있습니다. 더 나아가 환경오염을 방지하고 탄소배출권을 포함하는 자원 외교 등에 이르기까지 다양한 문제들이 드러나고 있습니다.

이러한 변화에 대응하여 행정에서는 환경과 자원 분야의 행정 수요를 지원할 수 있는 협력적 기제를 마련하고 있습니다. 즉 시장의 자율성을 보장하면서, 기업의 사회적 책임을 확대하고, 환경산업을 발전시킬 수 있는 정책을 추진하고 있습니다.

4) 경제 분야

이제 우리나라는 과거와 같은 고성장을 달성하기 힘든 경제 환경에 진입하고 있습니다. 따라서 저성장 시대를 맞이하여 산업구조의 개편을 비롯한 다양한 정책수요가 나타나고 있습니다. 우선 산업구조의 서비스화 현상이 심화하고 있습니다. 또한, 여성 노동력과 외국인 근로자의 급속한 유입에도 불구하고 고용 없는 성장 시대에 대비하여야 합니다.

이러한 환경 변화에 대응한 정부의 정책으로는 근무와 고용형태를 다양화시키는 것에서 시작하여 재택근무를 포함하는 스마트워크의 활성화 및 디지털 경제로의 전환을 지원하는 것들이 포함됩니다. 그러나 이러한 정책들은 단순히 법의 정비를 통한 지원뿐만이 아니라 국민들의 의식구조의 전환이라는 문화적, 제도적 변화가 수반되어야 합니다.

5) 정치 분야

최근에 정치 분야의 화두는 인터넷과 스마트 폰을 통한 시민들의 소통 및 적극적인 정치참여 의지일 것입니다. 이를 통하여 가상공간을 통한 정치참여가 급속하게 확산되고 있습니다. 이것은 자연스럽게 정당 역할의 축소로 이어지고 사법부의 역할은 급속하게 증대되고 있습니다. 더 나아가 정부보다는 기업의 힘이 세져서 국정운영에서 정부보다 시장의 힘이 압도적으로 작용하게 됩니다.

따라서 정치행정의 분야에서는 국민소통 활성화에 의한 참여민주주의 확대 및 중앙정부의 권한을 지방정부에 이양하는 지방자치의 확대 등을 통하여 이에 대해 준비를 하여야 합니다.

제3절 행정에 대한 새로운 시각과 접근

최근에 저자는 서울대학교 행정대학원에서 2년 동안 전자정부를 강의하였습니다. 첫 시간에 저자가 강의 소개 과정에서 이야기하는 것이 하나 있습니다. 저자는 서울대학교를 졸업하지 않았고, 서울대학교 행정대학원을 다니지 않았으며, 미국이나 영국 등 해외에서 박사학위를 받지 않았다는 사실입니다. 이제까지 서울대학교 행정대학원에서 강의한 사람 중에서 이 조합에 들지 않는 사람은 저자밖에는 없습니다.

그 이유는 우리나라의 학문이 행정학을 포함해서 많은 분야가 사대주의에 빠져 있기 때문입니다. 독일에서 학위를 한 법학박사를 법학과 교수로 채용하기 위한 면접에서 영어 강의를 강제로 시키는 대학이 존재하는 나라, 이것이 바로 대한민국의 오늘입니다. 현재 우리나라는 모든 분야에서 영어 일변도의 새로운 사대주의를 경험하고 있습니다. 행정학도 예외는 아닙니다. 따라서 이제 행정학도 미국 중심에서 벗어나서 한국적인 이론과 모형을 개발하여, 우리 문제를 해결할 수 있는 토착화를 이루어 내야 합니다. 이것과 관련한 내용을 간략하게 적어 봅니다.

1. 사대주의(事大主義)의 극복

사대주의란 주체성 없이 세력이 큰 나라나 세력권에 붙어 그 존립을 유지하려는 주의를 의미합니다. 우리나라 행정은 역사적으로 세계 최고의 수준을 자랑했습니다. 하지만 여러분들은 그러한 사실을 알지 못합니다. 왜냐하면, 기존의 행정학 교과서 어디에도 이러한 이야기들은 기술되어 있지 않습니다. 하지만 지금부터 역사적으로 우리나라 행정의 우수 사례 세 가지를 들어보겠습니다.

첫째, 조선왕조 500년에 대한 것입니다. 저자는 초등학교 시절에 '태정태세문단세'로 시작되는 조선왕조 27대 가계도를 외웠습니다. 제가 다녔던 국민학교는 이제는 초등학교로 이름이 바뀌었습니다. 왜냐하면, 국민학교라는 명칭이 '황국신민(皇國臣民)'의 준말인 '국민(國民)'을 쓴 용어였기 때문에, 이 명칭을 '초등학교'로 바꾼 것입니다. 제가 초등학교 시절에 받은 역사교육 중에서 상당수는 '식민사관(植民史觀)'에 기초한 것이었습니다. 무슨 이야기냐 하면, 저자가 어렸을 때는 일본말이 여기저기서 들렸습니다. 도시락은 벤또였고, 젓가락은 와리바시였습니다. 그리고 조선왕조 500년은 항상 '사색당파(四色黨派)'로 얼룩져 있었다고 배웠습니다. 남인과 북인 그리고 노론과 소론들이 매일같이 정쟁(政爭)을 일삼았기 때문에 조선 왕조가 망했다고 배웠습니다.

그러나 나중에 알았습니다. 세계 역사상 500년 이상을 지탱한 왕조가 없다는 사실을 말입니다. 즉 조선왕조는 사색당파에 의해서 망한 것이 아니라, 사색당파에 기초한 관료제에 따라서, 세계 역사상 유례가 없이 500년을 지탱한 것입니다. 조선 왕조 500년 동안에, 비록 왕일지라도 영의정, 좌의정과 우의정 등 여러 신하의 의견을 받아들여야만 했고, 따라서 왕이 독단적인 정책 결정을 할 수 없었던 것입니다. 이처럼 역사적 사실을 앞에 두고 서로 다른 관점에서 자신에게 유리한 측면만을 부각할 수 있습니다. 최근에 이승만 대한민국 초대 대통령에 대한 역사인식이 같은 맥락입니다.

둘째, 왕궁의 크기에 대한 무지(無知)입니다. 중국 북경에 가면 자금성(紫

禁城)이 있습니다. 만리장성과 함께 북경 관광에서 필수코스입니다. 제가 자금성에 관광을 갔을 때, 옆에 있었던 아주머니들이 하던 이야기가 생각납니다. "어머나 이 자금성의 규모에 비하면 우리나라 경복궁은 초가집에 판자촌이네, 창피하네!". 이 이야기에 주변에 여러 사람이 이구동성으로 "맞아, 우리 경복궁은 너무 작아."라고 동의하였습니다. 그러나 한 번 다르게 생각해보면 어떨까요?

자금성은 1406년부터 건설이 시작되었습니다. 만리장성 이후의 최대 역사로 불리는 자금성의 건설에는 총 15년간 백만 명의 인원이 동원되었습니다. 현존하는 세계 최대의 궁궐인 자금성은 정전인 태화전을 중심으로 남북을 축으로 건물이 배치되어 있으며 남문인 정문의 이름이 그 유명한 천안문입니다.

800여 개의 건물과 10m의 높은 성벽, 50m 너비의 거대한 해자로 구성된 궁궐인 자금성에는 1억 1만 개의 벽돌, 2억 1만 개의 기왓장이 사용되었다고 합니다. 때로는 200톤에 이르는 돌이 수십 킬로 떨어진 채석장에서 운반되었으며 사천지방에서 자란 나무가 기둥으로 쓰이기 위해 4년에 걸쳐 운반되기도 하였다고 합니다.

이상이 자금성의 건설과 관련한 기록이지만, 이 자금성을 건설하기 위해서 죽어간 수천 아니 수만 명에 대한 기록은 없습니다. 여러분이 이 자금성 건설에 투입되어 죽어 나간 노비 아니 오늘날의 시민이라면 좋을까요? 이렇게 큰 궁궐을 짓는 것이 진정 백성을 위하는 길일까요? 전혀 아닙니다. 지금 청와대 건물 중에는 위민(爲民) 관이 있습니다. 우리는 조선 왕조 500년 동안 항상 위민사상을 가지고 행정을 한 것입니다. 즉 왕이 궁궐을 크게 짓고 싶어도 백성들을 생각해서 크게 지을 수 없는 행정시스템을 갖추고 있었습니다. 따라서 여러분들은 자금성과 경복궁의 크기를 비교할 때, 단순 무식한 규모가 아니라 행정의 관점 즉 위민사상으로 접근할 필요가 있습니다. 따라서 저는 경복궁의 크기가 작다고 해서 자금성 내에서 전혀 주눅이 들지 않았습니다.

셋째, 공무원 선발 및 사법시험 제도에 관한 것입니다. 우리의 의식 속에는 아직도 외국의 선진문물을 받아들여 우리의 낙후된 환경을 개선해야 한다는 강박관념을 가지고 있습니다. 이러한 의식의 연장 선상에서 공무원 채용시험과 사법시험 등을 미국식으로 전환하여 오고 있습니다. 이것의 실익이 과연 얼마나 될지는 제가 볼 때 미지수입니다.

2. 미국식 제도의 도입 사례

2013년 국정감사에서 서울대학교 교수의 절반이 미국에서 박사학위를 받았다는 내용이 알려졌습니다. 의과대학을 제외한다면 그 비율은 더 올라갈 것입니다. 개인적으로는 제 누이도 미국의 주립대학에서 공부했습니다. 저 역시도 1년간의 연구년 동안에 미국의 대학에서 열심히 공부했던 기억이 있습니다. 미국식 교육제도가 우리보다 선진적인 방식임은 분명합니다.

최근에 미국에 유학하는 학생들의 국적이 발표된 것이 있습니다. 1위는 단연 중국이고, 2위가 인도입니다. 우리나라는 3위를 차지하고 있습니다. 우리보다 인구가 두 배 이상 많은 일본은 아마도 9위인가에 기록되어 있습니다. 이제까지 우리나라 경제발전에서 미국의 원조 및 미국의 제도 도입이 크게 이바지했다는 것은 당연한 사실입니다. 그러나 한국사회에서 행정과 관련하여 무분별하게 미국식 제도를 받아들이는 것은 문제가 있습니다.

요즘 젊은이 중에서는 미국의 대학 학기가 가을에 시작하니까 우리나라도 신학기의 시작을 3월이 아니라 9월에 하자는 이야기를 하고 있습니다. 하지만 우리나라는 과거 못살던 시절에 학교에 난방할 조개탄이 없어서 겨울방학을 길게 가져간 나라입니다. 왜 재정연도의 시작을 미국에 맞추어서 10월에 하자는 이야기는 안 나오는지 모르겠습니다.

여기에서는 우리 행정과 관련하여 최근에 미국식 제도를 받아들인 두 가지의 사례만을 간략하게 살펴보겠습니다. 판단은 여러분들의 몫입니다.

1) 공직 적격성 테스트(PSAT: Public Service Aptitude Test)

공직 적격성 테스트란 공무 수행에 필요한 기본적 지식과 소양, 자질 등을 갖추고 있는지를 종합적으로 평가하는 시험입니다. 이는 창의적이고 능동적으로 사고하는 인재를 요구하는 사회적 변화에 따른 것으로, 국가고시에서 암기와 단편적 지식측정 위주의 1차 시험을 대체하여 초급관리자가 지녀야 할 기본적 소양과 공직 적격 여부를 평가하기 위함입니다.

공직 적격성 테스트의 3대 평가영역은 언어논리, 자료 해석 및 상황판단입니다. 언어논리에서는 문장구성과 이해력, 표현력, 논리적 사고력, 추론력을 봅니다. 헌법 조문이나 신문기사 등의 장문을 지문으로 제시한 뒤 얼마나 잘 이해하는지를 평가합니다. 자료 해석의 경우에는 수치자료 처리와 분석, 기초적 통계처리 및 해석, 정보화 능력을 점검합니다. 실업률, 수출증가율 등 각종 수치를 내준 뒤 분석능력을 측정합니다. 상황판단에서는 기획, 분석, 추론, 판단 및 의사결정, 문제 해결 등의 능력을 검정합니다. 일본과 영국에서는 이미 오래전부터 시행 중이며, 우리나라에서도 2004년 외무고시 1차 시험에 처음 도입되었으며, 행정·기술 등 고등고시에 점차 확대하여 시행되고 있습니다.

2) 로스쿨제도(Law school system, 法學 專門大學院 制度)

로스쿨은 법조계 인재를 양성하는 프로그램을 가르치는 전문 대학원으로, 로스쿨 제도는 미국 방식에 유례를 두고 있습니다. 미국에서는 법률 교육을 대학의 학부 과정에서 하지 않고 법률 이외의 과목을 전공한 본과 졸업자를 전형하여 3년제의 로스쿨에서 시행합니다. 일부 로스쿨에서는 특별히 우수한 학생이거나 예외적인 때에만 대학 3년 수료자의 입학을 인정하는 경우도 있습니다.

우리나라에서는 2007년 7월 '법학전문대학원 설치운영에 관한 법률'이란 이름으로 '법조인 양성교육 제도개선 연구'의 결과가 국회 본회의를 통과했습니다. 1993년 출범한 사법제도발전위원회부터 2005년 사법제도개혁추진위원회로 이어진 14년 만의 법안 통과였습니다.

로스쿨 입학자격은 학사학위 소지자에게 주어지며, 이들을 일반전형 또는 특별전형을 통해 선발하되, 지원자의 학부성적과 적성시험을 전형자료로 활용하고 어학능력, 사회활동 경력도 평가하도록 했습니다. 로스쿨 인가를 받으려는 대학은 교원 1인당 학생 수를 15명의 범위 안에서 전체교원을 확보해야 하며, 전체교원의 20% 이상을 실무경험을 가진 변호사로 채우되, 외국변호사도 실무경력교원에 포함하도록 했습니다. 이러한 로스쿨은 2009년 3월 첫 개교 해서 2012년 처음으로 대학원(로스쿨)졸업자들을 대상으로 한 변호사시험이 시행되었습니다.

따라서 기존에 운영되던 사법시험은 점차 인원을 줄여나가다가 2017년을 마지막으로 폐지하게 됩니다. 2013년 현재 로스쿨(법학전문대학원)의 평균 총 등록금은 1,533만 원입니다. 등록금이 가장 비싼 로스쿨은 성균관대로 올 한 해 등록금이 2,084만 원이며, 연세대 2,047만 원, 고려대 2,013만 원, 경희대 1,997만 원, 아주대 1,995만 원 순이었습니다.

따라서 1,500만 원이 넘는 등록금을 내야 다닐 수 있는 로스쿨 제도는 고소득층과 고학벌자를 위한 제도로 전락할 우려가 있습니다. 로스쿨은 장학금 비율도 낮습니다. 미국의 경우, 많은 학생이 대출을 받아서 공부하다가 졸업 후에 변호사가 되어서 갚아 나가는 구조입니다. 따라서 이처럼 돈이 많이 드는 로스쿨 제도는 과거에 개천에서 용이 나던 상황을 원천적으로 차단하는 방식입니다.

이러한 미국식 로스쿨제도는 우리보다 먼저 도입했던 일본에서는 이미 실패로 판명 나고 있습니다. 최근에 우리나라에서도 이와 관련하여 다음과 같은 움직임이 있습니다.

서울지방변호사회와 대한법학교수회가 공동으로 사법시험을 존치하고, 변호사시험 후 시행되는 6개월 실무연수를 폐지하자는 내용의 '사법시험 존치 및 법학 교육 정상화 등에 관한 입법청원'을 2013년 10월 11일 국회에 제출했습니다. 입법청원안은 국회 교육위와 법사위에 부쳐졌고, 교육위에는 법학전문대학원(로스쿨) 설치·운영에 관한 법률 일부 개정안이, 법사위에는 변호사시험법 및 변호사법 일부 법률개정안이 제출됐습니다.

청원 안은 우선 사법시험법 폐지를 규정하고 있는 변호사시험법 관련 부칙(제2조, 제4조 제1항, 제3항 및 제6조)을 삭제했습니다. 기존 법과대학의 법학 교육 정상화를 위하여 사법시험을 폐지할 것이 아니라 정원이 500명 정도 존치되어야 한다는 것입니다.

또한, 현행 로스쿨 제도는 입학 시 면접의 비중이 상당히 크고, 등록금이 지나치게 높아 저소득층의 법조계 진입을 원천적으로 차단한다는 비판을 받고 있기 때문에 사법시험을 존치함으로써 저소득층의 법조계 진입통로를 마련하기 위해서라고 밝히고 있습니다.

나아가 사법시험과 로스쿨이라는 '두 트랙'을 통해 국민에게 양질의 법률서비스를 제공할 수 있고, 전통 법학 교육이 살아나면서 그것을 기반으로 로스쿨교육이 더욱 전문화되고 학문 후속세대도 양성될 수 있다는 것입니다. 특히 대한법학교수회는 "일본식 예비시험제도는 일본에서도 실패로 평가되고 있으며, 현재 우리의 로스쿨교육을 더 파행으로 몰고 갈 위험성이 크므로 사시존치로 대체해야 한다"며 "사시존치는 예비시험제도에서 의도하고 있는 사회경제적 약자에게 충분히 균등한 기회를 줌과 동시에 법과대학 법학 교육의 기반을 튼튼히 할 수 있다"고 강조했습니다.

제1장 쉬어가기 정치행정이원론과 정치행정일원론

정치행정이원론(政治行政二元論: politics administration dichotomy)

행정을 정치와는 분리된 관리 또는 기술적인 과정으로 보는 이론. 1887년 윌슨(W. Wilson)이 논문 〈행정의 연구〉에서 처음 언급하였다. 그는 정치가 정부의 계획이나 기본 방침을 결정하는 활동이지만, 행정은 중립적이고 전문적이면서도 비정치 성향을 가진 사무적인 업무로 보았다. 정치와 행정을 구분하려는 입장에서 나온 이론으로, 행정정책의 집행기능 및 관리기능을 강조한다. 집권정당을 추종하는 사람들에게 정당활동에 따라 그 충성도를 고려해서 공직을 배분하는 엽관주의의 문제점인 행정낭비·비능률·정치부패로부터 행정을 분리해야 한다는 요구가 증가하면서 등장한 이론이다.

정치와 분리하여 행정의 고유영역을 확보했다는 측면에 의미가 있으며, 엽관주의를 지양하고 공무원이 합리적으로 행정을 집행해야 한다는 실적주의를 발전시켰다. 또한, 행정기구 및 관리방법의 혁신을 가져와 공공행정의 능률을 높였다는 평가도 받고 있으며, 행정관리는 기업경영과 비슷한 성질의 것이라는 공사행정일원론을 탄생시켰다. 이에 따라 1980년대부터는 경영철학을 행정의 지배적인 논리로 보아야 한다는 신정치행정이원론이 대두하였다.

그러나 공공분야의 자유재량 또는 정책 결정범위가 확대되고 있는 국가에서 행정으로부터 정치적인 기능을 완전히 분리한다는 것이 불가능하다는 사실을 간과했고, 환경적인 요인을 전혀 생각하지 못한 폐쇄적인 이론이라는 비판을 받았다. 이에 따라 1930년대부터 정치행정일원론이 제기되었다.

정치행정일원론(政治行政一元論: Politics Administration Indivisibility)

정치와 행정은 불가분의 관계에 있으므로 이 둘은 일원적(一元的)인 연속

과정에서 파악하여야 한다는 의견. 정치행정이원론과 상반되는 견해이다.

정치행정일원론이 대두한 것은 1930년대 중엽부터이다. 즉, 1930년대 초에 시작된 경제 대공황과 그 후 제2차 세계대전의 발발로 미국은 일대 위기에 직면하게 되었고, 그 난국을 타개하기 위해서는 더욱 강력한 행정부의 기능이 요청되었다. 행정부의 기능을 강화하기 위해서는 무엇보다도 행정은 정책을 집행하는 기능 외에 정책을 결정하는 기능까지 갖지 않으면 안 되었다. 그 결과 정치와 행정은 일원적인 연속과정 속에서 파악하여야 한다는 정치행정일원론이 제기되기 시작하였다.

이와 같은 견해는 가우스(J. M. Gaus), 디목(Marshall. E. Dimock), 애플비(P. H. Appleby) 등에 의하여 주장되었다. 특히 디목(M. Dimock)은 행정실무의 경험을 토대로 저술한 「현대정치와 행정」(Modern Politics and Administration, 1937)을 통해 정치[정책결정] 와 행정[정책집행]은 상호배타적이라기보다 서로 협조적 관계에 있다고 주장하였다. 또한, 애플비(P. H. Appleby)도 그의 저서 「정책과 행정」(Policy and Administration, 1949)에서 행정에도 정치성이 있음을 지적하면서 행정과 정치는 일원적인 연속선상에서 파악해야 한다고 강조하였다.

요컨대 정치행정일원론은 정책이란 입법[정치]과 행정의 과정에서 계속적·순환적으로 수립·집행되는 것으로서, 행정에서도 정책수립이라는 정치적·가치 배분적 기능이 중요시되므로 정치와 행정은 불가분의 관계에 있다는 논리이다. 이러한 입장을 기능적 행정학(機能的行政學) 또는 행정기능학(行政機能學)이라고도 부른다.

자료:(허동석, 2010).

더 읽어야 할 책 3권:

- 유민봉. (2012). 「한국 행정학」. 제4판, 서울: 박영사.
- 이종수·윤영진 외. (2012). 「새 행정학」. 6 정판, 서울: 대영 문화사.
- 황윤원. (2001). 「행정학원론」. 서울: 형설 출판사.

꼭 알아야 하는 용어 3개(출처: 허동석, 2010; 이종수, 2009; 두산백과사전):

- 공공재(Public Goods, 公共財)

모든 사람이 공동으로 이용할 수 있는 재화 또는 서비스. 그 재화와 서비스에 대하여 대가를 치르지 않더라도 소비 혜택에서 배제할 수 없는 성격을 가진다. 국방·경찰·소방·공원·도로 등과 같은 재화 또는 서비스를 말한다. 시장에서 거래되는 재화나 서비스를 이용하려면 그에 상응하는 대가를 내야 하는데, 공공재는 시장의 가격 원리가 적용될 수 없고 그 대가를 내지 않고도 재화나 서비스를 이용할 수 있는 비 배제성의 속성을 가지고 있다. 또한, 일반적인 재화나 서비스는 사람들이 이것을 소비하면 다른 사람이 소비할 기회를 줄여 사람들 사이의 경합관계에 놓이게 되지만 공공재는 사람들이 소비를 위해 서로 경합할 필요가 없는 비경쟁 성의 속성도 가지고 있다.

- 붉은 테이프(Red Tape)

애초 관청에서 공문서를 매는 데 쓰는 붉은 끈에서 유래된 말로, 관창식의 번거로운 형식주의를 지칭한다. 관료제적 형식주의 또는 문서 주위라고 번역됨. 원래 붉은 테이프(Red Tape)라는 용어는 17세기 영국에서 생겨났다. 당시 영국의 관청에서는 불그스레한 끈으로 사무서류를 묶었던 데서 비롯된 것이다.

1971년에 발행된 「단어와 어구 기원에 관한 모리스 사전」(The Morris Dictionary of Word and Phrase Origins)에는 "붉은 테이프는 19세기에 이

르러 직무의 나태로 인한 결재의 '지연' 또는 '중단'이라는 뜻으로 쓰였다." 라고 기술되고 있다. 1800년대 초엽 미국의 수필가 어빙(W. Irving)은 관료주의자를 일컬어 "그의 두뇌는 붉은 테이프와 양피지(羊皮紙) 문서보다 별로 나은 바 없었다"고 표현한 바 있다. 그리고 조직이론 학자인 굴드너(Alvin W. Gouldner)에 의하면 레드 테이프는 관료제에 대하여 부정적인 시각을 가진 사람들이 소외·비인간성·규칙만능이라는 선입관을 갖게 된 데서 오늘날 관료제적 형식주의 또는 서면주의(書面主義)로 개념화되었다고 한다.

관료제적 형식주의(形式主義)는 관료제의 병리 현상 중 하나이다. 즉, 관료제에서는 모든 사무의 처리가 일정한 양식(樣式)과 절차에 따라 서면(書面)으로 처리하는 것이 요구되기 때문에 실질적인 것보다 형식에 치우치는 경우가 너무 많다. 지나친 형식주의는 사무처리의 절차가 복잡하고 구비서류가 많으므로 사무처리가 지연되어 행정수요의 원활화에 저해 원인이 될 수 있다.

- 철의 삼각(鐵- 三角, Iron Triangle)

정책 과정에서 이익집단·관료조직·의회 위원회가 상호 간의 이해관계를 보호하기 위해 밀접한 동맹 관계를 형성하고 있는 현상을 가리키는 개념이다. 철의 3각 개념은 하위정부(Subgovernment) 또는 하위체제(Subsystem)와 거의 동일한 의미를 지닌다.

철의 삼각은 각 정책분야별 정책과정에서 관련 이익집단, 소관 관료조직, 그리고 의회의 소관 위원회가 상호 간의 이해관계를 보호하기 위해 밀접한 동맹관계를 형성하고 있는 현상을 가리키는 개념이다. 정책분야별로 형성되어 있는 이러한 3자 간의 동맹관계는 외부의 작용으로 그 관계가 좀처럼 흐트러지지 않을 정도로 견고하므로 철의 삼각이라고 부른다. 이들 3자는 각각이 추구하는 이해관계가 다르긴 하지만 상호 양립하는 이해관계의 확보를 위해 견고한 관계를 구축하고 있다.

이익집단들은 자신들의 이익에 부합되는 정책이 형성되고 집행될 수 있도록 소관 관료조직과 의회의 관련 상임위원회에 로비와 영향력을 행사한다. 관료조직은 자신들의 업무와 밀접한 관련이 있는 관련 이익집단의 이익을 지지함으로써 외곽의 지지세력을 확보하고 이를 통해 관료조직의 권력과 위신 그리고 관료들의 경력발전을 꾀하고자 하는 것이다. 한편 의회의 의원들은 해당 상임위원회에 자리를 차지하면서 강력한 특정 이익집단의 이익에 부합하는 안건들을 지지함으로써 자신들의 재선과 경력발전을 도모하려고 한다.

제 2 장

행정학의 학문적 기초

행정학은 사익(私益)이 아니라 공익(公益)을 추구하는 학문입니다. 따라서 이 장에서는 행정의 이념과 접근방법 및 윤리에 대하여 알아보도록 하겠습니다.

제1절 행정 이념

이념(ideology)이란 궁극적인 최고의 가치로서 언제나 가슴에 새기고 살아가는 실천규범입니다. 행정에서의 이념, 즉 행정이 추구하는 가치는 행정활동에서 직면하게 되는 의사결정 과정에서 합리적인 가치판단 기준을 의미합니다. 따라서 행정 이념은 행정이 추구하는 기본적인 방향과 궁극적인 가치 및 공무원에게 요구되는 표준적인 행동규범을 포괄하고 있습니다(이하 황윤원, 2001: 118-121의 수정).

이러한 행정이념에는 경제성, 생산성, 고객 만족, 공익성, 능률성, 책임성, 신뢰성, 공개성, 정의, 평등, 참여, 합리성 및 효과성 등 다 나열할 수 없을 정도로 다양한 내용이 포함됩니다. 이들 가운데 가장 중요한 몇 가지 행정이념을 살펴보면 다음과 같습니다.

1) 공익성

공익은 사익에 반대되는 개념으로, 정부의 존립근거를 제공하는 이념입니다. 공익의 개념에 대해서도 여러 가지 주장들이 있지만, 간단하게 공공정책 결정의 절차와 기준에 대한 규범입니다. 공익이란 특정 정책의 비용을 누구에게 어떻게 부담시키고, 그 편익을 누구에게 귀착시킬 것인가에 관한, 즉 사회적 가치의 배분 원칙과 관련된 가치 개념입니다.

어느 국회의원이 지하철 노선을 결정할 때, 승객이 적을 것임을 뻔히 알면서도 자기 지역구에 역을 건설하는 것은 공익을 저버리고 사익을 취하는 대표적인 행위입니다. 그런데도 지역구 사무실에 현수막을 내걸고 자기의 업적으로 강조하는 것을 보면 기가 막힙니다. 제가 확인을 해 보지는 않았지만, 우리나라 남쪽 어느 도시에도 지하철이 이용 승객이 많을 대학교 앞을 피해서 유력 인사의 지역구로 우회해서 다닌다는 이야기를 들었습니다. 조선대학교 교수에게서 들은 이야기입니다.

공익성이란 정부를 책임지고 있는 모든 공직자가 갖추어야 할 가장 기초적인 규범이기 때문에 모든 정부활동은 개인의 사익보다는 일반 대중의 이익인 공익을 지상과제로 삼아야 합니다.

2) 민주성

행정의 민주성이란 민주주의의 실천을 최우선 과제로 삼아야 한다는 이념입니다. 지금은 잘 쓰이지 않지만, 공무원들을 공복(公僕)이라고 불렀습니다. 즉 주인을 섬기는 종이라는 뜻입니다. 따라서 국민의 의사를 제대로 수용하고, 국민의 통제를 받으며, 국민에게 책임을 지는 것을 의미합니다.

이러한 행정의 민주성을 확보하기 위해서는 행정윤리가 확립되어야 하고, 책임행정을 구현할 수 있는 효과적인 행정통제가 필요합니다. 또한, 일반 국민들이 행정에 참여할 수 있고, 부당한 침해를 받았을 때, 이를 구제할 수 있는 제도적 장치가 확보되어야 합니다. 또한, 행정과 국민들 간에 빈번한 의사전달 체제를 통해서 관료제가 국민 전체를 대표하는 방안이 마련되어야 합니다.

3) 합법성

합법성은 모든 행정 절차와 과정이 반드시 법에 근거해야 한다는 것입니다. 합법성은 행정의 자의적인 해석이나 활동을 방지한다는 차원에서 도입된 개념으로, 행정절차의 정당성을 확보하고 개인권리를 보장하려는 행정이념입니다. 이러한 합법성의 이념은 시민권의 신장과 자유권의 옹호가 중요했던 입법국가 시대의 행정이념입니다. 즉 국가의 권력 가운데 국왕으로부터 가장 먼저 입법권을 빼앗은 국민의 대표들이 입법부에서 제정한 법률을 행정공무원들이 그대로 충실하게 집행해 달라고 요구했으며, 이러한 합법행정을 통하여 시민권이 신장할 수 있다고 기대했습니다.

그러나 법률 규정이 사회 변화를 적극적으로 수용하기 힘든 현대 사회에서는 합법성의 개념을 지나치게 강조하면 행정 본래의 목표가 왜곡될 수 있습니다. 특히 오늘날 공무원들의 무사안일주의(無事安逸主義)를 이야기할 때, 법규 타령으로 합법성이 등장합니다. 또한, 이와는 반대로 공무원들이 업무처리를 할 때, 법령을 형식적으로만 준수하거나, 법령을 자의적으로 해석하는 것 역시도 경계해야 합니다.

4) 효율성

행정관리에서 그 중요성이 부각되고 있는 효율성(Efficiency)은 "투입에 대한 산출의 비율"(Ratio of input and output)을 말합니다. 즉, 최소의 비용으로 최대의 산출을 얻어야 좋은 행정이라는 이념입니다. 기업 경영에서는 효율성이 지상과제입니다. 경영학에서는 적은 자본으로 많은 이익을 남기는 이윤 극대화가 바로 효율성이 높다는 것입니다. 정부도 예산지출에 대한 편익을 최대한 높이는 것이 가장 바람직한 행정이라는 의미가 됩니다. 효율성은 학자들에 따라서 다르게 불리는데, 능률성과 생산성도 같은 의미를 내포하고 있습니다.

이러한 효율성은 크게 두 가지로 구분될 수 있습니다. 첫째는 행정의 가치나 목적 등을 고려하지 않은 상태에서 수단의 경제성만을 강조하는 수단가치적 효율성을 기계적 효율관이라 합니다. 둘째는 경제성 또는 수단의 강조보다는 인간성의 존중, 사회적 목적의 존중 등과 같은 목적 가치적인 행정이념을 사회적 효율관이라 합니다.

5) 효과성

효과성(Effectiveness)은 “행정목표의 달성도”(Degree of goal achievement)를 의미합니다. 효과성은 수단적, 과정적 측면에 관심을 두고 있는 효율성에 비하여 전제적, 목적적 및 기능적 개념이라고 볼 수 있습니다. 이러한 효과성은 1960년대 발전행정이 주류를 이루던 시절에 유행했던 행정이념입니다. 이러한 효과성의 개념에는 효율성과는 달리 비용 내지 투입의 개념이 들어가 있지 않습니다. 즉 비용이나 투입이 중요한 것이 아니라 정해진 목표를 얼마나 달성했느냐에 관심을 두는 개념입니다.

6) 책임성

정부의 역할이 강화되고 공무원의 재량권이 확대됨에 따라서 행정기관과 공무원은 국민을 위한 책임 있는 행정을 하는 것이 더욱 중요해졌습니다. 일반적으로 행정책임은 행정관료가 도덕적·법률적 규범에 따라 행동해야 하는 의무를 말합니다. 여기에는 행정행위에 대한 결과의 책임만이 아니라 절차에 대한 과정책임도 포함됩니다.

전통적으로 책임성의 개념은 제도적 책임성(Accountability)과 자율적 책임성(Responsibility)으로 구분해서 논의되어 왔습니다. 제도적 책임성은 공식적인 각종 제도적 통제를 통해 국민에 의해 표출된 국민의 요구를 충족시켜 주고자 정부와 공무원들이 임무를 수행하게 하는 타율적이고 수동적인 행정책임을 의미합니다. 자율적 책임성은 공무원이 전문가로서의 직업윤리와 책임감에 기초해서 적극적이고 자발전인 재량을 발휘해 확보되는 행정책임을 의미합니다.

7) 투명성

투명성(Transparency)은 "정부의 의사결정과 집행 과정 등 다양한 공적 활동이 정부 외부로 명확하게 드러나는 것"을 의미합니다. 그러므로 투명성에서 가장 중요한 요소는 '공개'입니다. 투명성은 단순히 정보 공개의 소극적인 개념에 머무르지 않고 정부 외부에 존재하는 사람들에게 정보에 용이하게 접근할 수 있는 권한의 보장까지 포함한다는 점에서 매우 적극적인 개념입니다.

이러한 투명성은 공무원의 부패를 방지하기 위한 가장 중요한 가치입니다. 공무원의 부패는 일반적으로 정부권력의 독점성과 재량권의 자의적인 행사가 부정적으로 결합하면서 발생합니다. 따라서 정부가 보유하고 있는 행정정보를 국민들에게 투명하게 공개하고, 행정 처리의 과정까지 공개한다면 정부의 신뢰는 향상될 것이고 공무원의 부패는 사전에 방지할 수 있습니다.

우리 정부는 국민들의 알 권리를 확대하고 국정운영의 투명성을 높이기 위하여 지난 1996년에 '공공기관의 정보공개에 관한 법률'을 제정하고, 1998년 1월 1일부터 이를 시행했습니다. 이러한 정보공개법은 세계 여러 나라 가운데서 13번째로 제정한 것입니다.

8) 사회적 형평성

일반적인 형평성의 개념은 공정성 또는 사회적 정의와 같은 의미로 쓰이고 있습니다. 이에 비하여 사회적 형평성(social equity)은 누구나 평등한 정부의 혜택을 받아야 한다는 기회균등 사상에 근간을 둔 이념입니다. 이것은 사회적 가치배분의 공정성을 추구하며, 성별, 직업, 계층이나 지역 간에 상대적 불평등을 초래해서는 안 된다는 원칙입니다.

이러한 사회적 형평성은 1960년대 이후 미국 사회에서 실업, 빈곤, 무지 등의 악순환이 계속되는 것은 관료제가 비민주적이고 총체적 효율의 개념에 사로잡혀서 정치적, 경제적으로 소외되어 온 소수집단에 대한 무관심 때문이었다는 반성에서 출발합니다. 즉 1970년대 후반 신행정론자(New Public Administrationist)들이 강조했던 개념입니다. 즉 미국에서 흑인과 여성은 사회적 약자이므로 정부는 이들에게 할당제를 통하여 공무원으로 우선 채용하는 것을 들 수 있습니다. 우리나라의 경우에도 현재 인재 지역할당제도의 하나로 공무원 채용 시에 지방대학교 출신자에 대하여 약간의 가산점을 부여하고 있습니다.

제2절 행정 접근방법론

행정현상을 연구대상으로 하는 행정학은 이제까지 다양한 접근방법들을 활용하여 연구를 수행해 왔습니다. 물론 이러한 연구방법들은 독일과 미국에서 발전해 온 것들입니다. 이러한 연구 방법들 가운데서 가장 중요한 몇 가지만을 설명하도록 하겠습니다.

1) 초기의 전통적 방법론

전통적 행정학 접근 방식에는 역사적 접근, 법률적 접근, 제도적 접근 및 생태론적 접근 등이 포함될 수 있습니다. 물론 이러한 방식들 모두가 장단점들을 지니고 있습니다.

우선 역사적 접근은 행정제도의 성격과 그 제도가 형성되어 온 특수한 방법을 인식하는 수단을 제공해 줍니다. 과거를 이해하게 되면 현재의 문제를 효과적으로 해결할 수 있기 때문입니다. 따라서 역사적 접근방식은 어떤 사건, 기관, 제도 및 정책의 기원과 발전과정을 파악하고 이해하는데 매우 유용합니다.

법률적 접근과 제도론적 접근 역시도 행정학 연구의 초기 방법들 가운데 하나이며, 오늘날에도 널리 사용되고 있습니다. 법률적 접근은 정부의 헌법상의 권한과 책임의 위임에 대한 분석에 기반을 두고 있습니다. 즉 선거를 통하여 구성되는 정부와 일반 시민에 대한 행정의 책임을 확보하는 방안에 초점을 둔 것입니다. 20세기 초까지 행정이란 행정법의 일부로 합법성이나 책임성이 가장 중요한 문제로 고려되었습니다.

제도론적 접근방식은 정치제도에 대한 관심을 바탕으로 입법부와 행정부 그리고 사법부에 대한 연구를 진행하였습니다. 행정학의 분야에서 기관이나 직제에 대하여 자세한 기술에 관심을 갖는 것은 이러한 제도론적 접근방식을 따른 것입니다. 그러나 제2차 세계대전 이후에 많은 후진국이 선진국의 제도를 받아들였으나 실패하였기 때문에 이에 대한 반발로 생태론적 접근 방식이 등장합니다.

생태론적 접근방법은 행정 현상을 자연, 사회 및 문화적 환경과 관련지어 이해하려고 하였습니다. 생태론자들은 서구 행정제도가 후진국에서 잘 작동하지 않는 이유는 사회문화적 환경이 다르기 때문이라고 보았습니다. 따라서 생태론적 접근 방식은 행정 체제의 개방성을 강조하였고, 분석 수준을 행위자 개인보다는 집합적 행위나 제도에 맞추고 있어서 거시적인 성격을 띠게 됩니다. 이러한 생태론적 접근 방식은 후진국의 행정 현상을 설명하는데는 이바지했지만, 행정의 적극적인 역할을 부각하지 못했다는 비판도 받고 있습니다.

2) 행태론적 접근 방법

행태론적 접근방법은 개인, 집단 및 조직 차원에서 이루어지는 인간행태의 인과관계를 경험적·실증적으로 밝힘으로써 인간행태를 설명, 예측, 통제하려는 목적을 가지고 있습니다(이하 유민봉, 2012: 21-27의 수정). 조금 더 구체적으로 이야기하면, 행태론적 접근방법은 개인과 관련된 인식, 성격, 태도, 학습 과정, 직무만족, 동기부여, 그리고 집단차원에서의 행동규범, 역할 및 조직차원에서의 의사결정, 권력과 갈등, 커뮤니케이션, 리더십 등에 나타난 행태를 주된 연구대상으로 삼고 있습니다.

이러한 행태론적 접근방법은 노벨상 수상자인 허버트 사이먼(H. A. Simon)에 의해서 1940년대 중반에 미국 행정학에 도입되고 체계화되었으며 그 적용범위도 확대되었습니다. 행태론자들은 인간행태의 규칙성을 전제하고 그러한 규칙성이 어느 조직에서나 찾아질 수 있다는 입장을 취했습니다. 이러한 행태론적 시각은 이후 1960-70년대 행정에서의 가치배분 역할이 중요시될 때까지 행정학의 주류를 형성했습니다.

이러한 미국 행태론적 방법론에 영향을 받아서, 우리나라에서는 1960년대에는 법적·제도적 접근방식이 주류를 이루었으나, 1970년대에는 행태론적 접근방식이 주류를 이루게 됩니다.

행태론적 접근방식의 특징은 인간의 행태를 주된 연구대상으로 한다는 점과 과학적 방법을 적용한다는 것입니다. 구체적으로는 조직의 구조나 경제적 유인에 기계적으로 반응할 것으로 본 과학적 관리론의 가정을 부정하고 인간 개인의 사회적, 심리적 측면을 연구의 대상으로 삼았습니다. 따라서 행정과 관련한 법과 제도 및 구조의 측면에서 행정현상을 이해하기보다는, 행정에 참여하고 행정에 영향을 미치는 사람들의 동기, 역할 및 행동을 중심으로 행정현상을 이해하려는 모습을 보였습니다.

또한, 종합 학문적인 접근방식을 활용합니다. 인간의 행태는 모든 사회과학의 공통된 연구 대상이라고 할 수 있습니다. 행태론적 접근방식은 심리학, 사회학, 인류학, 경제학 및 정치학 등에서 개인의 심리적, 사회적, 문화적, 소비적, 정치적 행태를 연구하는데 다양하게 적용되고 있습니다.

또한, 과학적인 방식을 적용합니다. 따라서 행태의 규칙성을 경험적으로 관찰하여 가설을 검증하고, 변수 간에 인과관계를 규명하며, 검증된 이론의 일반법칙성을 추구합니다.

이러한 행태론적 접근방식은 행정학의 과학화에 많은 기여를 하였습니다. 그러나 인간의 가치 측면을 부정하기 때문에 현상에서 가치문제가 많이 개입되어 있을수록 이론의 적합성이 떨어지게 됩니다. 미국에서는 1960년대 말에 이러한 행태주의적 접근으로 당면한 사회적 문제들을 제대로 해결하는데 아무런 도움을 주지 못하였다는 반성으로 후기 행태주의가 나타나게 됩니다. 후기 행태주의 접근방식은 가치 중립적인 과학적 연구보다는 가치 평가적인 정책연구를 지향하면서, 정책학의 발전에 많은 이바지를 하였습니다.

3) 공공선택론적 접근 방법

공공선택론은 경제학적 분석도구를 국가이론, 투표 규칙, 투표자 행태, 정당정치, 관료 행태 및 이익집단 연구에 적용하는 것입니다. 공공선택론은 정부를 공공재의 생산자로 규정하고, 시민들을 공공재의 소비자로 규정하고 있습니다. 이러한 관점에서 시민의 편익을 극대화할 수 있는 서비스의 공급과 생산은 공공부문의 시장경제화를 통하여 가능하다고 보고 있습니다.

공공서비스를 독점적으로 공급하는 전통적인 정부관료제는 시민의 요구에 민감하게 반응을 보일 수 없는 제도적 장치이며, 동시에 조직화한 압력단체들의 영향하에 공공서비스를 독점적으로 공급하면서 소비자인 시민의 선택을 억압한다는 것입니다. 따라서 이러한 공공선택론은 정부혁신의 접근방식을 지니고 있습니다.

이러한 공공선택론적 접근방식은 뷰캐넌(J. Buchanan)을 비롯한 경제학자들과 수학자들에 의해서 창시되었으며, 특히 빈센트 오스트롬(Vincent Ostrom)은 1973년에 공공선택론의 관점에서 "미국 행정학의 지적 위기"라는 저서를 출간하여 행정학에 접목을 시도하였습니다.

공공선택론은 기존의 행정질서와 행정이론이 보여주는 문제점들을 극복해 보려는 하나의 새로운 접근방식입니다. 이 접근방식은 시민들의 다양한 요구와 선호에 민감하게 부응할 수 있는 제도적 장치를 마련하는 데 관심을 나타내고 있어서 민주행정의 구현이라는 관점에서 높게 평가받을 수 있습니다. 그러나 자유시장 논리의 과다한 도입으로 시장실패의 위험성을 지니고 있다는 비판도 받고 있습니다.

4) 신공공관리론

신공공관리론은 1980년대 이후에 영미 국가들을 중심으로 전통적인 관료제 패러다임의 한계를 극복하고 '작은 정부'를 구현하기 위하여 개발된 정부 운영 및 개혁에 대한 이론입니다. 신공공관리론의 한 축을 형성하는 시장주의는 신자유주의 이념에 기초하여 가격 메커니즘과 경쟁 원리를 활용한 공공서비스 제공과 고객지향적인 공공서비스 제공을 중요시합니다.

따라서 신공공관리론에서는 수익자 부담 원칙의 강화, 민간부문 상호 간 경쟁원리를 활용한 공공서비스 제공을 위한 민간위탁과 민영화의 확대, 정부부문 내 경쟁원리 도입 및 규제 완화 등을 행정개혁의 방향으로 제시하고 있습니다. 신공공관리론에서는 국민들을 납세자나 일방적인 서비스 수혜자가 아닌 정부의 고객으로 인식합니다. 이러한 고객 지향성 또는 고객주의에 따라서 고객이 가치를 부여하는 결과의 산출, 서비스의 질의 관리, 고객에 대한 서비스 선택권 부여 등이 강조되고 있습니다.

신공공관리론을 구성하는 다른 하나의 축인 신관리주의에서는 행정과 경영의 유사성에 대한 인식에 기초하여 기업의 경영 원리와 관리기법들을 행정에 도입·접목함으로써 정부의 성과 향상과 관리의 효율성을 제고하는 것을 강조하고 있습니다. 이와 관련하여 기업가정신, 성과에 기초한 관리, 권한 이양, 품질관리기법, 인센티브 메커니즘, 마케팅기법, 고객 만족 경영기법 등을 행정에 도입하는 방안을 논의하고 있습니다.

신공공관리분야의 대표적인 저작인 오스본과 게블러의 「정부재창조론」(1992)에서 제시된 '기업가적 정부 운영의 10대 원리'는 신공공관리론의 특징과 정부개혁의 방향을 잘 보여주고 있습니다. 이들은 관료적 형식주의 타파, 고객 만족 중시, 경쟁 원리 및 시장기구의 활용, 결과 및 성과 중시, 끊임

없는 혁신의 추구 등으로 표현되는 기업가정신과 기업 경영 원리를 행정에 도입함으로써 정부의 효율성과 효과성을 높여 나갈 수 있다는 점을 강조하고 있습니다. 이들이 제시한 10대 원리를 정리하면 다음과 같습니다.

① 촉진적 정부(노젓기 보다 방향 잡아 주기): 기업가적 정부는 서비스 공급자보다는 촉매작용자, 중개자 그리고 촉진자의 역할을 수행하여야 한다.
② 지역사회가 주도하는 정부(서비스 제공보다 권한 부여): 기업가적 정부는 관료적 통제와 공급자 위주의 행정에서 벗어나 주민들에게 권한을 부여해 지역공동체를 형성함으로써 지역 주민과 지역공동체를 서비스 공급 주체의 일원으로 참여시키는 것이 바람직하다.
③ 경쟁적 정부(서비스 제공에 경쟁 도입): 경제 원리의 도입을 통해 행정서비스 공급의 경쟁력을 제고해야 한다.
④ 사명 지향적 정부(규칙 중심 조직의 개혁): 법규나 규정에 의한 관리보다는 목표와 임무를 중심으로 조직을 운영하고, 결과를 중시해야 한다.
⑤ 성과 지향적 정부(투입이 아닌 성과와 연계한 예산배분): 업무 성과를 제고하기 위해서는 투입이 아니라 산출이나 결과를 기준으로 자원을 배분해야 한다.
⑥ 고객 지향적 정부(관료제가 아닌 고객 요구의 충족): 서비스 제공 대상자를 고객으로 인식하고, 이들에게 선택권을 부여해 정부의 필요가 아니라 고객인 국민의 필요에 따라 서비스를 제공해야 한다.
⑦ 기업가적 정부(지출보다는 수익 창출): 예산지출 위주의 정부 운영 방식에서 탈피하여 수입 확보의 개념을 활성화하는 것이 필요하다.
⑧ 미래에 대비하는 정부(사고 수습보다는 사고 예방): 사후적으로 대책을 수립하기보다는 사전에 문제 예방에 주력하는 것이 더욱 효과적이다.
⑨ 분권적 정부(위계조직에서 참여와 팀워크로): 권한 분산과 하부 위임을 통해 참여적 의사결정을 촉진해야 한다.
⑩ 시장 지향적 정부(시장기구를 통한 변화 촉진): 관료주의보다는 시장 기

능 메커니즘을 좀 더 폭넓게 활용함으로써 정부의 성과를 높여야 한다.

이러한 신공공관리론은 전통적인 관료제 정부모형을 새로운 정부모형으로 전환하기 위한 행정개혁 전략의 개발을 지향하고 있습니다. 일반적으로 신공공관리론에서는 그 새로운 정부모형을 '기업가적 정부'로 규정하고 있습니다. 이러한 신공공관리론은 새로운 정부혁신의 전략을 세계적으로 확산시키는데 크게 기여하였습니다. 그러나 시장과 민간부문을 지나치게 이상화하는 반면에 관료제를 지나치게 폄하함으로써 책임행정의 지향성과 갈등을 야기한다는 비판도 받고 있습니다(김병섭, 1996).

5) 뉴거버넌스론

뉴거버넌스론은 가장 최근에 나타난 접근방식입니다. 이제까지 정부는 공공서비스의 공급자로서 독점적인 역할을 담당했습니다. 그러나 최근에 공공서비스 전달에서 민간부문과 비영리 부문의 참여가 확대되고 있습니다. 그 결과 이제 공공서비스 전달의 효율성과 효과성은 정부부문과 민간부문 및 비영리 부문 간의 협력적 네트워크의 구축 및 관리에 의해서 크게 영향을 받게 되었습니다.

또한, 세계화에 따라서 전통적인 국민국가의 역할을 시민사회나 시장 및 국제 체제가 분담하고, 정보화에 따라서 국가, 사회, 기업 등 국가 운영 주체 간의 관계도 급속하게 변화하고 있습니다. 이러한 상황 변화에 대응하여 국가, 시장, 기업, 시민사회 및 세계 체제와의 관계를 재정립하면서 뉴거버넌스 이론이 등장하였습니다.

뉴거버넌스 이론에 대하여 다양한 견해들이 제시되고 있지만, 핵심은 공공 서비스 전달 또는 공공문제를 해결하는 과정에서 정부라는 제도적 장치에 전적으로 의존하기보다는 정부와 민간부문 및 비영리 부문 간의 협력적 네트워크를 적극적으로 활용하는 것이라고 할 수 있습니다. 이 과정에서 정부와 시장 및 공동체 간의 관계와 정부의 역할이 새로 정립되고, 정부와 민간부문 및 비영리 부문 간의 협력 체제가 등장하게 되며, 이들 부문 간의 조정

기제로서 상호 신뢰와 협력에 기초한 네트워크를 활용하게 되는 것입니다.

제3절 행정 윤리

우리는 언론 보도를 통하여 공무원들이 수뢰(受賂) 혐의로 구속되었다는 기사를 흔히 접하고 있습니다. 이것은 정권이 교체될 때, 더욱 빈번하게 나타납니다. 그리고 그 대상은 중앙정부 공무원에만 국한되지 않고 수많은 지방자치단체 공무원들에 이르기까지 널리 퍼져 있습니다. 지난 30여 년 전에, 제가 고등학교 학생 시절에도 서울시는 복마전(伏魔殿)으로 알려졌었습니다. 흔히들 부정부패, 비리의 온상지를 복마전이라고 합니다. 이것은 떳떳하지 못한 짓을 저지르고 이를 다른 사람들이 알지 못하도록 숨기기 위한 장소입니다. 이처럼 공무원의 부정부패는 오랜 역사를 지니고 있으며, 따라서 행정윤리의 개념과 중요성이 더욱 부각되고 있습니다. 이 절에서는 공무원의 부패 및 행정윤리에 대하여 간략하게 살펴보겠습니다.

1. 부패의 개념과 유형

공무원 부패(Bureaucratic Corruption)는 공무원들이 그 직무와 관련하여 부당한 이익을 취하기 위해 공식적 규범을 위반하는 행위를 말합니다. 공무원들의 부패 행위 속에는 횡령, 뇌물 수수와 같은 명백한 불법 행위(Illegality)는 물론, 비록 직접적인 물질적 혜택은 없다고 하더라도 민주적 절차를 벗어나거나 공정성을 잃은 행정처분 등 공식적 규범을 벗어난 일체의 행위를 포함하고 있습니다.

이러한 부패는 사회 전반에 걸쳐서 부정적인 영향을 미치게 됩니다. 특히 공무원들이 직무와 관련된 영향력을 부당하게 행사하여 사익을 추구하는 부패 행위는 결과적으로 사회 전체의 이익, 즉 공익을 침해하게 됩니다. 그러므로 일반적으로 부패는 경제 성장에 해를 끼치는 것으로 평가됩니다. 후진국으로 갈수록 부패의 정도가 심한 것이 이를 반증하고 있습니다.

2013년 출범한 중국의 시진핑 정권도 부패와의 전쟁을 선포하고 대대적으로 공무원 부패를 척결하고 있습니다. 재미있는 것은 그 여파로 중국의 유명한 술인 마오타이의 가격이 절반 이하로 내려갔다는 사실입니다. 중국 공산당원이나 군인들에게 근무시간에 술을 자제하고 선물도 주고받지 못하도록 하였기 때문에, 중국의 대표적 술인 마오타이가 수요가 급감해서 가격이 절반 이하로 내려갔는데도 팔리지 않고 있다고 합니다. 이처럼 세계 여러 나라가 부패와의 전쟁을 벌이고 있으며, 세계은행, 국제통화기금, OECD 및 UN에 이르기까지 수많은 국제기구가 다양한 반부패 전략을 제시하고 있습니다.

우리나라도 지난 2002년에 시민사회의 주도적인 노력으로 부패방지위원회를 신설하였으며, 공공 부문의 부패를 근절하고 반부패 청렴 문화를 조성하기 위한 정책을 지속해서 추진하여 왔습니다. 그러나 이러한 노력에도 불구하고 우리나라 역시도 부패 문제에서는 국민들의 기대를 충족시킬 수 있을 만큼 크게 개선되지 못하고, 국제 사회의 평가 역시도 낮은 수준에 머무르고 있습니다.

독일 베를린에 본부를 둔 국제투명성기구(Transparency International, TI)가 매년 발표하는 부패인식지수(Corruption Perceptions Index, CPI) 순위에서 우리나라는 2011년에 43위, 2012년에 45위를 기록하고 있습니다. 이것은 OECD 가입 34개국 중에서는 27위로 하위권에 머무르고 있음을 보여주고 있는 것입니다. 사회의 부패 정도를 나타내는 부패인식지수에서 우리나라는 2011년 네 계단 추락한 데 이어 2012년에 다시 두 단계 떨어져서 지속해서 순위가 내려가고 있습니다. 이러한 부패 문제는 뒤에서 다시 한 번 살펴보도록 하겠습니다.

2. 행정윤리의 개념

행정윤리(Administrative Ethics)란 공직자가 공공 업무를 수행할 때 준수해야 할 올바른 행동 규범(Code of Conduct)을 의미합니다(이하 이종수, 2013: 43-49의 수정). 행정윤리는 공직자라는 특수한 전문 직업집단에 요구되는 규범적 행동 기준으로, 공공 업무의 수행과 관련된 윤리 규범을 의미합니다. 공무원들은 자신이 담당하고 있는 공공 업무를 수행할 때, 행정이 추구하고자 하는 공공 목적을 달성하는 데 이바지할 수 있도록 전문적 능력을 최대한 발휘하여야 합니다.

이러한 행정윤리와 유사한 용어로 공직윤리, 정부윤리 및 공공윤리 등의 개념이 사용됩니다. 이러한 행정윤리의 개념에는 다음과 같은 특징들이 담겨져 있습니다. 첫째, 행정윤리는 행정 업무와 관련된 윤리를 의미합니다. 행정윤리는 공무원의 신분을 가진 사람이 자신의 공적인 행정 업무와 관련하여 지켜야 할 가치 기준을 의미합니다.

둘째, 공무원은 국민 일부에 대한 봉사자가 아니라 국민 전체에 대한 봉사자로서 공익을 추구하여야 합니다. 공권력에 기초한 공무원의 역할은 사회구성원들 간의 가치 배분에 절대적인 영향을 미치기 때문에 공무원에게는 일반 시민들과는 다른 엄격하고 높은 수준의 윤리 의식이 요구됩니다.

셋째, 행정윤리는 좁은 의미로는 공무원의 부정부패와 관련되어 소극적으로 이해되기도 합니다. 그러나 행정윤리의 개념은 반부패와 같은 소극적인 의미 이외에, 적극적으로 행정이 추구하고자 하는 바람직한 가치까지를 포함하는 것입니다. 이처럼 행정윤리의 개념을 적극적으로 이해할 경우에는 공익성과 봉사 정신이 강조됩니다.

넷째, 행정윤리의 개념은 공무원이 마땅히 지켜야 할 공무원으로서의 직업윤리는 물론 공무원이 입안하고 집행하는 정책 내용이 윤리적이어야 한다는 의미도 내포하고 있습니다. 따라서 공무원이 지켜야 할 행동 규범 속에는 헌법의 준수뿐만 아니라, 업무 수행 시 전문적인 지식의 함양을 통해 행정의 질을 높여야 한다는 의미도 포함되어 있습니다.

마지막으로, 행정윤리는 일반 조직의 구성원들에게 요구되는 보편적인 성실, 복종, 직장 이탈 등의 의무 이외에, 수행 업무의 특성에 따라서 별도의 윤리기준이 요구됩니다. 즉 모든 국민에게 공정하고, 정당한 법절차(Due process)를 준수해야 합니다.

제2장 쉬어가기 공직자 재산등록(公職者 財産登錄)

공직자 재산등록 제도는 공직자 및 공직후보자의 재산등록과 등록재산의 공개를 제도화하고, 공직을 이용한 재산취득의 규제, 공직자의 선물신고, 퇴직공직자의 취업제한 등을 규정함으로써 공직자의 부정한 재산증식을 막고 공무집행의 공정성을 확보하여 공직자윤리를 확립함을 목적으로 하는 제도입니다.

공직자 재산등록제도는 「공직자윤리법」에 근거해 공직자들의 부정부패 등을 막기 위해 일정 직위 이상 공무원들의 재산을 등록하도록 하는 제도로서 1993년부터 이를 실시하고 있습니다.

다음에 어느 하나에 해당하는 공직자는 본인과 배우자, 본인의 직계존비속의 부동산에 관한 소유권·지상권 및 전세권, 광업권·어업권 및 그 밖에 부동산에 관한 규정이 준용되는 권리, 일정 금액 이상의 동산·증권·채권·채무 및 지식재산권, 합명회사·합자회사 및 유한회사의 출자지분, 주식매수선택권 등의 재산을 법률에 따른 해당 등록기관에 등록해야 합니다.

① 대통령, 국무총리, 국무위원, 국회의원 등 국가의 정무직 공무원

② 지방자치단체의 장, 지방의회의원 등 지방자치단체의 정무직 공무원

③ 4급 이상의 일반직 국가공무원 및 지방공무원, 이에 상당하는 보수를 받는 별정직 공무원

④ 고위공무원단에 속하는 외무공무원 및 공무원보수규정에 따른 직무등급이 6등급 이상인 직위의 외무공무원, 4급 이상의 국가정보원 직원 및 대통령실 경호공무원

⑤ 법관 및 검사

⑥ 헌법재판소 헌법연구관

⑦ 대령 이상의 장교 및 이에 상당하는 군무원

⑧ 교육공무원 중 총장·부총장·대학원장·대학교의 학장 및 전문대학의

장과 대학에 준하는 각종 학교의 장, 특별시·광역시·특별자치시·도 등의 교육감·교육장 및 교육위원

⑨ 총경 이상의 경찰공무원과 소방정 및 지방소방정 이상의 소방공무원

⑩ ①~⑦ 및 ⑨에 해당하는 공무원으로 임명할 수 있는 직위 또는 이에 상당하는 직위에 채용된 계약직 공무원

⑪ 법률에 따른 공기업의 장·부기관장·상임이사 및 상임감사, 한국은행의 총재·부총재·감사 및 금융통화위원회의 추천직 위원, 금융감독원의 원장·부원장·부원장보 및 감사, 농업 및 수산업 협동조합중앙회의 회장 및 상임감사

⑫ 공직유관단체의 임원

⑬ 그 밖에 국회규칙, 대법원규칙 및 대통령령으로 정하는 특정 분야의 공무원과 공직유관단체의 직원

최근에는 국세청의 경우에 하위직 공무원들에 대해서도 재산등록을 실시하려고 범위를 확대하는 중입니다. 공직자윤리법에 따라 4급 이상 공무원은 본인과 배우자 직계존비속의 재산을 등록해야 하며, 첫 등록 이후 이듬해부터는 재산변동부분에 대해 자진신고해야 합니다. 경찰관 재산등록의무자는 경사계급 이상입니다. 등록의무가 있는 1급 이상 공직자 본인과 배우자 및 본인의 직계존비속의 재산을 법률에 따른 등록기관에 등록해야 하고, 매년 1년간의 재산변동사항은 다음 해 2월 말일까지 등록기관에 신고해야 합니다. 그리고 직무상 취득한 정보를 이용해 주식거래를 하지 못하도록 주식보유현황과 거래내역 제출을 의무화하고 있으며, 공직자들의 주식거래 내역을 심사할 수 있는 '주식거래심사' 조항이 있습니다. 이에 따라 주식거래자에 한해 주식거래 내역서를 2002년부터(2001년도 재산공개) 제출하도록 하였습니다.

공직자윤리위원회는 등록된 사항에 대해 심사해야 하며, 잘못 기재되었거나 누락된 부분에 대해 보완 및 자료 제출을 요구할 수 있고, 필요한 경우

재산형성과정의 소명을 요구할 수 있습니다. 또한, 부정한 방법으로 등록재산 중 재물 또는 재산상 이익을 취득한 혐의가 있다고 인정되면 법무부 장관 등에 통보할 수 있습니다. 공직자윤리위원회는 등록된 사항과 공개대상자의 변동내역에 대한 실사를 벌여 허위 및 불성실 등록사실이 드러나면, 경고·시정, 과태료 부과, 일간신문 광고란을 통한 허위등록 사실 공표 등의 조치와 아울러 불성실 등록 공직자의 소속기관장에게 해임 또는 징계(파면 포함) 등 각종 징계 조치를 요구할 수 있습니다. 그리고 공직자윤리위원회는 등록의무자 중 법률에 따라 등록재산 공개 대상이 되는 공직자 본인과 배우자 등의 재산등록사항 및 재산변동사항에 대한 내용을 등록기간 또는 신고기간 만료 후 1개월 이내에 관보 또는 공보에 게재하여 공개해야 합니다.

더 읽어야 할 책 3권:

- Osborne, David & Gaebler, T. (1992). *Reinventing Government: How the Entrepreneurial Spirit is Transforming the Public Sector.* (MA: Addison-Wesley). 「정부 혁신의 길」. 삼성경제연구소 옮김. 1994년 5월.
- 강신택. (2013). 「행정사상과 연구의 논리」. 조명문화사. 2013년 5월
- 이종수. (2012). 「새 행정윤리」. 대영문화사. 2012년 8월.

꼭 알아야 하는 용어 3개(출처: 허동석, 2010; 이종수, 2009; 두산백과사전):

- 거버넌스(Governance)

'국가경영' 또는 '공공경영'이라고도 번역되며, 최근에는 행정을 '거버넌스'의 개념으로 보는 견해가 확산하여 가고 있다. 거버넌스의 개념은 신공공관리론(新公共管理論)에서 중요시되는 개념으로서 국가·정부의 통치기구 등의 조직체를 가리키는 'Government'와 구별된다.

즉, 'Governance'는 지역사회에서부터 국제사회에 이르기까지 여러 공

공조직에 의한 행정서비스 공급체계의 복합적 기능에 중점을 두는 포괄적인 개념으로 파악될 수 있으며, 통치·지배라는 의미보다는 경영의 뉘앙스가 강하다. 거버넌스는 정부·준정부를 비롯하여 반관반민(半官半民)·비영리·자원봉사 등의 조직이 수행하는 공공활동, 즉 공공서비스의 공급체계를 구성하는 다원적 조직체계 내지 조직 네트워크의 상호작용 패턴으로서 인간의 집단적 활동으로 파악할 수 있다.

- 국제투명성기구(Transparency International)

국가활동의 책임성을 확장하고 국제적·국가적 부패의 극복을 목표로 하는 공익적인 국제비정부기구(NGO)이다. 1993년에 설립되었으며, 본부는 독일의 베를린에 있다. 설립자이자 집행이사회 의장인 피터 아이겐(Peter Eigen)은 세계은행(IBRD)의 아프리카-라틴아메리카 경제개발 프로그램 관리자로 근무하던 중 부패가 후진국의 발전을 가로막고 있다는 점에 주목하고, 퇴직한 뒤 국제투명성기구를 만들었다. 전 세계 82개의 공식 국가지부를 포함하여 100개 이상의 단체가 산하 지부로 활동하고 있으며, 지미 카터 전 미국 대통령도 이 단체의 자문위원으로 참여하고 있다.

이 기구의 가장 큰 사업은 각국의 공무원이나 정치인이 얼마나 부패를 조장하는지에 대한 인식을 나타내는 부패지수(CPI: Corruption Perceptions Index)의 산출이다. 부패지수는 부패 문제에 대한 관심을 불러일으키기 위해 괴팅겐대학교의 요한 람스도르프 교수와 국제투명성기구가 공동 개발하여 1995년부터 매년 발표하고 있다.

이 기구가 매년 발표하는 국가별 부패지수에서 투명한 나라 1, 2, 3위는 덴마크·핀란드·스웨덴 등 북유럽 3국이 독차지하고 있다. 이들 국가는 효율적인 행정감시제도 등 투명한 국가경영 시스템을 구축하여 부패를 용납하지 않는 사회구조를 일찍이 정착시켰다. 한편, 뇌물을 받는 쪽에 초점을 둔 부패지수를 보완하는 차원에서 1999년부터는 뇌물을 주는 기업을 대상으로 설문조사를 통해 뇌물공여지수(BPI: Bribe Payers Perceptions Index)

를 산출해 발표하고 있다.

- 공공선택론(公共選擇論, Public Choice Theory)

정부를 공공재(Public goods and Services)의 생산자로 그리고 시민을 소비자로 규정하고, 시민의 편익을 극대화할 수 있는 서비스의 공급과 생산은 공공 부문의 시장경제화를 통해 가능하다고 주장하는 이론 지향을 말한다. 공공선택론자들은 공공 서비스를 제공할 때에 시민 개개인의 선호와 선택을 존중하고, 경쟁을 통해 서비스를 생산하고 공급하게 함으로써 행정의 대응성을 높일 수 있다고 주장한다.

"비시장적 의사결정의 경제학적 연구 혹은 정치학에 경제학을 응용하는 연구"라고 정의되는 공공선택론은 경제학적인 분석도구를 국가이론, 투표규칙, 투표자 행태, 정당정치, 관료 행태, 이익집단 등의 연구에 적용하고 있다.

제 3 장

정부와 행정

정부의 규모와 역할에 대한 국민들의 인식은 오랫동안 지속적으로 변화해 오고 있습니다. 이러한 정부관의 변화는 시대적인 배경을 지니고 있습니다. 따라서 이 장에서는 이러한 정부관의 변천 모습과 구조를 간략하게 살펴보고자 합니다.

제1절 정부의 개념과 정부관의 변화

1. 정부의 개념과 형태

일반적으로 정부의 형태는 넓은 의미와 좁은 의미의 두 가지로 나누어 볼 수 있습니다. 또한 국가론 과목에서는 강한 정부와 약한 정부로 나누기도 합니다. 재미있는 것은 미국에 비해서 우리나라가 훨씬 강한 정부라는 사실입니다. 이렇게 이야기하면, 학생들은 미국이 우리보다 강대국이니까 미국 정부가 강한 정부가 아닌지? 반문하곤 합니다. 하지만 그렇지 않습니다. 시장에 대한 정부의 개입 정도를 놓고 볼 때, 미국과 비교하면 우리나라가 훨씬 강한 정부가 맞습니다.

자 본론으로 돌아가서...... 넓은 의미의 정부는 입법부, 사법부 및 행정부를 모두 포함한 총체적인 정부기관을 지칭하며, 정부를 국가의 통치기구 혹은 국가의 권력구조로 보고 있습니다. 반면에 좁은 의미의 정부는 입법부와 사법부에 대한 행정부를 의미하며, 정부를 행정부의 조직과 작용으로 봅니다(이하 이종수·윤영진 외, 2012: 29-30의 수정).

넓은 의미의 정부 형태는 입법부, 사법부 및 행정부의 삼권분립 구조를 이루고 있습니다. 이러한 권력 분립의 원리가 헌법의 권력구조에 어떻게 적용되느냐에 따라서 여러 가지의 정부형태가 나타날 수 있습니다. 일반적으로 권력집중형 전제주의와 권력분립형 입헌주의로 나눌 수 있는데, 입헌주의 정부형태는 다시 대통령제와 의원내각제 등으로 구분할 수 있습니다.

좁은 의미의 정부 형태는 입법부와 사법부에 대한 행정부를 의미합니다. 이것은 행정이 이루어지는 중심이 정부관료제에 의한 것이기 때문입니다. 우리나라 헌법에는 "행정권은 대통령을 수반으로 하는 정부에 속한다."(제66조 4항)라고 되어 있습니다. 따라서 정부는 행정권의 주체입니다. 그러므로 구체적으로 좁은 의미의 정부는 국가 목적을 달성하기 위해 행정권을 행사하는 정부관료제 조직을 의미합니다.

2. 정부기관의 시대적 변천

정부의 역할과 규모는 시대에 따라서 끊임없이 변화해 오고 있습니다. 이러한 정부관의 변화는 다음과 같습니다(이하 유민봉, 2012: 147-190의 수정 요약).

1) 근대국가

17~18세기 시민혁명과 산업혁명 이후에 등장한 근대국가는 이전에 절대군주 국가와 달리 국민의 자각적인 인식이 반영된 국가입니다. 이러한 근대국가는 당시의 시대적 상황을 반영하여 개인의 자유주의에 사상적 바탕을

두게 됩니다. 근대국가의 출범과 함께 등장한 시민 즉 부르주아 계급은 정부의 개입이 없이도 이성적으로 행동할 수 있다는 자신감을 지니고 있었습니다. 이러한 자유주의 국가의 시대에서는 정부의 역할보다는 시장의 자율적 기능을 중요시하고, 자원의 효율적 배분은 시장의 '보이지 않는 손(Invisible Hands)'에 의해서 가능하다고 믿었습니다.

따라서 '최소의 행정이 최선의 정부'로 받아들여졌습니다. 이처럼 자유주의를 근간으로 하는 근대국가에서 정부의 역할은 밖으로는 외적의 침입을 방지하고 안으로는 개인의 재산과 자유를 침해하지 못하도록 지켜주는 정도로 최소화하는 것이었습니다. 이러한 최소한의 정부를 정치적으로 제도화한 것이 대의민주주의였습니다. 국민이 선출한 대표로 의회를 구성하고 그곳에서 정한 법에 의한 지배만을 허용한 것입니다. 따라서 행정은 정치에 종속되고 법대로 집행하면 될 뿐 자율적 재량이 최소화되었습니다.

2) 현대복지국가

그러나 20세기에 들어 정부는 단순히 국민들의 정치적 자유의 보장에 그치지 않고, 공공복지를 증진하면서 경제, 사회 및 문화의 모든 면에서 실질적으로 자유와 평등을 보장하는 등 적극적으로 국민 생활에 개입하게 됩니다. 왜냐하면, 대량생산을 기반으로 하는 독점적 산업자본이 등장하고, 이들에 의해서 시장질서가 왜곡되고 빈부격차가 확대되었기 때문입니다. 19세기 후반에 지속한 만성불황으로 대량의 실업자가 발생하면서 빈곤문제를 더 이상 개인의 책임으로 방임할 수 없는 상황에 직면하게 됩니다. 이러한 상황은 세계 대공황을 극복하는 뉴딜정책에서 보듯이 정부의 역할을 보다 강화하는 방향으로 전개됩니다. 또한, 세계 1차와 2차 대전을 겪으면서 정부의 기능은 계속 강화됩니다. 20세기 후반에 들어와서는 서구 국가들이 복지국가를 지향하면서 사회복지 프로그램들을 확대하고 이 분야의 재정지출을 늘림으로써 정부의 기능은 지속적으로 강화됐습니다.

3) 행정국가: 큰 정부

행정국가가 등장하게 된 직접적인 동기는 근대국가에서 성장해온 시장의 불완전성 때문입니다. 19~20세기에 크고 작은 경제 불황이 자주 나타나면서 자본주의 시장경제는 위기를 맞이합니다. 영국의 경제학자 케인스(Keynes)가 유효수요이론으로 정부의 재정지출 확대를 통한 거시경제의 안정적 성장책을 제시했지만, 시장의 문제는 단순히 불황과 실업의 거시 경제 문제에 그치지 않고 증폭됩니다.

사회에 필요한 재화와 서비스가 시장의 가격시스템에 의해 자율적이고 효율적으로 배분될 수 있을 것으로 기대했지만 시장실패(Market Failure)가 나타납니다. 구체적인 실패의 요인으로는 공공재, 외부효과(Externality), 자연독점(Natural Monopoly), 불완전 정보 등을 들 수 있습니다. 따라서 사회에 바람직한 정도의 재화와 서비스는 시장의 자율보다는 정부의 적극적인 개입으로 가능할 수 있다는 믿음이 확산됩니다.

이러한 시장실패로 등장한 행정국가는 20세기 이후 과거에는 경험하지 못했던 복잡한 문제가 발생하면서 더욱 강화되었습니다. 경제규모가 커지고 자본가와 노동자의 대립이 격화되면서 불공정 기업 활동의 규제와 노사갈등의 문제가 새롭게 부각되었습니다. 또한 인구가 증가하고 급속한 도시화로 인하여 주택, 교통, 환경, 인구 및 교육의 문제는 물론 평균수명이 연장되면서 노인의 보건의료를 포함한 노인복지 문제도 정부의 개입을 요구하게 됩니다. 과학기술의 급속한 발달은 산업구조와 인력시장을 포함해서 과거와 전혀 다른 문제구성과 전문성에 의한 해결을 요구하게 됩니다. 따라서 과거에 정치적으로 타협할 수 있었던 문제가 사라지고, 기술·전문적 해결이 요구되면서 의회의 역할이 축소되고 행정의 역할이 확대되는 결과로 나타납니다.

한편 우리나라는 조선 시대와 일제 식민지 시대를 거쳐서 제2차 세계대전 이후에 근대국가를 거치지 않고 곧장 행정국가로 진입하게 됩니다. 우리나라는 조선왕조 500년간의 절대 왕권에 대한 경험 및 미국에서 도입한 국가발전 전략을 바탕으로 강력한 행정국가를 추구하게 됩니다. 하지만 앞에서 살펴본 것처럼 1980년대 이후에 행정국가는 커다란 변화에 직면하게 됩니다. 즉 '큰 정부'에서 '작은정부'로의 전환이 그것입니다.

4) 신공공관리: 작지만 효율적인 정부

앞 장에서 살펴본 신공공관리의 접근 방식에 의해서 이른바 작지만 효율적인 정부의 모습이 등장하게 됩니다. 우선 신공공관리의 특성을 조금 더 살펴보면 크게 다음의 세 가지 측면으로 나누어 볼 수 있습니다.

① 경쟁: 신공공관리는 시장 지향적 경쟁원리를 효율성 제고의 중요한 수단으로 삼고 있습니다. 경쟁은 정부부문보다는 민간부문에서 효과적이기 때문에 이제 정부는 명령이나 위계에 의한 직접제공보다는 계약과 같은 간접제공 방식으로 전환하는데 초점을 두고 있습니다.

이때 적용하는 기준이 시장성 테스트(Market-testing)입니다. 시장성 테스트는 '반드시 필요한 업무인가?', '반드시 정부가 책임을 맡아야 하는가?', '정부가 직접 수행해야 하는가?', '정부가 수행할 경우, 효율성 증대 방안은 무엇인가? 라는 일련의 기준에 따라 업무를 평가한 뒤 민영화, 민간위탁, 공기업화 및 사업부서화 등의 대안 중에서 하나를 선택하는 방식입니다.

② 성과: 신공공관리는 성과중심의 관리를 강조합니다. 특히 투입 요소를 엄격히 규제하거나 업무수행에서 엄격한 절차를 따르도록 하는 통제 중심의 관리를 탈피하여 얼마나 일의 성과를 거두었는가를 강조합니다. 따라서 성과를 달성하는 과정에 대하여는 재량을 부여하되 결과에 대하여는 분명한 책임을 묻는 방식입니다.

성과중심의 관리는 과거의 경직된 조직과 자원관리에서 탈피하여 탄력적 운영을 중시합니다. 부처의 경계에 얽매이지 않고 거시적으로 정책에 접근할 수 있도록 고위공무원단을 통합하여 관리하고, 예산총액만 통제하고 구체적인 배정은 위임하는 지출통제예산 등을 시행하기도 합니다. 여기에서는 목표설정과 목표달성의 성과를 측정하는 것이 중요합니다.

③ 고객: 신공공관리는 민간부문의 경영방식을 적용하여 고객에 대한 대응성을 높이고자 합니다. 민간부문 경영방식에서 중요한 것은 소비자를 주인으로 모시는 고객지향적 정신입니다. 이제까지 정부의 서비스 제공은 공급자 중심이었고 또한 권위주의적이었습니다. 따라서 이제 수요자 중심으로 전환하여 정부 서비스에 대한 국민의 만족도를 높이고자 노력하는 것이 신공공관리의 핵심입니다.

이를 위하여 우리 정부는 각자의 고객을 정의하여 행정서비스 헌장을 만들었습니다. 이것은 영국의 시민헌장(Citizen's Charter)과 미국의 고객서비스기준(Customer Service Standard)을 모델로 한 것입니다. 이것은 단순히 서비스 정신을 선언하는 것에서 그치는 것이 아니라, 성과목표를 명시하고 서비스 관련 정보를 투명하게 공개하고 정기적으로 고객만족도 조사를 통하여 책임성을 확보하는 것입니다.

5) 시사점 – 한계

앞에서 살펴본 것처럼 서구 여러 나라는 근대국가에서 현대복지국가와 행정국가를 거쳐서 작지만 효율적인 정부를 구현하기 위하여 노력하고 있습니다. 하지만 우리나라는 서구에서 200년 이상 지속하여 온 산업혁명과 민주주의 제도의 정착을 단 40~50년 만에 압축해서 일구어낸 나라입니다. 따라서 이 과정에서 많은 불균형과 모순을 내포하고 있는 것이 현실입니다.

특히 신공공관리의 핵심인 효율성 추구에서는 민주주의의 책임성이 결여될 수 있습니다. 또한, 신공공관리적인 정부혁신은 신자유주의에 기초하고 있는데 이러한 문화적이고 제도적인 요인들이 한국 사회에 적합한 것인지에 대해서도 의문이 들 수 있습니다. 또한 최근에는 민간에서 활용되던 다양한 성과관리 기법들이 정부관리에 도입되고 있는데, 이러한 노력이 공공부문에서 성과를 거두기 위해서는 제도 변화를 위한 새로운 관리방식이 모색되어야 합니다.

현재 우리나라는 양적인 측면에서의 '작은 정부'는 잘 모르겠지만 질적인 측면에서는 아직도 '강한 정부'임에 틀림없습니다. 정부와 사회의 관계에서 볼 때, 권위주의의 탈피가 어느 정도 이루어지고, 정부의 힘이 과거보다 상대적으로 약화하였다 할지라도, 강한 정부입니다. 또한 정부와 시장의 관계에서도 시장의 자율성이 많이 증가하였지만 아직까지 정부의 영향력이 강하게 남아 있습니다. 정부의 역량 역시도 변화에 적응하고 있지만 아직 자원의 동원 능력을 보유하고 있습니다. 따라서 새로운 시대에 국민이 원하는 정부의 모습을 찾아서 끊임없는 변화하는 노력과 자세가 요구됩니다.

제2절 정부의 구조와 역할

1. 정부의 구조와 역할

정부의 구조는 나라별로 또한 시대별로 다르게 나타납니다. 여기에서는 우리나라 정부의 조직 구조만을 살펴보겠습니다(이하 이종수·윤영진 외, 2012: 35-40의 수정).

1) 넓은 의미의 정부

넓은 의미의 정부 형태는 국가 통치기구를 의미하며, 입법부와 사법부 및 행정부의 삼권분립 구조를 이루고 있습니다. 우리나라의 입법부는 국회이며 단원제의 형태를 띠고 있습니다. 국회에는 상임위원회와 특별위원회가 있고 국회사무처, 국회도서관 및 국회예산정책처가 있습니다. 행정부에는 2013년 11월 현재 정부조직법상 17부 2원 3처 18청의 중앙행정기관이 있습니다. 사법부인 법원에는 대법원, 고등법원, 지방법원과 특허법원, 가정법원 및 행정법원이 있습니다. 그리고 헌법기관으로 헌법재판소와 선거관리위원회가 있습니다.

여기서 재미있는 이야기를 하나 하면 이렇습니다. 과거에 고시 3관왕이 유행하던 시절이 있었습니다. 즉 입법고시와 행정고시 및 사법고시를 이른바 모두 패스한 사람의 이야기입니다. 이 경우, 당연히 사법고시를 택해서 진로를 선택하곤 하였습니다. 왜냐하면 사법고시 합격생은 합격과 동시에 사법연수원에서 5급 공무원대우를 받고, 사법연수원을 졸업해서 판사와 검사로 발령을 받으면 바로 3급 공무원대우를 받게 됩니다. 따라서 당연히 사법고시를 택하였습니다. 하지만 이제 법학전문대학원 이른바 로스쿨이 생기고 합격생이 많아지면서 그 가치도 예전과는 많이 달라졌습니다.

자 그러면 입법고시와 행정고시를 모두 합격한 사람의 경우는 어떨까요? 과거에는 행정부로 많이 진출하였습니다. 그러나 최근 10년 사이에 풍속도가 많이 달라졌다고 합니다. 최근에 입법고시와 행정고시를 모두 합격한 사람들은 대다수가 국회를 선택합니다. 저 역시도 이러한 내용이 궁금해서 직접 당사자들에게 질문을 했던 기억이 납니다. 여기에서 제가 들은 답변의 요지는 크게 두 가지였습니다.

첫째, 행정부를 선택할 경우, 동기생들끼리 경쟁이 치열해서 1급에 이르지 못하고 중도에 탈락할 수 있다는 것입니다. 하지만 국회의 경우, 아직까지 경쟁이 치열하지 않아서 쉽게 차관보급인 수석전문위원까지 갈 수 있다는 이야기였습니다.

둘째는 입법부의 권한 강화입니다. 과거에 권위주의 시절에는 입법부에 비해서 행정부가 항상 우위를 누리고 있었습니다. 하지만 이제 국회에 입법조사처도 생기고, 국회의 기능과 범위가 커지면서 역할 또한 증대되고 있습니다. 따라서 행정부 보다는 입법부에서 훨씬 종합적으로 국가 정책을 다룰 기회가 제공되고 있다고 볼 수 있습니다.

2) 중앙행정기관

좁은 의미의 정부는 입법부와 사법부를 제외한 행정부만을 지칭하는 것입니다. 행정부의 조직구조는 헌법기관과 비헌법기관으로 나눌 수 있습니다. 헌법기관은 설립 근거가 헌법에 규정되어 있기 때문에 기관의 영속성이 잘 보장되어 있습니다. 비헌법기관은 기구 개편이 필요할 때 관련 법률의 제정 및 개정에 의해 용이하게 개편할 수 있는 장점이 있습니다.

헌법기관에는 대통령, 국무총리, 감사원과 국무회의, 국가안전보장회의 및 민주평화통일자문회의 등이 있습니다. 비헌법기관은 정부조직법 또는 개별법에서 규정되는데, 대통령 직속기관으로 대통령실, 국가정보원, 감사원 및 방송통신위원회 등이 있고, 국무총리 직속기관으로 국무조정실과 국무총리비서실 그리고 공정거래위원회, 금융위원회, 국민권익위원회 및 원자력안전위원회 등이 있습니다.

중앙행정기관은 정부조직법과 다른 법률에 특별한 규정이 있는 경우를 제외하고는 부(部), 처(處) 및 청(廳)으로 구성됩니다. 행정 각부는 2013년 현재 17부로서 기획재정부, 미래창조과학부, 교육부, 외교부, 통일부, 법무부, 국방부, 안전행정부, 문화체육관광부, 농림축산식품부, 산업통상자원부, 보건복지부, 환경부, 고용노동부, 여성가족부, 국토교통부 및 해양수산부로 이루어져 있습니다. 3처는 법제처, 국가보훈처 및 식품의약품안전처가 있습니다. 그리고 부 산하에 18개의 청이 있습니다.

행정 각부의 장은 국무위원이어야 하며, 국무총리의 제청으로 대통령이 임명합니다. 행정 각부의 장은 소관 사무의 결정 및 집행권을 가지며, 부령을 제정, 공포하는 권한 등을 가지고 있습니다.

3) 중앙정부와 지방정부

정부는 관할 범위에 따라서 중앙정부와 지방정부로 구분됩니다. 중앙정부와 지방정부의 관계는 정책결정권의 분산 정도에 따라서 중앙집권적 형태와 지방분권적 형태로 나뉘게 됩니다. 우리나라는 1991년에 지방의회가 구성되고 1995년 지방자치단체의 장을 주민이 직접 선출함으로써 군사정부에 의해 중단되었던 지방자치제가 부활하였습니다.

지방정부는 계층구조가 광역자치단체와 기초자치단체의 2계층제로 되어 있습니다. 광역자치단체에는 특별시, 광역시와 도, 그리고 제주특별자치도가 있습니다. 기초자치단체에는 시, 군 및 자치구가 있습니다. 그리고 지방자치단체는 집행기관과 의결기관(지방의회)으로 구성되어 있으며, 권력분립주의에 입각해 기관대립형을 택하고 있습니다.

4) 공공서비스의 공급 주체

지금까지 살펴본 행정부 중심의 정부 이외에도 공공서비스를 공급하는 공공기관은 매우 다양합니다. 최근 공공서비스의 독점적 공급자로 여겨졌던 전통적인 정부의 역할이 변화하고 있습니다. 공공서비스의 공급 주체는 정부부문 이외에도 준정부부문이 있습니다. 우선 정부부문에는 정부기업이 있습니다. 이러한 정부기업은 기업 형태로 운영하는 정부사업, 즉 정부 부처 형태의 공기업을 말합니다. 구체적으로는 정부기업예산법의 적용을 받는 우편사업, 우체국 예금사업, 양곡관리사업 및 조달사업 등이 있습니다.

준정부부문에는 2007년부터 발효된 '공공기관의 운영에 관한 법률'에 의한 공공기관이 있습니다. 공공기관은 정부출연기관, 정부지원액이 총수입액의 2분의 1을 초과하는 기관, 정부가 50% 이상의 지분을 가지고 있거나 30% 이상의 지분을 가지고 임원 임명권한 행사 등을 통해 당해 기관의 정책 결정에 사실상 지배력을 확보하고 있는 기관 등이 지정됩니다. 공공기관은 공기업, 준정부기관 및 기타 공공기관으로 구분됩니다. 그리고 공기업은 시장형 공기업과 준시장형 공기업으로 구분됩니다. 준정부기관은 기금관리형 준정부기관과 위탁집행형 준정부기관으로 구분됩니다.

우선 위탁집행형 준정부기관에는 한국소비자원과 한국연구재단 등이 있습니다. 그리고 기금관리형 준정부기관에는 국민연금공단과 예금보험공사 등이 있습니다. 준시장형 공기업으로는 한국철도공사 및 한국마사회 등이 있고, 시장형 공기업으로는 한국전력공사 및 한국공항공사 등이 있습니다.

5) 우리나라 정부조직의 변천 과정

1948년 정부 수립 당시 11부 4처였던 정부기구는 1961년 1월 12부 2처 3청으로 증가한 이후에 지금까지 지속적으로 변화하여 왔습니다. 초기에는 법과 질서의 유지에 초점을 두다가 제3공화국 출범 이후에는 경제발전 추진 체제로 개편되었습니다.

이러한 정부조직의 개편은 모두 그 시대의 상황을 반영하는 것입니다. 1970년대 오일쇼크 즉 에너지 위기가 왔을 때는 동력자원부가 존재했습니다. 1988년 올림픽을 앞두고는 체육부가 만들어졌습니다. 이후 체육청소년부를 거쳐서 현재는 문화체육관광부가 되어 있습니다. 그리고 2001년에는 여성부를 신설하여 현재 여성가족부가 되어 있습니다.

특히 1970년대 개발연대의 시절에는 경제기획원이 있었습니다. 하지만 1994년 김영삼 정부에서 재무부와 경제기획원이 통합되어 재정경제원이 되었다가, 외환위기를 겪고 나서 재정경제부와 기획예산처로 나누어집니다. 2008년 이명박 정부는 재정경제부와 기획예산처를 통합하여 기획재정부를 탄생시키고, 재정경제부의 금융정책 기능은 금융위원회로 이관하였습니다. 이어 2013년에는 부총리 부처로 승격돼 경제정책의 컨트롤타워 역할을 수행하고 있습니다.

2013년 출범한 박근혜 정부는 과학기술 분야의 연구 및 개발기능(R&D)와 정보통신(ICT) 분야를 결합하여 창의적 자산으로 만들고, 이를 통해 국가발전에 꼭 필요한 새로운 부가가치, 일자리, 성장 동력을 창출하기 위하여 미래창조과학부를 신설하였습니다.

이처럼 역대 정부는 출범과 함께 정부조직 개편을 시도하였습니다. 하지만 국회의 동의를 얻는 과정에서 왜곡되고 변형되는 모습을 보여주고 있습니다. 이러한 정부조직 개편과 관련해서는 두 가지의 상반된 시각이 존재합니다. 한편에서는 선거에서 당선된 대통령이 자신의 국정목표를 달성하기 위하여 이를 지원하는 정부조직을 만들 필요성이 있다는 것입니다. 다른 한편에서는 정부조직 개편에 따르는 후유증과 낭비가 심하기 때문에 정부조직 개편을 최소화해야 한다는 주장이 있습니다. 여러분은 어느 쪽에 동의하십니까?

2. 정부의 역할과 기능

정부의 역할과 기능 역시도 나라별로 또한 시대별로 다르게 나타납니다. 여기에서는 거시적인 관점과 미시적인 관점으로 나누어서 살펴보겠습니다(이하 이종수·윤영진 외, 2012: 41-47의 수정).

1) 거시적 관점

정부의 역할을 거시적 관점에서 본다면 정부(국가)와 시장(기업)의 관계에서 살펴보아야 합니다. 왜냐하면, 정부의 역할 범위는 정부와 시장의 관계에서 규정되기 때문입니다. 시장은 가격을 매개로 하여 자발적 교환이 이루어지는 사회적 관계 또는 제도입니다. 시장이 완전경쟁일 때 최적의 자원 배분이 이루어지고 사적 이익과 공익이 조화를 이루게 됩니다. 그러나 시장은 비인격적이며 도덕과는 무관합니다. 즉 자본의 논리는 이윤을 찾아서 지옥까지도 간다는 이야기입니다. 물론 최근에 기업들은 사회적 공헌에 관심이 있습니다. 그러나 이것도 기업들이 이윤이 남을 때 하는 이야기입니다. 적자가 나서 망하는 기업은 사회적 공헌을 할 수 없습니다. 즉 기업은 최대한의 이윤을 추구하여 시장에서 생존해야 합니다.

반면에 정부는 특성, 구조 및 목적상으로 윤리적 선택을 하게 되어 있습니다. 또한 시장은 승자와 패자가 있는 경쟁적 장소이기 때문에 공정한 게임이 이루어지도록 정부가 규칙 제정과 심판을 맡아야 합니다. 일반적으로 정부의 역할은 시장과의 관계에서 규칙 제정자(심판자), 지원자 및 규제자로 구분할 수 있습니다. 이러한 정부의 역할은 이념적 성격과 시대적 위상에 따라서 달라집니다.

정부의 역할을 규제자와 지원자의 관계에서 본다면 다음의 네 가지 유형으로 구분할 수 있습니다.

① 자유방임주의형: 정부의 시장에 대한 규제와 지원이 거의 없는 경우입니

다. 이때 정부의 역할은 규칙 제정자에 국한됩니다.

② 중상주의형: 정부의 규제는 거의 없는 상태에서 정부의 강력한 지원이 있는 경우입니다. 여기에서 정부의 주된 역할은 지원자입니다.

③ 가부장주의형: 정부의 규제와 지원이 동시에 강력하게 이루어지는 경우입니다. 이때 정부는 지원자와 규제자의 역할을 동시에 수행합니다.

④ 입법주의형: 정부의 지원은 약한 대신에 정부가 강력한 규제를 하는 경우입니다. 여기에서 정부는 규제자로의 역할을 수행합니다.

거시적 관점에서 정부의 역할은 정부와 시장의 경계선이 어디에 그어지느냐에 따라서 범위가 결정됩니다. 국유화가 강조되던 시기에는 정부의 역할 범위가 커집니다. 최근에 와서는 민영화나 규제 완화가 강조되고 있기 때문에 정부의 역할이 작아지고 있습니다. UN의 미래예측 보고서에 의하면 2030년에는 정부보다 기업의 지배력이 세 배 정도나 커질 것으로 전망되고 있습니다(박영숙 외, 2008).

2) 미시적 관점

미시적 관점에서 정부의 기능은 구체적으로 정부가 '하는 일'을 말합니다. 즉, 정부가 제도상 또는 사실상 담당하는 행정사무를 의미합니다. 정부가 하는 일은 개인 생활의 모든 국면에 미치고 있습니다. 국민의 생명과 재산을 보호하기도 하고, 개인의 생활을 규제하기도 합니다. 규범적으로 정부가 '하는 일'은 국민들의 더 나은 삶을 지향하고 있지만 때로는 행정권의 남용이 지나쳐서 국민들의 자유를 억압하거나 피해를 주기도 합니다.

이러한 정부의 기능은 크게 활동 영역과 활동 과정으로 나누어 볼 수 있습니다.

① 활동 영역에 의한 기능 분류

정부의 주요 기능은 국민을 직접 대상으로 하는 활동으로서 주권적 기능,

경제적 기능, 사회적 기능 및 교육·문화적 기능 등이 여기에 속합니다. 이것을 정부의 디지털 예산회계 프로그램의 분류체계로 살펴보면 다음과 같습니다.

010-일반공공행정, 020-공공질서 및 안전, 030-통일·외교, 040-국방, 050-교육, 060-문화 및 관광, 070-환경보호, 080-사회복지, 090-보건, 100-농림해양수산, 110-산업·중소기업, 120-수송 및 교통, 130-통신, 140-국토 및 지역개발, 150-과학기술

② 활동 과정에 의한 기능 분류

정부의 활동 과정에 의한 분류는 크게 기획과 집행, 그리고 규제, 지원 및 중재의 기능으로 구분할 수 있습니다. 기획 기능은 정책 결정이나 계획 수립을 위한 기능입니다. 그리고 집행 기능은 이미 결정된 정책이나 계획을 집행하기 위한 기능입니다.

규제 기능은 법령에 근거하여 국민들의 생활을 일률적으로 금지하거나 제한하는 기능입니다. 경제적 규제는 경쟁을 확보하기 위한 독점 금지 및 공정거래에 대한 규제, 각종 경제활동에 대한 인·허가 그리고 부동산 투기 억제 등이 있습니다. 지원 기능은 특정 분야의 사업이나 활동을 적극적으로 지원하는 기능으로 법령을 제정하고, 세제나 금융상의 지원을 할 수 있습니다. 중재 및 조정 기능은 이해당사자들 간에 분쟁이 발생했을 때, 정부가 이해관계를 조정하고 합의를 이끌어내는 기능입니다.

제3절 정부는 망하지 않는가?

우리는 오랫동안 정부는 망하지 않으리라고 생각해 왔습니다. 그러나 최근에 국내외 사례를 보면 앞으로는 우리나라 지방자치단체들도 망할 수 있다는 생각을 하게 됩니다. 사실상 지방정부의 파산은 얼마든지 가능합니다. 최근에 인천시는 한때 공무원 월급을 주지 못했고, 경기 성남시는 판교신도시 개발사업과 관련해 모라토리엄(채무지불유예)을 선언했습니다. 따라서

이 절에서는 국내외 지방자치단체들의 파산 사례를 살펴보겠습니다.

1. 해외 지방자치단체 파산 사례

현재 세계에서 지방자치단체 파산 제도를 법적으로 도입, 시행하고 있는 나라는 미국과 일본입니다.

1) 미국의 사례

미국은 대공황 시기인 1934년 지자체 파산 및 회생절차를 담은 '연방파산법 챕터9'을 제정했습니다. 이 법에 따르면 지자체가 파산보호 신청을 하려면 반드시 지방 의회의 의결을 거쳐 지자체에서 자발적으로 해야 합니다. 연방정부가 직접 해당 지자체에 파산보호 신청을 강요할 수는 없습니다. 다만 파산보호 신청 후 연방정부가 해당 지자체장의 권한을 제한하고, 자체 구조조정을 요구할 수는 있습니다. 또 만일 회생에 실패했다 해서 법원이 직권으로 지자체를 파산시킬 수 없도록 규정하고 있습니다.

미국에선 지금까지 약 500개 지자체가 챕터9를 통해 파산보호 신청을 한 뒤 회생절차를 거쳤습니다. 한때 미국 자동차 산업의 메카로 불리던 미시간 주 디트로이트가 2013년 7월 18일에 결국 파산했습니다. 디트로이트 시는 이날 미시간 주지사의 승인을 얻어 미시간 주 연방 법원에 파산보호 신청서를 접수했습니다. 이로써 디트로이트는 180억 달러(약 20조 8,000억 원)라는 미국 역사상 가장 많은 빚을 지고 파산한 지방자치단체가 됐습니다. 디트로이트 시는 이제까지 경제회생을 도모하기 위해 예산 삭감, 자산 매각, 공무원 인력 구조조정 등을 시도했지만 특별한 효과를 거두지는 못했습니다.

디트로이트는 한때 막강한 미국 자동차산업의 상징이었습니다. GM·포드·크라이슬러 등 3대 자동차회사의 본사가 몰려 있는 곳입니다. 하지만 이 회사들은 퇴직자들의 연금과 의료보험까지 회사 측에 떠넘기는 강성 노조에다, 일본 경쟁업체의 수입차에 밀려 쇠락의 길을 걸었습니다. 경쟁력을 잃은 3대 기업은 임금이 싼 해외에 생산기지를 옮기고 대량 해고를 단행했습니다. 그러면서 지역 경제는 피폐해지고 세수도 급감했습니다. 치안 불안, 실업 증가까지 더해져 1950년대 180만 명이었던 인구는 현재 70만 명으로 줄었습니다. 이 과정에서 시 정부는 방만한 재정구조를 못 고쳐 결국 몰락을 자초했습니다.

디트로이트 이전에 파산보호 신청을 한 지자체 중 부채 규모가 가장 컸던 곳은 2011년 앨라배마 주 제퍼슨 카운티였습니다. 당시 이곳의 부채는 42억 달러에 달했습니다. 제퍼슨 카운티 다음으로는 1994년 캘리포니아 주 오렌지카운티(20억 달러), 2012년에 파산보호 신청을 한 캘리포니아 주 스톡튼(10억 달러) 등이 뒤를 이었습니다. 특히 2008년 금융위기 이후 2012년까지 14곳의 지자체가 파산보호 신청을 하면서 지자체 연쇄 파산 우려가 커졌습니다.

2) 일본의 사례

일본은 2006년 홋카이도의 소도시 유바리가 일본 지자체 사상 처음으로 파산을 선언, 중앙 정부 차원에서 부랴부랴 지자체 파산 관련법 마련에 나섰습니다. 한때 잘나가던 탄광 도시였던 유바리가 파산한 이유는 무리하게 관광업을 추진하다가 수백억 엔의 빚더미에 오르고, 그것을 감추려 분식회계까지 시도하다 적발됐기 때문입니다.

일본 정부는 2007년 '지방공공단체 재정건전화법'을 만들었습니다. 이 법에선 파산한 지자체를 '재정재생단체', 파산 경고 수준에 있는 지자체는 '재정건전화단체'로 구분합니다. 또 중앙정부가 해당 지자체의 예산 편성에 직접 개입해 주기적으로 재정계획을 점검하고 외부 감사도 받도록 합니다. 2013년도 기준으로 일본의 재정재생단체는 유바리 한 곳이며 재정건전화단체는 아오모리현 오와리마치와 오사카부 이즈미사노 두 곳입니다.

2. 우리나라 지방자치단체 사례

이러한 미국과 일본의 지자체 도산 사태가 우리에게도 눈앞의 현실로 가시화하고 있습니다. 재정자립도 면에서 국내 지자체들은 허약하기 짝이 없는 실정입니다. 지자체들의 평균 재정자립도는 2013년에 51.1%, 2014년부터 50%를 밑돌게 됩니다. 지방세 수입만으로는 인건비조차 못 대는 지자체도 244곳 중 절반을 넘는 123곳에 달하고 있습니다. 2012년에 가장 크게 문제가 된 두 지역의 사례를 살펴보면 다음과 같습니다.

1) 경기도 용인시의 사례

우리나라는 미국처럼 지방정부가 파산하는 제도는 없습니다. 그러나 많은 지방자치단체가 재정난을 겪고 있습니다. 경기도의 용인시는 호화로운 유리 청사로 문제가 야기되더니 용인경전철로 인하여 재정난에 봉착해 있습니다. 2013년 4월 26일 용인경전철이 완공된 지 33개월 만에 운행을 시작했습니다. 완공 후에 개통까지 오랜 시간이 걸린 이유는 소송 때문이었습니다. 현재 용인경전철은 승객수가 예상수치의 3분의 1에 불과, 막대한 재정을 투입해야 하는 애물단지로 전락했습니다.

지난 2010년 7월 용인시가 부실시공 등을 이유로 준공승인을 거부하자 시행사인 용인경전철(주)이 국제소송을 제기했습니다. 용인시는 이 소송에서 패소해 7,786억 원(이자 포함 8,500여억 원)을 물어줘야 할 처지입니다. 이 때문에 용인시는 일단 운영수익을 제외하고 운영비와 원금, 상환금액 등을 포함해 매년 190억 원, 30년간 총 5,700억 원을 용인경전철(주)의 최대주주였던 외국계 회사인 봄바디어사에 지급해야 합니다. 용인시는 이후 협상을 통해 최소수입운영보장제(Minimum Revenue Guarantee: MRG) 방식에서 운영비 부족분에 대해 보전하는 방식으로 사업을 변경했고, 최근 봄바디어사와 연간 295억 원의 운영비 보존에 합의했습니다. 용인시는 2013년 현재 하루 이용객 수를 3만 2,000여 명으로 계산해 연간 150여억 원의 운영

수입을 예상하고 있습니다. 따라서 매년 295억 원의 운영비를 보존하기로 약속한 용인시는 나머지 부족한 금액 145억 원을 매년 메꿔줘야만 합니다.

이 때문에 용인시는 30년 동안 연간 총 331억여 원을 부담해야 하는 실정입니다. 이처럼 용인시의 적자를 얼마나 줄이느냐는 경전철 이용객 수를 늘리는 획기적인 방안과 정부와 경기도의 적극적인 지원 여부에 달려있습니다. 이처럼 무리한 경전철 사업에 따른 재정난을 겪는 용인시가 더욱 허리띠를 졸라매야 할 처지에 놓이게 됐습니다. 2013년 8월에 경기도가 용인시에 대한 재정보전금 지원 규모를 당초보다 210억 원 감액하겠다고 통보했기 때문입니다. 경기도가 부동산 경기침체로 세수가 크게 줄게 되어, 성남 224억 원, 용인 210억 원, 고양 172억 원, 화성 170억 원 등 대부분의 시·군이 재정보전금을 덜 받게 됐습니다. 이처럼 재정보전금이 감액 지급되면 용인시의 재정은 심각한 타격을 받게 됩니다. 용인경전철 배상금 마련을 위해 발행한 지방채 5천153억 원 가운데 2013년에 1천561억 원을 상환하겠다고 안전행정부와 약속했기 때문입니다.

용인시는 지난 2012년부터 경전철 사업비 지급에 따른 부담 등 재정난 극복을 위해 시장을 포함한 5급 이상 공무원의 급여 인상분을 반납하기로 했습니다. 용인시 5급 이상 공무원 122명의 인상분은 기본급의 3.8%로 1인당 월평균 13만 5,000원으로 1년 치 총액은 1억 8,500만 원이며 오는 2016년까지 5년간 봉급인상이 동결됩니다. 또한, 고위간부에 배정된 업무추진비도 10% 줄어들고 5급 이하 공무원들은 초과 근무수당의 25%, 연가보상비의 50%도 삭감되며, 이와 함께 시장의 시책업무추진비와 기관운영업무추진비를 비롯해 하위직공무원의 초과근무수당과 일·숙직비 등도 일부 줄어들게 됩니다.

이러한 상황에서 용인시 주민들은 대표적인 세금 낭비와 지자체의 잘못된 행정 사례로 꼽혀온 용인경전철 문제를 둘러싸고 '용인경전철 손해배상 청구를 위한 주민소송단'을 구성하고 1조 127억 원(경전철 사업비)의 주민소송을 2013년 10월에 수원지법에 제기하였습니다. 이러한 주민소송은 지자체의 위법한 예산집행을 견제하고 지자체 및 주민 공동의 이익을 보호하기 위해 주민에게 원고적격을 인정하는 공익소송 제도입니다.

2) 강원도 태백시의 사례

강원도의 태백시는 일본의 유바리시와 같이 리조트 사업에 투자하면서 재정난에 직면해 있습니다. 연간 예산이 2,450억 원에 불과한 태백시가 오투리조트에 4천억 원이 넘는 돈을 투자해 놓고 분양이 안 돼 부도 직전에 놓인 것은 물론, 전임 시장 등 관련자 7명이 사법처리 되었습니다. 태백시는 지급보증을 선 오투리조트 때문에 파산조차도 선택할 수 없는 처지입니다. 오투리조트는 시에서 초기 자금 510억 원을 출자해 설립했지만, 밑 빠진 독에 물 붓기 식으로 시 재정을 압박하고 있습니다. 4차례에 걸쳐 모두 651억 원을 쏟아 부었지만 회생의 기미는 보이지 않습니다. 태백시는 공사비를 마련하기 위해 두 차례에 걸쳐 은행에 1,460억 원의 지급보증까지 섰습니다. 오투리조트는 200억 원 규모의 산지복구비도 내지 못하고 있으며, 태백시가 연대 보증하지 않으면 보증보험증권도 사실상 발급받기조차 어려운 형편입니다. 태백시는 '회생'을 목표로 산지복구비 연대보증, 강원랜드 기부금, 시비 등 500억 원 규모의 공적자금 추가 투입을 추진하지만 쉽지 않을 전망입니다.

여기에 국비 등 1,790억 원이 투입돼 2012년에 준공된 국민안전체험테마파크도 관람객 확보가 불투명해서 애물단지로 전락할 가능성이 있습니다. 지진 등 각종 안전사고를 체험하게 하고 경각심을 심어주겠다는 취지에서 시작했지만, 정작 소방방재청과 안전행정부 등에서 재정지원을 받지 못했습니다. 태백시로서는 무료로 시범 운영하고 있지만 정부 주도의 운영주체가 정해지지 않아, 연간 60억 원 이상 소요될 경상경비 충당을 걱정하고 있습니다.

이처럼 부도 위기에 놓인 강원 태백시가 2년 안에 '부채 완전 청산'을 선언하는 등 안간힘을 쓰고 있지만 갈 길이 멀어 보입니다. 갈수록 경영난이

악화하는 오투리조트와 국민안전체험테마파크 운영 등 굵직굵직한 '돈 먹는 하마'들의 문제 해결 없이는 재정난을 극복할 수 없기 때문입니다. 태백시는 민간이전 경비, 행사성 경비, 인건비, 업무추진비 등 줄일 수 있는 모든 것을 줄이는 초긴축을 하겠다는 방안을 마련했습니다. 이 계획에 의하면 2013년에 227억 원, 2014년에 197억 원을 절약해 2014년까지 지방채무 잔액을 완전히 없애겠다는 것입니다.

이를 위해서 태백시 공무원들은 초과근무수당과 연가보상비 등 각종 수당을 자발적으로 절감하며 동참하고 있습니다. 또한 비효율적 공유재산 등 돈이 되는 것 가운데 불필요하다고 판단하는 것은 모두 팔 계획입니다. 이미 농업기술센터와 태백산 민박촌, 보건소 건물 등은 새 주인을 찾고 있습니다. 그러나 이러한 자구 노력만으로 재정난을 타개할 수 있을지 앞으로 지켜볼 일입니다.

제3장 쉬어가기 정부는 망하지 않는가?

2012년도 우리나라 지방자치단체 채무는 27조 1,252억 원이었습니다. 5년 전보다 50% 가까이(8조 9,000억 원) 급증한 결과입니다. 여기에 72조 원을 넘어선 지방공기업 부채 등을 합치면 지방채무는 100조 원에 육박하고 있습니다. 광역자치단체들 가운데 인천(35.1%), 대구(32.6%), 부산(30.8%) 등은 예산 대비 채무 비율이 이미 '주의'(25%) 단계를 넘어섰습니다.

홍준표 경상남도지사는 2013년 8월 22일에 "(지방정부) 파산제도가 있다면 대한민국 지방자치단체의 절반은 미국 디트로이트시 사태처럼 파산할 것"이라고 말했습니다. 그는 경남도 재정상황과 관련해 "도의 부채가 1조 4천억이다. 제가 작년에 지사가 되어 보니 지방재정이 다 나쁜데, 특히 부채율로 따지면 인천이 17개 광역단체 중에 제일 꼴찌고 경남이 두 번째"라며 "지난 십여 년 이상 도의 부채가 기하급수적으로 늘어 1조 4천억까지 육박했다. 이러니 도 재정으로 운영할 수가 없다"고 하소연했습니다.

필자는 1998년에 30년 넘게 살던 서울을 떠나서 부산광역시로 이사를 했습니다. 이 이야기는 오래전의 글이지만 당시 부산시의 사례를 한 번 살펴보면 다음과 같습니다(이하 정충식, 1999: 96-100의 수정).

> 나는 부산에서 태어나 부산에서 내 생애의 반을 보낸 사람이다. 그러나 요즈음 부산이 너무 싫다. 얼마 전 볼일이 있어 부산시 새 청사를 방문했다. 그 크기! 그 호화스러움! 서면에 세워진 롯데호텔만 하다고 할까? 뉴스에 따르면 하루 운영비가 2,000만 원이라 한다. 부산시청사는 지을 때부터 고급수입원자재를 사용해 따가운 눈초리를 받아왔다. 그러나 시정되지 못했다. 아마 지금 지자체 중 재정사정이 가장 열악한 곳이 부산시일 것이다. 나는 이런 부산시에 지방세를 한 푼도 낼 생각이 없다. 어느 깨끗한 지방을 골라 기쁘게 세금 내며 살고 싶다. (그러나 우리나라에 그런 곳이 있을까?) 아무튼 부산시가 제일 싫다.
>
> 자료: http://www.mogaha.go.kr/htm/050.htm

이상은 1998년 11월 27일 당시 행정자치부의 홈페이지 열린 마당에 어느 부산시민이 게시한 글입니다. 1998년 초에 완공되어 이전한 부산 신청사는 외제 음향기기 및 외제 욕조의 사용으로 큰 물의를 일으킨 바 있습니다. 또한 건물의 상층부는 귀빈식당과 헬스클럽이 차지하고 있습니다. 이러한 시설의 하루 이용객은 수십 명에 불과한 실정입니다. 그러나 부산 신청사가 모델로 삼은 일본 동경의 동경도 청사의 경우에는 건물이 33층부터 쌍둥이 건물의 형태를 취하고 있는데 상층부의 45층 두 개가 모두 시민전망실로 구성되어 있습니다. 이처럼 우리는 눈에 보이는 건물만을 모방할 줄 알았지 그 안에 내장된 고객지향적인 행정개념은 도외시하고 있는 실정입니다.

여기에서 중요한 것은 시청 건물이 아니라 지역 주민들입니다. 만일 극단적으로 모든 부산사람이 행정자치부 게시판에 글을 올린 시민과 동일한 생각을 해서 인근 경남지역으로 이사했다고 가정해 봅시다. 부산이라는 도시는 거주민이 없는 도시로 탈바꿈되어 소멸할 것입니다. 부산시민들이 다른 지역으로 이주하지 않더라도 세금을 내지 않으면 어떤 상황이 발생할까요? 마찬가지의 결과를 가져올 수 있을 것입니다.

물론 아직까지 우리나라에서 조직적으로 세금을 안 내는 조세저항운동[5]은 익숙하지 않은 단어입니다. 하지만 이제 우리도 지방자치제 시행에 따라서 잘사는 시와 못사는 시와 도를 경험하게 될 것입니다. 현재에도 잘사는 구청과 가난한 구청 사이에는 엄청난 차이가 존재하고 있습니다. 이러한 상황에서 애향심에 호소하면서 지역주민들에게 더 많은 부담을 지울 수는 없을 것입니다.

그렇다면 시와 도만이 아니라 범위를 보다 넓혀서 국가를 대입해 본다면 어떠한 결과가 나타날까요? 아직까지 국가의 경우 제공되는 행정서비스나

5) 그러나 미국의 경우 지난 1979년 6월 6일 캘리포니아 유권자들이 지방재산세를 절반으로 깎아내린 주민발의안 13호(Proposition 13)를 통과시켰습니다. 이 당시 물가상승과 공공서비스에 대한 불만이라는 두 가지의 불길을 타고 조세저항운동은 급속하게 미국 전역으로 퍼져 나갔습니다. 이에 당시 레이건 대통령은 1980년대 이를 전국적인 현안으로 만들었고, 1982년에는 주 정부와 지방정부에 대한 연방보조금이 1978년에 비해 25% 정도가 삭감되었습니다.

세금 부담이 과중하다고 하여 인근 국가로 이주하기가 쉽지 않은 상황입니다. 물론 이 지구 상에는 잘사는 나라와 못사는 나라가 존재합니다. 따라서 이 순간에도 다른 나라로의 이민행렬이 줄을 잇고 있습니다. 그러나 이러한 국가 간 이민이 거주 이전과 같이 일반화되기는 힘든 상황입니다. 결국, 국민들은 정부 이외에 달리 선택할 대안을 가지지 못합니다. 따라서 정부의 안일한 태도나 부당한 대우에도 불구하고 국민들은 이를 수용하여 왔습니다.

그러므로 이제까지 정부는 파산의 위험이 없고 망하지 않는 것으로 인식되었습니다. 이처럼 국민들이 복종하는 상황에서는 정부는 적극적인 노력 없이 손쉽게 자원을 동원하기 때문에 비용을 절감하거나 업무를 혁신하고자 하는 의미를 갖지 못합니다. 이처럼 파산이나 비용절감의 필요성을 느끼지 못하는 정부는 비능률과 역기능이 많이 나타날 수밖에 없습니다. 그러나 이제 정보기술의 발전에 의해 이러한 개념이 흔들리게 되었습니다. 이제 더 이상 한 국가의 정부가 그 나라의 모든 부문에 영향력을 행사할 수 없는 상황에 직면하고 있습니다.

21세기에서는 "한국경제", "미국경제"나 "일본경제"와 같은 단어는 더 의미가 없을 수도 있습니다. 앞으로 화폐, 상품, 서비스 등이 '국경'의 제한을 받지 않고 '무국경화' 되었을 때, "국가"는 과연 무엇을 의미하게 될 것인지 생각해 보아야 합니다. 예를 들어 국가는 영토와 주권(조세나 관세를 포함하여) 및 국민으로 이루어져 왔습니다. 그러나 이제 부산에 사는 대학생이 외국 서적을 구입할 때, 서울의 대형서점에 주문하는 것 보다 인터넷의 서점인 아마존에서 온라인으로 주문하는 것이 더욱 싸고 또한 빠르게 배달된다면 이때 정부가 할 일은 없어지게 됩니다.

이러한 상황에 직면하여 정부도 끊임없이 혁신을 추구하여야 합니다. 결국 이러한 변화에 적응하지 못하는 정부는 망할 수밖에 없는 상황에 직면할 것입니다. 그러므로 이제까지 기업은 망해도 정부는 망하지 않는 것으로 인식됐으나 앞으로는 더 많은 나라에서 훨씬 더 자주 정부가 망하는 모습을 보게 될 것입니다. 즉 산업사회에 적합한 정부형태로는 다가오는 정보사회에서 견딜 수 없는 상황이 되었습니다. 따라서 모든 나라에서 정보기술을 활용하여 행정혁신을 이룩해내려고 시도하는 이유가 여기에 있는 것입니다.

더 읽어야 할 책 3권:

- 김병섭 외. (2007). 「살아있는 우리 정부조직 이야기」. 법문사. 2007년 3월.
- 최호진 외. (2008). 「미래 선진한국의 행정연구」. 법문사. 2008년 12월.
- 정성호·정창훈. (2013). 「지방자치단체의 재정위기, 과제와 해법」. 조명문화사. 2013년 5월.

꼭 알아야 하는 용어 3개(출처: 허동석, 2010; 이종수, 2009; 두산백과사전):

- 최소수입운영보장제(最少收入運營保障制, Minimum Revenue Guarantee: MRG)

민간자본이 투입된 사업의 수익이 예상보다 적을 경우 그 적자분을 공공기관이 세금으로 보전해 주는 것이다. 즉, 민간자본으로 지은 시설이 운영단계에 들어갔을 때 실제 수입이 추정수입보다 적으면 사업자에게 사전에 약정한 최소수입을 보장해 주는 제도이다.

도로·철도 등 사회기반시설을 건설한 민간사업자에 일정 기간 운영권을 인정하는 수익형 민자사업(BTO) 방식에 적용되고 있다. IMF 외환위기 직후 막대한 예산이 드는 SOC 사업에 대한 민자 유치를 활성화하기 위해 1999년 도입했으나, 정부 재정에서 손실 보전이 너무 많이 나간다는 이유로 2009년 폐지되었다.

- 시장실패(市場失敗, Market Failure)

시장기구(Mechanism)가 그 기능을 제대로 발휘하지 못하여 자원이 효율적으로 배분되지 못하는 상태. 자유경제체제는 개인이 자유로이 경제활동을 할 수 있도록 시장기능에 맡기는 것을 원리로 한다. 그러나 모든 경제부문을 시장기능에만 맡겨 정부가 관여하지 않을 경우 자원배분이나 소득분배에 있어 형평성과 공정성을 잃게 되는 결과가 초래될 수 있는데, 이러한 부정적 현상을 시장실패(市場失敗)라 한다.

시장실패는 경제행위를 개인의 자유로운 선택에만 맡길 경우 개인의 이익과 관련된 부분사회에 대하여는 유익한 결과를 가질 경우도 있겠으나 사회 전체의 관점에서는 오히려 나쁜 선택·결과를 가져다주는 것을 뜻한다. 이 때문에 시장실패는 정부 개입 및 정부규제의 근거가 되며 '큰 정부론'의 입장을 뒷받침해 주는 논거가 된다.

- 외부효과(外部效果, Externalities)

어떤 경제활동이 당사자가 아닌 제삼자에게 끼치는 영향. 경제활동 중에는 경제 주체가 시장의 가격기구(Mechanism)를 통하지 않고 대가의 교환 없이 무상으로 다른 경제주체에 이득[예: 사회간접자본인 도로건설 등]이나 손해[예: 수질오염 등의 공해발생 등]를 가져다주는 것들이 있다. 이러한 것은 시장의 가격기구 밖에서 이루어지는 영향이라 하여 외부효과(Externalities) 또는 외부성(外部性)이라 부른다.

외부효과가 발생하는 경제활동은 시장으로 하여금 자원을 효과적으로 배분하는 기능을 둔화시키게 되므로, 즉 시장 실패의 요인이 되므로 정부가 개입하여 직접 생산하거나 규제(→규제정책)하게 된다.

제 4 장

공무원에 대하여

2013년 7월 27일에 치러진 9급 공무원 시험에는 전국에서 20만 4,698명의 응시자가 몰려서 경쟁률이 무려 74.8대 1이었습니다. 공무원 시험의 경쟁률은 지속적으로 올라가고 있습니다. 연령제한이 있던 2008년까지는 평균 경쟁률이 40대 1 수준이었지만, 2009년 이후로는 80대 1로 경쟁률이 두 배로 높아졌습니다. 이 장에서는 우리나라 공무원에 대하여 간략하게 살펴보겠습니다.

제1절 공무원의 종류

국가공무원법상의 공무원은 크게 경력직공무원과 특수경력직공무원으로 나누어집니다. 이것을 우선 살펴보면 다음과 같습니다.

1. 경력직공무원

경력직공무원은 실적과 자격에 의하여 임용되고 그 신분이 보장되며 평생토록 공무원으로 근무할 것이 예정되는 공무원을 의미합니다. 이러한 경력직공무원은 다시 일반직공무원, 특정직공무원 및 기능직공무원으로 나누어집니다.

1) 일반직공무원

일반직공무원은 기술·연구·행정일반 업무를 담당하며, 직군·직렬별로 분류되는 공무원입니다.

(1) 행정·기술직

행정기술직은 1급에서 9급까지의 계급구조를 지니고 있습니다. 행정부에서는 1~3급을 묶어서 고위공무원 제도를 활용하고 있습니다. 직군직렬구조에서는 2개 직군 32개 직렬 및 95개 직류로 구분됩니다.

(2) 연구·지도직

우선 연구직은 연구관과 연구사의 계급으로 나누어집니다. 이러한 연구직은 2개 직군, 12개 직렬 및 42개 직류로 구분됩니다. 직위 구분에서는 연구관에 대하여는 기관의 장인 연구관, 부서의 장인 연구관, 그 밖의 연구관으로 나누고 이를 다시 담당 직무의 책임성, 곤란성 등을 고려하여 각 직위를 차등화하고 임용권자, 보직 요건, 처우 등 인사관리 기준을 적용하고 있습니다.

그리고 지도직은 지도관과 지도사의 계급으로 나누어집니다. 이러한 지도직은 1개 직군, 3개 직렬 및 12개의 직류로 구분됩니다. 지도관에 대하여도 연구관의 경우와 같이 직위표를 지정하여 운영하고 있습니다.

2) 특정직공무원

특정직공무원은 담당 업무가 특수하여 자격·신분보장·복무 등에서 특별법이 우선 적용되는 공무원을 말합니다. 여기에는 법관·검사·외무공무원·경찰공무원·소방공무원·교육공무원·군인·군무원·국가정보원직원·경호공무원·헌법연구관 등이 포함됩니다.

특정직공무원의 계급 및 임용 등에 관한 사항은 개별법(국가공무원법의 특례법)으로 규정하고 있습니다. 예를 들어 법원조직법, 검찰청법, 외무공무원법, 경찰공무원법, 교육공무원법 등이 여기에 해당합니다.

이러한 특정직공무원들에 대하여 조금 더 자세히 살펴보면 다음 <표 1>과 같습니다.

<표 1> 특정직공무원의 분류

구분	분류	근거 법령
법 관	·대법원장-대법관-판사	법원조직법 제4조, 제5조
검 사	·검찰총장-검사	검찰청법 제6조
외무 공무원	·고위외무공무원(공사급 이상 직위) ·외무공무원 * 외교통상직렬, 외무영사직렬, 외교정보기능직렬로 구분하되 참사관급 이상 직위는 직렬 미구분	외무공무원법 제2조 보수규정 제51조
경찰 공무원	·치안총감-치안정감-치안감-경무관-총경-경정-경감-경위-경사-경장-순경(11개 계급)	경찰공무원법 제2조
소방 공무원	·소방총감-소방정감-소방감-소방준감-소방정-소방령-소방경-소방위-소방장-소방교-소방사(11개 계급)	소방공무원법 제2조
교육 공무원	·교원 - 유치원, 초·중·고등학교: 교장(원장), 교감(원감), 교사 - 대학: 교수, 부교수, 조교수, 전임강사 ·장학관, 장학사 ·교육연구관, 교육연구사	교육공무원법 제2조, 제6조 내지 제8조
군인	·장교: 장관(원수, 대장, 중장, 소장, 준장), 영관(대령, 중령, 소령), 위관(대위, 중위, 소위) ·준사관: 준위 ·부사관: 원사, 상사, 중사, 하사	군인사법 제3조
군무원	·일반군무원: 1~9급(9개 계급) ·기능군무원: 1~10급(10개 계급)	군무원인사법 제3조, 동법 시행령 제3조
국가 정보원	직 원 ·일반직: 1~9급(9개 계급) ·기능직: 1~10급(10개 계급)	국가정보원직원법 제2조, 동법 시행령 제2조
경호	공무원 ·경호공무원: 1~9급(9개 계급)	대통령경호실법 제5조
헌법 연구관	·헌법연구관 - 헌법연구관보	헌법재판소법 제19조, 제19조의2

자료: (행정안전부, 2009: 5)

3) 기능직공무원

기능직공무원은 정보통신현업, 통신, 기계, 전기, 운전, 방호 등 기능적인 업무를 담당하는 공무원을 말합니다. 기능직공무원은 기능 1급에서 기능 10급까지의 계급구조로 되어 있습니다. 이러한 기능직은 10개 직군, 21개 직렬 및 36개 직류로 구분됩니다.

2. 특수경력직공무원

특수경력직공무원은 법령에서 정무직으로 지정하거나 특정한 업무나 계약에 의해 임용되는 공무원을 의미합니다. 이러한 특수경력직공무원은 다시 정무직공무원, 별정직공무원 및 계약직공무원으로 나누어집니다.

1) 정무직공무원

정무직공무원은 선거, 국회동의에 의하여 임용되는 공무원, 고도의 정책결정업무를 담당하거나 이를 보조하는 공무원으로서 법령에서 정무직으로 지정하는 공무원을 말합니다. 이러한 정무직공무원은 고위직이므로 대다수가 국회의 인사청문회를 거쳐서 임명됩니다. 이러한 정무직공무원에는 다음과 같은 직위가 포함됩니다.

- 감사원장·감사위원 및 사무총장, 국회사무총장·차장·도서관장·예산정책처장·입법조사처장, 헌법재판소 재판관·사무처장 및 사무차장, 중앙선거관리위원회 상임위원·사무총장 및 차장
- 국무총리, 국무위원, 특임장관, 국무총리실장, 처의 처장, 각부의 차관, 청장(경찰청장과 해양경찰청장은 특정직), 차관급 상당 이상의 보수를 받는 비서관(대통령수석비서관, 국무총리 사무차장, 대법원장비서실장, 국회의장비서실장)
- 국가정보원장 및 차장, 방송통신위원회위원장 등

2) 별정직공무원

별정직공무원은 특정한 업무를 담당하기 위하여 별도의 자격기준에 의하여 임용되는 공무원으로서 법령에서 별정직으로 지정하는 공무원을 말합니다. 이러한 별정직의 종류는 다음과 같습니다.

- 국회 수석전문위원
- 감사원 사무차장 및 특별시·광역시·도 선거관리위원회 상임위원
- 국가정보원 기획조정실장, 각급 노동위원회 상임위원, 해난심판원장 및 심판관
- 차관보, 소청심사위원회 위원, 비서관·비서 기타 법령에서 별정직으로 지정하는 공무원

3) 계약직공무원

계약직공무원은 국가와 채용계약에 의하여 일정 기간 동안 전문지식·기술이 요구되거나 임용에 있어서 신축성 등이 요구되는 업무에 종사하는 공무원을 말합니다. 이러한 계약직공무원의 종류는 다음과 같습니다.

- 일반계약직공무원
  - 개방형 직위 및 책임운영기관의 장의 직위에 채용되는 계약직공무원
  - 경력직 또는 별정직의 정원을 대체하여 채용되는 계약직공무원

- 전문계약직공무원
  - 특수 분야에 대한 전문적 지식이나 기술 등이 요구되는 직위의 업무를 수행하기 위하여 채용되는 계약직공무원
  - 경력·자격 등에 따라 5단계(가~마)로 구분

- 시간제계약직공무원
  - 법 제26조 2의 규정에 의하여 통상적인 근무시간보다 짧게 근무하는 계약직공무원
  - 시간제일반계약직과 시간제전문계약직으로 구분

제2절 공무원의 임용

공무원의 임용이란 공무원의 신분을 부여(설정)하여 근무하게 하는 모든 인사활동을 의미하는 것으로 신규채용, 승진임용, 전직, 전보, 겸임, 파견, 강임, 휴직, 직위해제, 정직, 복직, 면직, 해임, 파면을 말합니다. 이 절에서는 신규채용 및 승진에 대하여 간략하게 살펴보고자 합니다.

1. 공무원의 신규채용

1) 신규 채용의 목적 및 근거

공무원 신규 채용 제도의 목적은 공무원 결원보충의 일환으로서 불특정 다수인을 대상으로 경쟁시험을 실시하여 공무원으로 채용하는 제도로서 헌법상의 공무담임권을 보장하고, 능력과 자질이 뛰어난 우수 인재를 공직에 유치하려는 것입니다. 이러한 공무원 신규 채용의 근거는 국가공무원법 제28조 제1항 및 공무원임용령 제2장 제1절, 공무원임용시험령 제21조 내지 제25조입니다.

2) 신규 채용의 종류

공무원 신규 채용 시험의 종류는 크게 다음의 세 가지로 나누어 볼 수 있습니다. 첫째는 5급 공채 시험으로 행정고등고시 및 외무고등고시가 포함됩니다. 둘째는 7급 공채 시험으로 행정, 기술직 등 주요 직렬이 포함됩니다. 셋째는 9급 공채 시험으로 역시 행정, 기술직 등 주요 직렬이 포함됩니다.

시험을 실시하는 기관을 기준으로 분류하면 다음과 같습니다. 우선 안전행정부에서 실시하는 시험은 5급 이상의 공개경쟁채용시험입니다. 여기에는 교정, 보호, 검찰사무, 마약수사, 출입국관리, 행정, 세무, 관세, 교육행정, 사회복지, 감사, 공업(일반기계· 전기·화공), 농업(일반농업), 시설(도시계획·일반토목·건축·교통시설·도시교통설계) 등이 포함됩니다. 그리고 전산직렬의 6급 이하 공무원의 공개경쟁채용시험과 외무공무원의 공개경쟁채용시험이 포함됩니다.

그리고 소속장관이 주관하는 시험은 6급 이하 공개경쟁채용시험 중 안전행정부장관이 실시하는 시험이 아닌 시험이 해당됩니다.

3) 신규 채용의 방법

공무원 신규 채용 시험의 방법은 급수에 따라서 약간 달라집니다. 우선 5급 공채 시험은 제1차 시험에서 1장에서 살펴본 공직 적격성 테스트(Public Service Aptitude Test: PSAT)를 치릅니다. PSAT는 언어논리영역, 자료해석영역 및 상황판단영역으로 나누어져 있습니다. 이것은 선택형이 원칙이지만, 기입형도 가미가 가능합니다.

이어서 제2차 시험에서는 논문형이 원칙이지만 이 역시도 주관식 단답형 가미가 가능합니다. 마지막으로 제3차 시험은 면접시험 또는 실기시험(양 시험 병과 가능)으로 치러집니다.

7·9급 공채의 시험은 제1차 시험은 선택형이지만 기입형의 가미가 가능합니다. 제2차 시험은 논문형이지만 이 역시도 단답형 가미가 가능합니다. 그리고 제1차와 제2차 시험을 병합하여 실시할 수 있고, 이 경우 선택형이 원칙입니다. 이어서 제3차 시험은 면접시험 또는 실기시험(양 시험 병과 가능)으로 치러집니다.

이러한 시험의 합격자 결정은 제1차 시험에서 매 과목 4할 이상 전 과목 총점의 6할 이상 득점자 중 (6급 이하는 매 과목 4할 이상 득점자 중) 선발예정인원 10배수(6급 이하는 5배수) 범위에서 고득점자순으로 결정합니다.

제2차 시험에서는 매 과목 4할 이상 득점자 중 선발예정인원의 15할 범위에서 고득점자순으로 결정합니다. 7·9급 공채의 제1, 2차 시험을 병합하여 실시하는 경우에는 제2차 시험 합격자 결정 방법에 따릅니다. 그리고 제3차 시험에서는 합격, 불합격만 결정하게 됩니다.

4) 특별채용

특별채용 제도는 공개경쟁채용에 의하여 충원이 곤란한 경우에 일정한 요건을 갖춘 자를 공무원으로 채용하는 제도로서 임용예정직위와 관련된 자격증 소지자, 유경험자 등 우수 전문인력을 채용하기 위한 것입니다. 근거는 국가공무원법 제28조 제2항, 공무원임용령 제16조 내지 제22조, 공무원임용시험령 제26조 내지 제30조입니다. 이러한 특별채용의 요건은 1호부터 12호까지 다양한 분야에 걸쳐서 있습니다. 자격증이나 특수학교 졸업자, 과학기술분야 학위소지자, 도서나 벽지근무 예정자 및 퇴직한 경력직공무원 재임용에 이르기까지 다양합니다.

5) 채용 시험에서 가점 특전

공무원 채용 시험에서의 가산 특전은 크게 두 가지입니다. 첫째는 취업보호대상자 및 취업지원대상자 가점 특전입니다. 여기에는 「독립유공자 예우에 관한 법률」 제16조 및 「국가유공자 등 예우 및 지원에 관한 법률」 제29조에 의한 취업보호대상자와 「5·18 민주유공자 예우에 관한 법률」 제20조 및 「특수임무수행자 지원에 관한 법률」 제19조에 의한 취업지원대상자 등이 해당됩니다.

참고로 1999. 12. 23 헌법재판소 위헌결정으로 제대군인 지원에 관한 법률 제8조 제1항 및 제3항, 동법시행령 제9조의 효력이 상실됨에 따라 제대군인에 대하여 만점의 5% 또는 3%를 가점을 부여하던 특전은 폐지되었습니다.

둘째는 자격증 소지가 가산 특전입니다. 직렬별로 다른 가산점도 있지만 공통으로 적용되는 가점을 살펴보면 다음과 같습니다. 우선 가점 대상은 국가기술자격법에 의한 통신·정보처리 및 사무관리 분야의 자격증 중 다음 <표 2>와 같이 시험령 별표 10 및 연구·지도직 규정 별표 5에 규정된 자격증 소지자입니다. 대상시험은 6급 이하 채용시험(필기시험을 과하는 경우에 한하며, 전산직렬은 제외)입니다. 가점 방법은 필기시험의 각 과목별 득점에 과목별 만점의 일정비율에 해당하는 점수 (매 과목 4할 이상 득점자에 한하며, 2 이상의 자격증이 중복되는 경우 유리한 것 1개만 가점 부여)를 가산합니다.

<표 2> 통신·정보처리 및 사무관리분야 자격증 가점 비율

<table>
<tr><th>직무 분야</th><th>채용 계급</th><th colspan="8">자격증 등급별 가점 비율</th></tr>
<tr><td rowspan="2">통신·정보처리분야</td><td>일반직 6·7급, 연구사, 지도사</td><td colspan="3">정보관리기술사, 전자계산조직응용기술사, 정보처리기사, 전자계산기조직응용기사</td><td>3%</td><td colspan="3">사무자동화산업기사, 정보처리산업기사, 전자계산기산업기사</td><td>2%</td></tr>
<tr><td>일반직 8·9급</td><td colspan="3">정보관리기술사, 전자계산조직응용기술사, 정보처리기사, 전자계산기조직응용기사, 사무자동화산업기사, 정보처리산업기사, 전자계산기산업기사</td><td>3%</td><td colspan="3">정보기기운용기능사
정보처리기능사</td><td>2%</td></tr>
<tr><td>사무관리분야</td><td>일반직 6급 이하, 연구사, 지도사</td><td>컴퓨터활용능력 1급</td><td>2%</td><td>워드프로세서 1급, 컴퓨터활용능력 2급</td><td>1.5%</td><td>워드프로세서 2급, 컴퓨터활용능력 3급</td><td>1%</td><td>워드프로세서 3급</td><td>0.5%</td></tr>
</table>

자료: (행정안전부, 2009: 87)

6) 양성평등채용목표제

지난 2000년부터 공무원 시험에서 남성의 군 가산점을 폐지한 후, 9급 교육행정직과 일반행정직 등 일부 모집단위에서 여성합격률이 70%가 넘는 등 남성들이 역차별을 받고 있다는 지적에 따라, 1996년부터 실시된 '여성채용목표제'를 2003년에 '양성평등채용목표제'로 전환하였습니다. '양성평등채용목표제'는 성비 불균형 해소를 위해 남녀 모두의 최소 채용비율을 설정하는 제도입니다. 즉, 공무원 채용시험에서 남성이든 여성이든 어느 한쪽이 합격자의 70%를 넘지 않도록 하기 위해, 여성 혹은 남성이 합격자의 30% 미만일 때 합격선 범위 내에서 해당 성의 응시자를 추가로 합격시키는 것입니다(단, 5명 이상의 합격자가 나오는 모집단위에 해당하며, 교정직렬·보호직렬은 제외하고 있습니다).

이 제도는 2003년부터 5·7·9급 공무원 채용 시 적용하고 있습니다. 정부는 공직 내 성별 불균형 해소를 위해 2003년부터 2007년까지 5년간 시행하였던 '양성평등채용목표제'를 2012년까지 5년간 재연장하였고, 다시 2012년 4월 30일 자로 개정된 균형인사지침에서 '양성평등채용목표제'를 규정하여 현재도 시행하고 있습니다.

양성평등채용목표제 실시 대상 시험의 종류는 다음과 같습니다.

- 5급 공무원 공개경쟁채용시험, 5등급 외무공무원 공개경쟁채용시험
- 7급 공무원 공개경쟁채용시험
- 9급 공무원 공개경쟁채용시험
- 시험령 제26조 제3항의 규정에 의하여 행정안전부가 실시하는 경력경쟁채용 시험(기능직은 제외)

양성평등채용목표제 어느 한 성(性)의 합격자가 채용 목표비율에 미달할 경우 하한성적 이상인 해당 성(性)의 응시자 중에서 성적순에 의하여 당초의 합격예정인원을 초과하여 추가 합격 처리하는 것입니다(하한성적: 5급 이상·연구관·지도관의 경우 합격선 -2점, 6급 이하·연구사·지도사 경우 합격선 -3점). 이 제도는 목표인원에 미달하는 인원만큼 당초의 합격예정인원

을 초과하여 어느 성을 추가 선발하는 것이므로 합격선에 든 다른 성(性)의 합격자를 탈락시켜서는 안됩니다.

시험실시단위별 채용목표인원은 시험실시 단계별 합격예정인원에 30%를 곱한 인원수로 합니다(다만, 검찰사무직렬은 20%로 합니다). 즉 선발예정인원이 10명 이상인 경우 소수점 이하 반올림하며, 5명 이상 10명 미만인 경우 소수점 이하를 버립니다.

2013년 6월에 실시된 국가직 7급 공개경쟁채용시험 필기시험 합격자 명단을 보면, 양성평등채용목표제 적용으로 총 16명(남 3, 여 13)이 추가합격했는데, 일반행정(장애), 선거행정, 회계, 감사, 건축, 전산에서 여성 13명이 추가합격하였습니다. 다만 외무영사직(일반)의 경우는 다른 직렬과 달리 여성합격 비율이 남성보다 높으므로(38명 중 28명, 73.7%), 양성평등채용목표를 충족하기 위해 남성 3명을 추가합격시켜 모두 41명이 합격했습니다.

7) 지방인재채용목표제

지방인재채용목표제(地方人材採用目標制)는 대한민국 정부가 지방인재의 공무원 임용기회를 확대하기 위하여 5급 또는 5등급 공무원 공개경쟁채용시험에서 서울특별시를 제외한 지방에 있는 학교의 재학생이나 졸업생이 선발예정인원의 20% 이상이 될 수 있도록 선발예정인원을 초과하여 지방인재를 합격시키는 제도입니다.

이 제도는 한시적 제도로 5년 단위로 연장하고 있습니다. 정부는 1차로 2007년부터 2011년까지 운영하였고, 2차로 2012년부터 2016년까지 연장하여 운영하고 있습니다. 실시근거는 공무원시험령 제20조의2(지방인재의 선발예정인원 초과합격) 및 행정안전부 예규 제202호(08.11.6. 개정) 지방인재채용목표제입니다,

시험실시단위별 채용목표인원(이하 '목표인원' 이라 함)은 시험실시 단계별로 당초 합격예정인원의 20%를 곱한 인원수로 합니다. 또한 추가합격 상한을 두어서 목표인원에 미달하더라도 지방인재의 추가합격은 당초 합격

예정인원의 5%를 곱한 인원수로 제한합니다(단, 1차 시험에서는 추가합격 상한(5%)의 제한을 두지 않습니다).

2. 공무원의 승진

앞에서 살펴본 신규 채용보다 더 중요한 것이 승진일 것입니다. 대부분의 공무원은 월급의 인상 보다는 직급의 상승을 선호하고 있습니다. 공무원의 승진에 대하여 간략하게 정리하면 다음과 같습니다.

1) 승진의 개념

공무원의 승진이란 결원보충의 한 방법으로서 하위계급에 재직하고 있는 공무원을 상위계급에 임용하는 것을 의미합니다. 공무원 승진의 근거는 국가공무원법, 공무원임용령, 공무원임용시험령 및 고위공무원단 인사규정에 의한 것입니다.

2) 승진의 대상 기준

공무원 승진임용의 대상기준은 직급에 따라서 달라집니다. 우선 고위공무원에의 승진은 3급 공무원 및 4급(5년 이상) 공무원으로 고위공무원 후보자교육 및 역량평가를 통과한 자 중에서 임용됩니다. 3급 공무원에의 승진은 바로 하급공무원 중에서 임용됩니다. 그리고 4급 이하 공무원에의 승진은 동일직군 또는 직렬의 바로 하급공무원 중에서 임용됩니다.

3) 승진의 종류

이러한 공무원 승진임용의 종류는 크게 일반승진, 공개경쟁승진 및 특별승진으로 구분할 수 있습니다.

(1) 일반승진

일반승진은 방법에서 고위공무원단 직위로의 승진은 고위공무원단 후보자 중에서 근무성적, 능력, 경력, 전공분야, 인품 등을 고려하여 보통승진심사위원회의 심사를 거쳐 임용예정 직위의 2~3배수에 해당하는 인원을 우선순위를 정하여 선정한 후 고위공무원임용심사위원회의 승진심사를 거쳐 임용 제청합니다.

4급 공무원의 3급 공무원으로의 승진은 근무성적, 능력, 경력, 전공분야, 인품 등을 고려하여 보통승진심사위원회의 심사를 거쳐 결원 범위 안에 해당하는 인원을 선정하여 소속장관이 임용합니다. 그리고 5급 및 7급 이하의 승진은 승진후보자명부에서 고 순위자 순으로 임용령의 배수범위 내의 해당자를 보통승진심사위원회 심사를 거쳐 임용합니다. 이 경우, 승진대상자는 「공무원교육훈련법 시행령」 제11조의3 및 제11조의5에 따른 교육훈련시간을 충족하는 자이어야 합니다.

일반승진 승진임용의 방법은 다음과 같습니다. 우선 6급의 5급 승진은 아래의 방법 중에서 승진후보자명부 작성단위별로 선택합니다.

- 심사승진:승진후보자명부 고 순위자 순으로 임용령 별표5의 배수범위 내의 해당자, 승진심사위원회의 심사
- 승진시험:승진후보자명부순위 2~5배수 해당자, 승진시험 부과(제1, 2차 구분 실시)
- 승진대상자는 「공무원교육훈련법 시행령」 제11조의3 및 제11조의5에 따른 교육훈련시간을 충족하는 자이어야 함

(2) 공개경쟁승진

공개경쟁승진은 필요한 시, 승진 소요 최저연수(4년)를 초과한 6급 공무원을 대상으로 승진시험을 시행하는 것입니다. 이 시험은 직렬구분 없이 시행되며, 제1차는 선택형, 제2차는 논문형 그리고 제3차는 면접시험으로 실시됩니다.

(3) 특별 승진

청백리 상 수상자, 직무수행능력 탁월자, 제안채택자, 명예퇴직자, 공무사망자(추서)의 경우 승진후보자명부 순위에 불구하고 승진이 가능합니다.

- 청백리 상 수상자 :4급 이하
- 직무수행능력 탁월에 의한 업무유공자 :4급 이하
- 제안채택자 :5급 이하
  * 6급의 경우 승진심사 또는 승진시험에 우선 응시 부여 가능
- 명예퇴직자 :3급 이하
- 공무사망자(추서) :전 계급

4) 승진 소요 최저연수

일반직공무원의 경우, 계급에 따르는 승진 소요 최저연수는 다음과 같습니다. 9급의 경우에는 2년, 7·8급은 3년, 6급은 4년, 4·5급은 5년 그리고 3급은 3년이 소요됩니다.

기능직공무원의 경우, 계급에 따르는 승진 소요 최저연수는 다음과 같습니다. 기능직 9·10급의 경우에는 1년 6월, 기능직 7·8급은 2년, 기능직 6급 이상은 3년이 소요됩니다.

제3절 공무원의 현황

공무원의 현황을 우선 공무원의 숫자, 공무원의 보수 그리고 공무원 연금 순으로 간략하게 살펴보겠습니다.

1. 공무원의 수

2013년 현재 우리나라 공무원 정원이 올 들어 1천여 명 늘어나서 100만 명에 근접하고 있습니다. 2013년 8월 6일 안전행정부의 발표로는 상반기 말 현재 우리나라의 입법·행정·사법부 소속 공무원 정원 총계는 99만 1천

481명으로 작년 말 99만 423명에 비해 1천58명 늘었습니다. 이 중에서 행정부 소속 국가 공무원은 61만 2천215명으로 61.7%를 차지했습니다.

현재 공무원 수는 다음과 같습니다. 우선 중앙부처 일반행정에 9만 6천307명(9.7%), 교육에 34만 6천446명(34.9%), 법무와 경찰·소방 등 치안에 13만 8천162명(13.9%), 우정사업본부에 3만 1천300명(3.2%)이 각각 배치돼 있습니다. 지방공무원은 35.8%인 35만 4천863명입니다. 그리고 입법부에는 3천974명, 사법부에는 1만 7천431명, 헌법재판소에는 277명, 선거관리위원회에는 2천721명이 각각 배정돼 있습니다.

2012년 말과 비교하면 행정부 소속 국가 공무원 정원은 교육공무원(-3천471명)을 중심으로 3천272명 줄어든 반면, 지방공무원은 4천225명 늘었습니다. 정부 관계 관계자는 "장학사나 연구사 등 교육전문직 공무원이 국가공무원에서 지방공무원으로 전환되면서 국가공무원은 줄어든 반면 지방공무원은 늘어난 것"이라고 설명하고 있습니다.

특히 2013년 출범한 박근혜 정부의 경찰관 2만 명 증원계획에 따라 2013년 상반기 1천332명을 뽑은 경찰은 하반기에도 4천262명을 채용할 예정입니다. 여기에 하반기에 소방공채가 이뤄지고, 지자체들이 사회복지직 9급 공무원 1천505명을 새로 뽑아 현장에 배치하면 공무원 정원은 2013년 이내에 100만 명을 넘어설 전망입니다.

안전행정부는 새 정부 조직개편이 완료된 2013년 3월 23일, 행정기관에 두는 국가공무원 정원의 최고 한도를 현행 27만 3천982명에서 29만 3천982명으로 2만 명 확대하는 내용의 국가공무원 총정원령 개정안을 공포한 바 있습니다. 이것은 새 정부의 핵심공약 중 하나인 경찰 2만 명 증원을 비롯해 일선 공무원을 단계적으로 늘려나가려고 국가공무원 정원 상한을 확대한 것입니다.

공무원 수가 100만 명을 넘어가더라도 우리나라의 공무원 수는 다른 나라와 비교했을 때 많은 편은 아닙니다. 경제협력개발기구(OECD)에 따르면 우리나라의 중앙정부, 지방자치단체, 사회보장기금, 비영리기관 등 일반정부(General Government) 부문 인력은 139만 1천 명으로 전체 경제활동인구 대비 5.7%를 차지하고 있습니다. 따라서 OECD 회원국 평균이 경제활동인구 대비 15%인 데 비하면 아직 3분의 1 수준입니다.

2. 공무원의 보수

1) 공무원 봉급제도

공무원 봉급제도는 2013년 현재 안전행정부 홈페이지 공무원성과급여포털(http://pac.mospa.go.kr/salary/this.jsp)에 게시된 자료에 따르면 다음과 같습니다.

공무원의 보수체계는 크게 호봉제와 연봉제로 구분되며, 연봉제는 고정급적 연봉제, 성과급적 연봉제, 직무성과연봉제로 구분됩니다. 호봉제는 호봉에 따라 봉급(기본급)이 지급되는 제도로서, 공무원의 경우 매년 정기승급을 통하여 호봉이 올라가게 되어있는 연공급적 성격의 보수체계로 되어 있습니다. 호봉체계에 따른 봉급표는 직종별로 다르게 설정되어 있으며, 봉급 외에 약 30종의 수당이 지급됩니다. 특히, 공직사회의 경쟁력을 높이고 일하는 분위기를 조성하여 열심히 일하는 자를 우대하기 위한 취지에서 근무성적 기타 업무실적 등에 따라 차등지급되는 성과급(실적급)인 성과상여금을 지급하고 있습니다.

과거 연공급을 근간으로 한 보수제도는 보상의 공정성 측면보다는 균등성을 지향함으로써 개인의 능력과 실적, 공헌도 및 조직의 성과를 제대로 반영할 수 없으며 조직의 동기부여를 위한 인센티브 기능이 미흡하다는 단점이 있었습니다. 이에 공무원의 보수체계를 연공급 보수체계에서 능력(실적)주의 보수체계로 전환함으로써 공직사회의 경쟁력과 생산성을 제고하고, 창의적이고 열심히 일하는 공직 분위기를 조성하며, 탄력적인 보수체계 전환으로 민간부문의 우수전문인력 공직유치에 기여하고, 복잡한 보수체계의 단순화로 보수제도의 투명성을 확보하고자 하는 목적으로 1999년부터 연봉제를 도입하게 되었습니다.

우리나라 공무원연봉제는 고정급적 연봉제, 성과급적 연봉제, 직무 성과급적 연봉제로 나누어져 있습니다. 직위별로 연봉이 고정되는 고정급적 연봉제는 차관급 이상 정무직공무원 등을 대상으로 합니다. 정무직공무원은 일반직공무원과 달리 성과측정이 극히 어렵기 때문에 개별직위마다 고정된 연봉을 책정하고 있습니다. 고정급적 연봉대상자는 공무원보수규정에서 정한 연봉 외에 가족수당, 자녀 학비보조수당, 직급보조비, 정액급식비, 봉급조정수당 등을 보수 관련 법령에 따라 지급받습니다.

성과급적 연봉제는 일반직, 별정직 등의 복수직 4급 과장급 이상 공무원과 계약직공무원을 대상으로 하며, 계급별 기본연봉과 업무실적에 따른 평가결과에 따라 차등지급되는 성과연봉으로 구성됩니다. 연봉은 계급별로 설정된 연봉 한계액 범위내에서 정해집니다. 연봉 외의 급여로는 가족수당, 시간외근무수당, 자녀 학비보조수당, 연가보상비, 직급보조비, 정액급식비, 봉급조정수당, 특수근무수당, 특수지 근무수당 등이 지급됩니다.

직무 성과급적 연봉제는 고위공무원단에 적용되며, 기본 골격은 성과급적 연봉제와 같습니다. 다만, 기본연봉이 기준급과 직무급으로 구분되며 성과급 비중이 더 높다는 점에서 성과급적 연봉제와 다릅니다.

2) 공무원 보수의 민간과의 비교

공무원들과 민간 기업의 임금을 비교해보면 다음과 같습니다. 우선 공무원 보수의 민간임금접근율에 대한 개념부터 살펴보아야 합니다. 이러한 공무원 보수의 민간임금 접근율은 매년 6월에 민간임금을 100으로 보았을 때 공무원 보수가 어느 정도 수준인지를 산출하는 것입니다. 비교 대상 민간임금은 상시 근로자 100인 이상 중견 기업의 사무관리직의 보수입니다. 비교대상 보수는 초과근로시간에 연동된 변동적 초과급여를 제외한 임금총액이며, 공무원의 경우는 고정초과급여를 임금총액에 포함해서 비교합니다. 비교방식은 공무원과 민간과의 학력수준과 연령 등 근로자 구성의 차이를 통제하고 격차지수를 산출하는 「피셔(Fisher) 방식」입니다.

이 결과 지난 10년간의 공무원 보수의 민간임금접근율은 다음 <그림 1>과 같습니다.

<그림 1> 공무원 보수의 민간임금접근율

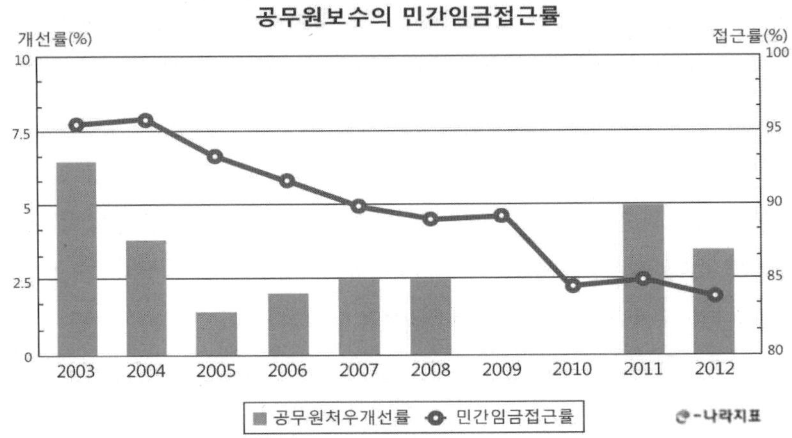

이 그림에 의하면 「공무원보수현실화 5개년계획(2000년~2004년)」의 추진에 따라 민간임금접근율이 2000년 88.4%에서 2004년 95.9%로 향상되었으나, 2005년, 2006년 및 2007년의 경우 국가 재정여건 등이 어려워 충분한 처우 개선이 이루어지지 못하였습니다. 특히 2009년부터 2010년까지 2년 연속 처우개선이 동결됨에 따라 민간임금접근율이 계속 하락하여 2012년 현재 83.7%로, 전년 2011년 대비 1.5% 하락, 공무원처우개선률도 1.6% 하락하였습니다('04년 대비 12.2% 하락).

이러한 환경은 앞으로도 개선될 기미를 보이지 않고 있습니다. 정부가 2014년도 예산안과 함께 내놓은 재정운용 효율화 방안에는 그 어느 때보다도 어려운 재정 형편이 반영돼 있습니다. 정부는 '허리띠 졸라매기'를 솔선수범하자는 취지로 3급 이상 고위직 공무원의 보수를 동결하고 업무추진비와 국외여비를 삭감하는 조치까지 내놨습니다. 아울러 재정낭비 요인을 제거하고자 유사·중복 사업은 통폐합하고 전시성 사업은 지원을 폐지하는 등 강도 높은 재정 절감 방안을 추진할 방침입니다. 이에 따라서 2014년에는 3급 이상 고위직 공무원의 보수는 동결하고 하위직은 올해 물가상승률 수준인 1.7%만 인상하기로 했습니다.

3. 공무원 연금

앞에서 살펴본 것처럼 공무원들의 보수 수준은 민간에 비하여 현저하게 낮은 실정입니다. 그럼에도 불구하고 많은 사람이 공직을 선호하는 배경에는 공무원 연금이 한몫을 하고 있다고 생각합니다. 공무원 연금에 대하여 간략하게 살펴보면 다음과 같습니다.

공무원 연금 제도(Government Employees Pension System)는 공무원의 퇴직 또는 사망과 공무로 인한 부상·질병·폐질에 대하여 적절한 급여를 줌으로써, 공무원 및 그 유족의 생활 안정과 복리 향상에 기여함을 목적으로 하고 있습니다. 1959년 당시 중앙인사 행정기관인 국무원사무국에서 공무원연금법을 제정, 1960년 1월 1일에 공포·시행함으로써 실시된, 공무원을 대상으로 국가의 책임 아래 운영하는 공적연금제도입니다.

비용 부담은 기여제 방식을 채택하여 연금 수혜자인 공무원과 사용자인 국가 또는 지방자치단체가 공동으로 비용을 부담하고 있으며, 공무원이 매월 보수의 8.5%를 기여금으로 내고 국가나 지방자치단체가 보수예산액의 8.5%를 부담금으로 납부하고 있습니다. 다만, 사용자 책임급여인 재해보상급여와 퇴직수당에 소요되는 비용 및 재해부조금과 사망조위금에 드는 비용은 국가나 지방자치단체가 전액을 해마다 부담합니다.

당해연도의 수입금에서 당해연도의 급여비용을 충당할 수 없는 경우에는 그 부족한 금액을 국가 및 지방자치단체에서 추가로 보전하도록 법제화되어 있습니다. 또한, 국가 및 지방자치단체는 공무원연금재정의 안정을 위하여 예산 안의 범위에서 책임준비금을 연금기금에 적립하도록 규정하고 있습니다.

재정 방식은 적립 방식의 기초에 의해 설계됨으로써 급여 지출 비용의 예상액과 기여금·부담금 및 그 예정운용수익금의 합계액이 미래에 재정적 균형을 유지하도록 제도 초기부터 공무원연금기금을 조성해 왔습니다. 그러나 제도 발족 당시 설정했던 2.3%의 징수료율을 1969년에 3.5%, 1970년에 5.5%, 1996년에는 6.5%, 1999년에는 7.5%, 그리고 2001년에는 8.5%로 점차 상향 조정함으로써 수정된 적립 방식에 가까운 제도로 운영하고 있습니다.

특히 도입된 지 40여 년이 경과하여 성숙 단계에 들어서면서 수입·지출상 불균형 구조가 심화되어, 2001년도부터는 급여 부족분에 대하여는 사용자(국가 또는 지방자치단체)가 전액 보전하는 형태로 전환하였습니다.

급여의 종류는 크게 단기급여와 장기급여로 나누어지며, 단기급여는 공무상요양비·공무상요양일시금·재해부조금·사망조위금 등 4종이 있고, 장기급여는 퇴직급여 4종, 장해급여 2종, 유족급여 6종 및 퇴직수당 등 13종이 있습니다. 공무원연금의 내용을 보면 주된 기능인 퇴직연금 등 소득보장 급여뿐만 아니라 근로보상적 성격의 퇴직수당, 업무상 재해에 대한 보상급여, 부조적 성격의 급여 등 다양한 형태의 사회보장급여를 제공하고 있습니다.

재직기간은 공무원연금법상 급여액 산정 등의 기초가 되는 공무원 재직연월을 말하며 기본 재직기간과 과거의 재직기간을 합산한 기간, 연금법 적용 이전의 재직기간을 소급 통산한 기간 및 임용 전 병역복무 기간을 합한 기간입니다. 재직기간이 길수록 퇴직 시 퇴직급여액이 많아지는 등 혜택이 크며 그 기간은 33년을 초과하지 못합니다. 다만, 퇴직수당을 산정하기 위한 재직기간은 휴직·정직·직위해제·강등이 있는 경우 그 기간의 1/2에 해당하는 기간을 감축합니다.

퇴직연금 및 유족연금은 평균기준소득월액으로 산정하고 연금액은 매년 전년도의 연금액에 전전년도 대비 전년도의 전국소비자물가 변동률을 곱하여 산정된 금액을 당해 연도에 지급합니다. 2010.1.1. 이후 신규 임용된 공무원(2009.12.31. 이전기간을 합산한 기간이 없는 경우)이 20년 이상 재직후 퇴직하면 퇴직연금은 연금지급연령(65세)에 도달된 때부터 지급합니다.

다만 정년 또는 근무상한연령이 60세 미만으로 정한 경우에는 정년 또는 근무상한연령이 되었을 때부터 5년이 경과한 때, 계급정년이 되어 퇴직한 때부터 5년이 경과한 때, 직제개폐로 인하여 퇴직한 때부터 5년이 경과한 때, 장애상태(제1급~제7급)가 된 때에는 연금지급연령 이전이라도 연금을 지급합니다.

이러한 공무원 연금 제도는 공무원 연금의 적자 폭이 커짐에 따라서 2009년에 대폭 개정되었습니다. 따라서 2010년을 기점으로 상당 부분 바뀐 내용이 있습니다. 쉽게 이야기하면 기존 공무원은 거의 60세 퇴직과 동시에 연금을 받습니다만, 2010년 이후에 임용된 공무원은 65세부터 연금수령을 하도록 개정한 것입니다. 또한 연금계산 시 퇴직 전 3년 치의 고액 임금으로 연금액을 결정하던 것을, 2010년 이후의 공무원들은 전체 재직기간의 임금을 기준으로 함으로써 최초 초임 시절의 적은 임금을 반영하여 연금액을 적게 계산되도록 하였습니다. 또한, 이전 공무원들은 연금 수령 시에 공무원임금 인상률과 물가인상률을 반영해서 매년 큰 폭으로 연금을 인상하게 되어 있던 것을, 2010년 이후 임용되는 공무원들부터는 물가인상률만큼만 인상하도록 하였습니다.

2013년 현재 공무원 연금 수급자는 35만 7천여 명입니다. 그리고 1인당 월평균 수령액은 219만 원입니다. 2009년은 189만 원, 2010년 195만 원, 2011년 203만 원, 2012년은 213만 원으로 계속 상승하고 있습니다. 올해 국민연금 1인당 월평균 수령액이 84만 4천 원 정도이니까 공무원 연금이 국민연금에 비해 2.6배 이상이나 높습니다.

여기에는 두 가지의 시각이 공존하고 있습니다. 평생을 낮은 임금을 받으면서 국가를 위하여 봉사한 공직자들에게 연금으로 보답하는 것이 적절하다는 의견과 국민들과의 형평성을 생각해 재원이 고갈된 공무원 연금을 국민연금과 통합시켜야 한다는 주장이 있습니다. 여러분은 어느 쪽이 낫다고 생각하십니까?

제4장 쉬어가기 중국의 사례: "공무원 시험으로 인생은 완성된다."

"공무원 시험으로 인생은 완성된다." 이 말은 지난 7월 중국 런민(人民)대를 졸업한 청리(程莉·22·여)가 23일로 예정된 '궈카오'(國考·국가공무원 임용시험)를 앞두고 웨이보(微博)에 올린 말이다. 사실 이 말은 요즘 취업을 앞둔 중국 대학생들 사이에서 자조적으로 유행하는 금언(金言)이다. 권력과 안정의 대명사로 유명한 중국 공무원에 대한 젊은이들의 꿈이고 이상이다. 동시에 공무원을 좇게 만드는 중국 사회에 대한 조소(嘲笑)이기도 하다. 시진핑(習近平) 국가주석은 9일 개막하는 제18기 당 중앙위원회 3차 전체회의(3중 전회)를 통해 향후 10년 중국 개혁을 철저히 공무원들에게 주문할 예정이다. 앞으로 중국 개혁의 성패는 젊은이들의 '로망', 공무원에게 달려 있다는 얘기다.

3중 전회 개막을 이틀 앞둔 7일, 2014년도 신규 국가공무원임용시험 지원이 마감됐다. 국가공무원국 발표에 따르면 지원자는 152만 명. 그러나 선발인원은 1만 9,538명에 불과해 경쟁률은 77대 1이다. 지원자는 1994년의 4,400명보다 344배나 늘었다. 지난해보다도 2만 명 늘었다. 경쟁률(지난해 72대 1)도 갈수록 높아지는 추세다.

이번 시험 중 경쟁률이 1,000대 1을 넘은 곳은 모두 37개 부서로 국가민족사무위원회 민족이론정책연구실은 2명 모집에 무려 1만 4,384명이 지원해 7,192대 1을 기록했다. 경쟁률보다 더 심각한 문제는 대졸자만이 아니라 직장인들까지 궈카오에 몰리고 있다는 점이다. 올 지원자 중 지난 7월 대졸자는 60%에 불과했고 나머지는 모두 직장인이거나 고졸자였다. 2002~2003년 궈카오 지원자 중 당해연도 대졸자는 80%에 달했는데 이 비율은 2007년 70%로 낮아졌다.

궈카오는 필기시험과 면접으로 이뤄지는데 필기시험은 다시 행정능력을 점검하는 공통 시험과 논문으로 나뉜다. 특히 논문의 경우 당시 국가 주요 정책이나 사회문제와 관련된 시제가 많아 중국 사회의 단면을 읽을 수 있다. 예컨대 2013년 베이징 지역 중앙부처 공무원 임용시험에는 고속도로 관련 기본자료 6건을 제시하고 효율적인 정책을 논하라는 문제가 나왔다. 540만 대에 이르는 차량으로 갈수록 혼잡해지는 베이징의 교통문제 해결책을 묻는 시험이었다.

2012년에는 사회 각계 공정상의 질(質)에 대한 문제점을 분석하도록 했다. 중국 사회가 양적으로 늘었지만, 질적 개선이 이뤄지지 않아 각종 사회문제가 야기되고 있는 현실을 반영한 문제다. 올해는 국내적으로는 중국 사회 화두인 부패와 대외적으로 일본과 분쟁하고 있는 센카쿠열도(중국명 댜오위다오) 관련 문제가 나올 가능성이 큰 것으로 예상된다.

중국 국가공무원은 1~15급 15개 등급이 있는데 대졸자는 보통 15급을 지원한다. 그러나 관련 업무 경력이 있거나 석사나 박사 혹은 해외 유학파들의 경우 그 이상 등급을 지원해 시험을 치른다. 올해 궈카오 합격자들은 시 주석과 리커창(李克强) 총리가 이끄는 중국 5세대 지도부의 첫 '개혁 집행자'로 강도 높은 교육을 받고 내년 상반기 전국에 배치된다. 그러나 문제는 이들이 과연 중국 개혁의 중심 역할을 할 수 있겠느냐는 점이다.

중국 젊은이들이 공무원을 선호하는 가장 큰 이유는 두 가지다. 우선 경기불황과 취업난으로 인해 안정적인 직업을 선호한다는 점이다. 실제로 지난 7월 졸업한 올 대졸자 취업률은 절반에도 못 미치고 있다. 인위민(尹蔚民) 국가공무원 국장은 "산간벽지나 업무량이 많은 부서에 대한 지원자는 거의 없어 편한 일만 찾는 세태도 반영하고 있어 문제"라고 분석했다.

권력을 좇는 중국 사회 심리도 원인으로 지목된다. 지난여름 공산당 기관지인 인민일보(人民日報)사의 주간지, 인민논단이 중국인 수천 명을 상대로 조사했는데 응답자의 72.3%가 "돈보다 권력을 좋아한다"고 했다. 이에 따라 68.5%가 가장 선호하는 직업으로 '당정 기관의 공무원'을 꼽았다. 연봉이 훨씬 많은 '외국 기업의 화이트칼라' '국유기업 직원' 등 다른 선호직업을 합쳐도 31.5%에 불과했다. 더욱 충격적인 것은 공무원을 꼽은 응답자들 가운데 73.7%가 공무원 선택 이유로 '회색수입'을 들었다는 점이다. 회색수입은 음성적 수입, 즉 뇌물을 말한다.

공무원을 아예 청조 벼슬에 비교하는 젊은이도 많다. 중국의 대표 포털 중 한 곳인 텅쉰(騰訊)에는 아예 중국에서 지방 성 서기는 청대의 종2품, 부성장은 정3품, 청장은 종4품, 부청장은 정5품, 처장은 정7품식으로 분류를 해놓고 있다. 중국의 공직사회가 청대 봉건사회를 그대로 닮고 있다는 비판이다. 시 주석이 "호랑이(고위공직자 부패)와 파리(하위공직자 부패)를 모두 잡겠다"고 선언하고 대대적인 부패척결 작업을 하고 있지만 공무원 사회는 아직도 봉건 수준에 머물고 있다는 시사다.

실제로 지난 6월 중국 검찰과 공안부 등이 해외로 도피한 부정부패 공무원 자료를 발표했는데, 2011년까지 12년 동안 1만 8,487명을 적발해 회수한 부패 자금만 542억 위안(약 9조 4,000억 원)에 달한다. 회수하지 못한 자금은 이보다 10배나 많은 100조 원으로 추정했다. 주리자(竹立家) 국가행정학원 교수는 공무원 열풍 이면에는 중국의 전통적인 관본위 사상이 있다고 지적했다. 그는 "80년대에는 공무원보다 창의적이고 도전적인 직업이 인기가 있어 국가 인재 대부분이 과학기술 부문에서 일해 현재의 중국 경제를 일궜다. 그러나 현재는 인재들이 편안하고 안정적이면서 권력이 있는 공무원을 택하는데 이는 국가발전을 위해 매우 두려운 현상"이라고 경계했다. 결국, 3중 전회 이후 시진핑의 중국 개혁은 700만 공무원의 사고와 문화를 어떻게 개혁하느냐에 달려 있다는 것이다.

자료: 중앙일보 2013년 11월 8일, 베이징 최형규 특파원

더 읽어야 할 책 3권:

- 조경호 외. (2009). 「공무원의 역할 연구」. 대영문화사. 2009년 1월.
- 임도빈 외. (2013). 「공직사회의 낭중지추를 찾아서」. 법문사. 2013년 9월.
- 정충식. (1999). 「멀티미디어 시대의 행정」. 나남출판. 1999년 3월.

■ 꼭 알아야 하는 용어 3개(출처: 허동석, 2010; 이종수, 2009; 두산백과사전):

- 공무원 직위분류제

행정기관을 구성하는 개개 직위의 직무를 중심으로 하여 공직을 분류하여 전문성을 갖추도록 하는 객관적인 공직 분류제이다. 1923년 미국에서 분류법(Classification Act) 통과 후 시행해온 것으로 직무분석을 통해 직무의 종류, 난이도, 중요도를 평가한 직무값으로 보수, 등급을 결정하는 것이 특징이다. 직위분류제가 도입되면 분류된 공무원 계급 대신 직무값 성과에 따라 보수, 등급이 결정되기 때문에 같은 중앙행정기관의 동일 계급 공무원이라도 직무값과 성과에 따라 현격히 다른 수준의 봉급을 받는다. 또 어떤 자리에 공무원을 임명하려면 전문 지식 등 자격을 갖추어야 한다.

따라서 특정 전문 부서 내에서만 인사이동이 이루어지고, 구성원이 자주 바뀌지 않기 때문에 전문 지식과 개인적인 노하우가 많이 창출된다. 또한 담당 직책이 요구하는 능력을 가진 자를 임용할 수 있으므로 채용시험, 승진 등의 인사배치에서 조금 더 적합한 기준을 제공할 수 있다. 따라서 근무성적 평정 기준의 설명에 유익하며, 조직관리에 있어 합리성을 기할 수 있게 된다. 그러나 폭넓은 안목을 가진 일반행정가의 양성이 어렵고, 조직 및 직무의 변화에 적절히 대응하지 못하게 되며, 인사관리에 있어 탄력성과 신축성을 확보할 수 없다는 단점도 있다.

직위분류제를 주로 이용하고 있는 국가는 대체로 농업사회로부터의 관료제의 전통을 별로 갖지 않고 산업화된 국가인 미국과 그의 문화적 영향을 받는 캐나다, 필리핀 등이다. 반면 공무원 계급제는 행정업무를 담당하는 공무원 개개인의 자격, 능력, 신분 등을 중심으로 공직을 분류하고 인사관리를 행하는 주관적인 공직분류제도이다. 계급제를 채택하고 있는 국가는 관료제의 전통이 강한 유럽을 비롯하여 이들 국가의 문화적 영향을 많이 받았거나 농업 사회적 전통이 강한 나라들이며 영국, 독일, 프랑스, 일본 등이 있다. 한편, 영국은 공무원의 계급이 폐지된 후에는 미국보다 훨씬 엄격한 직위분류제를 운영하고 있다.

우리나라에서 일반직 공무원에 대해 1963년부터 1973년까지 직위분류제로 적용하도록 규정하였으나, 현재는 계급제의 바탕 위에 부분적으로 이 제도를 시행하고 있다. 2012년 11월 현재 일반직 공무원은 1~9급, 기능직 공무원은 기능 1~9급까지의 계급으로 구분하고 있다. 그리고 국회사무총장, 법원행정처장, 헌법재판소 사무처장, 중앙선거관리위원회 사무총장 또는 행정자치부 장관은 법률 규칙에 정하는 바에 따라 직위분류제의 적용을 받는다.

- 사무관(事務官)

내용 중 가장 넓은 의미로는 모든 5급 공무원을, 넓은 의미로는 5급 공무원 중 사무계의 공무원을, 좁은 의미로는 사무계 5급 국가공무원인 행정사무관·검찰수사사무관·출입국관리사무관·통계사무관 등 사무계 5급 지방공무원인 지방행정사무관을, 가장 좁은 의미로는 협의의 사무관 중 사무계 5급 국가공무원인 행정사무관을 말한다.

사무관은 6급 공무원으로 4년 이상 재직한 자 중에서 승진 임용하거나 공무원이 아닌 자를 공개경쟁채용시험인 행정고등고시 또는 특별채용시험에 의하여 신규임명한다. 사무관이라는 명칭은 1895년(고종 32)의 관료제도에서 통상사무관(通商事務官)이라는 명칭을 사용한 것이 그 최초라 할 수 있다.

일제강점기 때에도 사무관이라는 명칭이 사용되었으며 정부수립 후에도 1949년 11월「공무원임용령」에서 공무원 직급으로 채택되었다. 1961년「공무원임용령」개정에 의하여 사무관이라는 명칭 앞에 업무분야를 명시한 행정사무관 등으로 세분하였다.

지방공무원의 경우, 1963년 12월「지방공무원임용령」에 의하여 지방행정사무관과 지방재경사무관이 설정되었다. 사무관은 그 직위에 따라 그 직무가 다른데, 중앙행정기관에서는 실무기안자이고 지방행정기관에서는 기관장 또는 부서장의 직무를 맡는다.

- 경찰 계급

경찰은 국가공무원 중 특정직 공무원으로 분류되며, 계급은 경찰청장인 치안총감을 정점으로 모두 11개 체계로 구성되어 있다.

구체적으로 「순경(巡警) - 경장(警長) - 경사(警査)」 등 비간부와 「경위(警衛) - 경감(警監) - 경정(警正) - 총경(總警) - 경무관(警務官) - 치안감(治安監) - 치안정감(治安正監) - 치안총감(治安總監, 경찰청장)」 등 간부로 나눠진다. 간부 직급이 8단계로 세분화돼 있는 데 반해, 비간부는 3단계에 불과하지만 인원비율을 보면 비간부가 전체 86.3%에 달하고, 경찰서장급인 총경 396명을 포함한 간부는 13.7%에 불과하다. 경무관 이상은 군으로 따지면 장군(將軍)에 해당된다. 경찰청장은 치안총감으로 보하며, 지방경찰청장은 치안정감·치안감 또는 경무관으로 보한다. 경찰서장은 총경 또는 경정으로 보한다.

이야기 행정학

제 2 편

행정의 여러 분야들

행정학의 분야들은 크게 행정사와 행정문화, 인사, 조직, 재무, 지방자치, 도시 및 전자정부 등으로 구분할 수 있습니다. 이 외에도 기획론, 정책학, 비교 및 발전행정, 윤리행정 및 규제행정 그리고 공기업에 이르기까지 정말 다양한 분야들을 포괄하고 있습니다.
이러한 분야들을 한 사람이 다 제대로 공부해서 잘 안다는 것이 쉽지 않은 실정입니다. 더구나 저자는 전자정부 한우물만 파오던 사람으로서 나머지 분야들에 대해서는 이해하는 수준이 낮을 수밖에 없습니다. 따라서 모든 분야를 다 기술할 수는 없으므로 조직, 인사, 재무, 지방자치, 정책학 및 전자정부로 한정하여 분야를 설정하였습니다. 나름 최소한의 대표성을 지니고 있는 분야만을 대상으로 하였습니다.

제 5 장

행정조직

조직이란 개인의 집합체로서 일정한 역할을 수행하는 구성원들의 유기적 활동을 통해 어떤 목적을 달성하기 위한 사회의 한 구성단위를 말합니다. 여러분들이 졸업한 중학교와 고등학교, 그리고 그 학교의 동문회도 하나의 조직입니다. 또한 이른바 조폭(組暴)들도 조직폭력배의 준말이기 때문에 나름대로 조직을 형성하고 있습니다. 물론 대기업들도 다 조직을 갖추고 있습니다. 이들은 개별적으로 자신의 일을 수행하는 것이 아니라 조직 목표의 달성을 위하여 유기적으로 협력합니다.

이 장에서는 우선 조직이론과 구조를 살펴본 이후에 우리나라 정부 조직의 현황 및 개편 방안을 제시하고자 합니다.

제1절 행정조직이란 무엇인가?

조직을 이해하기 위해서는 우선 조직 이론을 살펴보고 이어서 조직의 구조와 설계 원리 등을 알아보면 됩니다. 이 분야는 경영학이나 행정학에서 모두 동일하게 적용되는 부분입니다.

1. 조직 이론

조직 이론의 변화를 연대의 구분에 따라서 다양하게 나누기도 하지만, 여기에서는 그냥 시대적인 변천에 따라서 과거에서 현재까지의 다양한 조직 이론의 특징만을 간략하게 살펴보겠습니다.

1) 과학적 관리론(Scientific Management Theory)

19세기 말부터 20세기 초엽 미국에서 산업자본주의가 전개됨에 따라 일어난 일련의 기업경영 및 생산과정 과학화 운동과 고전적 조직이론이 접목되면서 구축된 관리이론을 말합니다. 테일러(F. W. Taylor) 등에 의해 대표되는 과학적 관리학파는 '절약과 능률'을 경영의 가장 중요한 가치 기준으로 삼고, 기업 경영에서 종업원의 활동을 규율하는 과학적 원리와 합리적인 관리기법을 탐구했습니다.

따라서 최소의 노동과 비용으로 최대의 능률을 올릴 수 있는 표준적 작업 절차를 정하고 이에 따라 예정된 작업량을 달성하기 위한 가장 좋은 방법을 발견하려는 합리적인 관리기술의 접근방법인 과학적 관리론(科學的管理論)은 미국의 경영학자 테일러(Frederick W. Taylor)에 의하여 개발된 것이므로 일명 '테일러 시스템(Taylor system)'이라고도 부르고 있습니다.

그런데 테일러의 최대 관심사는 경영에 있어서 능률(能率)과 이윤(利潤)의 극대화였습니다. 그래서 그는 작업과정에서 시간과 동작 과정을 세밀히 분석·연구하여 작업과정과 그 실적을 표준화함과 함께 차별능률급제를 확립하였습니다. 차별능률급제(差別能率給制)란 표준화된 하루의 작업량, 즉 과업(課業)을 설정해 두고 그것을 기준으로 하여 그 과업을 달성한 사람에게는 달성하지 못한 사람보다 많은 보수(報酬)를 지급하는 등 기준과업의 달성 정도에 따라 임금을 차별하여 지급하는 제도입니다.

이러한 과학적 관리의 기본 원칙은 다음과 같습니다.

첫째, 참된 과학을 발전시키고 과학적 사고(思考)로 관리의 지표를 삼을 것.

둘째, 근로자를 과학적으로 선발하고 과학적인 교육을 통해 능력개발을 도모할 것.

셋째, 낭비적인 노력이 없도록 할 것.

넷째, 노사간(勞使間)에는 긴밀하고 친숙한 개인적 협동을 확보하도록 할 것.

다섯째, 특수한 업무에는 그것에 적임자로 보이는 근로자를 배치하는데 보다 힘쓸 것.

여섯째, 업무 활동을 보다 전문화할 것.

일곱째, 업무 수행을 위한 표준을 설정할 것.

이상과 같은 원칙에 따라 관리하는 것이 과학적 관리라는 것입니다. 테일러(Taylor)가 주창한 작업 수행상의 합리화와 차별능률급제는 생산의 능률 향상(→능률성)을 실현하는 데 획기적인 기여를 하게 되었고, 테일러가 1911년에 쓴 「과학적 관리법의 제원칙」(The Principles of Scientific Management)은 경영 조직과 관련하여 고전으로 남아 있습니다.

그러나 테일러(Taylor)가 생각했던 인간관(人間觀)에서의 인간은 경제적 욕구와 생리적 조건에 의하여 지배되는 존재였습니다. 따라서 급료만 많이 주면 근로자는 체력이 다할 때까지 열심히 일하는 기계적인 인간으로 가정되었기 때문에 뒷날 그의 이론은 인간적 요소가 소홀히 취급되었다 하여 비판을 받고 있습니다.

2) 포디즘(Fordism)

이러한 과학적 관리법을 현실 경영에 도입한 사람이 미국의 '자동차 왕'으로 불렸던 헨리 포드(Henry Ford, 1863-1947)입니다. 산업 사회에서의 대량 생산은 대규모 시장을 필요로 하는데, 미국의 실업가인 포드가 이 사실에 주목하여 대량 생산 체계를 만들어 냈습니다. 1913년에 포드가 미시간주에 설립한 공장에서는 T형 포드 자동차 한 종류만을 생산하였는데, 이 작업에서 작업 속도, 정밀도 및 조작의 간편화에 맞추어 설계된 전문화된 작업

용구와 기계가 사용되었습니다. 오늘날의 컨베이어 벨트입니다. 포드 공장의 조립 라인에서 각 노동자는 차체가 라인을 따라 움직일 때 각기 특정한 업무를 맞게 되어서, 분업을 통한 생산 효율성의 극대화가 이루어졌습니다.

헨리 포드가 'T형 포드' 자동차 생산 공장을 지은 이래, 산업 사회에서 다른 모든 기업도 컨베이어벨트 시스템이 도입된 공장을 채택했습니다. 그리고 이러한 포드 모델과 같은 기계화된 대량 생산 체제를 '포디즘'이라고 명명한 것입니다. 이처럼 포디즘 또는 포드주의란 조립설비 및 연속공정 기술을 이용한 표준화된 제품의 대량 생산과 대량 소비의 축적체제를 일컫는 말입니다 하지만 포드 조립 설비라인은 곧 결근율과 이직률의 급격한 증가라는 문제점에 직면하였습니다.

따라서 포드는 1914년 1월 5일 노동자들의 노동시간을 하루 9시간에서 8시간으로 줄이고 하루 최저 임금을 5달러로 인상한다고 발표했습니다. 당시 동종업계의 평균 임금은 2.34달러였으니, 노동자들에게 통상 임금의 두 배에 해당하는 일당을 지급하기로 한 것입니다. 일각에서는 포디즘의 생산 측면, 즉 비인간적인 노동 방식에만 주목하는 경향이 있으나, 포드의 비전은 '복지 자본주의'까지 나아가는 원대한 것이었습니다. 포드는 이익 공유제(Profit-sharing)를 통해 노동자들이 생산뿐만 아니라 소비의 주체가 되어야 한다고 믿었으며, '일당 5달러'라는 파격 조치도 바로 그런 발상에서 비롯된 것이었습니다. 달리 말하자면, 노동자들이 많은 급료를 받아서 자동차를 살 수 있는 구매계층으로 성장하도록 지원하여 시장을 키운 것입니다.

특히 포드는 T형 자동차의 대량 생산을 통하여 기존 자동차의 반값에 새로운 자동차를 판매했습니다. 따라서 1925년 포드의 T형 자동차는 전 세계 승용차의 절반을 차지하는 표준 자동차가 되었으며, 자동차 산업은 미국 최대의 산업이 되었습니다. 그러나 포드는 1920년대 말 GM에게 추월당하게 됩니다. 그 이유는 포드는 죽을 때까지 검은색 자동차 하나만을 만들었기 때문입니다. 즉 변화하는 소비자의 욕구를 제대로 파악하지 못하였습니다. 경쟁사인 GM이 차종을 다양화하고 디자인에 신경을 쓴 반면 포드는 미련할 정도로 가격과 기능에만 집착하였기 때문입니다.

하지만 포드는 일개 자동차 기업 차원이나 경영의 측면 만에서 볼 인물이 아니라 체제 차원의 변혁을 촉발한 인물이며, 러시아혁명(1917년)으로 고조된 사회주의 열기를 봉쇄하면서 미국 자본주의를 유지·발전시킨 패러다임 메이커였다고 평가할 수 있습니다.

3) 산업의 일반관리론(General & Industrial Management)

미국의 테일러와 같은 시대에 프랑스에는 현대 경영학의 아버지로 불리는 앙리 페이욜(Henri Fayol: 1841~1925)이라는 사업가가 활약하고 있었습니다. 페이욜은 평생을 광산회사에서 보냈으며, 1888년 도산 직전의 회사 관리책임을 맡아서 1918년 퇴직 무렵에 재정상태를 회복시켰습니다. 이러한 경험을 바탕으로 페이욜은 1916년 산업의 일반관리론(Administration Industrielle et Generale)을 저술하였으며, 이 책이 1930년에 영어(General & Industrial Management)로 번역되어 널리 알려지게 되었습니다.

페이욜은 오랜 기간의 경영관리 경험을 토대로 하여 경영자들에게 효과적인 경영을 위한 14가지 관리원칙을 제시하였습니다.

① 분업(Division of labor): 고도의 전문화는 효율성을 가져온다. 경영활동과 기술적인 작업 모두가 전문화가 되어야 한다.

② 권한(Authority): 권한은 경영책임을 수행하기 위하여 필요하다. 이 권한은 명령할 수 있는 공식적인 권한과 지식과 경험에 의한 개인적인 권한을 포함한다.

③ 규율(Discipline): 조직구성원을 조직을 지배하는 규율을 준수해야 한다.

④ 명령일원화(Unity of command): 하위자는 오직 1명의 상급자에게만 보고하여야 한다.

⑤ 지휘통일화(Unity of direction): 조직의 유사한 활동은 1인의 경영자

에게 통합되어야 한다.

⑥ 전체 이익에 대한 개인의 복종(Subordination of individual to the common good): 개인의 이해가 조직 전체의 목적에 앞서서는 안 된다.

⑦ 보상(Remuneration): 보상은 종업원과 조직 모두에 대하여 공평해야 한다.

⑧ 집권화(Centralization): 권력과 권한은 가능한 한 상위계층으로 집권화되어야 한다.

⑨ 계층화의 원칙(Scalar chain): 권한의 연쇄는 위에서 아래로 연결돼야 하며 항상 준수되어야 한다.

⑩ 질서(Order): 인적, 물적 자원은 요구되는 장소와 시간에 따라 조정돼야 한다.

⑪ 공정(Equity): 경영자는 하위자를 다룰 때 친절하고 공정해야 한다.

⑫ 안정(Stability): 종업원의 이직률이 높아서는 안 된다.

⑬ 주도권(Initiative): 부하는 주도권을 갖고 일하는 자유를 가져야 한다.

⑭ 단결(Esprit de corps): 팀워크, 단체정신, 단결력 등이 강조되고 유지되어야 한다.

페이욜은 이러한 관리의 주요 원칙을 통하여 모든 산업 조직의 기본적인 활동을 여섯 가지로 정리하였습니다.

첫째, 기술적 활동(기술, 생산, 제조 및 적응)

둘째, 상업적 활동(구매, 판매 및 교환 등)

셋째, 재정적 활동(자본획득, 최적이용모색)

넷째, 안전 활동(재산과 직원의 보호)

다섯째, 회계 활동(재고조사, 대차대조표, 비용 및 통계 등)

여섯째, 관리 활동(계획, 조직화 명령, 조정 및 통제 등)

이러한 페이욜의 이론은 이후에 관리론적인 경영이론가들이 관리과정을 계획/조직/지휘/통제/충원으로 나누어 분석하여 현대 경영학의 기초가 되었습니다.

4) 행정관리론(POSDCORB)

이러한 경영 분야의 조직 이론들을 이어 받아서, 1937년에 귤릭(L. Gulick)과 어윅(L. H. Urwick)에 의해서 행정관리론이 제시되었습니다. 귤릭과 어윅은 행정학에 관한 논문을 수록한 「행정과학론집」(Papers on the Science of Administration)을 편찬하여 1937년에 출간하였습니다.

1937년 미국의 브라운로우 위원회(Brownlow Committee)[행정 관리에 관한 대통령 위원회]의 위원이었던 귤릭(Luther H. Gulick)이 당시 가장 능률적인 행정의 원리를 찾아내려고 연구한 끝에 'POSDCORB'라는 용어로 표현되는 고위 관리자의 기능 7가지를 제시하였습니다. 이것은 기획(planning), 조직화(organizing), 충원(充員, staffing), 지휘(directing), 조정(coordinating), 보고(reporting) 및 예산(budgeting) 등이며, 'POSDCORB'는 그 영문 단어의 머리글자를 따서 만든 단어입니다. 그 내용은 다음과 같습니다.

① 기획(Planning): 조직의 목표를 달성하기 위한 방법에 대하여 구체적인 윤곽을 세우는 일

② 조직화(Organizing): 수립한 계획에 따라 업무를 효율적으로 수행할 수 있도록 구체적인 직무와 권한을 배분하여 공식적인 구조를 갖추도록 하는 일

③ 충원(Staffing): 신규 직원들을 채용하고 훈련(→교육훈련)시키며, 알맞는 근무조건을 유지하도록 하는 일

④ 지휘(Directing): 부하 직원들로 하여금 업무상의 명령이나 지시에 따르도록 하는 일

⑤ 조정(Coordinating): 조직 내의 여러 부서(部署) 상호간에 협력과 원만

한 관계를 유지하도록 하는 일

⑥ 보고(Reporting): 소속 상사(上司)나 관리자에게 부하직원에 맡긴 업무의 진행과정이나 결과 또는 연구 조사 등을 보고하도록 하는 일

⑦ 예산(Budgeting): 조직의 목표나 업무를 수행할 수 있도록 재정 기획이나 회계를 담당하는 일

5) 관료제론(Bureaucracy)

자 이제 고전적 조직이론의 마지막인 막스 베버(Max Weber)의 이상형(Ideal Type)[6] 관료제 모형을 살펴볼 차례입니다(이하 유민봉, 2013: 196-197의 수정). 독일의 베버는 당시 산업사회에서 국가조직의 규모가 방대해짐에 따라서 효율적인 조직 운영의 필요성을 느껴서 관료제를 제시하였습니다. 이러한 관료제는 근대 사회의 출범 이후에 사회 질서를 유지하는데 기초가 되는 합리성(Rationalization)을 바탕으로 하고 있습니다. 또한, 베버는 관료제를 도출하기 위해 권위의 정당성을 기준으로 전통적 지배, 카리스마적 지배, 합법적 지배의 세 가지 지배유형을 제시하였다. 베버의 이념형 관료제의 특징은 이 가운데 합법적 지배의 권위를 바탕으로 한 것입니다. 이러한 베버 관료제의 특징을 조직적 측면에서 간략하게 살펴보면 다음과 같습니다.

① 분업구조: 관료제 내의 공무원들은 자격 또는 능력에 따라서 규정된 기능을 수행하는 분업의 원리를 따릅니다. 일정한 직위를 차지하고 있는 사람에겐 필요한 권한이 부여되고, 강제의 수단이 명확하게 규정되며, 이러한 수단의 이용은 엄격한 조건에서 이루어집니다.

② 계층구조: 관료제는 피라미드 모양의 계층구조를 가지며 명령과 통제

6) 이상형(Ideal Type)이란 최고라든가 탁월하다는 의미가 아니라 현상의 이해를 돕기 위하여 분석적으로 도출한 추상적인 개념입니다. 즉 이상형은 현상의 중요한 요소만을 선택하여 기술한 것으로 이상형과 비교하면 실제를 이해할 수 있도록 돕는 평가의 준거 기준으로 생각하시면 됩니다.

가 위로부터 아래로 전달되는 특성이 있습니다. 계층의 하위직은 상위직의 명령에 따를 것이 기대됩니다. 따라서 이러한 계층구조는 상사의 명령을 통일적으로 집행하는 데 매우 효율적입니다.

③ 문서화된 법규: 관료제는 조직의 목표 달성을 위하여 어떻게 행동해야 하는가의 절차와 방법을 기록한 문서로 만들어 진 법규집을 가지고 있습니다. 이들 법규는 누가 어떤 문제에 직면하더라도 개인의 개별적인 행동이 아니라 항상 똑같은 방식의 행동을 보장해 주기 때문에 동일한 방식의 업무 수행이 보장됩니다.

④ 비정의적 행동(Impersonal Conduct): 관료제하에서 구성원들은 인간으로서의 감정이나 충동적인 느낌을 억제하고 객관적이고 공정하게 행동할 것으로 기대됩니다. 즉 이상형의 관료는 언제 어디서나 감정을 절제하고 절차에 따라서 합리적으로 결정을 내려야 합니다. 따라서 동정심이나 온정주의가 아닌 직업전문인으로서의 관료상이 요구됩니다.

⑤ 실적주의: 관료제하에서는 공무원의 충원과 승진 시에 시험성적, 교육, 과거 경력과 같은 엄격한 실적이 요구됩니다. 혈연, 학연 및 지연과 같은 개인적인 연고가 아니라 실적을 인사관리의 기준으로 채택하여, 구성원들이 조직에 대하여 충성심을 가지고 최선의 성과를 낼 것을 기대하고 있습니다.

⑥ 효율성: 이러한 다섯 가지의 특성은 모두 합리성의 측면에서 정당화될 수 있는 것으로, 이들 특성이 실제 현실에서 달성되면 관료제 조직은 최소의 자원으로 최대의 효과를 거두는 효율성을 달성할 수 있습니다.

이러한 베버의 관료제는 이른바 관료제의 병리 현상 등으로 여러 학자에 의해서 비판을 받고 있지만, 아직까지 행정조직의 능률을 높일 수 있는 최고의 형태로 자리 잡고 있습니다.

6) 애드호크라시(Adhocracy)

관료제의 문제점을 해결하기 위해 새로이 부각되는 조직이 애드호크라시입니다. 관료제가 기계적 조직을 대표하는 이념형이라면 애드호크라시는 유기적 조직을 대표하는 추상적 형태의 조직을 말합니다(이하 유민봉, 2012: 394-395의 수정).

애드호크라시는 특정 문제해결을 위한 전문가들로 팀을 구성하여 운영하는 조직으로 매우 탄력적이고 상황 적응력이 높은 조직입니다. 일반적으로 문제해결을 위한 한시적 조직으로 목표가 달성되면 해체되는 경우가 많습니다. 관료제와는 다르게 권한이 계층 구조의 각 직위에서 나오는 것이 아니라 구성원 각자가 보유하고 있는 전문성에서 나오기 때문에 의사소통이나 권한의 흐름이 구조적 틀의 제약을 받지 않고 상당히 유동적입니다. 이러한 애드호크라시에 속하는 조직유형들은 다음과 같습니다.

(1) 태스크 포스(Task Force: TF)

특수한 과업 완수를 목표로 기존의 서로 다른 부서에서 사람들을 선발하여 구성한 팀으로 TF 구성의 본래의 목적을 달성하면 해체되는 임시조직입니다. TF 참여자들은 각기 자신이 속한 부서의 이해를 회의에서 대변하거나 회의에서 나온 의견을 소속 부서에 피드백시키는 연결핀 역할을 할 수 있습니다. TF는 관련 부서를 횡적으로 연결시켜 여러 부서가 관련된 현안 문제를 해결하는 데 효과적인 조직 유형입니다.

(2) 프로젝트 팀(Project Team)

프로젝트 팀은 조직에서 전략적으로 중요하거나 창의성이 요구되는 프로젝트를 진행시키기 위하여 여러 부서에서 프로젝트 목적에 가장 적합한 사람들을 선발하여 구성한 조직 모형입니다. 참여자들은 프로젝트와 관련하여 다른 사람과 차별화된 전문성을 가진 경우가 많습니다. 프로젝트 팀의 참여자들은 아직 원래 소속 부서에서의 보고 라인을 유지합니다.

하지만 프로젝트의 목적이 특수하고 확실하기 때문에 참여자들은 팀을 하나의 독립된 조직으로 인식하고 자신을 그 팀 소속으로 인식하는 경향이 강합니다. TF와 마찬가지로 한시적이고 횡적으로 연결된 조직유형이지만 TF에 비하여 참여자의 전문성과 소속감이 강하다는 특성을 지니고 있습니다.

이러한 프로젝트 팀 제도는 공직사회에 도입되어 운영되고 있습니다. 약간 다르기는 하지만 지난 2005년 3월 당시 행정자치부가 팀제를 도입하여 큰 반향을 일으킨 이후에 5월에 기획예산처가 도입하고, 7월에 보건복지부와 조달청 등이 팀제를 도입하였습니다(김병섭 외, 2007). 이후 현재까지 행정조직 내에서 다양한 유형의 팀제가 적용되고 있습니다.

(3) 매트릭스 조직(Matrix Organization)

매트릭스 조직은 기능 중심의 수직적 분화가 되어 있는 기존의 지시·감독 라인에 횡적으로 연결된 또 하나의 지시·감독 라인을 인정하는 것입니다. 그 결과 매트릭스 조직은 전통적인 수직조직과 새로 구성된 프로젝트 수평조직의 이원적 권위계통이 서로 교차하면서 매트릭스 모양을 만들고, 한 사람이 두 사람의 상사로부터 명령을 받는 구조입니다.

원리론에서 주장하는 명령통일이나 계층제 원리와는 맞지 않는 구조입니다. 예를 들어 지역에 있는 영업점이 본사의 재무, 인사, 영업 등의 지시·감독을 받으면서 한편으로 해당 지역의 본부장으로부터 지시·감독을 받도록 조직화한 경우입니다.

(4) 네트워크 조직(Network Organization)

현대의 많은 조직은 과거 기획에서 생산까지 모든 기능을 수행하던 거대하고 둔한 조직 형태를 탈피하여 결정과 기획 등 핵심 기능만 남기고 나머지 집행사업 기능은 각각 전문업체에 위탁 경영하는 경량화 경향을 보이고 있습니다. 네트워크 조직은 이와 같이 핵심 기능을 수행하는 소규모의 조직을 중심에 놓고 다수의 협력업체들을 네트워크로 묶어 일을 수행하는 조직입니다.

협력업체들은 하위 조직이 아니며 별도의 독립된 회사들입니다. 네트워크 조직이 가능해진 것은 정보통신(IT) 기술의 발전과 밀접한 관련이 있습니다. 생산, 보관, 유통 및 광고 등의 기능을 전국 또는 전 세계 어디든 위치에 상관없이 각 분야의 최고 기업을 골라 IT 네트워크로 묶는 조직화가 가능해졌기 때문입니다.

7) 정보사회에서 조직의 변화

계층제와 규칙 등을 기본 원리로 하는 관료제로는 산업사회가 붕괴하고 지식정보사회가 도래하면서 더는 효율성을 지닐 수 없게 되었습니다. 따라서 정보기술의 급속한 발전과 변화에 대응하여 새로운 조직 이론이 필요한 시점입니다. 아마존, 애플 및 구글 등과 같은 닷컴(.com) 기업들의 조직 구조와 행태는 과거의 조직 이론으로는 설명할 수 없는 측면이 있습니다.

여기에서 하나 재미있는 조직 이야기가 있습니다. 미국 포춘 잡지가 선정하는 500대 기업들의 콜센터는 어디에 있을까요? 정답은 인도입니다. 미국의 대기업들 대다수는 기업의 콜센터를 인도에 두고 있습니다. 그 이유는 영어 사용이 가능하고 인건비가 저렴하기 때문입니다. 하지만 미국 기업들의 콜센터에 전화를 건 고객들은 자신의 전화가 인도로 연결되어 인도인이 전화를 받고 있다는 사실을 알지 못합니다. 고객의 입장에서는 전화가 연결되어 문제가 해결되면 그만이기 때문에 콜센터의 위치는 전혀 중요하지 않습니다.

하나 더 이야기하면, 운동화의 대명사인 나이키는 본사가 미국의 오레곤주 포틀랜드에 자리 잡고 있습니다. 하지만 나이키 신발과 옷 대다수는 베트남과 인도네시아 하청공장에서 저임금 환경에서 생산됩니다. 디자인은 뉴욕과 스위스의 연구소에서 이루어지고, 본사와 연구소와 생산 공장들은 통신 위성으로 실시간으로 연결되어 있는 구조입니다. 더 나아가 애플은 자신들의 공장 없이 모든 제품을 하청으로 생산하고 있습니다. 만약에 애플이 미국에서 스마트폰을 생산한다면 현재와 같은 수익을 낼 수는 없을 것입니다.

2. 조직 구조 및 관리

조직 구조는 한 조직이 수행하는 많은 일을 조직의 목표달성을 위하여 가장 효과적인 방식으로 연결해 놓은 설계도라고 할 수 있습니다. 이러한 조직구조의 개념과 요소를 살펴보면 다음과 같습니다(이하 이종수·윤영진 외, 2012: 296-298의 수정).

1) 조직 구조의 개념

조직화(Organizing)란 조직 목표를 달성하기 위하여 인적 자원을 포함한 조직자원을 배치하는 것입니다. 이러한 조직화 과정에 따라 특정 부서들과 직무 간의 분업 관계, 공식적 권한의 흐름, 과업 조정의 수단들을 규정하는 조직구조가 만들어집니다.

조직구조는 다음의 세 가지 요소로 정의할 수 있습니다. 첫째, 조직구조는 개인 및 부서에 부과된 공식적 과업의 집합으로, 개인을 부서로, 부서를 전체 조직으로 집단화한 것입니다. 둘째, 조직구조는 권한의 흐름, 의사결정 책임성, 계층의 수, 통솔의 범위 등 공식적 보고 관계를 지정합니다. 셋째, 조직구조는 부서 간 의사소통, 조정, 통합을 확보할 수 있는 체계를 포함합니다.

이러한 조직구조는 조직도표로 표현됩니다. 조직 도표는 조직이 어떤 직위들로 구성되는지, 직위들이 어떻게 집합되는지, 그리고 누가 누구에게 보고하는지를 보여주는 것으로 조직 활동을 요약하는 유용한 방법입니다.

참고로 2013년 9월 말 현재 안전행정부의 조직도는 다음 <그림 2>와 같습니다. 안전행정부는 제1차관 및 2차관의 복수차관제로 운영됩니다. 제1차관 밑에는 기획조정실, 창조정부조직실, 인사실 및 전자정부국이 편제되어 있습니다. 제2차관 밑에는 안전관리본부, 지방행정실 및 지방재정세제실이 있습니다. 이러한 실장들 밑에는 관과 과로 편제되어 있습니다.

<그림 2> 안전행정부 조직 현황 – 2013년 9월 현재

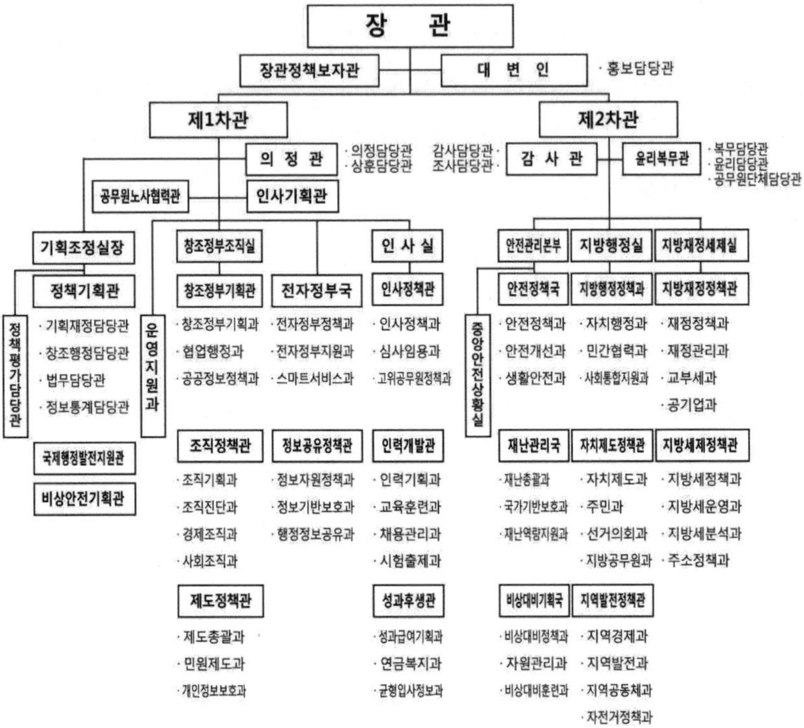

2) 조직 구조의 요소

조직구조를 설계할 때는 다음과 같은 조직구조의 내부적인 측면들을 고려하여야 합니다.

(1) 명령 체계

명령 체계는 조직 내 모든 구성원을 연결하는 연속된 권한의 흐름으로 누가 누구에게 보고하는지를 지정하는 것입니다. 고전적인 조직이론에 따르면 명령 체계와 관련하여 두 가지의 원칙이 적용됩니다. 첫째는 명령 통일의 원리로, 부하들은 반드시 한 상관에게 명령과 책임 관계를 가집니다. 둘째는 연속의 원리로, 조직 내 구성원 모두를 포함하는 분명한 권한 관계를 가집니다. 조직 내에서 상이한 과업에 대한 권한과 책임은 개별적이지만, 명령-보고-관계는 조직의 일선에서 최고관리자까지 분명하게 규정됩니다.

조직관리자는 의사결정, 명령지침, 자원배분에 관하여 직위가 부여한 공식적이고 정당한 권력인 권한을 행사합니다. 따라서 상관은 조직의 계층에 따라 위에서 아래로 권한을 행사하고, 부하는 이에 순응합니다.

(2) 계선과 참모

계선부서는 조직의 일차적 목표에 관련된 과업을 수행합니다. 참모부서는 전문기술로 계선기관을 지원하는 부서를 뜻합니다. 참모부서는 계선부서에 자문하는 관계로 인력, 회계, 연구 및 마케팅 등을 지원하는 기능을 수행합니다.

중앙정부 조직에서 계선부서는 기획재정부, 보건복지부, 산업통상자원부, 고용노동부 등이 해당됩니다. 인력 및 조직을 지원하는 안전행정부와 법령을 지원하는 법제처 등은 참모부서에 해당됩니다. 이들 참모 기능을 수행하는 정부기관들을 중앙관리기관이라 부르기도 합니다.

(3) 통솔 범위

통솔 범위는 한 상관에게 보고하는 부하의 수를 뜻합니다. 고전적 조직이론에서는 6명 이내의 좁은 통솔 범위를 주장했습니다. 그러나 최근의 조직이론에서는 30~40명의 더 넓은 통솔 범위를 주장하고 있습니다. 이러한 차이는 통제의 개념을 다르게 이해하는 데서 비롯한 것입니다. 고전적인 조직이론가들이 이해하는 통제는 직접 감독을 의미합니다.

하지만 이제 정보통신 기술의 발전으로 원격 감독이 가능한 시대가 되었습니다. 따라서 직접 대면해서 결재하는 방식도 전자결재로 대체되었기 때문에 통솔 범위가 확대될 수밖에는 없습니다. 이렇게 통솔 범위는 확대되지만 결재 단계는 대폭 축소되었습니다. 과거 공공 조직에서는 5~6단계의 결재 단계가 있었지만 전자결재의 도입으로 인하여 2~3단계로 대폭 축소되었습니다.

(4) 집권과 분권

집권-분권은 의사결정이 이루어지는 계층이 위치한 수준을 의미합니다. 집권은 의사결정 권한이 조직계층의 상층부에 집중된 경우이고, 분권은 의사결정 권한이 조직의 하위계층으로 분산되어 있는 경우입니다.

집권조직은 조직의 내적 통제력을 확보할 수 있어서, 위기 극복과 같은 불리한 조직환경에 효과적인 조직구조입니다. 그러나 분권조직은 최고관리자의 과도한 의사결정 부담을 경감할 수 있으며, 조직구성원의 능력과 기술을 좀 더 적극적으로 활용할 수 있다는 장점이 있습니다. 또한 과업을 가장 잘 알고 있는 조직구성원에 가까운 수준에서 의사결정이 이루어질 수 있어서 환경 변화에 신속하게 대응이 가능합니다. 특히 최근에는 정보통신 기술의 급속한 발전으로 조직 내에서 신속한 정보공유가 이루어질 수 있기 때문에 분권조직이 보다 효율적일 수 있습니다.

(5) 공식화

공식화는 문서화된 정도를 뜻합니다. 문서에는 조직의 구성원을 지시하고 통제하는 데 관련된 직무기술서, 공식적 규칙 및 규정, 구체적인 절차를 포함하고 있습니다. 공식화는 종종 조직 내 문서의 쪽수를 계산해서 측정합니다. 공식화된 직무를 수행하는 조직구성원은 과업 수행을 하는 데 재량의 여지가 많지 않습니다.

따라서 공식화는 과업 수행의 지속성을 확보할 수 있는 장점은 있으나, 조직구성원의 참여와 창조성을 제한할 수 있습니다. 이는 공식화의 부정적인 측면인 번문욕례(繁文縟禮: Red tape)의 문제가 발생할 수 있습니다. 따라서 신공공관리론에서는 내부규제를 완화해서 조직의 신축성을 제고하고, 조직구성원의 재량권을 강조하고 있습니다.

3) 정부조직 부서화의 사례

이상의 내용을 바탕으로 하여 실제로 우리 정부에서 조직화를 하는 사례를 살펴보면 다음과 같습니다. 정부의 모든 부처들은 행정기관의 의사결정 또는 판단을 보조하거나 보좌하기 위해 하부조직을 두며, 그 명칭은 실, 국, 과, 본부, 관, 단 등입니다. 이러한 하부조직은 수행기능의 성격에 따라 의사결정 등에 직접 보조하는 보조기관(실, 국, 과 등)과 행정기관의 기능을 원활하게 수행하도록 지원하는 보좌기관(담당관 등)으로 분류됩니다.

전형적인 하부조직 구성은 보조기관의 경우, 실이나 국 그리고 과, 보좌기관의 경우에는 관 또는 담당관 체제로 되어있습니다. 이러한 하부조직의 설치 기준은, 중앙행정기관의 소관 사무를 업무의 성질이나 양에 따라 여러 개로 분담하여 설치할 필요가 있으며, 그 업무의 한계가 분명하고 업무의 독자성과 계속성이 있어야 합니다. 정부는 모든 부처 간의 최소한의 일관성을 유지할 수 있도록 세부 설치기준을 지침으로 정해 놓고 있습니다.

2013년도 정부조직 관리 지침상의 하부조직 설치 기준은 다음과 같습니다. 우선 본부의 정책·사업부서 설치 기준입니다(소속기관의 하부조직도 가급적 같은 기준에 따라 설치한다). '과'의 정원은 10명 이상을 원칙으로 하며, 업무 성격에 따라 일부 조정은 가능하나 최소 7명 이상이어야 합니다. '국'은 4개 과 이상일 경우 설치 가능하며, '국' 밑에는 원칙적으로 '심의관'을 두지 않습니다. '심의관'은 인력·기구 규모가 일반국의 2배 수준(최소 6과 이상)이고, 별도의 국으로 분리 설치하기 어려운 경우에 한하여 둘 수 있습니다.

'실' 밑에는 업무 특성에 따라 '정책관' 설치가 가능하며, 3개 '관' 또는 12개 '과' 이하로 설치함을 원칙으로 합니다. 의사결정의 신속성과 효율성을 확보하기 위하여 차관까지의 결재단계는 최대 4단계 이하로 합니다. 3·4급으로 '국'단위 기구를 설치할 수 없으며, '국' 밑에 3·4급 '관(단)'도 설치할 수 없습니다.

4) 정부조직 진단의 사례

우리 정부는 현재 안전행정부에서 정부조직 진단을 시행하고 있습니다. 정부 조직 진단의 개념은 다음과 같습니다. 조직진단이란, 조직의 현재 상태를 분석하여 조직이 당면한 문제의 원인을 발견하고 이에 대한 처방안을 제시하는 문제해결 활동으로서, 궁극적으로 조직의 효과성을 제고시키는 과정입니다. 따라서 조직 진단이란 조직의 구조·기능·인력, 업무 프로세스와 같은 하드웨어적 진단뿐만 아니라 문화·행태와 같은 소프트웨어적 진단까지 포괄하는 종합적인 개념입니다.

현재 우리 정부의 조직 환경은 환경분석과 조직진단에 따른 전략적 선택이 법적·정책적 제약으로 인해 제한되고 있으며, 정부조직 목표의 추상적 성격으로 인해 성과관리 진단이 어려운 실정입니다. 따라서 정부조직 진단은 조직을 현재보다 더 나은 상태로 만들어 조직의 변화관리 역량을 향상하고, 개선된 조직을 통해 궁극적으로 국민에 대한 행정서비스의 품질을 제고시키는 것을 목적으로 하고 있습니다. 정부조직 진단은 다음과 같은 내용을 포함하고 있습니다.

① 조직진단 내용 환경분석

조직의 생존에 중요한 영향을 미치는 대·내외 환경변화 요인을 체계적으로 분석하여 조직이 향후 나아가야 할 전략적 방향을 설정하는 과정입니다.

② 기능진단

조직이 현재 수행하고 있는 기능체계의 문제점을 분석하고, 미션 달성을 위한 조직역량이 극대화될 수 있도록 기능체계를 조정·재설계하는 과정입니다.

③ 구조진단

조직운영 과정에서 발생하는 수직적 계층과 수평적 분화 정도의 문제점을 분석하고, 효율적 업무수행이 가능하도록 조직구조를 재설계하는 과정입니다.

④ 인력진단

조직의 업무를 수행하는 인적 자원의 효율적 활용을 위해 업무수요와 업무량을 분석하여, 적정한 인력규모를 산출하는 과정입니다.

⑤ 프로세스 진단

행정서비스 제공에 필요한 비용·시간 등의 관점에서 중복 프로세스를 제거하여, 업무수행 과정을 효율적으로 재설계하는 과정입니다.

⑥ 문화·행태 진단

조직의 성과 향상을 저해하는 문화·행태적 특성을 파악하여, 이를 지속적으로 개선하기 위한 방안을 모색하는 과정입니다.

⑦ 성과관리 진단

조직의 목표를 달성하기 위한 성과관리체계[7]의 내용 적절성, 체계 간 연계성 등을 분석하고 조직에 적합한 성과관리체계를 제시하는 과정입니다.

제2절 행정조직의 주요 이슈들

1. 정부조직

1) 정부조직이란?

일반적으로 조직(Organization)이란 "어떤 환경하에서 특정한 목표를 달성하기 위한 다수인(Employees)의 집단으로, 그 기능(Function) 수행을 위해 일정한 체계적 구조(Structure)를 지닌 사회단위(Social Unit)" 로 정의됩니다. 여기에서 행정조직의 3대 구성요소는 기능(행정사무), 기구(행정기구) 및 인력(공무원)으로 나누어 볼 수 있습니다.

이러한 정부조직 또는 행정조직(Administrative Organization)은 <그림 3>과 같이 국가 또는 지방자치단체(행정부)의 행정사무를 수행하기 위하여 설치된 행정기관의 체계적 기구를 의미합니다. 정부조직을 넓은 의미로 사

7) 여기에는 균형성과지표(BSC, Balanced Score Card), 전략 맵(Strategy Map), 핵심성과지표(Key Performance Indicator) 등이 포함됩니다.

용할 경우, 입법부(국회)·사법부(법원)의 조직을 포함하나 일반적으로 행정부의 조직을 의미합니다. 또한 정부조직법상으로는 지방자치단체를 제외한 중앙정부의 조직만을 의미하고 있습니다.

<그림 3> 정부 조직의 범위

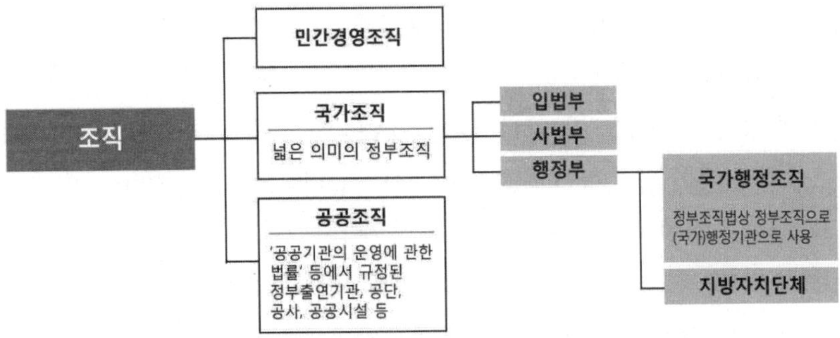

특히 정부조직법상 정부조직은 '(국가)행정기관' 이라는 용어를 사용하고 있습니다. 정부조직은 공익의 실현을 목표로 하고 있는 점에서 경영의 효율화를 통한 이윤 극대화를 추구하는 민간경영조직과 구별됩니다. 정부출연기관, 공단, 공사, 공공시설 등과 같이 민간경영조직과 행정조직의 중간적 성격을 지닌 "공공조직"은 「공공기관의 운영에 관한 법률」등에서 별도로 규정되고 있으며, 정부조직법상의 정부조직에는 포함되지 않습니다.

2) 정부조직의 근거 법령

정부의 행정조직은 법령에 근거하여 설치하도록 하고 있으며, 이를 정부조직법정주의라고 합니다. 여기에는 헌법, 법률, 대통령령 및 총리령·부령이 있습니다.

(1) 헌법

헌법은 국가권력의 3권분립(입법·사법·행정) 및 행정부 조직설치의 기본원칙을 설정하고 있습니다. 헌법에는 대통령, 국무총리, 국무회의, 행정각부, 감사원 등 설치근거를 규정하고 있고 특히 행정 각부는 법률에 의해 설치하도록 규정하고 있습니다.

(2) 법률

우선 정부조직법은 국가행정기관의 설치에 관한 기본법으로서, 국가행정기관의 설치·조직과 직무범위의 대강을 설정하고 있습니다. 중앙행정기관은 원칙적으로 정부조직법에 의하여 설치하되, 다른 법률에 특별한 규정이 있는 경우 설치 가능하게 되어 있습니다. 또한, 합의제행정기관도 개별에 의하여 설치할 수 있도록 하고 있습니다. 이어서 보조기관의 설치와 사무분장, 특별지방행정기관 및 부속기관의 설치, 합의제행정기관의 설치 등에 관한 근거 및 정원관리 근거를 규정하고 있습니다.

개별 법률은 다음과 같습니다.

① 합의제 행정기관(위원회)

국가인권위원회(국가인권위원회법, 독립기관)

방송통신위원회(방송통신위원회의 설치 및 운영에 관한 법률, 대통령 소속)

공정거래위원회(독점규제 및 공정거래에 관한 법률, 국무총리 소속)

금융위원회(금융위원회의 설치 등에 관한 법률, 국무총리 소속)

국민권익위원회(부패방지 및 국민권익위원회의 설치와 운영에 관한 법률, 국무총리 소속)

② 독임제 행정기관

행정중심복합도시건설청(신행정수도 후속대책을 위한 연기·공주지역 행정중심복합도시 건설을 위한 특별법, 국토교통부 소속)

(3) 대통령령

① 행정기관의 조직과 정원에 관한 통칙

국가행정기관의 조직 및 정원의 일반적인 기준을 규정하고 있으며, 정부조직법의 시행령 성격의 기본규정입니다. 주요 내용으로는 직제 및 직제시행규칙의 규정사항, 기능과 정원의 배분원칙, 행정기관의 설치요건, 조직관리 절차 등에 관한 사항 보조·보좌기관, 특별지방행정기관, 부속기관, 자문기관, 합의제행정기관 등 각종 행정기관의 설치기준 등이 있습니다.

② 각 부처 직제(職制)

각 행정기관 직제는 행정기관별 기능·하부조직·정원 등에 관한 구체적인 내용을 규정한 대통령령입니다. 예를 들어 기획재정부와 그 소속기관 직제 등이 있습니다. 행정기관은 직제를 통하여 그 기능 범위 및 기구·인력이 구체화합니다. 주요 포함내용으로는 행정기관의 설치와 그 소관업무, 하부조직과 부속기관의 설치와 그 분장업무, 공무원의 종류와 총정원 등이 규정되어 있습니다.

③ 법률시행령(施行令)

개별 법률에 의해 설치한 행정기관 중 일부는 성격상 개별 법률의 시행령에서 조직·정원 등의 사항을 규정합니다. 개별 법률에 의해 설치한 대통령 소속의 합의제 행정기관(위원회)은 총리령·부령을 발할 수 없으므로 직제 시행규칙 규정사항을 대통령령에 규정하고 있습니다.

(4) 총리령·부령

각 행정기관의 직제를 더욱 구체화하여 규정한 법령이 직제시행규칙입니다. 예를 들어 기획재정부와 그 소속기관 직제시행규칙입니다. 이러한 직제시행규칙은 총리령 또는 부령의 성격을 가지므로, 각 행정기관은 직제의 범위 내에서 각 행정기관의 세부사항을 자율적으로 규정할 수 있습니다. 구체적으로는 과 단위 기구의 설치와 그 분장사무, 각 직위에 부여되는 직급, 공무원의 종류와 직급별 정원 등이 포함됩니다.

3) 정부조직 체계

국가행정기관 (정부조직법상 정부조직)은 <그림 4>와 같이 중앙행정기관, 특별지방행정기관, 부속기관, 합의제행정기관 등으로 구성되어 있습니다.

<그림 4> 정부조직 체계도

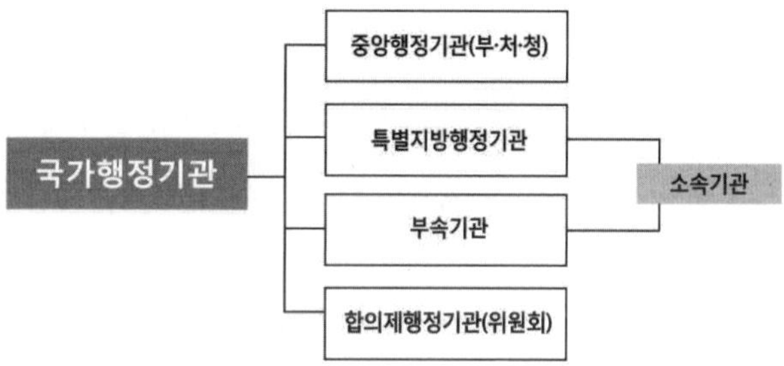

(1) 중앙행정기관: 17부 3처 18청

중앙행정기관은 정부조직법에 의해 설치된 부·처·청을 말하며, 국가행정사무를 담당하기 위하여 설치된 행정기관으로서 그 관할권의 범위가 전국에 미치는 기관을 말합니다. (기획재정부, 교육부, 외교부, 국세청 등). 다만, 관할권의 범위가 전국에 미치더라도 다른 행정기관에 부속하여 이를 지원하는 행정기관은 제외됩니다.

중앙행정기관은 원칙적으로 정부조직법에 의해 설치된 부·처·청만을 의미하지만, 개별 법률에 의하여 중앙행정기관을 설치할 수도 있습니다. 현재 개별 법률에서 중앙행정기관으로 명시한 기관은 방송통신위원회(방송통신위원회의 설치 및 운영에 관한 법률), 공정거래위원회(독점규제 및 공정거래에 관한 법률)와 금융위원회(금융위원회의 설치 등에 관한 법률) 3개 기관이 있습니다.

(2) 특별중앙행정기관

특별지방행정기관이란 특정한 중앙행정기관의 업무 중, 지역적 업무를 당해 관할 구역 내에서 처리할 수 있도록 해당 지역에 설치한 행정기관을 말합니다. 예를 들어 지방국세청, 지방관세청, 지방경찰청, 지방검찰청, 우체국, 출입국관리사무소, 교도소 등이 여기에 해당됩니다.

특별지방행정기관은 당해 중앙행정기관의 소속하에 설치되며, 대통령령(각 부처 직제)으로 설치할 수 있습니다. 특별지방행정기관은 국가사무를 해당 지역에서 처리한다는 측면에서 지방자치 사무를 수행하는 지방자치단체와는 구별됩니다.

(3) 부속기관

(중앙)행정기관에 부속하여 그 업무를 지원하는 기관을 말하며 시험연구·교육훈련/문화/의료/제조/자문 등의 기능을 수행하는 기관들입니다. 국립과학수사연구원, 중앙공무원교육원, 국립현대미술관 등이 그 예이며, 해당 행정기관의 직제(대통령령)에 의해 설치할 수 있습니다. 특별지방행정기관과 부속기관을 합하여 소속기관이라고 정의합니다.

이러한 부속기관의 유형은 다음과 같습니다.

① 시험연구기관: 국립보건원, 국립과학수사연구원, 국립방재연구소 등

② 교육훈련기관: 교육원, 연수원, 국립예술종합학교 등

③ 문화기관: 국립중앙극장, 국립현대미술관, 박물관, 유적지관리소 등

④ 의료기관: 경찰병원, 9개 국립병원 등

⑤ 제조기관: 현재 해당 기관 없음(종전 철도청산하공장 등)

⑥ 자문기관: (자문·심의)위원회, 심의회 등

(4) 합의제 행정기관 (위원회)

행정기관에는 그 소관사무의 일부를 독립하여 수행할 필요가 있는 경우에 법률이 정하는 바에 의하여 행정위원회 등 합의제 행정기관을 둘 수 있으

며, 국민권익위원회, 금융위원회, 공정거래위원회 등이 그 예입니다. 합의제 행정기관은 소속에 따라 헌법상 설치기관, 대통령·총리소속 기관, 각 부처 소속기관으로 분류됩니다.

(5) 정부위원회

“합의제 행정기관인 행정위원회”와 “자문위원회”를 통틀어 “정부위원회”라고 합니다. “행정위원회”는 법률에 근거하여 설치하며 사무국 등 하부조직을 설치할 수 있으나, “자문위원회”는 대통령령에 근거하여 설치할 수 있으며, 원칙적으로 하부조직을 설치할 수 없습니다.

2. 현재의 정부조직

1) 정부조직 현황

2013년 9월 12일 현재 우리 정부조직은 <그림 5>와 같이 17부 3처 18청/2원 5실 6위원회로 구성되어 있습니다. 이러한 정부조직에 포함된 중앙행정기관은 무소속기관(독립기관), 대통령 소속기관, 국무총리 소속기관, 행정 각부, 외청 등으로 나누어 볼 수 있습니다.

우선 국가인권위원회가 유일한 무소속기관으로 분류됩니다. 감사원, 국가정보원, 방송통신위원회, 국가과학기술위원회, 원자력안전위원회, 대통령실 등이 대통령 소속기관으로 분류됩니다. 법제처, 국가보훈처, 국민권익위원회, 공정거래위원회, 금융위원회, 국무총리실, 특임장관실 등은 국무총리 소속기관으로 분류됩니다. 그리고 기획재정부, 교육과학기술부 등 15부와 국세청, 관세청, 중소기업청 등 18청이 중앙행정기관으로 설치되어 있습니다.

감사원장과 국가정보원장은 국무총리와 장관 중간의 예우를 받고 있으며, 법제처장과 국가보훈처장은 장관과 차관 중간의 예우를 받고 있습니다. 15부 장관과 특임장관은 국무위원으로 보임되며, 각 위원회의 위원장은 상근직 장관급이며, 외청의 장은 차관급(단, 검찰총장은 장관급 예우)입니다.

<그림 5> 정부 조직도

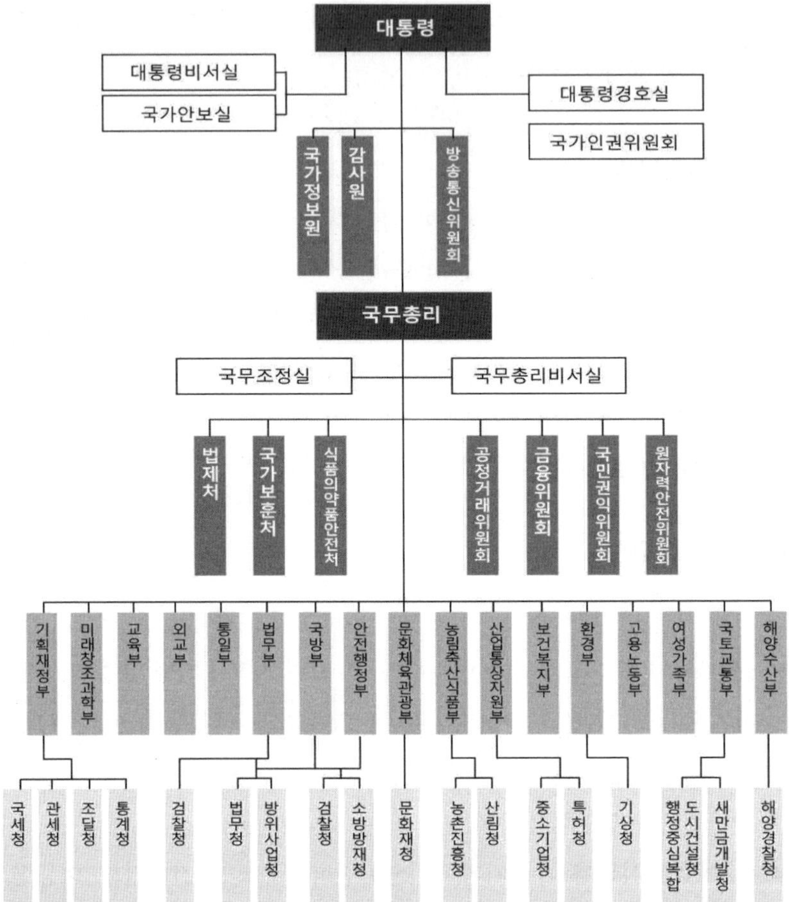

노무현 정부 출범 이후 법제처와 국가보훈처가 장관급으로 격상되었고, 방위사업청, 소방방재청, 행정중심복합도시건설청 등이 신설되고 통계청, 기상청, 문화재청이 1급에서 차관급으로 격상되었습니다. 이명박 정부 출범 시점에 법제처와 국가보훈처가 차관급으로 환원되었습니다.

2) 정부조직 기능

첫째, 부(部)는 대통령 및 국무총리의 통할 하에 고유의 국가행정사무를 수행하기 위해 기능별 또는 대상별로 설치한 기관입니다. 장관은 국무위원 중에서 국무총리의 제청으로 대통령이 임명하며 소관사무 통할권과 소속공무원에 대한 지휘·감독권, 부령 제정권, 법률안 또는 대통령령안 국무회의 제출권 등의 권한을 가지고 있습니다.

둘째, 처(處)는 국무총리 소속으로 설치하는 중앙행정기관으로서 여러 부에 관련되는 기능을 통할하는 참모적 업무를 수행하는 기관입니다. 처의 장이 국무위원인 경우, 국무회의에 의안 제출권이 있지만 국무위원이 아닌 경우에는 국무총리에게 의안제출을 건의할 수 있을 뿐이며, 소관 사무에 관하여 직접적인 법규명령을 제정할 수 없으므로 국무총리를 통하여 총리령을 제정하여야 합니다.

셋째, 청(廳)은 행정 각부의 소관사무 중 업무의 독자성이 높고 집행적인 사무를 관장하기 위하여 행정 각부 소속으로 설치되는 중앙행정기관입니다. 청의 장은 국무회의에 직접 의안을 제출할 수 없고, 소관 사무에 관하여 직접적인 법규명령을 제청할 수 없으므로 소속장관을 통해야 합니다.

마지막으로 위원회(委員會)는 독임제 조직과 달리 복수의 의사결정자로 구성된 합의제 행정기관이며, 다수 결정자로 구성되어 있기 때문에 행정의 민주성과 조정력을 제고할 수 있습니다. 위원회의 종류는 크게 자문위원회, 조정위원회, 행정위원회 및 독립규제위원회로 구분됩니다. 자문위원회는 행정기관의 자문에 응하여 전문적인 의견을 제공하는 등 행정기관의 의사결정에 도움을 주는 위원회이며, 대부분이 비상설 기관이고 원칙적으로 사무기구를 둘 수 없습니다.

조정위원회는 기관 혹은 개인의 상이한 의견에 대하여 심의·통합·조정할 것을 목적으로 설치된 합의제 조직입니다. 행정위원회는 중립성·독립성을 갖춘 합의제 행정기관으로 그 결정은 법적 구속력을 가지며, 사무처와 같은 보좌기구를 가지고 있습니다. 독립규제위원회는 대통령 또는 장관의 지휘·감독을 받지 않고, 행정 계층제로부터 독립성을 유지하며, 준입법적·준사법적 기능을 수행합니다.

제3절 행정조직의 과제들

행정조직과 관련한 과제들에는 조직의 사무관리, 의사결정 및 리더십 등 다양한 주제들이 있지만 가장 중요하게 부각되는 것이 정부조직의 개편에 대한 것입니다. 따라서 여기에서는 정부조직 개편에 관한 이야기를 하고자 합니다.

1. 역대 정부의 정부조직 개편

정부조직은 정부가 수행하는 기능을 현실화하는 체계적 구조이며, 최고 통치자인 대통령의 국정 비전을 실현하는 중요한 통치수단입니다. 이러한 수단으로서의 정부조직은 바람직한 정부기능 수행과 미래 관리를 위하여 시대상황과 행정수요의 변화에 적극적으로 대응할 수 있도록 설계되어야 합니다.

과거의 정부조직 개편을 살펴보면, 1970년대까지는 경제기획원 설립 등 국가의 발전을 위한 차원에서 조직 및 인원 조정이 이루어졌습니다. 따라서 각종 산업을 담당하는 정부기관을 신설하였습니다. 이후 제5-6공화국에서는 경제 성장과 함께 '삶의 질'에 대한 관심이 높아지면서, 사회분야의 정부 부처들을 신설하게 됩니다. 이는 경제 성장이 안정 국면에 접어들고 국민의 의식 수준이 높아졌기 때문에 정치, 사회적 행정환경 변화를 반영한 조직개편이었습니다. 구체적으로는 노동청을 노동부로 승격시키고, 체육부를 설립하였으며, 환경처를 신설하는 등 사회적 수요의 확대에 따른 대응을 위해 정부조직은 지속적으로 확대되어 왔습니다. 이후 지난 20년간 우리 정부의 정부조직 개편을 간략하게 요약하면 다음과 같습니다.

1) 김영삼 정부

문민정부가 들어서면서 그 당시 세계적 추세였던 '작은 정부'라는 행정개혁의 물결이 국내에 유입되었고, 정부는 부처 간의 통폐합을 통해 과감한 조직 및 정원 감축을 단행하여, 처음으로 정부부처의 수가 축소되었습니다. '문민정부'의 가장 큰 특징은 '작고 효율적인 정부'에 있었습니다.

그래서 문화부, 체육청소년부를 통합하여 '문화체육부'로 상공부, 동력자원부를 통합하여 '상공자원부'로 경제기획원, 재무부를 통합하여 '재정경제원'으로 만들었습니다. 체신부를 정보통신부로 환경처를 환경부로 격상했으며, 수산업무는 해양수산부로 이관하는 식으로 정부 조직을 줄였습니다.

2) 김대중 정부

'국민의 정부'에서도 IMF 외환위기를 계기로 경제위기의 극복과 행정에 대한 전반적 쇄신에 대한 요구, 고통분담과 가시적인 개혁 효과 산출을 위하여 '작고 효율적인 정부'의 기조가 지속하였습니다. 이에 따라 조직과 정원의 감축에 역점을 둔 조직개편을 시행하였습니다. 김대중 대통령의 핵심 과제는 경제위기를 극복하는 것으로 정부조직도 이런 경제위기 극복에 맞추어 개편됐습니다.

기획예산위원회를 대통령직속기구로 했다가 나중에 기획예산처로, 재정경제원을 재정경제부로 개편하고 경제부서를 부총리급으로 격상시킨 이유가 그 때문이었습니다. 이와 더불어 정부 기능과 운영시스템의 개선에 관심을 갖고 체계적인 직무분석을 통해 사무를 재배분하였습니다. 또한 가족위기 확산, 여성 권익 향상 등의 사회적, 경제적 환경변화에 따른 행정수요에 대응하여 여성부를 새롭게 신설하기도 하였습니다.

3) 노무현 정부

'참여정부' 노무현 대통령은 부처의 자율성과 책임성을 위해 대규모 조직개편은 최소화하고 주로 기능조정을 통해 정부조직 개편을 시행했습니다. 이처럼 참여정부는 단기적이고 일회적인 정부조직 구조의 개편보다는 정부 기능 및 과정적 측면에 초점을 두었다는 점이 특징입니다. 조직의 운영

방식 또는 업무프로세스 개선을 통한 효율화를 꾀한다는 취지에서 대대적인 정부조직개편을 단행하지 않고, 사회 다원화와 거버넌스형 정부운영 필요성 증대에 따라 청와대와 행정부처 사이에 각종 위원회를 설치해서 운영하였습니다.

또한, 이 시기에는 국정운영 기조의 초점을 양극화 해소 차원의 복지 기능 강화에 두어 사회 양극화, FTA, 저출산, 고령화 등 새로운 행정수요에 대응하고 사회적 약자에 대한 지원을 강화하기 위한 정책을 확대하였습니다. 구체적으로는 보건복지부의 보육서비스를 여성가족부로, 기획예산처의 행정개혁기능을 행정자치부로 이양했으며, 소방방재청과 방위사업청만 신설했습니다. 세종시를 위해 '행정중심복합도시건설청'을 신설했지만 이는 한시적 조직이었습니다.

4) 이명박 정부

이명박 정부는 '작고 유능한 실용정부'라는 목표로 정부조직을 15부 2처 18청으로 줄였습니다. 부총리제를 폐지하고 법제처장 및 국가보훈처장 직급을 차관급으로 조정하고, 기획예산처와 재정경제부를 '기획재정부'로 통합했습니다. 여기에 '지식경제부'와 '방송통신위원회'를 신설했습니다.

이명박 정부의 정부조직 개편의 화두는 통합이었습니다. 개편 전 2원 18부 4처 18청 4실 10위원회에서 3부 2처 1실 5위원회가 폐지되어 총 11개 기관이 감축되었습니다. 국무조정실과 국무총리비서실은「국무총리실」로 통합되었으며, 해양수산부, 정보통신부, 과학기술부 등의 부처도 기능별로 관련 부처와 통합되어 재편되었다.

구체적으로는 산업자원부와 정보통신부의 정보기술(IT) 산업정책, 과학기술부의 산업기술 연구개발(R&D) 정책을 통합하여 '지식경제부'를 신설하였고, 방송과 통신의 융합 추이에 대응하기 위하여 정보통신부의 통신서비스정책, 규제 기능과 방송위원회의 방송정책, 규제 기능을 통합하여 대통령 소속으로 '방송통신위원회'를 신설하였습니다.

또한 농업과 수산업의 전략적 합병 및 식품산업 육성을 위해 농림부와 해양수산부의 어업수산정책, 보건복지부의 식품산업진흥정책을 통합하여 '농림수산식품부'로 개편하였으며, 국토해양자원 관리와 경제 인프라 지원 기능을 결합하여 국토의 가치와 활용도를 제고하기 위해 건설교통부와 해양수산부의 해양개발, 항만건설, 해운물류 기능을 통합하여 '국토해양부'로 개편하였습니다.

이어서 인적자원 개발 기능을 일원화하고 평생교육과 창의적인 인재 육성에 역량을 집중할 수 있도록 교육인적자원부와 과학기술부를 교육과학기술부로 통합하였으며, '태아에서 노후까지' 생애 주기별 맞춤형 복지 구현을 위해 보건복지부, 국가청소년위원회, 여성가족부, 기획예산처 등 수혜 대상별로 세분되어 있는 사회복지 기능을 통합하여 '보건복지가족부'로 확대 개편하였습니다.

그리고 인사관리와 조직관리를 연계하고, 비상대비와 재난 예방, 대처 등 안전관리정책의 총괄, 조정 기능 등을 강화하기 위해 행정자치부와 중앙인사위원회, 국가비상기획위원회 및 정보통신부(전자정부, 정보보호)를 통합하여 '행정안전부'로 개편하였으며, 국민고충처리위원회, 국가청렴위원회 및 행정심판위원회를 통합해서 국무총리 소속의 '국민권익위원회'를 신설하여 국민의 권익보호 및 권리구제 기능을 일원화하였습니다.

5) 박근혜 정부

박근혜 정부는 출범 26일 만에 정부조직 개편작업이 마무리했습니다. 이번 박근혜 정부의 정부조직 개편(안)은 국회를 통과하는 과정에서 여야 합의에 실패하면서 지루하게 대치 국면을 이어갔습니다. 박근혜 정부의 정부조직에서 중앙행정기관은 지난 정부의 15부2처18청 2원3실7위원회(47개)에서 17부3처17청 2원5실6위원회 등 50개로 구성돼 3개가 더 늘어났습니다.

박근혜 정부 정부조직 개편의 가장 큰 특징은 이명박 정부의 정부조직 개편안을 모두 갈아치웠다는 점입니다. 이명박 정부에서 폐지됐던 경제부총리와 관련 부처들이 다시 살아났습니다. 중앙행정기관은 미래창조과학부·해양수산부 등이 신설돼 지난 정부보다 3개 더 늘어났으나, 공통부서 인력감축, 한시기구 폐지 등을 통해 공무원 정원은 지난 정부보다 99명 줄어들게 됩니다.

특히 이번 개편에서 가장 주목할 점은 신설된 '미래창조과학부'입니다. 박근혜 대통령이 주장하던 정보통신 기술을 총괄하는 부서로, 복수 차관제도가 도입되었습니다. '미래창조과학부'는 박 대통령의 '창조경제론'을 이끌 핵심부서 역할을 수행하고 있습니다. 신설된 미래창조과학부는 4실 21국(관) 64과에 770명으로 출발하였으며, 과학기술과 ICT 융합 촉진 및 창조경제 선도를 위해 장관 직속의 '창조경제기획관'을 신설하였습니다.

행정안전부는 안전행정부로 명칭이 변경되었습니다. 안전행정부는 재난안전 기능 보강을 위해 '재난안전실'을 '안전관리본부'로 개편하고, 교육부는 교육분야 핵심 대선 공약사항인 공교육 정상화를 위해 '공교육진흥과'를 신설하였습니다.

지식경제부는 외교통상부의 통상·교섭 기능을 넘겨받아 산업통상자원부로 개편됐습니다. 산업통상자원부는 통상 기능과 산업자원협력 기능을 융합해 '통상정책국', '통상협력국' 및 '통상교섭실'을 신설하였습니다.

교육과학기술부는 교육부로, 외교통상부는 외교부로, 농림수산식품부는 농림축산식품부로, 국토해양부는 국토교통부로 각각 개편됐습니다. 식품의약품안전청은 식품의약품안전처로 승격됐고, 이명박 정부 때 신설됐던 특임장관실은 폐지됐습니다.

2. 정부조직 개편의 문제점

1) 과거 정부조직 개편의 문제점

이제까지 우리나라 정부조직 개편은 당시의 시대적 상황하의 행정수요를 반영한 정부의 정책 지향점이었습니다. 이는 과거 정부가 강조한 역할과 기능이기도 합니다. 그러나 기능 간의 중복, 상충에 따른 비효율성, 새로운 행정수요에 대응한 기능보완 또는 강화와 같은 수많은 과제는 과거부터 지금까지 반복되고 있으며, 우리나라 정부조직의 근원적이고도 구조적인 문제점은 쉽게 해결되지 않고 있습니다.

우리 정부조직의 문제점에 대한 면밀한 검토를 통하여 조직 개편의 의미와 필요성을 찾아보면 다음과 같습니다. 우선 가장 큰 문제는 중앙정부의 역할이 지나치게 방대하고 독점적이라는 데에 있습니다. 교육, 금융, 방송통신 등을 비롯한 다양한 분야에서 중앙정부가 시대의 흐름과 뒤처진 규제와 간섭을 일삼아, 민간의 활력과 지방자치단체의 자율성을 지나치게 위축시켜 왔습니다. 또한 이러한 과정에서 오히려 정부가 마땅히 수행해야 할 본연의 역할인 사유재산권 보호, 기초질서 유지, 사회안전망 구축 등에는 소홀하였습니다.

둘째, 과도하게 분화되고 중첩된 정부조직의 비효율성 문제입니다. 비대한 상층부와 각종 보좌, 참모 조직 및 다양한 위원회는 행정의 책임성을 저해하고 비효율을 초래하여 왔습니다. 정부는 그동안 경제를 발전시키고 일 잘하는 정부를 구현하겠다는 명목하에 상위직, 관리직을 방만하게 증설한 측면이 있습니다. 그 결과 정부조직과 인원이 과도하게 늘어나 오히려 비슷한 일을 여러 곳에서 중첩적으로 수행하게 되었고, 이는 부서 간에 역할분담을 불분명하게 하여 책임행정 구현에 저해요인으로 작용하였습니다.

셋째, 부처 할거주의와 취약한 통합, 조정역량 및 낙후된 전략기획 기능은 여전히 국가 역량을 약화하는 정부조직의 문제점으로 존재하고 있습니다. 부처 간 칸막이 현상과 이에 따른 정책연계 미흡은 불필요하게 같은 작업을 반복하게 하거나 민간부문에 부담을 전가합니다. 특히 부서 규모가 영세하고 거시적인 전략기획 역량이 취약할 경우 문제는 더욱 심각합니다. 국민의 입장이 아닌, 단순히 부처의 입장에서만 업무를 처리하는 정부조직 체계로는 국민을 섬기는 정부를 달성할 수 없을 뿐 아니라, 복합 정책수요에 효과적인 대응이 곤란하며, 일 잘하는 정부를 실현할 수도 없습니다.

이제 정부조직의 개편은 하드웨어의 감량(Downsizing)과 재구축에만 머무르는 것이 아니라 소프트웨어의 재설계(Reengineering) 및 의식 전환까지 다양한 범위에서 추진될 때 소기의 성과를 달성할 수 있습니다. 그러나 이제까지 우리의 정부개혁은 조직개편과 정원감축 등 외형적인 감량에 역점을 두었고, 정부 기능의 정비와 운영시스템을 개선하려는 노력은 미흡하였다고 볼 수 있습니다

2) 정부조직 개편 방안

역대 정부 조직개편의 가장 큰 문제점은 대통령직인수위원회에서 대통령 당선인의 공약을 중심으로 조직을 개편한다는 점입니다. 대통령 당선인의 공약을 실천하려는 의도는 좋지만, 문제는 정부조직을 함부로 개편하거나 축소할 경우, 그에 따른 인력의 낭비와 이동, 신설 등으로 발생하는 시간과 비용도 만만치 않다는 점입니다.

2개월 남짓 운영되는 대통령직인수위원회에서 장기적인 조직개편의 필요성이나 시급성은 고려하지 않고, 무조건 당선인의 생각만을 중심으로 하다 보니, 매번 정권이 바뀔 때마다 정부조직도 대규모로 개편되는 현상이 반복되고 있습니다.

정부조직이 물 흐르듯이 기존 업무를 잘 진행하면서 개편되면 좋겠지만, 정권 말기만 되면 정부 부처들은 조직 개편에 대응하기 위한 자료 준비에만 몰두합니다. 지난 20년 동안의 학습효과로 인하여 대통령 임기 말이 다가오면 모든 정부 부처에서는 한국행정학회, 한국정책학회 및 조직학회에 이르기까지 다양한 학회나 학자들에게 정부조직 개편안을 마련하는 연구 용역을 발주합니다. 이 과정에서 자신들과 자신이 속한 부처의 이익을 극대화하려고 노력합니다.

또한, 대통령직인수위원회가 구성되면 부처의 업무보다 정부조직 개편안에 신경 쓰고 어떻게 하든 살아남거나 자리 이동을 위한 줄서기에 관심을 두게 됩니다. 그리고 정부조직 개편(안)이 발표되면, 각 정부 부처는 자신들이

원하는 업무를 차지하기 위해 다양한 시도를 하게 됩니다. 이처럼 정부조직 개편과정이 부처들의 이권과 자리다툼의 장으로 변모하다 보니, 정작 중요한 국민을 위한 정부부처 개편안이 되지 못하는 사례가 발생하고 있습니다.

지난 이명박 정부는 기획예산처, 과학기술부, 정보통신부 등을 폐지했었는데, 이들 조직이 폐지되면서 발생한 문제점과 통합된 정부 조직이 과연 어떻게 일을 했느냐에 대한 냉정한 평가와 분석이 이루어져야 합니다. 단순히 대통령이 바뀐다고 모든 것이 바뀔 필요는 없습니다. 정부조직은 조직이라는 살아있는 유기체이기에 조직에 대한 철저한 점검을 통해 조직의 상태를 먼저 파악해야 한다는 뜻입니다.

정부조직을 점검하면서 조직의 장단점을 파악한 후 실제적이고 장기적인 정부부처 로드맵을 완성해야 합니다. 그래야 매번 일어나는 정부조직 개편안에 따른 출혈과 문제점을 장기적으로 예방할 수 있습니다.

왜 우리나라의 정부조직은 5년마다 매번 바뀌어야 하는가에 대하여 의문을 가져야 합니다. 정부조직이 대통령에 따라 바뀐다는 점은 분명 문제가 있습니다. 이처럼 정부조직이 자꾸 개편된다면 그에 따른 비용 지출은 물론이고, 정책 또한 자꾸 바뀔 수 있게 됩니다. 이렇게 정책이 자주 바뀌게 되면 장기적인 정책 마련보다 단기 정책에만 의존하는 현상이 발생하게 됩니다. 참고로 미국은 정부조직이 바뀌는 경우가 거의 없습니다. 근래에 있었던 정부조직 개편은 9.11테러 이후 대테러기능과 조직을 통합한 '국토안보부'의 신설 정도입니다.

따라서 향후 한국행정학회를 중심으로 우리나라의 정부조직 기본 모형을 정립할 필요가 있습니다. 이러한 정부조직 기본 모형을 중심으로 하여 대통령 당선인은 몇 개의 국정 관련 위원회를 출범시켜서 조정력을 확보한다면, 대규모의 정부조직 개편을 반복하지 않고도 국정운영을 수행할 수 있을 것입니다.

제5장 쉬어가기 미국의 정부조직

미국의 정부조직은 다음 <그림 6>과 같습니다(이하 김동욱, 2012: 20-22의 수정).

<그림 6> 미국의 정부조직도 (2012. 7. 31. 현재)

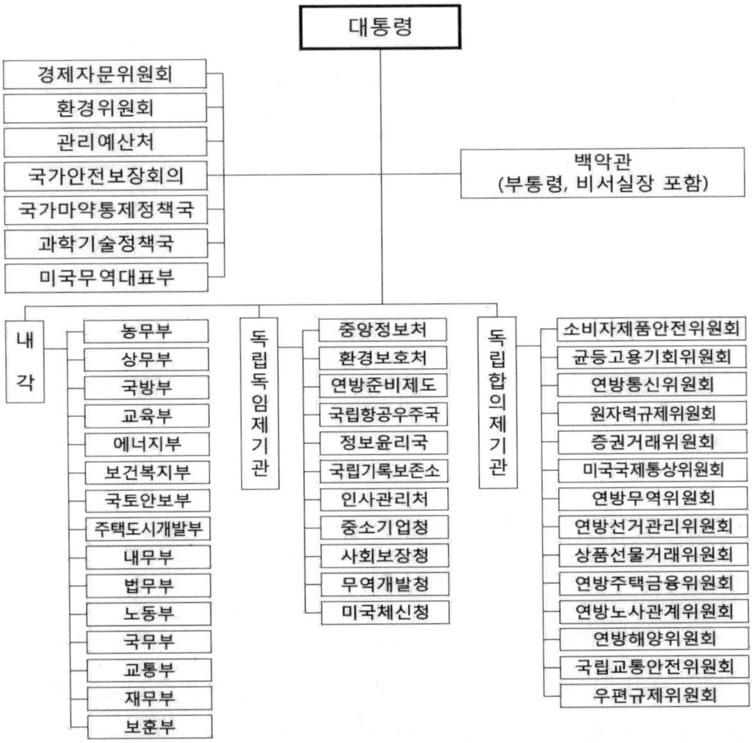

미국 연방행정부는 대통령실(Executive Officer of the President), 부처(Executive Department), 독립기관 및 정부공사(Independent Agency and Government Corporation), 각종 정부위원회(Boards, Commissions, and Committees, Federal Advisory Committees), 준공공기관(Quasi-Official

Agencies)으로 구성됩니다.

대통령실은 대통령의 주요결정에 대해 가까운 위치에서 필요한 조언을 하며 경제자문회의(Council of Economic Advisers), 환경위원회(Council on Environmental Quality), 국가안전보장회의(National Security Staff), 행정실(Office of Administration), 관리예산처(Office of Management and Budget), 국가마약통제정책국(Office of National Drug Control Policy), 과학기술정책국(Office of Science and Technology Policy), 미국무역대표부(Office of the United States Trade Representative), 부통령실(Office of the Vice President), 백악관실(White House Office) 등으로 구성됩니다.

이 가운데 백악관실(White House Office)은 국내정책위원회(Domestic Policy Council), 국가안보고문(National Security Advisor), 국가경제위원회(National Economic Council), 커뮤니케이션국(Office of Communications), 디지털전략국(Office of Digital Strategy), 입법국(Office of Legislative Affairs), 행정관리국(Office of Management and Administration), 대통령집무실(Oval Office Operations) 등으로 구성되어 있습니다.

미국의 부처(Executive Department)는 농무부(USDA), 상무부(DOC), 국방부(DOD), 교육부(ED), 에너지부(DOE), 보건복지부(HHS), 국토안보부(DHS), 주택도시개발부(HUD), 법무부(DOJ), 노동부(DOL), 국무부(DOS), 내무부(DOI), 재무부, 교통부(DOT), 보훈부(VA)의 15부로 구성됩니다.

독립기관 및 정부공사(Independent Agency and Government Corporation)는 일상적인 입법의 범위를 넘어서는 문제들을 해결하기 위해 주로 의회에 의해 설립되며, 미국 정부와 경제가 원활하게 작동하도록 도움을 주고 있습니다. 이러한 기관은 중앙정보국(CIA), 환경보호처(EPA), 국립항공우주국(NASA), 인사관리처(OPM), 중소기업청, 사회보장청, 미국체신청(USPS) 등을 포함한 독립 독임제 기관과 소비자제품안전안전위원회, 균등고용기회위원회, 연방통신위원회(FCC), 원자력규제위원회(NRC), 증권거래위원회,

미국국제통상위원회와 같은 독립 합의제 기관, 연방예금보험공사(FDIC), 해외민간투자 공사와 같은 공사 등을 포함한 총 69개의 기관들로 구성되어 있습니다.

이외에도 국회나 대통령에 의해 설치되어 행정부를 지원하는 60개가 넘는 다양한 위원회(Boards, Commissions, and Committees) 및 연방자문위원회가 존재하며, 공식적인 정부기관은 아니지만 프로그램이나 활동에 일부 공적 기능을 수행하는 4개의 준정부기관(Quasi-Official Agencies)이 존재합니다.

우리나라 정부조직과 비교해서 특기할 만한 것은 대통령실에 관리예산처가 속해 있다는 것과, 감사원이 행정부가 아니라 의회 소속이라는 점입니다. 미국의 회계감사원(Government Accountability Office; GAO)은 미국 의회 산하의 회계, 평가, 수사를 하는 기관으로, 미국 의회조사국(CRS), 의회예산처, 기술평가원과 함께 미국 의회의 4대 입법 보조기관 중 하나입니다.

더 읽어야 할 책 3권:

- 김동욱. (2012). 「정부 기능과 조직」. 법문사. 2012년 11월.
- Parkinson, Northcote. (1957). *PARKINSON's LAW*. 「파킨슨의 법칙」. 김광웅 옮김. 21세기북스. 2003년 1월.
- 박천오. (2012). 「한국 정부관료제」. 법문사. 2012년 2월.

꼭 알아야 하는 용어 3개(출처: 허동석, 2010; 이종수, 2009; 두산백과사전):

- 파킨슨의 법칙(Parkinson's Law)

영국의 역사학자·경영연구가인 C.N.파킨슨이 사회를 풍자적(諷刺的)으로 분석하여 제창한 사회생태학적(社會生態學的) 법칙. 원래는 "공무원의 수(數)는 해야 할 일의 경중(輕重), 때로는 일의 유무와 관계없이 상급공무원으로 출세하기 위하여 부하의 수를 늘릴 필요가 있다는 사실 때문에, 일정한 비율로 증가한다."는 사실을 수학적 법칙으로써 지적하고, 그것은 장기에 걸친 조사결과라고 한 데서 비롯되었다.

그 밖에 유명한 것으로는, "공무원은 부하를 늘리기를 원하지만 경쟁자는 원하지 않는다." "예산심의에 필요한 시간은 예산액에 반비례한다." "내각에서 각종 위원회에 이르기까지 정원은 5명 이내로 한정시킬 필요가 있으며 20명 이상의 위원회는 운영불능이 된다." "유능하지 못한 사람은 공무원과 군인이 되고, 유능한 사람은 비즈니스맨이 된다." "파티에서 사람들은 중앙부를 피하고 왼쪽으로 편중하여 몰린다." "공무원은 서로를 위하여 서로 일을 만들어낸다." 등이 있는데, 내용은 신랄한 풍자로 가득 차 있다.

- 조직몰입(組織沒入, Organizational Commitment)

조직구성원이 자신이 소속되어 있는 조직을 자신과 동일시하며 그 조직에 헌신하고자 하는가 하는 정도를 말한다. 조직 몰입도가 높은 구성원은 직무를 열심히 수행하고 이직률이 낮은 경향이 있다. 조직 몰입도는 근속 연수와 같은 개인적 요인과 의사결정에의 참여 정도 및 직장의 안정성 같은 조직 요인에 의해 영향을 받는다.

- 조직문화(組織文化, Organization Culture)

조직마다 제각기 독특하게 가진 보편화한 생활양식. 다시 말해서 조직문화란 한 조직 내의 구성원들 대다수가 공통으로 가지고 있는 신념·가치관·인지(認知)·행위규범·행동양식 등을 통틀어 말한다.

조직문화는 그 조직이 대외적 환경에 적응하고 내부적으로 통합화하는 과정에서 생기는 여러 가지 문제점들을 극복하기 위하여 모색되고 개발되어 형성된 것이다. 이와 같이 조직문화는 조직 구성원들의 공통된 경험을 바탕으로 하여 이루어진 것이므로 조직이라는 하나의 공동체를 결속시켜 주고 구성원들로 하여금 일체의식(一體意識)과 조직에 대한 충성심을 갖게 한다.

제 6 장

인사행정

인사행정이란 정부활동의 수행에 필요한 인적 자원의 효율적인 관리활동을 의미합니다. 앞 장에서 공무원에 대하여는 살펴보았으므로, 이 장에서는 인사행정의 제도적인 기반들을 중심으로 알아보겠습니다.

제1절 인사행정이란 무엇인가?

1. 인사행정의 제도적 기반

1) 직업공무원제도

직업공무원제(Career Civil Service System)란 유능한 젊은 인재들이 공직에 들어와서 국민에 대한 봉사를 보람으로 알고 일생동안 공무원으로 근무하도록 운영하는 제도입니다. 이처럼 행정을 비 직업공무원 내지 정치인들에게 맡기지 않고, 직업공무원제를 도입한 이유는 정권의 교체나 불안으로부터 공직의 안전성을 유지하고, 정치권력에 대한 사적인 충성심을 차단하고 전체 국민에 대한 봉사자로서의 공직의 윤리성을 확보하기 위한 것이었습니다. 이러한 직업공무원제도는 대규모의 관료조직을 정비하고 관리하기 위하여 발달하였습니다(이하 이종수·윤영진 외, 2012: 363-368의 수정).

이러한 직업공무원제를 제대로 수립하려면 다음과 같은 요건들이 갖추어져 있어야 합니다.

첫째, 공직에 대한 높은 사회적 평가가 있어야 합니다. 이것은 공직이 권력행사 및 지위에 의한 편익 때문에 사회적 선호도가 높은 것이 아니라, 공직이 국민에 대한 봉사자로서 명예롭고 긍지를 지닐 수 있는 직업이어야 한다는 것을 의미합니다. 우리나라의 경우, 조선 왕조 500여 년 동안 과거시험제도가 운영되어 온 나라이기 때문에 공직에 대한 사회적인 평가는 다른 어떤 나라에 비해서도 높은 편입니다. 특히 외국의 경우, 대학 졸업자들의 대다수가 세계적인 컨설팅회사나 금융회사를 지원하는 데 비하여, 우리나라에서는 아직까지는 공직을 희망하는 젊은이들이 상대적으로 많은 편입니다. 또한 공직자들에 대한 신분보장도 실질적으로 잘 보장되고 있습니다.

둘째, 젊은 사람이 채용되어야 합니다. 즉 학교를 갓 졸업한 유능한 젊은 사람이 공무원으로 채용되어 실적에 따라서 높은 상위 직책까지 일생을 근무하면서 승진할 수 있도록 하는 절차가 마련되어야 합니다. 그러나 지난 2008년 공무원시험의 연령제한이 폐지된 이후에 40대와 50대의 공무원 시험 지원자 수가 급증하고 있는 추세입니다.

안전행정부의 통계에 따르면 공무원 시험 나이 제한(급수별 28~32세)을 없앤 첫해인 2009년 2,538명에 불과하던 40~50대 시험 응시자 수가 5년째인 2013년에는 3배가 넘는 7,984명으로 늘었습니다. 이처럼 공무원 시험에서 연령제한 폐지는 파격적인 것으로 평가됩니다.

정부는 1963년 이후 5·7급 공채시험의 상한 연령을 28세, 9급 공채시험은 32세의 제한을 두었습니다(하한 연령은 각각 20세, 18세였습니다). 그러다 2008년 국회에서 행정·외무고시, 7·9급 등 모든 국가공무원 공개채용시험에서 응시연령 상한을 완전히 폐지하는 '공무원임용시험령(대통령령) 개정안'을 통과시켰습니다. 이것은 취업기회를 확대하고 채용차별을 없애기 위하여 생겨난 제도입니다. 따라서 인사행정의 분야에서도 이러한 고령화된 신입 공무원들에 대한 새로운 인사행정 방안이 마련되어야 할 시점입니다.

셋째, 승진·전보·훈련 등을 통한 능력 발전의 기회가 공정하게 주어져야 합니다. 승진이나 배치전환 등의 내부임용이 체계적이면서도 공정하게 이루어져야 하고, 교육훈련 등의 능력 발전 기회가 지속적으로 제공되어야 합니다. 현재 공무원 제도를 비판하는 사람들이 자주 인용하는 말이 있습니다. 우리의 공무원 제도는 우수한 인력을 충원하지만 20년이 지나면 민간 대기업에 입사한 친구들에 비하여 능력이 현저하게 저하되어 있다는 것입니다.

이러한 내용의 이야기는 한 편에서는 맞고 다른 한 편에서는 틀린 이야기입니다. 아마도 앞으로는 그런 이야기가 사라질 수 있습니다. 왜냐하면, 5급 이상의 행정고시 출신자들은 이제까지도 고시 동기생들끼리 승진 과정에서 상당히 치열하게 경쟁하였습니다. 따라서 5급 사무관으로 공직에 입문하여 1급 관리관으로 승진하는 비율이 절반도 되지 못하는 실정이었습니다. 따라서 고위직 공무원들은 해외에서 석사학위 및 박사학위에 이르기까지 끊임없이 자기계발을 해야 했습니다.

문제는 하위직 공무원들이었습니다. 과거 9급 공무원으로 공직에 들어와서 승진 욕구를 포기한다면 정시 출근에 정시 퇴근으로 일관할 수 있었습니다. 그러나 이제 공직사회도 변화의 바람이 불고, 엄청난 경쟁을 거쳐서 우수한 인력들이 진입하고 있기 때문에 하위직 공무원들 역시도 앞으로는 다양한 경쟁에 직면하게 될 것입니다. 따라서 공무원의 교육과 훈련 및 승진 분야 역시도 앞으로 큰 변화가 예상됩니다.

넷째, 보수가 적정해야 합니다. 보수의 기준은 능력급, 생활급 등이 있으나 민간 부문과 비교해 볼 때, 적절한 균형이 이루어져야 합니다. 또한 적절한 연금제도가 확립되어서 재직 중에 안심하고 공직에 봉사할 수 있어야 합니다. 우리나라는 현재 공무원 연금제도를 시행하고 있습니다. 하지만 앞에서 살펴본 것처럼 2009년 제도의 개정을 통하여, 2010년부터 공직에 들어온 사람들은 연금 수령 시 개시 연령부터 금액 산정에 이르기까지 여러 분야에서 이전 공직자들에 비하여 불이익을 받는 구조가 되어 있습니다.

다섯째, 장기적인 시각에서 공무원에 대한 인력계획이 수립되어 유능한 사람을 적시에 공급하고 무능한 자는 퇴직시키는 인력의 수요·공급을 위한 정원관리 방안이 마련되어야 합니다. 이를 위해서는 민간부문과의 우수 인력 채용을 위한 경쟁에서 뒤떨어지지 않기 위하여 민간기업의 모집 및 선발 방식을 적극적으로 벤치마킹할 필요성이 있습니다.

이러한 직업공무원제도는 다음과 같은 장단점을 지니고 있습니다. 우선 장점으로는 직업공무원제는 공직에의 장기 근무를 격려하기 때문에 공직을 하나의 전문직업 분야로 확립하는 데 유리합니다. 또한 공직에 대한 자부심과 일체감이 강화됨으로써 높은 수준의 봉사정신과 행동규범을 유지하는 데 도움이 됩니다. 더 나아가 행정의 계속성과 안정성 및 일관성을 유지할 수 있으며, 정책 결정 및 행정관리 기능을 담당하는 고급 공무원 양성에 유리합니다.

단점으로는 대통령이 책임정치를 실현하기 위하여 필요한 인력을 공직에 임명하고 싶어도 직업공무원의 신분보장 때문에 이들을 교체시킬 수 없다는 점입니다. 정치권력의 부당한 남용으로부터 공무원을 보호하기 위해 만들어진 직업공무원제가 대통령의 국정수행에 요구되는 공무원의 탄력적 운용을 제한시킬 수 있습니다. 더구나 공직계층의 중간에 자유로운 충원이 곤란하기 때문에 관료주의화를 촉진하게 됩니다. 따라서 외부환경의 급속한 변화에 제대로 대응하지 못하고 폐쇄적인 무사안일 현상이 발생할 수 있습니다. 더 나아가 공직사회 전체가 특권 계급화하여 독선적으로 행정을 처리할 가능성이 생깁니다.

따라서 세계 여러 나라는 이러한 전통적인 직업공무원제를 행정의 민주성과 능률성을 저해하는 핵심적인 개혁대상으로 설정하고 다양한 제도 개선 방안들을 모색하고 있습니다.

2) 엽관주의

엽관주의(Spoils system)란 정당에의 충성도와 공헌도를 관직의 임용 기준으로 삼는 인사행정 제도를 말합니다. 이는 전쟁에서 전리품은 승리자에 속한다는 전시국제법의 규정에 비유되는 것으로, 선거라는 전쟁에서 승리한 정당이 전리품에 해당하는 공직을 차지하는 권한을 가지는 것을 의미합니다. 엽관주의는 민주정치의 발달과 같은 맥락에서 생성하여 발전해 왔습니다. 즉, 엽관주의는 19세기 초 정치적으로 자유민주주의가 어느 정도 정착된 영국과 미국에서 관료기구와 국민과의 동질성을 확보하기 위한 수단으로 발전했습니다.

영국에서 정실주의는 당초 국왕이 자신의 정치 세력을 확대하고 반대 세력을 회유하기 위한 수단으로 발달했으나, 명예혁명 이후 국왕에 대한 의회의 우월성이 확립됨에 따라 관리 임면에 대한 실권이 국왕에게서 의회의 다수당으로 넘어가게 되었습니다.

미국에서는 1829년 제7대 잭슨 대통령이 취임하면서부터 엽관주의 제도가 본격적으로 발달하기 시작하였습니다. 즉, 잭슨 대통령이 자기를 지지해 준 남부 개척민들에게 공직을 개방하는 것이 행정의 민주화와 지지에 대한 보상이라고 여겨 이를 민주주의의 실천적인 정치 원리로 채택하면서부터 엽관주의적 인사행정이 활발하게 이루어졌습니다.

이러한 엽관주의 발전은 정당정치의 발전과 밀접한 관련을 맺고 있습니다. 현대 민주정치는 정당정치에 기반하고 있으며, 정당의 지도자들은 정당의 유지와 선거, 정당원의 통솔 등을 위해서 정당 충성도를 공직 임명의 기준으로 활용하는 엽관주의가 필요하게 된 것입니다.

이러한 엽관주의는 과거에 행정의 단순성 때문에 가능했던 것입니다. 이제 엽관주의는 정부 관료제를 소수 정당 간부의 특수 이익을 위한 도구로 전락시켜서 매관매직으로 공무원의 전문성을 저해할 수 있습니다. 또한 행정의 공정성도 담보하기 힘들게 됩니다.

여기에서 엽관제와 함께 이야기되는 것이 낙하산 인사에 대한 것입니다. 우리나라 대통령 당선자들은 늘 전직 대통령의 낙하산 인사에 대하여 비난합니다. 그러나 대통령 당선인이 취임하면 자신도 늘 낙하산 인사를 단행합니다. 물론 자신은 공직에 적합한 인물을 선정했다고 주장하지만 여론은 그렇게 받아들이지 않습니다. 따라서 인사는 늘 어려운 문제임이 틀림없습니다.

3) 실적주의

실적주의(Merit system)는 공직의 임용 기준을 실적, 즉 개인의 능력·자격·적성에 두는 제도입니다. 실적주의는 행정이 복잡화·전문화되는 등 정치적·사회적 환경이 변화하고 엽관주의의 폐해가 극심해짐에 따라서 엽관주의에 대한 비판운동에서 출발하였습니다.

미국에서는 1950년대부터 엽관주의에 대한 개혁운동이 시작되었으나, 1870년대에 이르기까지 이러한 인사제도 개혁운동은 대부분 실패로 끝났습니다. 엽관주의는 1881년 가필드(J. A. Garfield) 대통령이 엽관주의 추종자에 의해 암살당하면서 결정적인 쇠퇴의 계기를 맞이하였습니다. 이어서 1883년 연방공무원법인 펜들턴법의 제정을 계기로 실적주의 인사제도가 확립되었습니다. 펜들턴법의 주요 내용은, 독립적이고 초당적인 인사위원회를 설치하고, 공무원의 임용은 공개경쟁 채용시험에 의하며, 시험에 합격한 공무원에 대해서는 시보 임용 기간(Probation term)을 두고, 공무원의 정치활동은 금지된다는 규정을 담고 있습니다.

실적주의는 공직 취임에 대한 기회의 균등을 보장하며, 공개경쟁시험 등을 통해 유능한 인재를 임용함으로써 행정의 효율성을 높일 수 있고, 공무원의 정치적 중립을 통해 행정의 공공성을 확보할 수 있습니다. 또한 공무원의 신분 보장을 통해 행정의 안정성과 계속성을 확보할 수 있습니다. 하지만 강력한 신분보장으로 인하여 직업공무원들에 대한 정치지도자들의 통제력 확보를 어렵게 한다는 단점도 지니고 있습니다.

2. 인사행정 담당 기관

1) 중앙인사기관의 기능

일반적으로 중앙인사기관이 하는 일은 인사에 관한 정책과 지침을 개발하고, 직무를 분석하고 평가하며, 공무원을 채용하고 배치하는 일에서부터 보수의 책정, 사기의 관리, 근무성적 평정, 교육과 훈련, 고충처리 및 근무규율 관리 등 그 범위가 매우 넓습니다.

여기에서 2013년 현재 우리나라 안전행정부 인사실이 실제로 수행하고 있는 주요 기능을 정리해 보면 다음과 같습니다.

(1) 국가미래를 선도하는 우수인재 발굴

공정하고 투명한 시험제도를 바탕으로 우수한 인재를 선발하여 능력과 적성에 맞는 기관에 배치합니다. 공직설명회 및 사이버국가고시센터(www.gosi.go.kr) 등을 통해 다양한 채용정보를 맞춤형으로 제공하여 우수인재에게 공직문호를 개방합니다. 또한, 지방자치단체의 우수인재 선발을 지원하기 위해 지방공무원시험의 문제출제를 대행합니다.

(2) 개방적이고 균형있는 인력운영

균형인사를 위해 여성, 장애인, 과학기술인력, 지방인재 등에 대한 채용확대 정책을 추진합니다. 특히, 저소득층에 대한 공직진출 지원을 통해 빈곤으로부터 벗어날 수 있는 기회를 제공하여 사회통합을 추진합니다. 우수한 경력을 가진 외국인의 공직임용기회를 개방·확대하여 세계적 경쟁력을 갖춘 공무원을 선발합니다. 중앙·지방간 인사교류, 개방형 임용과 직위 공모, 민·관 인사교류 확대 등을 통해 공직의 다양성과 개방성을 높여 나갑니다.

(3) 헌신적이고 창의적인 인재양성 교육훈련

공무원으로서 가져야 할 섬기는 봉사자세와 창조적 사고 등 일하는 방식

교육을 강화하여 봉사자로서의 공무원 역할을 재정립합니다. 공무원들이 자기주도적 학습을 통해 자신의 능력을 발전할 수 있도록 지원하고, 상시학습·사이버교육·자율적 연구모임 등을 통해 다양한 능력발전제도를 적극 실시합니다. 국외 훈련 및 외국어 교육의 내실화를 통해 글로벌 역량을 강화합니다.

(4) 국민과 공무원 모두에게 신뢰받는 공무원 연금제도 개선

공무원연금재정의 건전성과 신뢰성을 확보하기 위하여 연금제도를 합리적으로 개선합니다. 연금급여의 부담과 지급수준 등을 적정하게 조정하고, 민간과의 형평성을 감안하여 적정 노후소득수준을 보장합니다. 또한 연금제도가 지속 가능한 제도로서 기능하고, 국민과 공무원 모두에게 신뢰받을 수 있도록 제도적인 개선방안을 마련합니다.

(5) 현장에 적합한 부처 자율 인사시스템 구현

각 부처에서 해당 조직의 특성에 맞는 인력관리가 가능하도록 현장 중심의 인사시스템을 구현합니다. 소속 장관의 인사권을 더욱 확대하고 기관 특성에 맞는 자율인사 구현을 위하여 협의·승인권 등 인사규제를 정비하는 등 부처 인사운영의 지원자로서 역할을 수행합니다.

(6) 전자인사관리시스템(e-사람)의 구축 운영

채용에서 퇴직까지 공무원 인사행정 전반의 정보를 전자인사관리시스템으로 관리합니다. 투명하고 공정한 인사행정을 위해 각종 인사정보를 공유하고 효율적인 인사제도 운영을 지원합니다. 부처 인사자율성 확대에 따른 시스템 개선, 사용자 편의성 제고 등을 지속적으로 촉진하여 전자인사관리시스템의 서비스 영역을 확대합니다.

2) 우리나라 중앙인사기관

중앙인사기관은 인사행정을 총괄하는 중앙정부의 인사행정기관입니다.

모든 국가가 중앙인사기관을 설치하는 것은 아니지만, 오늘날 대부분의 국가가 현대 행정국가로 변천하면서 중앙인사기관을 설치하여 운영하고 있습니다.

우리나라는 현재 안전행정부의 인사실에서 중앙정부의 인사행정을 총괄하고 있습니다. 이것은 행정수반에 의해 임명된 한 사람의 기관장에 의해 관리되는 비독립 단독형의 중앙인사기관입니다. 과거에 운영되었던 중앙인사위원회의 경우에는 비독립 합의제 인사기관에 속한다고 볼 수 있습니다.

미국의 경우, 1978년에 연방공무원제도개혁법에 의해 행정수반에게 인사관리 수단을 제공하기 위한 비독립 단독형의 인사관리처와 공무원의 개인적 권익 보장과 실적제를 보장하기 위한 독립합의형 인사기관인 실적제보호위원회를 동시에 설치했습니다. 그 이유는 두 조직 형태의 장점을 취해 인사행정의 막료적 성격과 인사행정의 정치적 중립성 확보라는 두 가지 목표를 동시에 달성하기 위해서입니다.

제2절 인사행정의 주요 이슈들

인사행정의 주요 이슈들 가운데 고위공무원단 제도, 다면평가 제도, 직무성과계약제 및 스마트워크 등에 대하여 살펴보겠습니다.

1. 고위공무원단 제도

1) 고위공무원단제도 도입취지

고위공무원단제도는 정부의 주요 정책 결정 및 관리에 있어서 핵심적 역할을 담당하는 실·국장급 공무원을 범정부적 차원에서 적재적소 활용하고 개방과 경쟁을 확대하며 성과책임을 강화함으로써 역량 있는 정부를 구현하는 것입니다.

고위공무원단제도는 미국이 1978년 공무원개혁법에 의해 최초 도입한 이후 영국, 호주, 캐나다 등 OECD 정부혁신 선도국가들이 도입·시행 중이며 우리나라에서는 2006년 7월 1일부터 제도가 시행되었습니다.

2) 고위공무원단제도 주요 내용

① 고위공무원단은 행정기관 국장급 이상 공무원으로 구성합니다. 일반직·별정직·계약직과 외무공무원 약 1,500여 명이 고위공무원단의 구성원이 됩니다. 부지사·부교육감 등 지방자치단체 등의 고위직도 고위공무원단에 포함됩니다.

② 고위공무원은 신분보다 일 중심으로 인사관리 됩니다. 고위공무원에 대해서는 현행 1~3급의 계급을 폐지하고 직무와 직위에 따라 인사관리하고 있습니다. 이에 따라, 계급에 구애되지 않는 폭넓은 인사로 적격자를 임용할 수 있게 되었습니다. 또한, 고위공무원단에 대해서는 계급과 연공서열보다는 업무와 실적에 따라 보수를 지급합니다. 즉 직무의 중요도·난이도 및 성과에 따라 보수를 차등 지급하게 됩니다.

③ 고위직의 개방을 확대하고 경쟁을 촉진합니다. 민간과 경쟁하는 개방형 직위제도와 함께 타 부처 공무원과 경쟁하는 공모직위제도를 도입·운영하고 있습니다. 고위공무원직위를 개방형직위 20%, 공모직위 30%, 부처자율인사직위 50%로 구분하여 인선할 수 있습니다. 공모직위의 경우, 각 부처 장관은 소속에 관계없이 전체 고위공무원단 중에서 적임자를 인선할 수 있습니다. 아울러 부처에 배치된 고위공무원은 소속장관이 인사와 복무를 관리합니다. 안전행정부는 초과 현원의 관리와 부처 간 이해관계를 조정하는 역할을 수행하고 있습니다.

④ 고위공무원에 대한 부처별 인사자율권이 확대되었습니다. 안전행정부 인사심사 대상이 축소되었습니다. 계급단계별 승진심사에서 고위공무원단 진입 시에만 인사심사가 실시됩니다.

⑤ 고위공무원의 성과를 체계적으로 관리하고 능력개발을 강화합니다. 성과목표·평가기준 등을 상급자와 협의하여 성과계약을 체결하고, 목표달성도 등을 평가하는 성과계약 등 평가제가 시행되고 있습니다. 또한, 고위공

무원이 되기 위해서는 후보자교육과 역량평가를 거쳐야 합니다. 후보자교육은 기관의 과장급을 대상으로 고위공무원단 직위로의 진입전 고위공무원으로서 갖추어야 할 핵심역량에 대해 사례 중심의 현장감 높은 교육형태로 운영됩니다.

⑥ 직업공무원제의 근간을 유지하되 고위직의 책임성을 제고합니다. 고위공무원 인사의 실적주의 원칙과 정치적 중립성이 보장되며 정년 및 신분보장제도도 존치됩니다. 다만, 성과와 능력이 현저하게 미달하는 고위공무원은 객관·공정한 판단을 거쳐 엄정하게 인사조치됩니다.

* 적격심사 요건

- 고위공무원으로 임용된 날부터 매 5년이 되는 경우
- 성과평가 최하위등급을 총 2년 이상 받은 경우
- 부정당한 무보직 기간이 2년에 달한 경우

2. 다면평가제도

1) 의의

다면평가는 동료·하급자·민원인 등의 평가의견을 반영하여 상사에 의한 일방 평가를 보완하는 한편, 개인의 역량개발을 위한 자료로 활용하기 위한 제도입니다.

2) 다면평가 연혁

① 중앙행정기관

1998.12. 승진심사에 다면평가제 도입(공무원임용령 제35조의4)

2001. 1. 성과상여금 지급 등 각종 인사관리로 활용범위 확대

2002. 8. 「다면평가 운영요령」 제정(중앙인사위원회 예규)

2005.12. 승진, 성과급 지급 등의 인사관리에서 활용범위를 능력개발 및 인사관리로 변경(공무원성과평가규정 제28조)

2008. 8.「다면평가 운영요령」 메뉴얼 시행

② 지방자치단체

1999. 7. 승진임용시 다면평가제 도입(지방공무원 임용령 제35조의5)

2001. 3. 승진심사에 다면평가제 적용 확대(지방공무원 인사운영 혁신지침)

2001. 6. 성과상여금 지급 등 각종 인사관리로 활용범위 확대

2008. 6. 다면평가 운영지침 제정(안전행정부 예규 제169호)

2008. 9. 자치단체 다면평가 실시 자율권 부여

2009. 9.「지방공무원 인사실무」 매뉴얼 마련

※ 다면평가 실시: 1999년(임의규정)→2003년(강행규정)→2008년(임의규정)

3) 운영절차

다면평가 운영절차 다면평가 설계		다면평가 실시		결과 활용
평가 목적 명확화 평가단 구성 평가항목 및 척도결정, 설문지 작성	→	평가단 사전교육 실시 평가대상자의 실적 및 능력에 대한 정보 제공 평가 실시	→	평가점수 산정·조정 결과 분석 평가결과 피드백 평가결과 기록·관리

4) 향후 계획

인기투표논란, 감사·경리 등 특정부서에 불리한 평가 등의 문제점이 있어 공무원 역량개발 및 교육훈련 등에 주로 활용토록 하고, 승진, 전보, 성과급 등에는 참고만 하도록 하고 있습니다.

('10.1 공무원 성과평가 등에 관한 지침 개정)

* '11.6 기준 조사대상 42개 중앙부처 중 12개 기관에서 다면평가 실시

3. 직무성과계약제

1) 개념

우선 4급 이상 공무원(고위공무원단 포함)에 대해 개인 업무 실적평가, 부서단위 실적평가, 그 밖에 직무수행과 관련된 자질 또는 능력 등에 대한 평가결과 중에서 하나 또는 그 이상으로 평가항목을 정하여 평가대상자와 평가자 간에 성과목표 및 지표 등에 관하여 합의합니다. 이후 평가 대상 기간 중 평가대상 공무원이 달성한 성과목표의 추진결과 등을 평가지표 또는 평가항목의 특성에 맞게 설정한 평가기준에 따라 평가하여 그 결과를 인사관리에 반영하는 것입니다.

2) 근거

- 국가공무원법 제51조, 제40조, 제40조의2제4항
- 공무원 성과평가 등에 관한 규정
- 공무원 성과평가 등에 관한 지침(안전행정부 예규 제218호)

3) 적용대상

- 4급 이상 일반직공무원(연구관·지도관 포함)
- 4급 상당 이상 별정직 공무원 및 4호 이상 계약직 공무원
- 5급 상당 이하 공무원 중 성과계약 등 평가가 적합하다고 인정하는 공무원

4) 성과계약 등 평가제의 Framework

현재 안전행정부가 시행하고 있는 성과평가 흐름도는 다음 <그림 7>과 같습니다.

<그림 7> 성과 평가 Framework

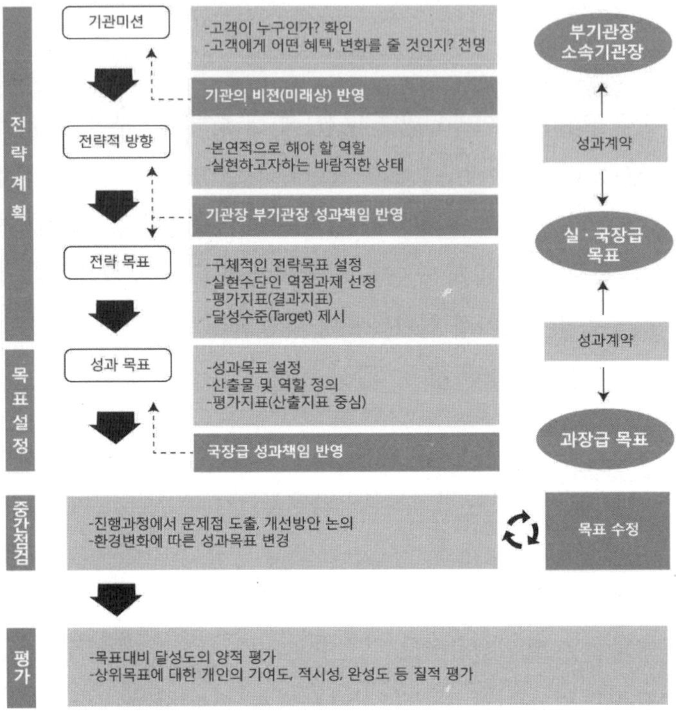

5) 외국의 성과계약제 운영 사례

① 영국 고위공무원단(SCS)의 성과계약: 부처의 장관과 고위공무원단 구성원 간에 업무목표와 업무수행방법 등에 관한 계약을 체결하고, 평가결과에 따라 상여금(Bonus)을 차등 지급하는 한편, 익년도 성과계약의 기초로 활용하고 있습니다.

② 뉴질랜드의 사무차관 및 고위공무원단(SES)의 성과계약: 부처의 장관과 사무차관 및 고위공무원단 구성원이 계약대상자로서, 인사위원회(SSC) 위원장이 각부의 사무차관 및 고위공무원단 구성원과 면담을 실시하여 성과계약의 달성도를 평가하며, 평가결과는 해당 부처 장관에게 제출되며 재계약 여부 등에 활용됩니다.

③ 호주 인사처의 성과계약: 인사처의 처장(Comissioner)과 고위공무원

간, 단계적으로 관리자 간에 개인별 직무기술서, 성과책임, 성과표준 등을 근거로 성과계약을 체결, 사업계획과 성과에 대한 피드백을 6개월마다 실시하며 평가결과는 개인의 보수와 인사평가에 반영합니다.

④ 캐나다 고위공무원단의 성과계약: 부처의 장관과 고위공무원단(Executive Group) 구성원 간에 연중 수행과제와 성과지표 등을 계약으로 체결하고, 평가결과를 기본급인상, 일시불 성과급 등에 반영합니다.

6) 향후 계획

안전행정부에서는 성과계약 등 평가제를 통해 각 부처의 성과관리가 제대로 이루어져 국민에게 제공되는 행정서비스가 더욱 향상될 수 있도록 각 부처의 성과계약제도 운영을 지속적으로 지원해 나갈 것입니다. 이를 위해 성과평가제도 운영실태에 대한 심층 모니터링, 부처별 맞춤형 현장 컨설팅 등 다각적인 지원을 실시할 예정이며, 아울러 개발된 관대화 경향지수를 통해 각 부처의 성과관리수준을 지속적으로 점검하고 피드백을 실시할 예정입니다.

제3절 공무원 부패 및 현황

인사행정의 분야에서 일반 국민들에게 가장 이슈로 부각되는 부분은 공무원의 부패일 것입니다. 이 절에서는 공무원 부패와 관련하여 국내외 동향 및 대응방안을 살펴보고자 합니다.

1. 부패에 대한 최근 동향

1) 국제적 동향

오늘날은 세계와의 국경 없는 경제전쟁에서 살아남기 위해 치열한 경쟁이 이루어지고 있으며, 국제 상거래에서 경쟁력을 갖추기 위해 투명한 경영,

부패 없는 깨끗한 행정이 요구되며, 이것이 대외신인도에 커다란 영향을 미치고 있습니다.

1999년 2월 OECD의 「해외공무원에 대한 뇌물방지협약」이 발효되면서 세계적인 「부패라운드」가 출범되어 국제적으로 부패문제가 쟁점이 되고 부패행위에 대한 국제적 제재와 압력이 증대되고 있습니다. 또한 OECD는 1990년대 말에 행정의 가치로서 그동안 금과옥조로 여겨왔던 3Es, 즉 경제성(Economy), 능률성(Efficiency), 효과성(Effectiveness) 외에 윤리성(Ethics)을 추가하여 4Es의 지향을 제안한 바 있습니다.

1997년 9월 국제반부패회의에서 채택된 '리마선언'에서도 부패는 사회의 도덕성을 무너뜨리고 빈곤·소외계층의 사회경제적 권리를 침해하여 민주주의를 훼손하고 모든 사회운영의 기초가 되는 법치질서를 파괴하며 발전을 지연시키고, 특히 빈곤층에게 공개와 자유경쟁이 주는 편익을 침해함으로써 인류사회에 커다란 해악을 끼치는 것으로 논의되었습니다.

2) 국내의 대응

1990년대 이후 여러 국가가 부패문제에 많은 관심을 기울이기 시작하면서, 우리나라도 이 문제를 심각하게 받아들이고 있습니다. 특히 최근 들어 국제기구들과 부패를 연구하는 학자들에 의해 국가신인도와 국가경쟁력에 부패가 미치는 부정적인 영향이 지적되면서 우리 정부도 부패를 근절하기 위해 부단한 노력을 하고 있습니다. 그러나 우리나라에서 부패는 여전히 심각한 사회문제로 인식되고 있고, 그중 관료집단에 의한 공공부문의 부패는 근절되지 못한 채 큰 문제로 남아있습니다.

부패방지위원회(현 국민권익위원회)가 2004년 7월에 일반 국민과 공무원을 대상으로 조사한 설문결과에 따르면 "공무원이 부패하다"고 생각하는 응답이 59.0%에 달하였다. 이 수치는 2004년 4월에 실시된 설문조사 결과인 65.5%에서 다소 감소한 것이긴 하지만, 여전히 국민들 반수 이상이 공직사회의 부패를 심각하다고 여기는 실정이었습니다.

이어서 국민권익위원회가 2012년 7월에서 10월까지 일반 국민과 공무원들을 대상으로 조사한 설문결과에 따르면 행정분야가 '부패하다'는 응답비율은 일반 국민(42.4%) > 기업인(36.0%) > 전문가(35.7%) > 외국인(16.8%) > 공무원(1.7%) 순으로 집계되었습니다. 이것은 10년 전보다는 많이 낮아진 수치이지만 우리 국민들 대다수는 아직까지도 공무원들이 부패하다고 여기고 있습니다.

행정분야별(10개) 부패수준을 살펴보면 소방 > 보건·위생·의료 > 환경 순으로 '청렴'하다고 평가한 반면, 건축·건설·주택·토지 > 법무 > 경찰 순으로 '부패'한 것으로 인식하고 있었습니다.

공공부문에서 발생하는 부패는 국민들로 하여금 정부에 대한 신뢰를 무너뜨리고, 행정의 민주성을 약화시킨다는 점에서 결코 가볍게 대할 수 없습니다. 이러한 인식을 바탕으로 한국 정부도 다각도에서 부패예방과 척결을 위한 노력을 기울이고 있다. 실제로 중앙 정부의 차원에서 2001년 7월 24일 법률 제6494호 「부패방지법」을 제정하고, 이 법에 근거하여 2002년에는 「부패방지위원회」를 설립하였고, 「부패방지위원회」가 2005년에 「국가청렴위원회」로 명칭을 달리하는 등 정부도 부패를 국가의 주요 정책의제로 설정하였습니다. 이명박 정부는 출범과 함께 국민고충처리위원회와 국가청렴위원회 및 국무총리행정심판위원회의 기능을 합쳐서 국민권익위원회를 출범시켰습니다.

시민사회 역시 부패척결을 위해 적극적으로 나서고 있습니다. 한국투명성 기구, 경제정의실천시민연합, 참여연대, 함께하는시민행동 등의 대표적 시민단체들도 사회에서 발생하는 부패에 감시를 늦추지 않고 있습니다. 지방정부도 이러한 노력에서 예외는 아닙니다. 특히 1999년 서울특별시(이하 "서울시")는 「민원처리 온라인공개 시스템(Online Procedures Enhancement for Civil Application, 이하 "OPEN 시스템")」을 도입하였습니다. OPEN 시스템은 서울시가 시정 운영에 있어서 시민들에게 정보의 공개를 확대하고 효율성을 높이며, 시와 시민들의 거리를 좁히는 동시에 민원처리의 투명성을 강화하여 부패와 비리에 효과적으로 대처할 수 있을 것으로 기대하면서 도입한 전자정부 시스템입니다. 서울시의 OPEN 시스템은 도입된 지 10년여 밖에 되지 않았지만, 부패감소와 예방의 가능성에 대해 국내뿐만 아니라 국제적으로도 적지 않은 관심을 불러일으키고 소개되고 있습니다.

2. 행정의 투명성과 부패방지

시민을 배제시키고 관료만이 정보를 독점하고 행정에 비밀주의가 만연된다면 관료의 권력은 비대해지고 시민은 관료에 대해 효과적으로 통제할 수 없게 됩니다. 민주주의를 가능케 하는 것은 정부의 활동에 대해 충분한 정보공개가 먼저 이루어져야 시민이 행정과정에 참여할 수 있고 관료에 대한 민주적 통제를 통하여 시민의 권리보호가 가능해집니다. 오늘날 국민의 '알 권리'(Right to Know)는 기본권으로 인정되고 정보공개청구권이 법적으로 보장되고 있습니다.

1) 부패의 공식

부패에 대하여 다음의 공식이 성립할 수 있습니다.

부 패 = **독 점** + **재 량 권** - **책 임 성**

우선 관료가 권력을 독점하고 재량권이 많을수록 부패 가능성이 높아지며, 통제수단을 통하여 책임성을 높일수록 부패는 줄어들게 됩니다. 따라서 행정처리 과정에 대한 정보공개를 통하여 행정을 투명하게 한다면 재량권을 줄이고 시민감시를 통하여 책임성을 높임으로써 부패를 효과적으로 통제할 수 있을 것입니다.

공개행정은 사회와 산업의 질병을 치료하며 햇빛은 최고의 살균제라고 말해집니다. 그러므로 공공정보의 공개는 행정의 투명성을 높이고 경보체제를 작동시키므로 부패억제에 가장 효과적인 수단의 하나입니다.

정보공개에서 공개 최대의 목적은 국정이 공정하게 행해지도록 국민이 감시하는 기능을 가지며, 국민이 행정의 비리에 감시의 눈을 구석구석까지 미치고, 유리처럼 투명한 행정을 실현하고자 하는 것입니다. 정보공개를 통한 투명행정은 시민의 알 권리를 충족시켜 민주행정을 가능케 하며 관료의 권력남용과 부패를 방지할 수 있는 수단이 됩니다.

2) 행정 '투명성'(Transparency)의 개념

행정의 투명성은 행정의 의사결정 및 행정서비스 제공과 관련된 적절한 모든 정보를 시민 누구나 적시에 접근 가능하고 정보가 자유롭게 유통되는 정도라고 할 수 있습니다. 투명성의 개념에는 다음 세 가지 요소가 포함되어 있습니다. 첫째, 누구든지 평등하게 정보에 쉽게 접근 가능해야 합니다. 둘째, 시민이 정보를 얻고자 하는 분야에서 타당하고 적절한 모든 정보가 빠짐없이 제공되어야 합니다. 셋째, 정보가 제공되어야 할 시기에 질 높은 정보가 신뢰성 있게 제공되어야 합니다.

3) 투명성과 부패

전통적으로 행정의 익명성은 공복으로서의 공무원의 특징을 잘 나타내는 표현이었습니다. 정책과정, 행정과정에서 공무원 익명성의 확보는 행정의 불편 부당성을 의미하기도 하였습니다. 하지만 이러한 행정의 불투명성은 외부적인 감시와 통제를 어렵게 하는 요인으로 작용하였고 동시에 부정과 부패의 원인을 제공하거나 국민의 정부에 대한 신뢰를 떨어뜨리는 요인으로 작용하였습니다.

투명성의 증가는 행정의 환경으로부터의 직접적인 통제의 증가로 이어지며 이는 부정과 부패의 가능성을 줄이는 직접적인 요인으로 작용하게 됩니다. 민원처리의 경우 민원인이 직접 자신의 민원 처리 과정에 대한 정확한 정보를 얻게 되는 효과와 함께 모든 시민이 감시자가 되는 효과를 볼 수 있습니다. 동시에 조직 내부적으로도 하나의 민원처리 과정에 모든 관련자가 쉽게 접근하여 처리 과정을 파악할 수 있게 됩니다. 기하급수적으로 늘어난 내·외부 감시, 감독의 빈도는 자연스럽게 부정과 부패의 발생을 억제하거나 발생한 부정과 부패를 더 쉽게 적발합니다.

이제 전자정부의 등장으로 감독비용을 최소화할 수 있는 가능성이 열렸습니다. 인터넷의 발달과 정보기술의 조직 활동에의 적용은 국민이 컴퓨터 네트워크를 통하여 정부의 활동을 원격지에서 확인하는 것을 가능하게 하여 국민의 감시로부터 사각지대에 놓였던 내부적 행정활동을 투명하게 하는 효과를 가져 오게 되었습니다. 서울시의 민원처리 온라인공개시스템은 구축은 그 대표적인 사례라고 할 수 있습니다.

제6장 쉬어가기 국민권익위원회(國民權益委員會, Anti·Corruption and Civil Rights Commission)

국민권익위원회는 국민에게 신속하고 원활한 권익보호 및 권리구제 서비스를 제공하기 위하여 2008년 2월에 설립되었습니다. 주요 업무는 고충민원의 처리와 이와 관련된 불합리한 행정제도 개선, 공직사회 부패예방 및 부패행위 규제를 통한 청렴한 공직 및 사회풍토 확립, 행정심판에 의한 행정청의 위법·부당한 처분으로부터 국민을 보호하는 업무를 통합 수행하고 있습니다.

보다 구체적인 주요 기능은 ① 고충 민원 조사 및 처리, ② 고충 및 부패를 유발하는 행정 제도 개선, ③ 온라인 국민참여포털인 국민신문고 및 110 정부민원통합콜센터 운영, ④ 국가청렴정책의 수립·조정·평가, ⑤ 부패행위 신고 접수 및 처리, ⑥ 공직자 행동강령 운영 등 공직윤리 확립, ⑦ 부패행위자에 대한 신변보호 및 신분보장, ⑧ 국무총리행정심판위원회의 운영 등입니다.

2008년 2월 출범한 이명박 정부는 대국민 서비스를 향상하기 위하여 국민의 억울하고 힘든 일을 한 곳에서 처리할 수 있도록 국민의 권리구제 창구를 통합하기로 결정하였습니다. 이에 따라 고충 민원처리, 부패방지 및 행정심판 기능을 통합하여 수행하는 국민권익위원회를 설치하고, 위원회의 구성 및 운영 등에 관한 사항을 규정하기 위하여 「부패방지 및 국민권익위원회의 설치와 운영에 관한 법률」이 제정되었습니다. 이 법률에 따라 과거 국민고충처리위원회, 국가청렴위원회, 국무총리 행정심판위원회가 통합되어 2008년 2월 29일 국민권익위원회가 출범하였습니다.

국민권익위원회는 국무총리 소속의 합의제 행정기관으로서 위원장을 포함한 총 15명의 위원(상임위원 7명과 비상임위원 8명)으로 구성됩니다. 상임위원은 장관급 위원장과 차관급 부위원장 3명, 고위공무원 3명입니다. 국민권익위원회에 별도 설치된 국무총리행정심판위원회 위원장은 국민권익위원회 부위원장 중 1명이 겸임하며, 2명의 상임위원을 두고 있습니다. 위원회 사무를 지원하기 위하여 사무처를 두고 있으며, 사무처는 1실 3국 1대변인 5관 36과로 이루어져 있습니다.

과거에는 국민고충처리위원회의 국민권리 구제업무와 국가청렴위원회의 국가청렴도 향상을 위한 활동, 행정심판위원회의 행정과 관련한 쟁송 업무 등이 여러 기관으로 나뉘어 있어 국민에게 혼란과 불편을 초래하였습니다. 이에 국민권익위원회를 신설하여 고충 민원처리, 부패방지 및 행정심판 기능을 통합함으로써 국민의 권익구제 창구를 일원화하고 신속·충실한 원스톱 서비스 체제를 마련하게 되었습니다.

더 읽어야 할 책 3권:

- 유민봉·임도빈. (2012). 「인사행정론」. 제3판, 서울: 박영사.
- 유민봉. (2013). 「한국 인사행정론」. 개정4판, 서울: 박영사.
- 오석홍. (2013). 「인사행정론」. 제7판. 서울: 박영사.

꼭 알아야 하는 용어 3개(출처: 허동석, 2010; 이종수, 2009; 두산백과사전):

- 청백리(淸白吏)

청백리란 관직 수행 능력과 청렴(淸廉)·근검(勤儉)·도덕(道德)·경효(敬孝)·인의(仁義) 등의 덕목을 겸비한 조선 시대의 이상적(理想的)인 관료상을 의미합니다. 고려 시대부터 청백리제도가 존재했던 것으로 판단됩니다. 최영 등 소수 관료에서 청백함이 칭송되고 있고, 자식들에게 청백한 관리가 되어 가문의 전통을 이으라고 당부하기도 하였습니다. 조선 시대에는 제도적으로 청백리제도를 운영하였습니다.

의정부(議政府)·육조(六曹)의 2품 이상 당상관과 사헌부(司憲府)·사간원(司諫院)의 수장이 천거하고 임금의 재가를 얻어서 의정부에서 뽑았습니다. 조선 초·중기에는 생존자 가운데서 선발하여 염리(廉吏)로 대우하였고, 후기에는 염리로 녹선(錄選)되었다가 사망한 자나 사망한 자 가운데서 염명(廉明)이 높았던 관리를 청백리(淸白吏)로 녹선하여 우대하였습니다. 사림(士林)이 득세하던 시기에는 청백리 사상이 강화되어 많은 사람이 녹선되었으나, 후기에는 그 인원이 격감하였습니다. 청백리는 총 217명이 배출되었는데, 맹사성·황희·최만리·이현보·이황·이원익·김장생·이항복 등이 대표적인 인물입니다.

이분들 가운데 가장 유명한 분이 황희 정승입니다. 조선왕조 5백 년 동안 가장 어질고 슬기로우면 청렴결백한 재상으로 꼽히는 분이 황희입니다. 고려 말에 태어나 역성혁명으로 개국된 나라에서 관리를 지낼 수 없다 하여, 70여 명의 고려조 신하들과 두문동에 은둔하여 두문불출(杜門不出)이란 말을 탄생하게 한 분입니다. 이 분은 태조와 태종과 세종 시대를 찬란히 빛나게 했던 명재상입니다. 황희는 망해 가는 고려를 지켜보았고, 새로 조선조가 개국 된 후 태조, 정종, 태종, 세종 등 4대 임금에 걸쳐 무려 74년간을 관직생활을 했으며 90세에 타계하였습니다. 황희는 조선조 제일의 명상(名相)으로서 평생을 오로지 나라와 백성을 위하여 살신성인의 자세로 초지일관하였습니다. 따라서 온 백성이 존경하고 따랐으며, 육조의 판서를 두루 거치고 삼정승을 모두 지냈습니다. 그는 위대한 민족의 선각자로서 청빈 사상의 귀감이라 할 수 있습니다.

오늘날 대한민국 정부에서도 청백리제도를 두고 운영하고 있습니다. 1981년 청백리상 제도를 제정하여, 국가에 대한 충성과 청렴, 정직한 공직자상을 권장하고 있습니다. 대상은 현직자, 퇴직자, 직급에 관계없으며, 공무원이나 국영기업체, 정부투자기관 등 공무원 신분에 준하는 사람 중에서 선발하고 있습니다.

- 엽관제도(獵官制度, Spoils system)

19세기 중엽 미국에서 성행했던 '교체 임용주의'(Doctrine of Rotation)의 속칭. 1829년부터 약 50년 동안 미국의 공무원 인사제도는 선거 때마다 승리한 집권정당에 의하여 공무원에 대한 대폭의 인사교체(人事交替)가 이루어졌으므로 이를 공식적으로는 교체 임용주의(交替任用主義)라 불렀었다.

교체 임용주의는 제7대 대통령인 잭슨(A. Jackson)에 의하여 1829년에 처음 도입되었다. 그는 공직을 널리 국민들에게 개방함으로써 진정한 국민의 의사를 국정에 반영할 수 있다는 신념 아래 정권교체에 따른 공직경질(公職更迭) 원칙을 내세웠다.

그리고 '엽관제도'란 Spoils system을 우리말로 번역한 것으로, 이는 당시 집권정당이 관직(官職)을 마치 전리품(戰利品, Spoils)처럼 취급하였다는 데서 생겨난 속칭이다. 즉, Spoils system이라는 말은 '전리품은 승리자에게 속한다.'(to the victor belongs the spoils of the enemy)라고 한 뉴욕주 출신 상원의원 마시(William L. Marcy)의 말에서 유래된 것인데, 관직을 선거전에서 이긴 정당의 전리품으로 생각하고 이것을 구정권하에서 근무하던 사람으로부터 탈취하여 자기 정당을 위해서 일하던 사람들에게 나누어 주던 제도로 의미하게 되었다. 이러한 관료제를 흔히 정당 관료제라 부른다.

- 고위공무원단(高位公務員團, Senior Executive Service, Senior Civil Service)

3급 이상의 고위공무원 중 일부 상위직을 별도로 분리 관리하는 대상자들. 폐쇄적 관료제(→폐쇄형 공무원제)의 단점을 보완·극복하고 행정조직의 생산성과 행정서비스의 질을 향상해 국민의 신뢰를 높일 수 있다는 기대에서 도입된 제도이다. 고위공무원단의 유형에는 직위분류제에 계급제를 가미한 미국식 SES(Senior Executive Service)와 계급제에 직위분류제를 가미한 영국식 CSS(Senior Civil Service) 이 있다.

우리나라에서도 전문화된 일반 행정가를 확보하기 위해 2006년에 국가공무원법을 개정하고 고위공무원단 제도를 도입하였다. 우리나라의 경우는 국장(3급) 이상 고위급 공직자들의 채용 및 승진과 부처 간의 인사교류 등은 안전행정부 인사실에서 운영·관리하고 있다.

국가공무원법이 규정하고 있는 '고위공무원단'이란 직무의 곤란성과 책임도가 높은 일정한 직위[국가공무원법 제2조의 2 ②항 각 호의 직위]에 임용되어 재직 중이거나 파견·휴직 등으로 인사관리되고 있는 일반직공무원·별정직공무원·계약직공무원 및 특정직공무원[다른 법률에서 임용할 수 있도록 규정하고 있는 경우만 해당]의 군(群)을 말한다.

제 7 장

재무행정

2013년 1월 1일 새벽 6시 국회에서는 342조 원 규모의 2013년도 예산안이 통과되었습니다. 예산안 법정처리시한(12월 2일)을 한참 넘겼을 뿐만 아니라 해를 넘겨 처리되었다는 불명예스러운 기록도 남겼습니다. 국회는 통과 직전까지 무상보육, 인천공항 매각, 증세방안 등을 두고 정부와 여야의 예산안 줄다리기가 이어졌습니다. 우리는 연말이면 새해 예산 통과와 관련하여 이와 유사한 뉴스를 매년 보게 됩니다. 예산안 통과가 그렇게 큰 이슈일까요? 예, 그렇습니다. 예산은 정책을 실행하는 직접적인 수단이고, 가장 강력한 통제수단이기 때문입니다. 따라서 이 장에서는 재무행정의 구조와 이슈들을 중심으로 정리하고자 합니다.

제1절 재무행정이란 무엇인가?

재무행정은 정부의 예산을 다루는 행정활동을 말합니다. 정부의 예산이라고 하면 어렵다는 생각이 먼저 들지요? 자, 그럼 조금 쉽게 접근해 보도록 하지요. 우리가 친구들과 MT를 갈 때 식비, 숙박비, 차량비 등 지출사항을 고려하여 회비를 걷고, 다녀와선 집행한 돈을 정산한 후 내역을 친구와 공유합니다. 이때 회비는 정부예산으로, 회비를 걷고 집행한 후 정산하여 내역을 공개하는 것은 예산과정으로 이해하면 됩니다. 재무행정은 정부가 어떻게 돈을 벌고, 어떻게 돈을 쓰느냐에 관한 일련의 문제를 포괄적으로 다룬다고 할 수 있습니다. 좀 더 구체적으로 재무행정은 "국가·지방자치단체, 기타 공공기관이 공공정책을 수행하는데 필수 불가결한 요소인 재원을 경제적·합리적으로 조달·배분하고 이를 효율적으로 관리·운영하는 일련의 모든 과정"을 의미합니다. 이 절에서는 정부예산운영에 초점을 맞추어 예산의 내용과 종류, 예산 관련 조직에 대해 알아보겠습니다.

1. 정부예산의 이해

1) 예산의 기초개념

재정(Public Finance)이나 예산(Public Budget)은 실질적으로 동일한 내용입니다. 그러나 간혹 다른 의미로 사용되는 경우도 있습니다. 재정은 정부의 경제활동, 즉 경제적 의미를 더 많이 가지며, 재정적자라든가 수지균형을 더 중요시하고, 이를 위해 정부의 수입을 확보하는 측면이 강조됩니다. 그러나 예산은 수입(세입), 지출(세출)에 대한 계획으로 일정 기간의 국가 활동을 수행하기 위한 금전적 활동계획인 동시에 수입·지출의 예정적 계산입니다.

세입과 세출의 '세'는 한자로 세금을 뜻하는 '稅' 라고 생각하기 쉽지만 아닙니다. 한 해를 뜻하는 '歲'를 씁니다. 즉 1년간 들어오는 돈이 세입이고 1년간 나가는 돈이 세출입니다. 이를 회계연도라고 하는데, 대부분 국가에서 1년을 회계연도로 하고 있습니다.[8)] 일반적으로 사람들은 "예산=돈"으로 생각하기 마련입니다. 그런데 이 예산이란 돈은 항상 꼬리표가 붙어 있습니다. 사회복지비 28조 원, 국방비 35조 원, 좀 더 세부적으로 보면 '임대주

8) 우리나라의 회계연도는 중앙정부나 지방정부 모두 1월 1일에서 12월 31일까지입니다. 영국과 일본은 회계연도가 4월 1일에서 3월 31일까지로 운영되고, 미국 연방정부는 10월 1일에서 9월 30일까지입니다.

택 시설개선 지원' 850억 원, '과학화 훈련장비 확충' 197억 원 등으로 표시되어 있습니다. 따라서 예산의 명확한 모습은 다음 <그림 8>과 같이 묘사할 수 있습니다.

<그림 8> 예산의 모습

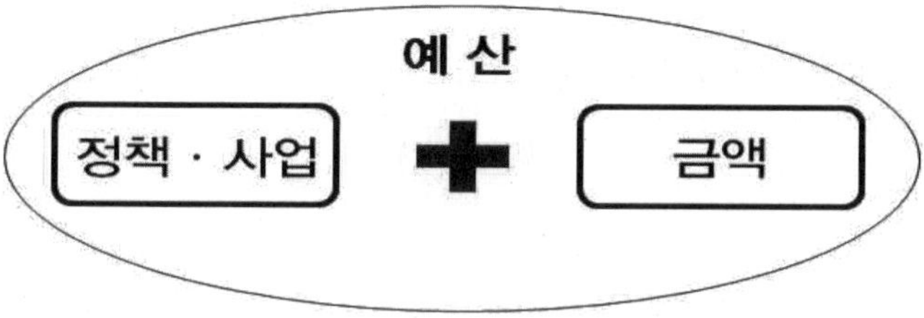

여기에서 예산의 본질적 모습은 금액보다는 그것으로 추진하고자 하는 정책과 사업이라고 볼 수 있습니다. 이러한 정책과 사업은 국정 철학과 의지가 담겨 있는데 이는 예산의 기능과 연관 지어서 살펴볼 수 있습니다.

2) 예산의 기능

예산은 국정운영의 필수도구로 국가의 전반적인 운영에 다양한 기능과 역할을 수행합니다. 이 기능은 국민의 기대에 따라서 또는 국가가 중점을 두고자 하는 정책 방향에 따라서 그 강조점이 달라집니다.

과거 자유주의 국가시대, 즉, 국민의 생활에 대한 국가의 최소개입이 강조되던 시대 예산의 기능은 단순히 경제불간섭, 건전재정, 예산낭비 방지 등 정부 통제에 중점을 두는 소극적인 기능을 수행하였습니다. 그러나 현대의 복지국가, 행정국가시대에서의 예산은 경제성장과 안정을 위한 정책수단으로, 비전과 희망을 심어주는 국민통합의 수단으로, 국정운영개혁의 관리수단으로 그 범위와 기능이 적극적으로 변하고 있습니다. 즉, 통제 위주의 기능에서 관리 및 기획 위주의 적극적인 기능으로 변하고 있는 것입니다.

우리나라에서 예산은 1960-70년대 경제 성장의 견인차 역할을 해왔고,

1997년 IMF와 저성장시대(Slow-down Era)를 맞으면서 성장과 분배의 견인차 구실을 넘어 국가의 경제위기를 구하는데 결정적인 역할을 한 바 있습니다.

2. 예산의 내용 및 종류

예산의 종류와 내용을 살펴보면 다음과 같습니다.

1) 예산의 구성형식

예산의 형식은 크게 예산의 성립형식과 구성형식의 관점에서 볼 수 있습니다. 예산의 성립형식은 의회의 심의가 확정된 후의 모습이고, 예산의 구성형식은 행정부가 의회에 심의를 위해 제출할 때 갖추어야 하는 제출예산의 내용형식을 말합니다.

우리나라는 국가재정법 제19조와 제67조에 「예산은 예산총칙, 세입세출예산, 계속비, 명시이월비 및 국고채무부담행위로 구성된다. 다만 기금의 경우에는 운용 총칙과 자금운용계획으로 구성된다」고 밝히고 있습니다.

2) 우리나라 예산의 내용

예산의 내용을 간략하게 정리해 보면 다음과 같습니다.

(1) 예산 총칙

총칙에 반영되는 사항은 일반회계 및 특별회계예산과 기금을 분리하여 규정하고 있습니다. 일반회계 및 특별회계예산의 총칙에는 다음 각 호의 사항을 규정하여야 합니다.

① 세입세출, 계속비, 명시이월비, 국고채무부담행위에 관한 총괄적 규정
② 국채 및 차입금의 한도액

③ 재정증권의 발행과 일시차입금의 최고액

④ 기타 예산집행에 관하여 필요한 사항

예산총칙은 총괄적 규정이므로 법조문의 형태를 취하며, 당해 회계연도 내에만 효력을 가집니다. 하지만 예산총칙도 예산 일부이므로 추가경정예산에 의해서 변경이 가능하며 매년도 재정운영에 필요한 기초적 사항에 관한 내용을 포함하고 있습니다.

(2) 세입세출예산

세입세출예산은 예산서의 대부분을 차지하며, 정부예산의 실질적 내용을 구성하는 부분입니다. 세입세출예산은 예산의 분류기준에 따라 여러 가지 형태로 다르게 설명되어 있습니다. 이 예산 분류에 대해서는 뒤에서 다시 자세히 다루도록 하겠습니다.

(3) 계속비

계속비는 공사나 제조 및 연구개발사업에 있어서 그 완성까지 수년이 걸리는 경우, 그 경비총액과 연부액(年賦額)을 정하여 미리 국회의 의결을 얻어 그 범위 안에서 수년에 걸쳐 지출하는 제도 또는 그 경비를 말합니다. 국가의 지출은 매 회계연도마다 국회의 의결을 얻는 것이 원칙이지만 계속비는 수년에 걸친 경비총액에 대해 일괄하여 국회 의결을 받으면 당해 회계연도를 포함한 5년 이내에는 허용된 경비총액 범위 내에서 계속 지출할 수 있습니다.

(4) 명시이월비

매 회계연도의 세출예산은 다음 연도에 이월하여 사용할 수 없는 것이 원칙입니다. 그러나 부득이한 사정이 있는 경우에는 예외를 두는데 그 중 하나가 이 명시이월비 제도입니다(국가재정법 제24조). 즉 세출예산 중 경비의 성격상 당해 회계연도 내에 지출하지 못할 것이 예측될 때, 그 취지를 세입·세출예산에 미리 명시하여 국회의 승인을 얻어 다음 연도에 이월하여 사용할 수 있도록 하는 경비가 명시이월비입니다.

(5) 국고채무부담행위

국고채무부담행위는 법률에 따른 것과 세출예산 금액 또는 계속비의 범위 안의 것 외에 국가가 채무를 부담하는 행위를 할 때에 미리 예산으로서 국회의 의결을 얻는 행위를 말합니다(국가재정법 제25조). 국고채무부담행위란 국가의 재정사업이나 공사 등에 대한 발주 또는 계약 체결은 당해 연도에 하고, 예산지출은 다음 연도 이후에 행해지는 경우에 활용됩니다. 예컨대 정부가 공공사업을 위해 2년 이상 대지나 건물을 임차하거나 외국인 기술자와의 고용계약을 체결한 때에는 앞으로 국가가 채무를 지게 될 행위(계약)이므로 미리 국회로부터 동의를 받아두어야 한다는 것입니다.

3) 예산 분류와 과목 체계

예산의 분류와 과목의 체계는 다음과 같이 정리할 수 있습니다.

(1) 예산 분류의 의의

예산 총액은 세입·세출 모두 단일 금액으로 표시되지만, 그 내용은 용도에 따라 다양하게 표현됩니다. 예산 분류란 필요한 예산정보를 창출하는 것으로 예산정보는 누가, 어떤 목적으로 필요로 하는가에 따라 다양한 형태로 작성될 수 있습니다. 따라서 예산정보의 용도와 목적에 가장 적합한 예산 분류를 개발해서 작성해야 합니다.

일반적으로 예산분류에 의한 예산정보의 용도와 목적은 ① 재정정책 담당자가 재정정책 및 사업계획의 수립을 위하여, ② 의회가 예산 심의를 하기 위하여, ③ 예산집행기관이 예산집행을 하기 위하여, ④ 일반 국민이 정부활동을 이해하기 위해서 등입니다.

이러한 용도를 충족시키기 위해서는 예산 분류 방법이 필요한데 현재 예산 분류는 다음 <표 3>과 같이 기능별, 조직별, 품목별, 경제성질별 분류 등이 이용됩니다.

<표 3> 예산 분류 방식

분류방식	초점	분류목적
기능별 분류	정부가 무슨 일을 하는데 얼마를 쓰느냐	관리·기획
조직별 분류	누가 얼마나 쓰느냐	통제
품목별 분류	정부가 무엇을 구입하는 데 얼마나 쓰느냐	통제
경제성질별 분류	국민 경제에 미치는 총체적인 효과가 어떠한가	정책정보생산

(2) 우리나라의 예산분류

우리나라의 일반회계 예산은 총계주의 원칙에 따라 세입과 세출로 분류·관리되고 있습니다. 세입예산은 정부 수입의 성질에 따라 관(내국세)-항(소득세)-목(신고분)으로 구분·관리되고, 세출예산은 기능별·성질별 또는 기관별로 장-관-항-세항-목으로 구분하고 있습니다. 예산구분에서 장-관-항은 국회 의결이 없이는 과목 간 예산 내역과 규모 변경이 불가능한 입법과목이며, 세항과 목은 행정부 재량으로 전용이 가능한 행정과목입니다. 모든 예산의 경비는 성질에 따라 인건비(100), 물건비(200), 이전지출(300), 자산취득(400), 상환지출(500), 전출금 등(600), 예비비 및 기타(700)의 일곱 가지의 대분류와 23개의 목으로 세분류되어 있습니다. 이때 인건비(100)에서 100은 인건비 그룹의 코드(cord)라 이해하시면 됩니다.

4) 예산의 종류

예산의 종류는 보는 관점에 따라 다음과 같이 다양하게 나누어집니다.

첫째, 세입의 성질에 따라 일반회계예산, 특별회계예산

둘째, 편성시기에 따라 본예산, 수정예산, 추가경정예산

셋째, 예산불성립 시 예산집행방법과 관련하여 잠정예산, 가예산, 준예산

넷째, 예산지향성에 따라 품목별 예산, 성과주의 예산, 계획예산, 영기준 예산

다섯째, 예산편성기법에 따라 조세지출예산, 성인지예산, 자본예산 등입니다.

(1) 재정을 구성하는 공공재원

재정에는 일반회계예산과 특별회계예산, 그리고 예산 외에 기금이 있습니다.

① 일반회계 예산

일반회계 예산(General Account Budget)은 말 그대로 정부의 일반적인 활동을 위한 예산으로 기초적이고 항구적인 국가활동에 관한 총세입·총세출을 망라하여 편성한 예산입니다. 세입은 주로 조세수입으로 충당하는데 소득세든 부가가치세든 재산세든 수입을 모두 모아서 이를 재원으로 국방, 치안, 외교 등 국가 존립과 유지를 위한 기본적 지출(세출)을 합니다. 일반적으로 통상적 의미의 예산은 이 일반회계예산을 지칭하는데, 일반회계 중에서도 세출예산만을 두고 "예산"이라 말하는 경우가 많습니다.

② 특별회계예산

특별회계예산(Special Account Budget)은 특정한 지출을 목적으로 하는 예산으로 사업적 성격이 강하거나 일반회계와 분리하는 것이 예산 운영에 효율성이 있을 것으로 판단되는 경우에 사용되는 예산입니다. 즉, 국가에서 특정한 사업을 운영하고자 할 때, 특정한 자금을 보유하여 운용하고자 할 때, 특정한 세입으로 특정한 세출에 충당함으로써 일반회계와 구분하여 계리할 필요가 있을 때 법률로써 설치하는 예산으로 세입은 자체수입과 일반회계로부터의 전입금으로 구성됩니다.

정부의 예산사업이 다양해지면서 특별회계의 수와 규모는 점차 증대되는

경향이 있습니다. 집행부서에서는 일반회계보다 예산 운영에서 유연성을 발휘할 수 있는 특별회계를 선호하는 경향이 있고, 행정기관의 자유재량을 높여 행정능률의 향상과 경영합리화를 기할 수 있다는 장점이 있습니다. 하지만 특별회계의 규모가 과도하게 많으면 회계 간 관련이 불명확하고 입법부 및 국민에 의한 행정부 통제가 약화되는 단점이 있습니다. 2013년 현재 우리나라에는 농어촌구조개선, 교통시설, 등기 등 18개의 특별회계가 있습니다.

③ 기금

기금도 특정한 사업에 사용하기 위해 자금을 조성한다는 점에서 특별회계와 비슷하지만 수입과 지출 구조가 조금 다릅니다. 특별회계가 그해 거둬들인 돈을 그해에 쓰는 돈이라면 기금은 재원을 적립해두고 필요할 때 사용하는 돈입니다. 또한 기금은 자체 수입원이 있는 경우가 많습니다. 예를 들어 국민연금, 고용보험 등 사회보장기금은 사회보험료를 걷고, 국민주택기금은 국민주택채권이라는 수입원이 있습니다.

여러분은 영화관에서 영화를 볼 때 영화표에 표시된 "영화발전기금 3% 포함"이란 문구를 보신 적이 있을 것입니다. 이 영화발전기금은 영화진흥위원회에서 영화 발전 인프라를 위해 적립하고 있는 돈입니다. 또한 우리나라가 세계적인 정보통신 강국이 된 것도 과거에 정보화촉진기금을 적절하게 활용하였기 때문입니다.

정보화촉진기금은 정보화를 촉진하기 위해 사용하는 자금을 말합니다. 즉 초고속정보화통신기반 구축 및 이용활성화, 정보화촉진 지원사업, 정보통신산업의 기반조성, 정보통신에 관한 연구개발사업 등에 지원하는 자금입니다. 이것은 「정보통신연구·개발에 관한 법률」에 따라 운용되던 정보통신진흥기금(1993~1995년)을 1996년부터 승계해온 것입니다. 당시 우리 정부는 1993~2001년까지 초고속망 구축, 정보화 촉진, IT산업 발전 및 IT 연구개발을 위해 총 7조 3,714억 원의 정보화 촉진기금을 투입하였습니다. 이러한 정보화촉진기금은 2009년부터 다시 정보통신진흥기금으로 명칭이 변경되어 지금까지 활용되고 있습니다.

이렇게 특정한 분야의 사업에 대해 지속적이고 안정적인 자금 지원이 필요한 경우, 예산과는 별도로 정부가 직접 기금을 조성·운영하거나 민간이 조성·운영하는 기금에 출연해 정책 목적을 달성하기도 합니다.

국가의 예산은 원칙적으로 입법부의 엄격한 통제를 받습니다. 그러나 기금은 보다 안정적인 자금지원이나 탄력적이고 신축적인 집행이라는 도입목적에 충실히 하기 위해 예산외(Off-budget)로 운영하고 있습니다.[9] 하지만 이 기금의 규모가 커지면서 국회의 기금 예산에 대한 통제가 강화되었습니다. 국가재정법 제68조에서, 기금운용계획안을 회계연도 개시 90일 전에 국회에 제출하도록 하여 예산과 유사한 형태의 국회 통제 혹은 심의를 거치도록 규정하고 있습니다. 다만, 지출계획이 주요 항목 지출 금액의 범위 안에서 대통령령이 정하는 바에 따라 세부 항목 지출 금액을 변경할 수 있는 등 예산과는 달리 집행부의 재량이 상대적으로 큰 편입니다. 우리나라 2013년도 기금 운용계획에 따르면 <표 4>와 같이 64개 기금의 규모는 497.5조 원이고 사업비는 89.2조 원입니다.

<표 4> 일반회계 및 특별회계예산, 기금 규모 추이

(단위: 조원)

	2004	2006	2008	2010	2012	2013
일반회계	118.2	144.8	175.5	201.3	223.1	236.2
특별회계	65.0	56.0	47.4	54.1	59.5	62.2
기금(사업비)	85.0	91.5	87.3	119.8	87.3	89.2
합계	268.2	292.4	310.2	375.1	369.9	387.6

(2) 성립시기에 따른 예산

예산은 성립시기에 따라서 본예산, 수정예산 및 추가경정예산으로 나눌

9) 국가재정법 제5조에서는 "기금은 세입세출예산에 의하지 아니하고 운용할 수 있다"고 규정하고 있습니다.

수 있습니다.

① 본예산

정부가 편성하여 의회에 제출한 정부예산안을 의회가 심의·승인했을 경우, 수정예산이나 추가경정예산과 비교하기 위하여 이를 본예산 또는 당초(當初)예산이라 합니다. 본예산은 새로운 회계연도를 위해 최초로 성립한 예산으로 본예산에 의해서만 운영되는 것이 바람직하지만 불가피한 사유로 예산을 수정할 일이 생깁니다. 이를 위해 마련한 제도가 수정예산과 추가경정예산입니다.

② 수정예산

예산안을 의회에 제출한 이후에 국내외의 사회·경제적 여건 변화로 예산안의 내용 중 일부를 변경할 필요가 생길 수 있습니다. 이와 같이 정부가 국회에 이미 제출하였지만 의결되기 이전에 정부가 예산안을 일부 수정할 수 있도록 마련된 것이 수정예산제도입니다. 수정예산은 예산 금액의 감소, 예산 목적의 변경, 예산총칙의 변경 등 예산 전반에 걸친 수정을 뜻하기도 하나 예산금액의 합계를 증가시키지는 못합니다.

③ 추가경정예산

추가경정(추경)예산은 정부가 집행하고 있는 예산에 대하여 다시 변경한 예산입니다. 즉, 예산안이 국회를 통과하여 확정된 후에 생긴 사유로 인하여 예산집행과정에 다시 추가 편성하여 성립된 예산을 추가경정예산이라고 합니다.

추가경정예산은 예산이 국회를 통과하여 성립된 후에 그 내용을 변경하는 것이라는 점에서 예산안이 국회에서 의결되기 전에 그 내용을 변경하는 수정예산과 구별됩니다. 또한, 본예산과 별도로 성립된 것이지만 본예산의 항목이나 금액을 고친 것에 불과하므로 본예산과 통산(統算)하여 집행하게 됩니다.

마지막 추경예산을 최종예산이라고 하는데 재정 건전성을 높이기 위해 국가재정법 제89조에서는 추경예산 편성을 비교적 엄격히 제한하고 있습니다. 즉, 추경이 인정되는 조건으로는 전쟁이나 대규모 자연재해가 발생한 경우, 경기침체·대량실업 등 대내·외 여건에 중대한 변화가 발생했거나 발생할 우려가 있는 경우, 그리고 법령에 따른 의무적 지출경비가 발생하거나 증가하는 경우로 한정하고 있습니다.

우리나라는 2013년 4월에 지속되는 저성장으로 인한 세입결손의 보전(12조 원)과 경기활성화를 위한 세출 증액(5.3조 원)을 위해 총 17.3조 원 규모의 추가경정예산을 편성하였습니다.

(3) 예산불성립 시 예산집행을 위한 제도

예산은 다음 회계연도 개시일 전까지 의결되어야 하지만, 불가피한 사유로 국회가 의결하지 못해 예산이 성립되지 못하는 경우가 발생합니다. 대통령이 소속한 정당과 국회 다수당이 다른 여소야대 정국에서 국회의 정치성이 강화될 때, 또는 미국처럼 예산이 갖는 이념적 성격이 강해 정당 간 대립이 격화될 때, 주어진 기간 내에 통과되지 못하는 경우가 발생할 수 있습니다.

이때 미국·일본·영국·캐나다는 잠정예산을 사용하고 있습니다. 잠정예산은 일정 금액에 해당하는 예산의 국고 지출을 의회가 의결로 허용하는 제도로 사용기간은 제한이 없지만, 전년도 예산수준으로 지출하며 새로운 지출항목을 만들거나 사업을 시작해서는 안 됩니다. 또한, 예산이 성립되는 순간 잠정예산은 그때부터 효력을 상실하고 본예산에 흡수됩니다.

미국 연방정부는 2013년 9월 30일까지 건강보험개혁법이 포함된 2014 회계연도 잠정 예산안이 여야 협상 실패로 처리되지 못함에 따라 10월 1일부터 행정부 셧다운에 들어간 적이 있습니다.[10)]

---

10) 이후 10월 16일 2014 회계연도 임시 예산안 및 국가부채한도 증액안이 합의됨에 따라 셧다운이 종료되었습니다.

이와 비슷한 제도로 우리나라가 제1공화국 때 사용했던 가예산이란 제도가 있습니다. 이는 "1개월 이내"라는 사용기간 제한이 있다는 점에서 잠정예산과 차이가 있습니다. 우리나라는 1948년부터 1955년까지 거의 매년 본예산이 국회를 통과하지 못하여 가예산을 집행한 경험이 있습니다.

그 외에 현재 우리나라가 도입하고 있는 준예산제도가 있습니다. 준예산은 국회에서 예산안이 의결될 때까지 전년도 예산에 준해 집행할 권한을 정부에 부여하는 제도입니다. 2013년도 1월 1일 새벽 6시에 국회에서 예산안이 확정되지 못했으면 최초로 준예산이 발동될 수밖에 없었을 것입니다.

3. 예산관련 법규 및 조직

예산관련 법규 및 조직에 대하여 간략하게 정리하면 다음과 같습니다.

1) 예산관련 법규체계

예산관련 법규체계의 정상에는 헌법이 있습니다. 성문헌법을 갖고 있는 모든 국가는 예산에 관한 가장 기본적인 사항을 헌법에 규정하고 있습니다. 우리나라 역시 재정운영의 원칙과 총칙을 헌법에 규정하고, 헌법의 규정에 근거하여 개별법인 하위법률을 두고 있습니다. 대표적인 법규를 살펴보면 예산안의 편성과 예산집행을 포함하여 국가의 재정에 관한 사항에 관해서는 「국가재정법」에서, 예산안의 심의기구와 의결절차에 관해서는 「국회법」에서, 그리고 회계검사의 내용과 절차에 관하여는 「감사원법」에서 규정하고 있습니다.

(1) 헌법과 재무행정

헌법은 국민의 기본권을 보장하고, 국가권력을 조직·제한하는 근본법입니다. 예산과 관련된 규정을 보면 제54조의 국회 예산의결주의, 제59조의 조세법률주의가 핵심규정이며, 이것은 재정헌법의 중심조항입니다.

(2) 국가재정법

국가재정에 관한 총칙법으로 종래의 예산회계법과 기금관리기본법을 통폐합해 2007년 1월 1일부터 시행하고 있는 국가의 예산·결산 등에 관한 기본사항을 정한 법률입니다. 국가재정법은 국가의 예산·기금·결산·성과관리 및 국가채무 등 재정에 관한 사항을 정함으로써 효율적이고 성과지향적(成果指向的)이며 투명한 재정운용과 건전 재정의 기틀을 확립하는 것을 목적으로 제정한 법률입니다.

국가재정법은 모두 7장 102조 부칙으로 이루어져 있는데, 제1장은 '총칙'으로 회계연도와 회계의 구분, 기금의 설치, 국가재정운용계획의 수립, 업무의 관장 등에 관한 조항이 있습니다. 제2장은 '예산' 조항으로서 예산총칙과 예산과정이, 제3장은 결산, 제4장 기금, 제5장 재정건전화, 제6장 보칙, 제7장 벌칙의 조항으로 이루어져 있습니다.

(3) 정부기업예산법과 공공기관운영법

공기업을 형태별로 분류할 때 정부 부처 형태, 공사 형태, 주식회사 형태로 구분합니다. 정부 부처 형태의 공기업은 정부기업이라 부르며, 정부기업의 예산운용은 정부기업예산법의 적용을 받습니다. 반면 공사 및 주식회사 형태의 공기업은 2007년부터 발효된 공공기관운영법의 적용을 받고 있는데, 이 법은 정부투자기관관리기본법과 정부산하기관관리기본법을 통합하여 중앙정부 산하 공공기관의 운영에 관해 규정한 법률입니다.

2) 우리나라 예산 관계 조직

국가의 재정은 국민 경제에서 차지하는 비중이 매우 크기 때문에 어느 한 기관이 이를 독점적으로 관리할 경우 많은 문제를 유발하게 됩니다. 따라서 어느 나라든지 행정부에 예산의 편성 및 집행 권한을 부여하고, 이를 국민의 대표기관인 의회에서 감시 및 통제하는 제도적 장치를 두고 있습니다. 재정권 행사의 자의성을 배제하게 위해 행정부와 입법부 간에 재정권을 일차적으로 분산시키고, 이차적으로 행정부 내에서도 재정에 관한 권한과 책임을 병렬적으로 분산시키고 있습니다. 일반적인 재무행정 조직 체계는 중앙예산기관, 수입지출 총괄기관, 국고예치기관(중앙은행)으로 구성되는데 이를 '재무행정의 트로이카'라고 부릅니다.

(1) 중앙예산기관

중앙예산기관이란 행정수반을 대신하여 정부 전체적인 입장에서 각 부처의 예산요구와 재정계획을 검토·조정하며, 국가의 세입·세출에 관한 종합적인 예산안을 편성하여 의회에 제출하고, 의회에서 의결된 예산을 각 부처에 배정한 후 집행에 대해 관리·감독하는 행정기관을 의미합니다. 우리나라의 경우는 과거(1998년)의 예산청과 기획예산위원회, 1999년에 설치했다가 2008년 2월에 폐지한 기획예산처, 그리고 2008년 2월에 발족한 기획재정부가 중앙예산기관에 해당됩니다. 그러나 기획재정부 기구 중에서도 세입·세출예산의 편성 등 국가재정과 관련되는 업무를 총괄하는 '예산실'이 현재 우리나라의 실질적인 중앙예산기관이라 할 수 있습니다.

(2) 수입지출 총괄기관

수입지출 총괄기관은 정부의 수입과 지출을 총괄하는 기관입니다. 수입 측면에서는 조세정책을 수립할 뿐만 아니라 수입을 예측하고 징수계획을 수립해 이를 징수하고, 지출 측면에서는 지출계획을 수립하고 이에 의거해 자금을 배분하고 국고금을 관리합니다. 우리나라의 수입지출 총괄기관은 기획재정부이며, 조세 징수를 위해 기획재정부 산하에 국세청과 관세청을 두고 있습니다.

(3) 국고예치기관(중앙은행)

원래 중앙은행에서는 국가 경제 운용에 있어서 신용과 화폐문제에 관한 정책을 입안·집행하는 것을 그 목적으로 하고 있습니다. 그러나 정부의 재정규모가 커짐에 따라 중앙은행은 국고예치기관으로서 재무행정의 한 축을 담당하게 되었습니다. 국고예치기관이란 국고금의 공적 예수기관으로서, 모든 국고금의 출납업무를 대행하는 정부의 재정대행기관(Fiscal agent)입니다.

국고금의 출납업무는 정부가 직접 할 수도 있고 중앙은행에 예치하게 하여 그 출납업무를 대행하도록 하기도 하는데, 대부분의 나라가 후자를 택하고 있고, 우리나라 또한 마찬가지입니다. 우리나라는 한국은행이 이 기능을 담당하고 있는데 정부의 수입은 한국은행 본점의 정부예치금 계정으로 매일 집중시키고 여기서 정부의 예산지출이 인출·지급됩니다. 한국은행은 정부 각 부처의 예금 계정을 취급할 뿐만 아니라 국채의 인수와 상환 및 이자 지급 등의 업무도 대행하고 있습니다.

제2절 재무행정의 주요 이슈들

1. 예산규범

매년 편성되고 있는 예산이 바람직한 예산인지 또는 예산 편성 및 운영은 바람직한 방향으로 이뤄지고 있는지에 대해 판단하는 것은 예산 분야에서 매우 중요한 일입니다. 이러한 판단 기준에 해당하는 것이 바로 예산 규범입니다.

예산규범이란 예산결정 및 예산운용이 '이렇게 되었으면 좋겠다'라고 하는 당위(sollen = should, ought to, supposed to)의 세계를 지칭합니다. 이러한 예산규범에는 세 가지의 유형이 있습니다. 첫째는 국민의 여망에 대한 반응성과 그 운영에 대한 책임성으로 요약되는 재정민주주의 규범, 둘째는 예산운영에서 지켜야 할 기준인 예산 제도 및 관리규범, 마지막으로 한정된 재원의 바람직한 배분과 관련되는 내용적 규범, 즉 재원배분의 사회적 효율성과 소득배분의 형평성입니다.

2. 예산과정

1) 예산과 예산과정

예산은 행정부에 의하여 편성되고, 입법부(국회)에 의하여 심의되며, 다시 행정부에 의하여 집행되고, 끝으로 입법부나 독립된 회계검사기관(감사원)에 의하여 회계검사가 이루어진 후 마무리되는 과정을 거칩니다. 이에 따라 예산은 3년의 주기를 가지고 운영됩니다. 예를 들어 2013년도 예산은 2012년 1년 동안 편성·심의를 거쳐 결정되고, 국회가 의결한 예산은 2013년도 1년 동안 집행되며, 2014년도에 회계검사와 결산이 이뤄집니다. 이렇게 예산이 시간적 차원에서 반복되는 일정한 주기를 예산주기 또는 예산순환(Budget Cycle)이라 합니다.

2) 예산과정

예산의 과정은 편성, 심의, 집행 및 결산으로 이루어집니다.

(1) 예산편성과정

예산편성이란 정부가 다음 회계연도에 수행할 정책이나 사업계획을 재정적 용어나 금액으로 표시해 예산액을 작성하는 행위로, 예산안 편성지침의 작성에서 예산의 확정에 이르는 일련의 과정을 말합니다. 예산편성의 과정은 대체로 ① 예산안 편성 지침과 기금운용계획안 작성지침 및 한도액의 통보, ② 부처의 예산요구와 기금관리 주체의 기금운용계획안 제출, ③ 기획재정부 예산실의 예산사정, ④ 예산안과 기금운용계획안의 확정과 국회제출의 네 단계로 이뤄집니다. 이렇듯 예산편성과정에는 여러 부서가 서로 관련을 가지고 있습니다. 따라서 예산편성 과정은 예산을 사용해야 할 부서 간에 한정된 예산을 놓고 더 많은 예산을 확보하기 위한 협상과 타협의 과정이기도 합니다.

(2) 예산심의과정

국회는 행정부가 편성한 예산안을 심의하여 확정합니다. 이런 국회의 예산심의과정은 행정부에 대해 재정동의권을 부여하는 재정민주주의의 실현 과정이라 할 수 있고, 이런 측면에서 예산심의과정은 사실상 국민 주권의 실현 과정이라 할 수 있습니다. 국회에서 본격적으로 예산심의 작업을 수행하기 전에 우선 국정감사가 실시됩니다. 예산심의 측면에서 국정감사는 예산 운영에 대한 현장조사 및 자료 수입의 의미가 있습니다. 예산안이 제출되면 대통령의 시정연설이 있습니다.

국정감사와 시정연설이 끝나면 상임위원회의 예비심사가 진행되는데 사실상 국회의 활동은 이 상임위원회 예비심사에서 시작된다고 할 수 있습니다. 하나의 상임위원회에 30여 명의 의원이 속해 있기 때문에 일반적으로 소위원회를 구성해 최종 합의를 구합니다. 상임위의 예비심사를 거친 정부 예산안은 예산결산특별위원회(예결위)에 회부되는데 여기서 기획재정부 장관이 정부예산안에 대한 제안설명을 하고 예결위 전문위원이 예산안 검토보고를 합니다. 그다음 예결위에서는 정책질의를 하고 부별 심사를 합니다. 마지막으로 계수조정소위원회에서 계수 조정을 하면서 실질적으로 예산안 심의가 마무리되고 국회 본회의에서 승인되는 형식을 가집니다.

(3) 예산집행과정

예산의 집행이란 국가의 수입·지출을 실행·관리하는 모든 행위를 말합니다. 즉 국회에서 의결·확정된 예산에 따라서 수입을 조달하고 공공경비를 지출하는 재정활동입니다. 정부는 세출예산을 집행할 때 예산에 표시된 목적과 금액의 한도 내에서 지출해야 하고, 세입예산을 집행할 때에는 법률이 정하는 세율 및 징수방식을 준수해야 합니다. 예산의 집행은 입법부의 통제와 행정부의 재량이 상호 교차한다고 할 수 있기 때문에 예산집행에 관한 논의는 주로 예산통제와 신축성 유지를 중심으로 이루어집니다.

(4) 결산과정

결산이란 한 회계연도에서 국가의 수입과 지출의 실적을 확정적 계수로 표시하는 행위로, 정부의 책임을 해제시키고 감사원의 권한이 발동하는 계기가 됩니다. 결산의 기능은 예산의 범위 내에서 재정활동을 했는지를 확인하고, 그 결과를 장래의 재정 운영에 반영하는 것입니다. 이러한 결산은 해당 기관의 출납정리 및 결산의 보고, 기획재정부의 결산서 작성 및 제출, 감사원의 결산확인, 국무회의 심의와 대통령의 승인, 국회의 결산심의 순으로 이루어집니다. 이와 같이 결산에 관한 절차는 행정부에 의한 결산 준비단계, 감사원에 의한 결산확인 및 비위(非違)검사단계, 국회에 의한 결산심의단계의 순으로 이루어집니다.

3. 예산행태와 예산정치

예산결정과정은 한정된 자원의 배분과정입니다. 예산과정에는 보다 많은 분배를 받으려는 조직뿐만 아니라 예산분배의 책임을 진 조직, 공평하게 나누어 주기 위해 심사를 하는 조직, 갈등을 조정하는 조직 등 무수히 많은 조직이 참여합니다. 이렇다 보니 각 참여자가 자신의 선호와 가치를 예산에 반영하기 위해 영향력을 동원하는 정치적 성격이 강하게 나타납니다.

예산편성 및 심의 과정에서 참여자들은 자신이 의도한 목표를 실현하기 위해 다양한 전략과 수단을 동원하며, 상대방의 대응에 따라 협상과 타협을 통해 자신의 의도를 구현하려고 합니다. 이렇게 볼 때 예산과정에서 나타나는 이러한 행태들은 예산게임(Budget Game) 또는 예산정치(Budget Politics)와 관련하여 이해해 볼 수 있습니다. 예산행태는 참여자들 간의 예산정치를 염두에 두고 나타나는 행동이기 때문입니다.

예산 결정의 정치적 측면은 "예산상의 이득을 누가(Who) 얼마만큼(How much) 향유할 것인가"라는 가치 선호 문제와 관련됩니다. 한정된 자원의 배분과정에서 참여자들은 서로 많은 예산상의 이득을 획득하기 위해 경쟁하고 영향력을 발휘합니다. 이 과정에서 더 많은 이익을 얻기 위해 경쟁하고 권력을 동원하는 현상을 예산정치라고 합니다.

제3절 재무행정의 과제들

1. 예산개혁

일반적으로 개혁이란 현재보다 더 나은 상태로 변화시키려는 의도적인 행동을 의미합니다. 따라서 예산개혁(Budgetary Reform)은 예산 제도를 바람직한 상태로 변화시키려는 의도적인 노력이라 할 수 있습니다.

예산개혁을 넓게 해석할 경우, 예산 제도뿐만 아니라 회계 제도와 조세 제도의 개혁까지 포함해 논의할 수 있습니다. 하지만 일반적으로 예산개혁은 회계 제도를 포함한 예산 제도의 개혁을 의미하는 것으로 한정됩니다. 여기서는 예산제도의 개혁에 대해 살펴보겠습니다.

1) 예산제도의 개혁

근대적 예산제도의 발달과정은 절대적인 권력을 가지고 있는 국왕의 국고 권을 통제하려는 의회와 이에 대항하여 예산 권력을 지키려는 국왕 사이에 벌어진 권력투쟁의 역사라 할 수 있습니다. 이러한 근대적 예산제도의 바탕 위에 20세기 초 미국에서 예산개혁의 일환으로 만들어진 것이 바로 오늘날 예산개혁의 대상으로 지목받고 있는 품목별 예산제도입니다. 이렇게 예산개혁의 과정은 예산제도의 변화 과정이라 할 수 있습니다.

(1) 품목별 예산제도

품목별 예산제도(Line Item Budgeting System: LIBS)는 예산의 통제기능을 충족시키기 위해 고안된 예산제도로 세입과 세출을 표시하면서 기관별 예산, 기관의 운영과 행정활동에 소요되는 품목을 나열해 그 내용을 금전적으로 표시한 것입니다. 개별 부서의 지출을 통제하고 공무원들로 하여금 회계 책임에 민감하게 하여 엄격하게 회계감사를 수행하도록 하는 것이 품목별 예산의 기본 목적입니다. 이 제도는 공공부문의 자의적인 지출행위를 감소시키는데 크게 기여했을 뿐만 아니라, 모든 예산편성의 기초가 되며, 이후 등장하는 다양한 제도도 이 품목별 예산제도를 근간으로 하여 발전했습니다.

그러나 품목별 예산제도는 지출항목을 너무 엄격히 분류해 전반적인 정부 기능 혹은 전체 사업에 대한 정보를 확인할 수 없다는 단점을 가집니다. 따라서 정부사업의 성격을 알지 못하고 사업성과와 정부의 생산성을 정확히 평가할 수 없습니다. 특히 투입중심으로 예산을 편성하기 때문에 재정지출의 구체적인 목표의식이 결여되어 있고 관리자의 유연성이 떨어지기 때문에 예기치 못한 환경 변화에 능동적인 재정 대응이 어렵게 된다는 비판을 면하지 못하고 있습니다.

(2) 성과주의 예산제도

성과주의 예산제도(Performance Budgeting System: PBS)는 정부가 수행하는 기능·활동·사업계획에 기초해 편성하는 예산을 의미합니다. 종래의 전통적인 품목별 예산제도는 정부가 구입하는 물품에 치중하므로 어떠한 물건을 얼마만큼 구입하는 것인지, 정부가 왜 구입하려는 것인지 알 수가 없었습니다. 따라서 정부 사업계획의 내용이나 혹은 사업계획을 시행함으로서 나타날 수 있는 성과 등은 제시해 주지 못했습니다.

그러나 성과주의 예산제도는 예산이 사용되는 목표를 설정하고, 이를 이룩하는 데 필요한 성과 단위의 단위원가에 따라 예산을 편성하게 함으로써 정부가 구입하는 물품과 정부사업과의 관계를 명확히 나타낼 뿐만 아니라, 사업별 예산 산출 근거가 제시되기 때문에 의회에서 심의하기가 용이합니다.

하지만 성과주의 예산제도에서는 단위 사업을 구분하고, 이에 따른 단위원가 계산이 쉽지 않다는 문제, 프로그램과 비용이 적절히 연계되지 못하는 문제가 지적되었습니다. 성과주의 예산제도는 효율성과 효과성을 강조했지만 더 근본적인 질문에 대한 해결방안, 즉 해당 사업이 정말 필요한 것인지,

제한된 자원을 유사한 사업에 대해 최적으로 배분하는 방식 등을 제시하지는 못했습니다.

(3) 계획예산제도

계획예산제도(Planning Programming Budget System: PPBS)란 장기적인 계획 수립과 단기적인 예산편성을 유기적으로 결합시킴으로써 자원배분에 관한 의사결정을 일관성 있게, 그리고 합리적으로 행하려는 생각을 제도화한 것입니다. 계획예산제도는 목표를 분명히 정의하고, 이를 달성할 사업계획을 각종 대안의 체계적 검토를 통해 수립하며, 다년간에 걸친 사업재정계획을 수립하는 장기적 시계(Time Horizon)를 갖고 있다는 점이 특징입니다.

계획예산제도는 계획 지향적이며, 금액에 대한 결정보다 사업에 대한 결정에 더 초점을 맞추고 있는 예산제도입니다. 따라서 정확한 사업 결정을 위해 경제학의 분석 개념 중에서 다년도 분석과 비용·편익 추정 등이 유용했고, 체제분석, 운영분석 등의 계량기법을 도입했습니다.

그러나 오히려 이러한 점들로 인해 PPBS는 "실현시킬 수 없는 완전성을 요구"하고 있기 때문에 성공할 수 없는 제도라는 비판을 들을 수밖에 없었습니다. 비록 이 제도는 실패했지만 부서들로 하여금 그들의 임무와 기능을 재평가하고 투입, 산출 그리고 목표에 대한 정보를 축적하게 하고 고위층들에게 계획, 예산 그리고 성과에 대한 관심을 증대시켰다는 점에서 높게 평가되고 있습니다.

(4) 영기준 예산제도

영기준예산(Zero Base Budgeting: ZBB)은 말 그대로 예산의 기초액(Base)을 영(Zero)에 맞춰서 새롭게 예산을 편성하는 예산운영방식입니다. 즉 과거의 관행을 고려하지 않고 사업의 목적, 방법, 자원에 대한 근본적인 재평가를 바탕으로 예산을 편성하는 제도입니다.

대부분의 정부기관이 예산을 요구할 때에는 해마다 인정되는 일정한 기초액 또는 기준액이 있다고 생각해왔습니다. 대개 '전년도까지 승인되어 온 사업에 대한 예산액'을 기초(기준)로 생각하고, 이 기초액에서 얼마를 더 추가할 것인가 또는 어떤 신규 사업을 추가할 것인가 하는 것이 예산결정의 핵심이었습니다. 하지만 ZBB는 종전까지 무엇을 해 왔는지를 불문하고 완전한 재평가를 통해서 예산을 편성하는 접근방법입니다.

ZBB는 재정한도액 범위 내에서 재원배분의 효율성을 추구하기 때문에 재정건전성 확보에 기여하는 예산제도라 평가할 수 있지만, PPBS와 마찬가지로 과다한 노력과 시간소요, 우선순위 결정의 어려움 등 운영적 효율성(operational efficiency) 확보에는 실패한 제도라는 평가를 받고 있습니다.

(5) 새로운 성과주의 예산제도

1990년대 이후 미국 클린턴행정부에서는 목표관리(MBO), 총체적 품질관리(TQM), 정부성과평가단(NPR)의 활동 등과 같은 혁신적인 방안을 추진하면서 성과주의 예산제도를 부활시켰습니다.[11] 이 성과주의 예산제도는 투입 요소 중심이 아니라 산출(Output)또는 성과(Performance)를 중심으로 예산을 운용하는 제도입니다. 예산 집행 결과 어떠한 산출물을 생산했으며 어떠한 결과(Outcome)를 냈는가를 측정하고 이를 기초로 책임을 묻거나 보상을 하는 결과중심의 예산제도입니다.

이러한 성과주의 예산제도는 현행 통제 지향적인 투입 중심 예산제도의 한계를 극복하게 해줍니다. 예를 들어 거리청소사업의 경우 과거에는 청소부의 인건비, 청소차량 구입비 및 유지비가 예산대로 집행되었는가에 관심을 가졌다면(Output 관점), 성과주의 제도에서는 거리청소사업의 성과목표인 '거리환경이 얼마나 깨끗해졌는가(Outcome 관점)'를 평가(거리의 청결도 또는 주민들의 만족도)해 다음 연도 재원배분에 반영하는 방식입니다.

11) 마이크셀(Mikesell, 1995: 186)은 이것을 1950년대 성과주의 예산제도와 구분하기 위해 새로운 성과주의예산제도(New Performance Budgeting)라고 명명하였습니다.

2) 예산개혁의 이념과 목표

(1) 예산개혁의 이념

예산개혁에서의 초점은 '더 나은 다른 하나의 상태로 예산 부분을 변화' 시키는 것이라 할 수 있습니다. 앞에서 살펴봤던 예산 규범의 차원에서 보면 예산개혁이란 예산 규범을 추구하는 활동이라 할 수 있습니다. 쉬크(Schick, 1966)의 예산기능의 관점에서 본다면 예산개혁은 예산제도가 가지고 있는 통제, 관리, 기획 기능의 균형을 바꾸는 일이며, 머스그레이브(Musgrave)의 재정의 3대 기능[12] 관점에서 본다면 예산개혁은 효율성, 형평성, 안정과 성장을 추구하는 노력의 일환이라 할 수 있습니다(윤영진, 2011: 405).

예산개혁을 통하여 달성하고자 하는 바람직한 행정 가치 지향을 공공서비스의 전달체계와 연결해 보면 <그림 9>와 같이 투입(Input)측면에서는 경제성, 투입과 산출(Output)과의 관계에서는 효율성, 산출과 결과(Outcome) 측면에서는 효과성, 서비스 분배 측면에서는 형평성, 그리고 고객에 대해서는 투명성과 반응성(책임성)을 들 수 있습니다(나중식, 2008: 312).

<그림 9> 예산개혁의 이념

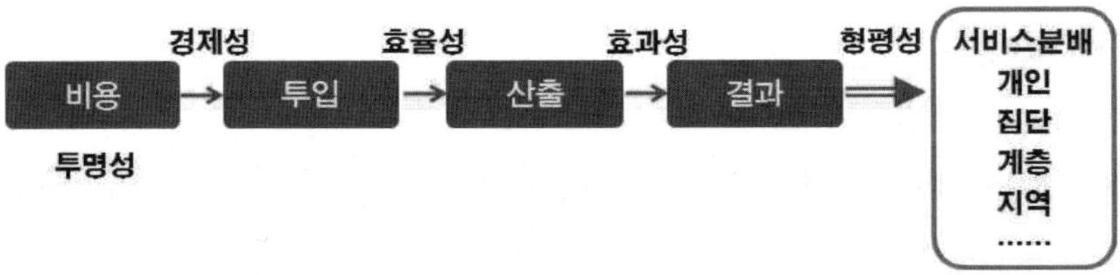

(2) 예산개혁의 목표

예산개혁은 바람직한 예산운영이 될 수 있도록 현재의 예산운영 상태를 개선하는 것입니다. 예산은 한정된 재원의 배분과 관련이 있으므로 경제적 원리와 정치적 원리가 작용하고 있습니다. 경제적 원리가 정부활동의 정당

---

12) 미국의 경제학자 머스그레이브는 재정의 3대 기능으로 자원배분, 소득재분배 및 경제안정화를 제시하였습니다.

성은 주어져 있는 것으로 간주한 후 '경합적 수요를 어떻게 선택하는가'의 문제라면, 정치적 원리는 예산 배분과 관련된 정부활동의 정당성에 관한 문제라 할 수 있습니다. 예산개혁의 목표를 예산 배분의 원리와 연결 짓는다면 예산개혁이 추구하는 목표는 경제적 측면에서 예산 배분의 효율성을 추구하는 것이며, 정치적 측면에서는 재정민주주의를 달성하는 것입니다.

재무행정 분야에서 가장 유명한 학자인 쉬크(Schick, 1998)는 바람직한 예산이란 총량적 재정규율과 배분적 효율성 및 기술적 효율성을 잘 수행하는 것이라고 주장하였습니다. 따라서 예산개혁의 목표도 이런 규범을 실현하기 위한 제도화 작업에 역점을 두어야 하지만 현재 예산개혁의 목표는 정부 운영 및 공공서비스의 성과(Performance) 달성에 초점이 맞춰져 있습니다.

2. 예산과 정보

1) 예산정보와 정보공개

매년 정부예산이 편성되는 과정에서 산출되는 예산자료는 예산과정에 참여한 여러 주체의 필요에 따라 예산정보로 만들어집니다. 이러한 예산정보는 사업에 대한 정보(Program Information)와 자원에 대한 정보(Resource Information)로 나눌 수 있습니다(윤영진, 2011: 343). 과거 전통적인 예산정보에서는 조직 내부 국면, 지출에 대한 조직의 책임소재, 그러한 지출에 의해 구입한 자원 등에 대한 정보에 치중했었습니다. 그러나 최근에는 예산결정 체계가 사업의 결과나 영향에 대한 정보를 중요시하는 방향으로 바뀌었습니다. 예산정보를 예산 과정의 각 단계별로 보면 이용 목적에 따라 다양한 예산정보 산출이 가능합니다. 즉, 중장기 재정계획 정보, 예산편성에 관한 정보, 예산 심의에 관한 정보, 예산 집행에 관한 정보 그리고 세입 및 세출 업무 관리에 관한 정보, 자금·재산·물품관리 업무에 관한 정보 등이 그것입니다.

예산정보 공개는 이렇게 예산 과정상의 모든 단계에 나타나는 예산정보와 예산과정 자체를 투명하게 하는 것입니다. 지식정보화 사회에서는 시민에 대한 정보의 공개와 공유가 중요한 가치로 대두되고 있습니다. 이것은 예산정보가 공공재로서의 특성을 갖고 있다는 점을 의미합니다. 이렇게 예산정보를 공공재로 간주할 경우, 예산정보는 더는 정부가 독점해야 할 성질의 것이 아니라 적극적으로 공개해 많은 사람이 활용함으로써 사회 후생을 증진하도록 해야 합니다.

이러한 예산정보 공개는 정부의 재정상태와 재정성과를 국민에게 이해시키고, 이를 통해 국민이 예산에 대한 적극적인 통제자이자 감시자가 되도록 하는 것입니다. 미국의 경제학자 슘페터(Schumpeter)는 "예산을 읽고 이해하는 자만이 국정을 운영할 수 있다"고 했습니다. 이는 국가의 주인이 국민이라면 예산을 읽고 이해하는 국민이 국정을 제대로 운영할 수 있다는 말이 됩니다. 예산정보 공개는 이러한 측면에서 시민의 알 권리 충족과 정부운영의 투명성 제고 나아가 재정민주주의 실현을 위한 필요조건이라 할 수 있습니다.

2) 통합 재정정보시스템

정보통신과 네트워크의 발전은 예산정보의 통합적 운용 및 관리를 수월하게 해 주고 있습니다. 통합 재정정보시스템이란 모든 예산과정에 걸쳐 체계적인 예산 관련 정보를 생산, 저장, 분배하는 정보시스템이라 할 수 있습니다.

우리나라는 2007년부터 <그림 10>과 같이 중앙정부의 예산편성, 집행, 자금관리, 국유재산·물품관리, 채권·채무, 회계결산을 하나의 시스템에서 처리할 수 있는 디지털예산회계시스템(dBrain)을 구축하여 활용하고 있습니다.

<그림 10> 디지털예산회계시스템 구성

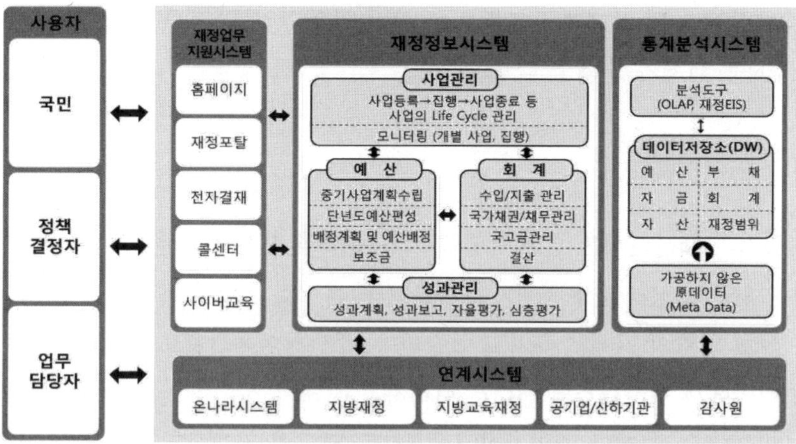

이 통합 재정정보시스템은 중앙정부, 지방정부 및 공공기관의 재정정보를 연계하여 포괄하고, 기존의 예산·회계정보를 가공, 편집이 용이하도록 디지털화하여 정보분석 및 통계 능력을 극대화한 시스템입니다. 2013년 6월 현재 한국은행, 국방부, 국세청 등 46개 기관, 61개 시스템과 연계되어 있으며, 52개 중앙부처, 일부 지자체 및 공공기관 등에서 5만 5천여 명이 이 시스템을 사용하고 있습니다.

3. 시민의 예산참여

1) 시민의 예산참여

앞서 예산규범에서 재정민주주의를 살펴보았습니다. 이 재정민주주의는 재정 주권이 납세자인 국민에게 있다는 것을 의미합니다. 이는 국민이 더 이상 과세와 공공서비스 수혜의 대상인 수동적 객체가 아니고, 예산 과정에 국민의 의사를 반영하고, 예산 운영을 감시하며, 잘못된 부분의 시정을 요구할 수 있고 또 해야 하는 능동적 주체임을 뜻하는 것입니다.

재정주권자로서 시민이 갖는 예산참여 방법에는 예산과정에의 참여, 예산정보 공개 요구, 예산낭비 감시를 위한 감사 청구, 국회예산 심의 기능 감시, 예산회계 및 조세제도 개혁요구, 예산의 불법·부당 지출에 대한 반환을 요구하는 납세자 소송 등 다양합니다.

2) 주민참여예산제도

종전의 예산편성은 행정부(집행부)가 독점적 결정권을 행사했습니다. 그러나 최근의 정책결정 체제의 흐름은 협력적 네트워크를 바탕으로 한 참여와 상호 협력의 기제로 나가고 있습니다. 주민참여예산제도는 이러한 통치의 시대에서 거버넌스의 시대로 변화하는 시대의 흐름을 반영한 제도라 할 수 있습니다. 그러나 주민참여예산제도는 하나의 정형화된 예산편성 기법이라기보다는, "예산의 결정을 포함하여 예산운영은 주민의 참여와 합의를 가장 중요한 의사결정기준으로 활용하여야 한다"는 선언적 의미를 강조하는 포괄적 개념이라 할 수 있습니다. 즉, 참여의 범위와 수준, 그리고 운영방식이 어떠하든, 주민의 참여와 협의를 거쳐나가는 예산운영방식은 모두 주민참여예산제도라 할 수 있습니다.

주민참여예산제도란 예산편성과정에 주민이 직접 참여하여 자신들의 선호와 우선순위를 예산에 반영시키거나 또는 스스로 예산을 결정함으로서, 참여와 자기결정이라는 지방자치의 이념을 구현하기 위한 예산참여제도를 말합니다(나중식, 2008: 233). 주민참여예산제도는 예산편성권의 분권화, 분산화, 공유화를 통해 지방재정의 민주적이고 투명하고 효율적인 운영을 위한 지방자치단체와 지역주민의 협력모델의 일종이라고 볼 수 있습니다. 이러한 주민참여예산제도는 지방재정법 개정으로 2011년 9월부터 전 지방자치단체에서 의무 시행 중에 있습니다.

제7장 쉬어가기 밑빠진 독상

우리나라 시민운동 단체들 가운데 제가 가장 훌륭하다고 생각하는 단체는 함께하는 시민행동(Citizens' Action Network)입니다. 함께하는 시민행동(www.action.or.kr)은 예산감시, 기업감시, 정보인권 등에 관한 활동을 하는 시민 단체로, 1999년 9월 9일에 창립했습니다. 이러한 함께하는 시민행동 산하에 좋은 예산센터(http://goodbudget.kr)가 있습니다.

좋은예산센터는 지난 2000년부터 밑빠진독상을 선정하고 있습니다. 밑빠진독상은 소중한 국민의 세금으로 집행되는 정부와 지방자치단체 사업의 예산 낭비를 막기 위하여 제정되었습니다. 밑빠진독상은 정부와 지방자치단체의 선심성 예산배정과 어처구니 없는 예산낭비 사례를 선정하여 수여하는 불명예상입니다.

미국의 경우에는 황금양털상(Golden Fleece Award)이 있습니다. 이 상은 미국예산의 파수꾼으로 불리는 프록시마이어(William Proxmire) 전 상원의원이 제정한 것으로, 1975년부터 1988년까지 매달 낭비가 가장 심한 정부기관과 사업에 수여함으로서 예산낭비를 막는데 큰 기여를 했다는 평가를 받고 있습니다.

지난 2000년부터 현재까지 수여된 밑빠진독상 목록은 다음과 같습니다. 자세한 내용은 좋은예산센터 홈페이지를 참조하시기 바랍니다.

1. 하남국제환경박람회(1999)
2. 제일은행에 투입된 공적자금(2000)
3. 450여 억의 세금을 낭비하려고 하는 익산보석박물관(2000)
4. 천 년을 후회할 천 년의 문(2000)

5. 24조의 공적자금을 휴지로 만든 금융감독위원회(2000)
6. 혈세를 쏟아붓는 초정약수 스파텔(2001)
7. 시화호 방제건설에 6220억 원을 낭비한 건설교통부(2001)
8. 밑 빠진 유람선 테즈락호를 운영한 부산시(2001)
9. 한 송이 무궁화 꽃을 피우기 위해 17만 원을 쏟아붓는 행정자치부 (2001)
10. 5조 이상의 예산낭비 우려! 억만금을 쏟아붓는 새만금개발 – 농림부 (2001)
11. 비상하지 않는 전주 신공항사업(2001)
12. 빚내어 마련한 자기 땅을 사들이는 속초시-청초호 유원지사업(2001)
13. 어처구니없는 부산 아세안경기대회 조직위원회(2001)
14. 무용지물이 된 국회 전자투표장치(2001)
15. 고위공직자 노후 보장하는 한국과학기술재단(2001)
16. 어처구니없는 직무유기로 근로복지재정 축낸 근로복지공단(2002)
17. 쓰레기가 된 음식물 쓰레기 감량기기(2002)
18. 산업기술재단에 500여억 원을 부당 지원한 산업자원부(2002)
19. 미스코리아대회를 지원한 지방자치단체(2002)
20. 원격제어에어컨 지원 사업에 헛돈 쓴 한전(2002)
21. 전국단위 교육행정정보시스템(2002)
22. 공적자금을 눈먼 돈으로 만든 한국산업은행(2002)
23. 예산낭비를 노래하는 고양시-노래하는 분수대-(2003)
24. 경인운하 사업을 진행하는 건교부(2003)
25. 서울시 성미산 배수지 건설공사(2003)
26. (주)중부농산물물류센터(2003)
27. 새마을회관 건립비용 지원(2003)
28. 3개 정당의 밑 빠진 국고보조금(2004)
29. 원주시 원일프라자 사업(2004)

30. 일본강점기 시대에 머물러 있는 국유지 관리실태(2004)
31. 서울시 탄천하수슬러지 처리장(2005)
32. 광명 음식물쓰레기 처리장(2006)
33. 너무나 손쉬운 공공기관 허위출장(2006)
34. 공무원 직급보조비 비과세(2007)
35. 주머니 돈이 쌈짓돈? 문화체육관광부 공익사업 적립금(2009)
36. 묻지도 따지지도 않는 연로 국회의원 지원금(2009)
37. 앞에선 막는 척 뒤로는 예산지원, 호화청사에 거액 국비보조(2010)
38. 가든파이브, 사업목적 잃어버린 채 좌초 위기(2010)
39. 적십자사, 피 값 수백억 멋대로 쓰고도 '평온'(2010)
40. 감사원·국회를 비웃는 특별교부금의 힘(2010)
41. 동막골 다윗은 골리앗을 이겼지만(2010)
42. F1 코리아, 빵이냐 자긍심이냐(2010)
43. 국회 '나 홀로' 무상의료(2011)
44. 홍청망청 재외공관, 나라 망신도 다반사(2011)
45. 미신 때문에 낭비된 예산(2011)
46. 군납비리, 지겨운 재방송(2011)

더 읽어야 할 책 3권:

- 나중식. (2008).「재무행정론」. 개정판, 형설출판사. 2008년 12월.
- 윤영진. (2012).「새 재무행정학」. 대영문화사. 2010년 8월.
- 나중식. (2002).「예산정치론」. 형설출판사. 2002년 2월.

꼭 알아야 하는 용어 3개(출처: 허동석, 2010; 이종수, 2009; 두산백과사전):

- 성인지 예산제도(性認知豫算制度, Gender Sensitive Budget)

국가예산이 남녀 평등하게 배분될 수 있도록 배분하는 제도 예산편성과 집행과정에서 남녀별로 미치는 효과를 고려해 성차별 없이 평등하게 혜택을 누릴 수 있도록 한 제도를 말한다. 여성과 남성의 요구를 고르게 감안해 의도하지 않는 성차별이 초래되지 않도록 하는 것을 목적으로 하고 있다. 이 제도는 1995년 베이징에서 개최된 유엔 세계여성대회에서 성 주류화(Gender Mainstreaming) 전략의 주요 의제로 채택되면서 세계 곳곳에서 시행되기 시작했다.

2013년 현재 미국·캐나다·영국·프랑스 등 전 세계 70여 개국에서 시행하고 있으며, 우리나라의 경우 2008년 성인지 예산안 작성지침을 발표하고 국가재정법에 따라 2010년 회계연도부터 도입됐다.

- 성과주의 예산제도(成果主義 豫算制度, Performance Budgeting System, Merit based budget system)

예산의 투입을 정부의 기능이나 사업·활동·성과 등과 연결시키는, 관리 기능을 중시하는 예산 제도를 말한다. 투입 중심의 예산 제도에 반대되는 개념이다. 성과주의 예산제도하에서 중앙관서는 예산 요구 시에 성과 목표와 목표 달성 여부를 측정하기 위한 성과지표를 체계적으로 기술한 성과계획서를 작성해 기획재정부에 제출하고, 결산 시점에 성과 목표의 달성 여부를 기술한 성과보고서를 작성·제출해야 한다.

미국 예산국은 성과주의 예산제도를 "소요되는 자금의 목표와 이러한 목표를 달성하기 위해 제안된 사업의 비용, 그리고 각각의 사업하에서 수행된 작업과 성과측정을 위한 계량적 자료를 제시하는 것"으로 정의하고 있다. 1949년의 제1차 후버위원회가 성과주의 예산제도의 개념과 기법을 일반화시킨 뒤, 1955년 제2차 후버위원회가 예산이 프로그램으로 구체화되어야 한다고 주장함으로써 성과주의 예산제도는 새로운 예산 제도로 발전되었다

- 지방재정교부세(地方財政交付稅)

지방자치단체의 세원의 불균등에 따른 재정력의 격차를 국가가 조정하기 위해 설치한 세제. 줄여서 지방교부세라고도 함. 지방자치단체 간 세원 규모 차이에 따른 불균등 재정력의 격차를 국가가 조정하기 위해 마련한 세제로, 매년마다 지방자치단체의 지방재정수입액을 측정하고 그 금액이 기준 재정수요액에 부족하게 될 경우 이를 보충하는 재원으로서의 역할을 한다. 공무원 수, 인구 수, 가구 수, 노령인구 수, 행정구역 면적 등의 기준에 따라 그 지급액을 산정하게 된다.

지방교부세의 종류에는 보통교부세, 특별교부세, 분권교부세, 부동산교부세 등이 있다. 보통교부세는 지방자치단체의 일반재원으로 사용되는 교부재원으로 매년 기준 재정수입액이 기준 재정수요액에 미달하는 지방자치단체에 대하여 그 부족분에 기초하여 교부하는 것이다. 특별교부세는 기준 재정수요액의 산정방법으로 포착할 수 없는 특별한 재정수요나 재해 발생 시와 같은 특별한 재정수요가 있는 경우에 한하여 교부되는 특정재원으로 용도가 지정된다. 분권교부세는 국고보조사업의 일부를 지방자치단체로 이양함에 따라 이를 추진하기 위한 재원을 지방교부세로 이전하기 위한 세금이다. 부동산교부세는 종합부동산세 전액을 지원하는 세금이다.

서울을 비롯한 대도시의 재정자립도는 90%를 넘고 있는 반면, 농촌 지역의 군은 30% 선에 불과하다. 부족 재정은 중앙정부의 내국세 징수액의 일정 비율을 매년 지방재정교부금으로 교부한다.

제 8 장

지방자치

1987년 6월 민주화운동항쟁으로 발표된 6.29 민주화 선언[13] 제6항에는 '지방자치 및 교육자치 실시'가 명시되어 있습니다. 우여 곡절 끝에 1991년 3월 기초자치단체인 시·군·구의회 의원선거를 실시함으로써 30여 년 만에 지방선거가 부활하였고, 1995년 6월 기초의회 의원 및 단체장과 광역의회 의원 및 단체장 선거가 동시에 시행됨으로써 진정한 지방자치 시대가 시작되었습니다. 이러한 지방자치는 민주주의 이념의 실현에 필요 불가결한 조건이라 할 수 있습니다. 이 장에서는 지방자치에 대한 개념과 주요 이슈들에 대해 살펴보겠습니다.

제1절 지방자치란 무엇인가?

1. 지방자치의 이해

1) 지방자치의 개념

---

13) 1987년 6월 29일 당시 민주정의당(민정당) 대표 노태우가 국민들의 민주화와 직선제 개헌요구를 받아들여 발표한 특별선언입니다.

지방자치(Local Autonomy)는 각국의 지방자치가 생성·발전되어 온 역사적 배경이 다르고, 국가에 따라 쓰이는 의미와 내용이 다양합니다. 지방자치제도는 크게 영국을 중심으로 발전한 주민자치와 독일·프랑스 등을 중심으로 발전한 단체자치로 나눌 수 있습니다. 따라서 지방자치는 단체자치와 주민자치의 결합으로 성립된 개념으로 자신이 속한 지역의 일을 주민 자신이 처리한다는 민주정치의 기본적인 요구에 기초를 두고 있습니다.

(1) 주민자치

영국은 오래전부터 민주정치가 발전해 온 국가이고, 그 영향을 받은 미국도 건국 초부터 민주정치가 확립되었습니다. 이러한 배경 아래 영국과 미국에서의 주민들은 일찍부터 우리 지역의 문제는 우리 스스로 처리해야 한다는 생각이 의식화(意識化)되어 왔고, 이로 인해 민주적 지방분권 사상이 발달했습니다. 이러한 사상이 바탕이 되어 형성된 것이 주민자치(Inhabitants Autonomy)입니다.

주민자치란 지방주민의 의사와 책임하에 자주 재원을 가지고 주민 스스로, 또는 주민이 선출한 대표자를 통하여 행정사무를 처리하는 제도를 말합니다. 이러한 주민자치의 관점에 의하면, 국가 이익을 대표하는 중앙정부와 지방의 이익을 대표하는 지방정부가 대립한다는 것은 있을 수 없으며, 지방자치단체가 국가의 하급행정기관으로 전락하여 간섭과 통제를 받는 일은 더욱 없습니다.

(2) 단체자치

단체자치는 전통적으로 강력한 전제군주 국가였던 독일과 프랑스가 근대국가로 발전됨에 따라 국가권력하에 국가목적을 달성하기 위한 수단으로서 만든 지방자치의 유형입니다. 따라서 단체자치는 '일정한 지역을 기초로 하는 지역적 단체가 국가로부터 법인격(法人格)과 함께 자치권(自治權)을 부여받아 지역의 행정을 스스로의 책임과 권한으로 수행하는 것'이라 할 수 있습니다.

(3) 주민자치와 단체자치의 관계에서 살펴본 지방자치

주민자치와 단체자치는 연혁 상 다르게 발전되어 온 제도이지만 이론상 상호 밀접한 관련성을 가지는 보완적인 개념이며, 실제로 모든 국가의 지방자치제도는 두 제도가 혼합되어 있는 특징을 가집니다. 따라서 지방자치란 일정한 지역의 주민들이 지방공공단체를 구성하여 중앙정부로부터 어느 정도 독립성을 가지고, 그 지역 내의 공동문제를 자기 부담에 의하여 스스로 또는 주민이 선출한 기관을 통하여 처리하는 것을 말합니다. 이러한 주민자치의 개념이 성립되기 위해서는 지역적 요소인 구역, 인적요소는 주민 그리고 법적 요소인 자치권이 포함되어 있어야 합니다.

2) 우리나라 지방자치의 역사

민주주의란 국민자치이고, 지방자치는 국민자치의 그 뿌리라 할 수 있습니다. 그러므로 지방자치가 실시되지 않는 민주주의는 진정한 민주주의가 될 수 없습니다. 우리는 1948년 제정된 헌법에 지방자치가 명문화되어 있고, 1949년 지방자치법이 공포되었으나 1960년에 이르러서야 역사상 최초로 완전한 자치의 형식을 취한 지방자치가 실시될 수 있었습니다. 하지만 이듬해인 1961년 군사쿠데타로 자치단체와 지방의회가 해산되었고, 이로써 지방자치는 일단 막을 내릴 수밖에 없었습니다.

그러다 1988년 시·도지사와 시·군·구를 자치단체로 규정하고, 1991년 3월 26일 기초자치단체인 시·군·구의회 의원 선거를 실시함으로써, 30여 년 만에 지방선거의 막이 다시 올랐습니다. 이어 1995년 6월 27일 기초의회 의원 및 단체장과 광역의회 의원 및 단체장의 4대 선거를 동시에 실시함으로써 진정한 의미에서 지방자치가 부활하였습니다. 그러나 1991년의 기초의회 의원 선거는 유권자들의 관심을 끌지 못해 60%에도 미치지 못하는 낮은 투표율을 보였고, 1995년의 선거 역시 14대 국회의원선거나 14대 대통령선거에 비해 낮은 투표율을 보였습니다.

2. 지방자치단체의 계층과 구역

지방자치단체란 국가 영토의 일부를 그 구역으로 하고 그 구역 내의 모든 주민을 구성원으로 하며 국가로부터 독립해서 일정한 자치권을 가지는 법인격 있는 단체를 말합니다. 우리나라 현행 제도하에서 지방자치단체는 광역자치단체와 기초자치단체로 구성되어 있습니다. 이러한 자치단체가 관할하는 공간적 범위를 구역이라 하고, 자치단체 또는 지방행정기관 간에 존재하는 상하 수직적 관계를 계층이라고 합니다. 지방자치단체의 계층과 구역은 국가의 정치·행정과 주민의 일상생활 그리고 경제·사회·문화 등 사회 전반에 영향을 미치는 국가행정 기본구조의 일부이며, 지방자치행정의 골격을 형성하는 기본요소입니다.

1) 계층과 구역의 의의

(1) 계층의 개념

계층이란 지방자치단체 간 혹은 지방행정기관 간의 상하 수직적 관계를 의미하는데 성격상 자치계층과 행정계층의 두 가지 개념을 포함합니다. 먼저 자치계층이란 지방자치단체 간의 계층구조 또는 자치단체 간의 상하관계를 말합니다. 원래 지방자치단체는 독립적인 법인이므로 상호 간에 상하관계가 성립할 수 없습니다. 다만 일정한 자치단체가 다른 자치단체의 관할구역 속에 있어 그 단체의 종합적인 조정을 받으면서 유기적인 관계를 유지해 나가는 것이기 때문에 편의상 자치계층이라 부르고 있습니다. 우리나라는 특별시·광역시·도와 시·군·자치구 간의 상하관계가 자치계층 관계입니다.

그럼 행정계층은 무엇일까요? 행정계층은 지방행정기관 간의 피라미드적·수직적인 상하관계를 말하는 것으로 지방행정기관 간의 수직적인 지위·복종관계를 의미합니다. 우리나라의 행정계층은 '특별시·광역시-구[자치구]-동'의 3계층, '도(道)-군-읍·면-리(里)'의 4계층, 인구 50만 이상의 시(市)는 '도-시-구-동'의 4계층제, 일반 소규모 시(市)는 '도-시-동'의 3계층제로 이루어져 있습니다.

(2) 구역의 개념

구역은 일정한 공공단체의 관할권이 미치는 지역적 범위 혹은 그 자치단체가 관할하는 공간적 범위를 말합니다. 이러한 구역은 일정한 지리적 공간이라는 차원과 통치권이 미치는 정치적 공간이라는 차원을 갖습니다. 구역은 법적 성격에 따라 자치구역(Autonomous Area)과 행정구역(Administrative Area)으로 구분됩니다. 자치구역은 지방자치단체의 자치권이 미치는 지역적 범위로 정치적 민주성의 가치가 중요시되는 개념인 반면, 행정구역은 중앙집권 국가에서 전국을 효율적으로 통치하려는 차원에서 편의상 분할한 것으로 행정관리의 효율성이 우선 고려되는 개념입니다.

2) 지방자치단체의 계층과 구역의 문제점

(1) 계층구조의 문제점

지방행정 계층구조의 문제는 자치계층의 문제라기보다는 3~4계층으로 구성되어 있는 행정계층의 문제라 할 수 있습니다. 현행 다단계 지방행정 계층구조의 문제점으로는 다음의 네 가지를 들 수 있습니다.

첫째, 거래비용의 증대입니다. 일반적으로 행정계층의 수가 많을수록 문서 전달과정에서 단계가 늘어날 수밖에 없고, 동시에 동일한 과정이 반복됨으로써 소요되는 시간, 노력 및 비용이 증대됩니다.

둘째, 행정의 파생업무 유발입니다. 다단계 계층은 행정의 파생업무를 기하급수적으로 증가시키고 있습니다. 예를 들어 중앙에서 지시 1건이 내려오면, 이것은 각 계층에 따라 관할구역 수로 나누어지고 계속 건수가 급증하여 마지막 계층까지 전달됩니다. 그리고 다시 마지막 계층에서 기안과 보고를 거듭하면서 중앙에 이르다보면 문서의 파생 건수가 현저하게 늘어날 수밖에 없습니다.

셋째, 다단계 행정계층은 상·하계층간 의사전달에 왜곡현상을 초래할 가능성이 높습니다. 즉, 중앙의 시책이나 지침이 여러 계층을 거쳐 주민에게 이르는 과정에서 오해와 왜곡이 발생할 수 있으며, 반대로 지역의 실정이나 주민의 의사가 여러 계층을 거쳐 중앙에 이르는 과정에서 수많은 장애가 발생하고 있습니다.

넷째, 계층관계의 복잡성과 엄밀성입니다. 매우 복잡한 양상을 띠고 있는 행정계층 간의 관계는 상위 계층과 하위 계층 간에 원활한 업무수행을 위한 협력과 조정보다는 하위계층에 대한 상위계층의 통제와 감독이 주류를 이루고 있습니다. 이러한 관계는 하위계층의 창의적 경영을 저해할 뿐만 아니라 불필요한 마찰의 원인이 되기도 합니다.

(2) 구역의 문제점

지방자치단체의 규모는 해당 지방자치단체의 지역 면적, 인구수, 재정능력, 행정능력 등의 총체적인 범위나 정도를 말합니다. 따라서 규모는 구역, 인구, 재정, 행정 모두를 포함하는 개념입니다. 그러나 지방자치단체의 규모는 그 구역면적이 인구나 재정·행정 규모의 기초를 이루고 있기 때문에 구역이 중심이 되지 않을 수 없고, 실제로도 규모와 구역은 동의어로 사용되는 경우가 많습니다.

그러므로 지방자치단체의 규모의 적정 여부는 구역의 적정 여부라 볼 수 있는데, 이러한 구역의 적정 여부는 지방자치 성패의 결정적인 요인이 됩니다. 구역이 주민의 행정참여·행정통제, 자치행정의 능률적 수행, 지방자치단체의 재원확보 등에 있어서 그 토대가 되기 때문입니다. 따라서 지방자치행정에서 구역의 적정화 또는 합리화 문제는 근본적이고 중요한 과제입니다.

하지만 현행 지방행정구역은 사회·경제적 변화에 따른 실질적인 생활권과의 불일치, 시·도의 분리로 인한 잔여 도부 문제, 시 승격에 따른 시·군의 분리와 구역 세분화, 재정력과 지역경쟁력 기반의 취약과 지역 간 불균형, 과대 규모에 따른 주민참여의 비현실성 등의 문제를 가지고 있습니다.

3. 지방자치단체의 기관

1) 지방자치단체의 기관구성

세계 여러 나라가 채택하고 있는 지방자치단체의 기관구성 형태는 매우 다양합니다. 지방자치단체의 기관구성 형태는 일률적으로 분류하기 어려우나, 지방자치단체를 구성하는 기관의 지위와 권한, 선임 방법 등을 기준으로 크게 기관통합형, 기관대립형으로 나눌 수 있습니다.

기관통합형이란 지방자치단체의 의결기능(의결권)과 집행기능(집행권)을 모두 단일기관인 지방의회에 귀속시키는 형태를 말하는 것으로 지방의회만 주민 직선으로 구성합니다. 따라서 이 기관통합형 하에서의 지방의회는 지방자치행정에 관한 모든 권한을 갖고 있습니다. 기관통합형에서는 지방의회 의장이 자치단체장을 겸직하므로 자치단체를 대표하는 상징적인 존재로 인식되지만, 행정수반으로서의 실질적인 권한집행은 지방의회의 각 위원회에서 담당하고 있습니다. 기관통합형의 대표적인 사례는 영국의 의회형(parliamentary), 미국의 의원회형(Commission or Board system) 그리고 프랑스의 의회의장형(Council presidential system)을 들 수 있습니다.

기관대립형이란 기관분리형 또는 수장형(Presidential system)이라고 하는데 권력분립주의에 입각하여 지방자치단체의 의사결정기능을 담당하는 의회와 의사집행기능을 담당하는 집행기관을 각각 분립시키고, 그 권한을 분담시켜 서로 견제와 균형에 의하여 자치행정을 운영하게 하는 형태를 말합니다. 이 형태는 국가의 권력구조가 대통령중심제와 유사한 것으로 단체자치를 바탕으로 한 대륙계에서 많이 나타나는 형태입니다.

기관대립형은 집행기관 선임형태에 따라 선거형과 임명형으로 나눌 수 있고, 선거형은 다시 주민직선형과 간선형으로 나눌 수 있습니다. 이 기관대립형은 권력남용을 방지할 뿐만 아니라 부처할거주의(Sectionalism)를 막고 행정에 대한 책임을 명확히 할 수 있다는 장점을 가지고 있습니다. 하지만 의결기관과 집행기관의 입장이 상호 배타적일 경우 지방행정의 혼란과 마비를 초래할 수 있다는 단점 또한 지니고 있습니다.

2) 우리나라 지방자치기관 구조

우리나라 현행 지방자치단체의 기관구성형태는 기관대립형이며, 지방자치단체에 지방의회를 두고 주민이 의회의원을 직접 선출하도록 되어 있습니다(지방자치법 제26조 참조). 또한 자치단체의 수장 역시 주민의 선거를 통해 선출하도록 되어 있습니다(지방자치법 제86조 참조). 의회는 의사결정기관이며, 수장은 행정집행기능과 단체대표기능을 담당하고 있습니다. 이처럼 우리나라 지방자치 기관은 각각 권한을 분담하여 균형과 견제의 원리에 의해 운영되도록 하고 있습니다. 즉, 의회는 의결권과 출석요구권 및 감사·조사권을 가지고 있으며, 집행기관은 재의요구권과 선결처분권을 가지고 있습니다.

이렇게 법·제도상으로는 의회와 자치단체장 간의 지위와 권한관계가 대등주의를 취하고 있지만, 실질적으로는 자치단체장이 우월한 권한을 행사하고 있습니다.

(1) 지방의회

지방의회는 주민의 대표기관이며, 동시에 합의제 기관이라는 성격을 가지고 있습니다. 우리나라의 지방의회는 정책결정권으로서 의결권과 발의권, 감시권 및 기타 권한[14)]을 가지고 있습니다.

지방의회는 문제발견자 및 정책제안자, 집행의 감시독려자, 분쟁조정자, 민원해결자, 합리적 분권운동가 등의 역할을 수행하여야 합니다. 하지만 우리나라 지방의회의 구성 및 운영상 나타나는 몇 가지 문제점으로 인해 이러한 역할 수행이 원활하게 이루어지지 못하고 있습니다.

첫째, 지방의원의 정수는 물론 회기와 위원회의 구성 등에 있어 지방자치단체의 자율적 운영이 제약되어 있다는 점 둘째, 기관대립형 기관구성의 취

---

14) 선거권, 청원수리·처리권, 자율권 및 의견표명권 등이 있습니다.

지에 어긋나는 자치단체장의 사무기구의 직원임명 권한, 셋째, 회의 운영상 조례에 의해 지방자치단체 스스로 정해도 될 만한 사안까지 법률에 의해 정해져 있다는 점[15] 등입니다. 따라서 지방선거제도의 개선과 정당참여의 전면적 배제, 지방의회의 권한강화, 사무기구에 대한 통제권 강화, 운영상의 자기결정권의 확대 등의 개선방안 마련이 무엇보다 중요하다 할 수 있습니다.

(2) 지방자치단체의 집행기관

지방자치단체의 집행기관이란 지방자치단체의 각종 사무를 처리하고 의회의 의결사항을 집행하는 지위에 있는 기관을 말합니다. 우리나라 지방자치단체의 집행기관은 첫째, 종합행정집행기관인 일반 행정기관으로서 지방자치단체의 장(서울특별시장, 광역시장, 도지사, 시장, 군수, 자치구청장)과 교육·학예집행기관으로서의 교육감이 있습니다. 그리고 행정의 정치적 중립성, 전문성, 공정성 등을 확보하기 위한 행정위원회 등이 있습니다.

둘째, 지방자치단체장은 자치단체의 행정사무를 처리하기 위하여 필요한 행정기구를 설치하고 소속공무원을 지휘·감독합니다. 이러한 자치단체장의 행정기관으로는 보조기관, 소속행정기관, 하부행정기관, 합의제행정기관, 자치단체의 외곽기관 등이 있습니다.

제2절 지방자치의 주요 이슈들

1. 정부 간 관계

일반적으로 정부 간 관계(IGR: Inter-Government Relations)란 중앙정부와 지방자치단체 간, 그리고 지방자치단체 상호 간 관계를 말합니다. 정부 간 관계에 대해 여러 학자가 제시한 유형을 보면 지방정부의 자치권이 거의 없는 관계, 수평적인 상호의존 관계, 완전한 자치권을 가지는 관계로 구분할 수 있습니다. 현실적으로는 자치권이 전혀 없는 관계와 완전히 독립적인 지

---

15) 예를 들면 위원회의 설치와 운영, 회기, 방청문제 등이 있습니다.

위를 갖는 관계는 존재하기 어렵기 때문에 일정 수준의 자치권을 누리면서 동시에 일정한 통제와 제약을 받는 관계가 일반적이라 볼 수 있습니다.

라이트(D. Wright)의 모형은 행정학에서 자주 인용되고 있는데 라이트는 중앙정부와 지방정부의 권력관계 및 기능적 상호의존관계를 기준으로 분리형, 내포형 및 중복형 등 3가지 모형을 제시하였습니다.

베네트(R. J. Bennett)는 자원배분의 방법과 정부권력의 집중 또는 분산 정도를 기준으로 정부 간 관계모형으로서 중앙집권적 공공부문모형, 지방분권적 공공부문모형, 중앙집권적 시장모형, 지방분권적 시장모형, 혼합모형 등을 제시하였습니다. 또한 중앙집권·지방분권의 수준과 시장지향성의 정도를 기준으로 정부 간 관계의 변동유형을 제시하기도 하였습니다.

엘코크(H. Elcock)는 지방정부의 지위와 관련하여 대리인모형, 동반자모형 및 교환과정모형 등 3가지 모형을 제시하였습니다.

우리나라는 민선체제 출범 이후 중앙정부와 지방자치단체 간의 관계가 변화하고 있습니다. 즉, 정부 간 관계를 설명하기 위한 모형들 중 과거에는 라이트의 내포형, 베네트의 중앙집권적 공공부문모형, 엘코크의 대리인모형에 가까웠으나, 최근에는 라이트의 중복형, 베네트의 지방분권적 공공부문모형, 엘코크의 동반자모형으로 전환되어 가고 있다고 할 수 있습니다.

1) 중앙과 지방의 관계

중앙과 지방의 관계는 집권과 분권의 형태로 파악될 수 있습니다. 중앙집권(Centralization)이란 정치적 의사결정권한이나 기능이 중앙정부에 집중되어 있는 것으로 집행권을 포함한 의사결정권한이나 자원·정보·기술 등이 중앙정부에 비교적 많이 집중되어 있어 지방자치단체의 자주성이 제약되는 경우를 말합니다. 그러나 지방분권(Decentralization)은 권한이나 자원·정보·기술 등이 지방자치단체에 많이 분산되어 있어 지방자치단체의 자주성이 높은 경우를 말합니다.

민선자치단체 출범과 동시에 지방자치단체가 하나의 자율적인 기구로 인정되면서 중앙정부와 지방자치단체 간의 관계와 지방자치단체 간의 관계가 인식되기 시작하였습니다. 중앙정부의 의지로 입안된 중요한 국책사업들이 지방자치단체의 반대로 수행될 수 없는 상황이 발생하는가 하면, 지방자치단체 간의 갈등으로 지역주민이나 국가적 이익이 피해를 입는 경우가 적지 않게 발생되기도 하였습니다.

일례로 쓰레기 매립장 건설을 중앙 정부가 추진할 때, 지방 정부의 반대 없이 이루어지는 경우를 찾아보기란 이제는 매우 어렵게 되었습니다. 또한, 중앙과 지방자치단체 간 혹은 지방자치단체 상호 간의 갈등과 비협조로 인하여 국책사업조차 연기되는 경우가 나타나게 되었습니다.

이러한 상황이 나타나게 된 것은 물론 지역이기주의나 포퓰리즘(Populism)으로 당리당략이나 '차기'를 확보하려는 단체장의 행태 때문이라고 할 수 있습니다. 하지만 과거와 같이 중앙의 일방적 의사만이 존재하고, 지방은 단지 그 집행자에 지나지 않았을 때와는 분명 다른 중대한 변화가 나타난 것이고, 따라서 무엇보다 중앙과 지방의 관계 재정립이 중요한 과제로 대두하였습니다.

2) 지방자치단체의 자치권

지방자치단체의 자치권에 대해서는 고유권설, 전래권설, 제도적 보장설의 학설이 있는데, 오늘날에는 헌법에 지방자치의 규정을 둠으로써 지방자치제도를 보장하는 제도적 보장설이 통설입니다.

일반적으로 지방자치단체 자치권에서는 자치입법권, 자치행정권, 자치조직권 그리고 자치재정권과 자치사법권이 있습니다. 자치입법권은 지방자치단체가 자주법을 정립하는 권한을 말하는 것으로 이러한 자주법으로는 조례와 규칙이 있습니다.

자치행정권은 자치단체가 자기의 사무를 자주적으로 처리할 수 있는 권한을 말하는 것이고, 자치조직권은 자치단체가 자기의 조직을 자주적으로 구성할 수 있는 권한을 말합니다. 또한 자치재정권은 자치단체가 자주적으로 재원을 조달·관리하는 권한이고, 자치단체 스스로 법규를 위반한 행위에 대해 형을 정하고 집행할 수 있는 권한은 자치사법권입니다. 현재 우리나라 지방자치단체는 입법적, 조직적, 재정적 자치권을 보장받고 있지만 자치사법권은 부여되어 있지 않습니다.

3) 광역행정

광역행정이란 도시화·산업화로 서로 괴리된 지역주민의 생활권, 경제권, 교통권, 행정권을 일치시켜 행정의 효율성과 주민의 편의를 향상하기 위하여 '기존의 자치구역 또는 지방행정구역을 넘어서 더욱 넓은 지역(Region)에서 이루어지는 행정'이라 할 수 있습니다. 이처럼 광역행정은 행정업무를 통일적·종합적으로 처리함으로써 행정의 능률성, 경제성, 효과성을 도모하려고 하는 목적과 주민의 자치권을 옹호하려는 사상이 동시에 내포되어 있습니다.

광역행정이 이루어지는 지역(Region)은 지역사회(Local Community)보다 크고 국토(National Land)보다는 작은 규모입니다. 그리고 광역행정은 대도시권 내에 존립하는 많은 자치단체 간, 광역자치단체 간, 기초자치단체 간 그리고 국가의 일선 기관(국가의 특별행정기관)간 등 기존의 지방행정구역을 초월하여 지역 단위로 이루어집니다.

우리나라의 지방자치법에는 광역도시계획, 행정협의회, 지방자치단체 조합 그리고 지방자치단체장 협의회 등을 구성하여 자치 단체 간 공동사무를 협력·처리할 수 있는 근거가 마련되어 있습니다. 최근 문화·관광분야의 보존 및 개발 그리고 혐오시설의 공동 설치·운영과 관련된 인근 지방자치단체 간 협력사례가 추진되고 있지만 초보적인 수준에 머물고 있는 실정입니다.

2. 지방 재정

1) 지방재정의 개념

지방재정(Local Public Finance)은 지방자치단체가 그의 기능을 수행하기 위해서 필요한 재원을 획득·관리·사용하는 경제활동의 총체라고 할 수 있습니다. 지방재정은 주민생활의 안정을 도모하고 지역발전을 촉진하기 위해 필요한 소요재원을 확보하고 확보된 재원을 집행하는 일련의 경제활동을 의미합니다. 하지만 지방재정이 이렇게 국민의 일상생활과 관련 있는 행정 서비스의 대부분을 지탱하고 있고, 국민 경제상으로도 극히 중요한 역할을 수행하고 있음에도 불구하고 이를 잘 알고 있는 사람은 그다지 많지 않을 것입니다.

국가의 행정 중 외교, 방위 등을 제외한 대부분의 사무가 국가와 지방의 협동으로 이루어지고 있고, 그 상당 부분이 지방재정을 통해 실시되므로 소위 국가에서의 행정서비스는 지방재정을 기반으로 하고 있다고 해도 과언이 아닙니다. 이와 같이 지방재정은 국민의 일상생활을 유지하는 기반이 되고 있고, 국민경제의 동향에도 적지 않은 영향을 미치고 있습니다.

2) 지방재정의 재정구조

지방자치단체가 공공욕구를 충족시키기 위해 필요한 재원을 조달하고 관리하고 사용하는 것이 지방재정 활동입니다. 지방재원은 크게 자주재원과 의존재원으로 나눌 수 있는데, 자주재원은 해당 자치단체가 자주적으로 결정·실현하는 재원으로 지방세와 세외수입으로 구성됩니다. 이에 반해 의존재원은 지방정부 간 불균형 조정을 위해 국가나 상급자치단체에 의하여 결정·실현되는 재원으로 지방교부세, 국고보조금 등이 있습니다.

지방자치 실시 이후, 우리나라의 재정 규모 증감 추세를 살펴보면 중앙정부와 지방정부 모두 급속히 규모가 신장되었고 총량 규모를 볼 때 영세한 수준은 아닙니다. 하지만 1990년 중반 이후 지방 단위에서 실천이 필요한 사업들은 지방교부세와 보조금을 중심으로 한 이전재정을 통해 추진되었습니다. 따라서 지방자치단체는 중앙정부의 표준화된 지침 중심의 단순 집행 중심의 기능을 수행하는 구조적인 취약성을 가지게 되었습니다.

한편, 2000년대부터 사회복지 분야의 재정지출이 급증하면서 지방재정에 상당한 부담을 미치고 있습니다. 대부분의 복지사업은 국고보조 형식으로 수행되는데 중앙정부의 지출이 증대되면 지방도 의무적으로 부담해야 하는 지방비 부담분의 규모가 자동적으로 증대되기 때문입니다. 현재와 같은 추세가 지속되면 지방은 재원부족에 더욱 시달릴 것이고, 이러한 지방재원의 고갈은 자주적 재정운영을 어렵게 하여 지방자치의 근간을 뒤흔들게 됩니다.

3) 지방재정운영의 건전화·효율화

재정의 건전성이란 지방자치단체가 주어진 재정자원과 법령 범위 내에서 얼마만큼 생산적·창의적인 재정지출 활동을 하고, 자체재원 확충에 노력하는가 하는 것을 의미합니다. 그리고 지방자치단체가 건전한 재정운영을 도모하기 위해서는 지방자치단체의 재정운영이 견실하고 재정구조가 경제변동이나 행정수요 변화에 대응할 수 있도록 탄력성을 갖고 있어야 합니다.

재정운영의 효율성이란 경비의 효율을 향상시키는 것, 즉 행정의 단위당 경비의 지출 효과를 제고하는 것으로 효율적인 지방재정운영은 지역주민의 행정수요를 적절히 충족시켜 주는 역할을 합니다. 재정운영의 효율성은 예산의 집행만으로는 달성될 수 없으며 재정제도의 합리성 여하에 크게 영향을 받습니다.

따라서 지방자치단체는 예산과정에서의 합리성 제고, 재정 인센티브제 강화 및 재정 패널티제도 도입, 자치단체장에 대한 자주적·민주적 통제장치 마련 등을 통해 지방재정이 건전하고 효율적으로 운영될 수 있도록 하여야 할 것입니다.

3. 주민 참여

1) 주민참여의 의의

주민은 지방자치단체의 인적 요소로서 지방자치단체의 구역 내에 주소가 있는 사람은 그 자치단체의 주민이 됩니다. 지방자치단체의 모든 자치행정은 주민으로부터 출발하고 주민에게 귀착됩니다. 주민은 그가 속하는 지방자치단체가 제공하는 각종 행정서비스를 평등하게 받아들일 수 있는 권리를 가짐과 동시에 지방자치단체가 요구하는 의무를 부담해야 하는 사람입니다.

주민의 참여란 지역의 정치·행정과정에 영향을 미치거나 의견을 투입하려는 행위를 말하는 것으로 주민에 의한 시정·의정 감시활동도 주민참여의 일환이라 볼 수 있습니다. 지방자치행정하에서 지방자치행정의 민주성과 효율성을 높이기 위해 필요한 주민참여는 주민의 소외의식 해소와 협동 및 참여의식 증진, 주민의 자치능력 향상, 간접민주제의 보완, 상호정보교환과 정책 아이디어의 개발·제공, 주민과 행정과의 협조 증진 등의 순기능을 가집니다.

하지만 참여에 따른 비용의 문제, 무임승차의 문제, 대표성 및 정당성의 문제, 정책과정과 행정 과정상의 비효율과 혼란문제, 권력에의 흡수·포섭과 행정책임의 회피·전가의 문제 등 한계점 또한 지니고 있습니다.

2) 바람직한 주민참여 방안

지방자치에서 주민은 수동적인 고객이 아니라 능동적인 '주인'이 되어야 하고 이를 위해 자치행정에 주민 직접 참여의 확대·정착은 당연하다고 할 수 있습니다. 따라서 지방자치단체에서 진행하는 각종 지역개발사업 및 시책이 주민을 위한 사업으로 되기 위해서는 사업결정과정과 집행과정에 주민의 정책제언과 참여가 보장되어야 자치행정 본래의 의미를 가질 수 있을 것입니다. 또한 주민의 직접 참여는 주민이 주도적 행동으로 사회적 책임을 다할 때 그 가치가 부각될 수 있을 것입니다. 그러므로 주민의 직접 참여는 지방의회의 권한과 위상을 저하하지 않는 범위에서 이루어져야 할 것입니다.

제3절 지방자치의 과제들

1. 지방정부 역량 및 지역격차

1) 자치역량의 의의

지방자치단체의 자치역량은 글자 그대로 스스로 다스릴 수 있는 능력을 의미합니다. 지방화의 진전에 따른 지방정부의 변화는 지방정부의 생산성 제고 및 지역주민을 위한 행정서비스의 증대로 나타나게 되는데, 이때 지방정부의 높은 역량은 지방자치 수준을 확인할 수 있는 중요한 척도가 될 수 있습니다. 지방자치라는 제도적 조건이 같다 하더라도 지방정부 간의 역량의 차이는 다양한 요인들로 발생하기 때문입니다.

다양한 요인 중 가장 중요하게 고려되는 요인은 인구와 재정력이라 할 수 있습니다. 우리나라는 역사적으로 인구 기준에 의해 자치단체의 지위와 등급을 다르게 매긴 전통이 있고, 현재도 광역시, 인구 50만 명 이상의 대도시 등에 대해 권한을 더 많이 부여하고 있습니다. 하지만 최근 들어 영국, 스웨덴 등 유럽에서는 지방자치단체의 인구 기준보다 정책성과나 혁신적 아이디어를 중시하는 경향을 띠고 있습니다(이종수·윤영진 외, 2012: 541). 자치단체의 단순 규모보다는 실질적인 문제 해결 능력을 중시하는 것이지요.

우리나라에서도 지난 김대중정부(1998-2003) 이후 본격화된 중앙정부의 행정개혁과 더불어 지방정부의 역량 강화라는 말이 심심치 않게 거론되었고, 노무현정부(2003-2008)에서는 지방분권 로드맵에서 자치단체의 여건과 능력에 따른 차등적 분권제도 추진계획을 발표한 바 있습니다. 이러한 점을 고려할 때 지방자치단체의 자치역량을 좌우하는 핵심적인 요소는 크게 외부적 요인과 내부적 요인으로 구분할 수 있습니다.

외부적 요인으로는 중앙정부로부터의 자치권 확보, 지역 경제 사회로부터의 자율성 확보 그리고 인접 자치단체와의 협력적 관계 유지 등이 될 것이고, 내부적 요인으로는 자치단체의 내적 능력을 구성하는 재정력, 인적 전문성, 정책개발 능력 등이 포함될 것입니다. 중앙정부의 통제와 제약이 완화되고 지역의 경제사회로부터 자율성이 확보되며 재정, 인력, 정책개발 능력 등이 확충될 경우 지방자치단체의 역량은 강화될 것입니다.

2) 지역격차

일반적으로 지방자치단체의 경쟁력은 관련 사업과 그들을 지원하는 생산요소가 지리적·기능적으로 집적되어 창출해 내는 높은 생산성에서 비롯되기 때문에 규모의 경제를 발휘하기 위해서는 특정지역으로의 산업집적과 같은 불균형 개발전략이 유리할 수 있습니다. 이러한 불균형 개발전략은 지방자치단체의 특성을 살리고 지역 간의 긍정적인 경쟁을 유발함으로써 발전의 원동력이 될 수도 있습니다. 또한, 특정지역으로 산업이나 인구를 집중시켜 노동력 이용률, 첨단산업의 경쟁력, 기술혁신 능력 등을 통한 경제적 효율성을 증가함과 동시에 이에 따른 다양한 가치들을 다른 지역에 전파함으로써 국가와 사회발전에 기여할 수 있습니다.

1995년 민선 자치 실시 이후 전국의 지방자치단체들은 스스로의 경쟁력을 키우기 위하여 노력하였는데, 이는 투자의 효율성이나 건전한 경쟁 측면에서 볼 때 필요하다고 볼 수 있습니다. 하지만 이때 본격적으로 추진된 지역의 특성화 전략과 지역개발은 국가와 지역 경제의 총량적인 성장에는 상당한 성과가 있었으나 지역 간 심각한 불균형을 가져오는 원인이 되기도 하였습니다.

급격한 경제 성장 과정에서 지역 간 또는 지방자치단체 간 발전격차는 어느 시대를 막론하고 그 유형이나 심각성에 있어 차이가 있을 뿐 항상 존재하기 마련이어서 그에 따른 지역 간 갈등이나 대립은 자연스러운 현상으로 받아들여질 수도 있습니다. 하지만 이러한 지역 격차가 지방자치단체의 성공이나 실패가 아닌 중앙정부 주도적 지역개발 정책으로 인한 불균형적인 투자배분의 결과이기 때문에 발전격차로 인한 갈등과 대립은 심각한 문제라 할 수 있습니다.

또한, IMF구제금융 이후 더욱 심화된 경제의 양극화 현상은 대도시뿐만 아니라 지방 중소도시에서도 나타나 인구 및 지역경제의 편중 현상이 나타나고 있습니다. 이러한 특정지역 또는 계층에 대한 불균형적인 자원배분은 계층 간, 지역 간 갈등을 유발하고 다른 지역의 경기침체와 지역주민의 질을 약화하는 등 다양한 문제들을 파생시킬 수 있기 때문에 지역 격차의 해소가 규범적인 입장에서 필요하다는 주장이 있습니다.

또한, 경제적 측면에서도 인구 및 경제활동의 집중은 혼잡비용의 발생으로 자원이용의 비효율성을 증가시키고 비정상적인 국토이용으로 인해 각종 문제를 유발합니다. 경제적 가치의 파급효과 면에서 볼 때 한번 집중된 경제는 다른 지역으로 경제적 가치가 파급되기보다는 집중의 가속화로 지역 격차를 더욱 증가시킬 수 있습니다(임승빈, 2013). 특히 우리나라의 지방자치단체 간 지역 격차는 중앙정부의 인위적인 정책이 원인이기 때문에 지방자치단체의 노력만으로 이를 해소하기가 쉽지 않습니다.

2. 지방자치단체 간 연계협력

지방자치제의 실시는 행정구역 중심의 지역개발사업 추진체제를 강화시켜 지방자치단체의 개발 권한을 증대시켜온 반면, 지역 간 개발경쟁 및 분쟁 등을 초래하여 사업추진의 효율성 저하와 주민서비스의 질적 저하를 초래하였다는 오명을 받고 있습니다. 그동안 각 지방자치단체는 지역개발사업을 추진할 때 독립적으로 사업을 시행함으로써, 사업의 유사·중복의 문제, 소규모 사업 추진으로 인한 성과 미약의 한계를 가지고 있었습니다. 이에 지방자치단체 상호 간의 비교우위를 살리고 한계를 보완하기 위해 등장한 개념이 지방자치단체 간 연계협력입니다.

지방자치단체 간 연계협력은 하나의 자치단체에서 해결하지 못하는 문제 또는 서로에게 이익을 가져오는 문제를 공동으로 대처하는 것으로 소모적인 경쟁 해소 및 상호보완을 통한 상생발전을 그 목적으로 합니다.

이명박 정부 때 본격적으로 시행된 지역 간 연계협력은 도입 초기 행정이나 환경, 공공시설 협력 중심으로 이루어졌습니다. 일례로 서울시 구로구와 광명시는 하수처리장과 쓰레기소각장의 건설을 교환함으로써 비용의 절감은 물론 주민과의 마찰을 최소화했으며, 수도권의 시도는 공동으로 물 이용 부담제에 합의해 팔당호 수질 개선에 필요한 조치를 취한 적이 있습니다.

최근 들어서는 연계협력의 범위와 내용이 점차 확대되어 지역 간 관광 및 경제협력이 보다 활발하게 이루어지고 있습니다. 대표적인 사례로 경북의 봉화·영양·청송, 강원의 영월은 우리나라의 대표적인 낙후지역이지만 '외씨버선길'을 조성하여 오지 이미지를 신비롭고 즐거운 체험공간으로 활용하여 경제적 가치를 창출하고 있습니다.

이러한 연계협력의 변화는 세계화·지방화 시대에 요구되는 자기 책임성 제고로 볼 수 있는데, 이는 협력에 대한 동기유발은 물론, 공동목표에 대한 합의 형성으로 지역 간 협력을 활성화하는 동인이 되고 있습니다. 이러한 연계협력의 지속적이고 효율적인 추진을 위해서는 정책의 적절성, 집행의 효율성, 집행사업의 효과성 및 지속성을 극대화할 필요가 있습니다. 그리고 이를 위해서는 <그림 11>과 같이 중앙과 지방 차원의 효율적인 거버넌스 구축이 무엇보다 중요하다고 할 수 있습니다.

<그림 11> 지방자치단체 연계협력의 추진체계와 역할분담

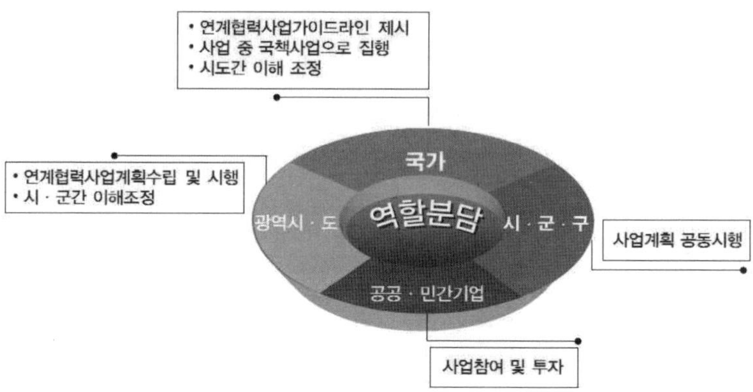

3. 자치 경찰

우리나라는 새로운 지방분권 제도의 하나로 2006년 7월부터 제주특별자치도에 자치경찰제가 시행되고 있습니다. 자치경찰제란 지방자치단체에 경찰권을 부여하고, 경찰의 설치·유지·운영에 관한 책임을 지방자치단체가 담당하는 제도를 말합니다. 자치경찰은 국가 전체를 관할하는 국가경찰(중앙경찰)과는 달리 지역에 소속되어 지역주민의 치안과 복리를 위해 활동하는 경찰로 주 임무는 근린의 경찰서비스(Security of proximity)[16]를 제공하는 것입니다.

우리나라 역사에서 경찰은 항상 중앙정치의 변화에 민감하게 영향을 받으면서 역할을 수행해왔습니다. 특히 중앙정치의 격변기나 중앙정부가 민주적인 정당성을 결여한 경우에 경찰은 중앙정치의 하수인으로 전락하고, 권력유지나 정권창출의 전위대로서의 역할을 한 적이 적지 않았습니다. 그리하여 경찰의 본래 기능인 주민의 생명과 재산을 위험으로부터 보호하고 장애를 제거하는 민생치안업무는 체제 유지적인 시국 치안업무에 밀려 소홀히 되는 경우가 많았습니다.

자치경찰제를 채택하고 있는 국가에서는 이러한 경찰행정의 민주성에 중점을 두어 가능한 한 경찰권의 집중을 지양하고 지역주민의 통제가 이루어질 수 있는 방향에 초점을 맞추고 있습니다. 또한, 경찰행정이 정당정치의 영향을 받지 않고 정치에 간여할 수 없도록 운영하고 있으며, 경찰권의 행사방법에서는 지역주민의 이익과 지역주민의 자유와 권리를 최대한 보호하는 접근방식을 채택하고 있습니다.

자치경찰제는 지역 특성에 적합한 경찰활동이 가능하고, 소속 지역에 대

---

16) 자치경찰의 기능으로는 주위의 소란 제거, 주민의 생명 및 재산 보호, 주민보건과 청결유지, 장례장묘 관련 질서 및 보건 확보, 건축허가 위반감시, 통학로 안전확보, 주차위반단속, 순찰, 경계활동, 범죄인지의 경우 국가경찰에 통보, 거동수상자에 대한 직무질문, 임의동행, 신체수색, 기초정부 축제 감시·관리, 기초정부 시설 및 건물 경비, 도로법상의 도로법 위반에 대한 조치(조서작성 및 국가경찰에 보고), 수렵과 낚시 감시 등 동식물 보호와 환경보호 임무 등을 들 수 있습니다.

한 귀속감이 높아 경찰관의 친절·봉사도를 제고시킬 수 있으며, 국가의 재정 부담 또한 경감될 수 있습니다. 그러나 자치경찰이 정당 소속 지방자치단체장의 통제를 받게 됨에 따라 지방의원들의 선거 목적에 이용되는 등 공정성이 저해될 수 있고, 국가목적적 치안활동을 위한 조정통제가 곤란해질 수 있습니다. 또한, 경감된 국가재정만큼 지방자치단체의 재정부담을 가중시킬 수 있으며, 자치단체별 빈부격차에 따른 치안 서비스 차이에 관한 문제도 지니고 있습니다.

제8장 쉬어가기 영화 속의 행정학-자치경찰

행정학과 관련된 책들 가운데 「영화를 통해서 본 행정학」이라는 책이 있습니다. 2008년 울산대학교 출판부에서 출간되었는데, 영화를 통한 가상공간에서 그려지는 여러 가지 행정현상들에 대하여, 실제 행정학에 어떠한 시사점과 행정적 함의를 부여하는지를 이해할 수 있게 해 주는 재미있는 책입니다.

제가 여기에서 하고 싶은 이야기는 영화 속에 나오는 경찰에 대한 것입니다. 경찰이 주인공인 미국 영화 중에서 아마도 가장 유명한 영화는 "베벌리 힐스 캅(Beverly Hills Cop, 1984년)"과 "다이 하드(Die Hard, 1988년)" 일 것입니다. 이들 영화는 흥행에서 엄청난 성공을 거두어서, 속편은 물론 여러 편의 영화들이 최근까지 시리즈로 제작되었습니다.

우선 베벌리 힐스 캅에서는 에디 머피가 주인공입니다. 이 흑인 배우는 영화 속에서 단 1분도 쉬지 않고 끊임없이 떠들어대면서 좌충우돌합니다. 주로 자신은 세금을 꼬박꼬박 냈다는 등...... 여기에서 세금을 제대로 냈다는 말을 여러 번 합니다. 아직 우리 사회에서는 잘 인식되지 않는 내용입니다. 아무튼, 사건을 수사하러 베벌리 힐스에 온 에디 머피는 LA 경찰에게 체포까지 당하면서 서장에게서 LA를 떠나라는 말을 듣습니다. 저는 처음에 이 영화를 보면서 왜 같은 경찰들끼리 협조를 안 할까?라고 의문을 가졌습니다. 그러나 나중에 알았습니다. 그들은 같은 경찰이 아니었습니다. 에디 머피는 디트로이트 경찰입니다.

여기에서 우리와 다른 점이 있습니다. 전라도 광주 경찰이 조폭을 수사하다가 부산에 가도 역시 같은 경찰입니다. 왜냐하면 대한민국 경찰은 모두 경찰청장의 관할하에 있기 때문입니다. 하지만 미국의 경우에는 다릅니다. 디트로이트 경찰인 에디 머피는 디트로이트 시장의 관할하에 있습니다. 이른바 자치경찰제도입니다. 따라서 LA경찰서장의 상관은 LA시장입니다. 이러한 상황에서는 서로 동질의식을 느낄 수 없습니다.

다이하드의 경우에도 주인공인 부르스 윌리스는 뉴욕경찰입니다. 이른바 NYPD입니다. 따라서 사건이 벌어지는 LA에서 경찰들 간에 유기적인 공조체제는 물론 없습니다. 영화 자체가 부르스 윌리스의 원맨쇼이기는 하지만 LA 경찰들과 지속적으로 갈등 관계를 표출시킵니다.

우리나라는 지난 1997년 당시 김대중 대통령 후보가 선거 공약에 자치경찰제 도입을 제시하였습니다. 하지만 당선이 되고 난 이후에는 실행에 옮기지 못했습니다. 이후 지금까지 자치경찰에 대한 논의는 계속되고 있으며, 2006년에 제주특별자치도에만 실시되었습니다. 2013년 11월 현재 대통령 소속 지방자치발전위원회는 "지방발전이 국가발전, 국민 개인의 행복으로 이어지도록 하는 박근혜 정부의 국정운영 방침에 맞춰 지방자치발전을 위한 6대 핵심 과제를 적극 추진할 것"이라고 밝히고 있습니다.

지방자치발전위원회가 정한 지방자치발전 6대 핵심 과제는 ① 사무구분체계 정비와 중앙권한의 지방 이양, ② 지방재정 확충과 건전성 강화, ③ 교육자치와 지방자치 통합, ④ 자치경찰제 도입, ⑤ 특별·광역시 자치구·군의 지위와 기능 개편, ⑥ 주민자치회 도입 등입니다. 따라서 추이를 한 번 지켜볼 필요가 있습니다.

더 읽어야 할 책 3권:

- 이승종. (2005). 「지방자치론」. 제2판, 서울: 박영사.
- 이승종·서재호. (2009). 「지방 행정체제 개편론」. 서울: 법문사.
- 임승빈. (2013). 「지방자치론」. 서울: 법문사.

꼭 알아야 하는 용어 3개(출처: 허동석, 2010; 이종수, 2009; 두산백과사전):

- 단체 위임 사무(團體委任事務)

지방자치단체의 사무 가운데 국가나 상급 자치단체로부터 지방자치단체 그 자체에 위임된 사무를 말한다. 이에 비해 지방단체의 장에게 위임된 사무를 기관위임사무라 한다. 단체위임사무는 일부 비용이 지방단체의 경비로 처리되는 것이기에 지방의회의 의결·동의·사무감독·회계감독 등의 간섭을 받는 데 비해, 보조금에 의해 처리되는 기관위임사무에 대해서는 지방의회가 의견 제시권만 가질 뿐 사무 처리에는 간섭할 수 없다.

- 자치경찰제(自治警察制)

지방분권의 이념에 따라 지방자치단체에 경찰권을 부여하고, 경찰의 설치·유지·운영에 관한 책임을 지방자치단체가 담당하는 제도이다. 자치경찰제란 지방분권의 이념에 따라 지방자치단체에 경찰권을 부여하고, 경찰의 설치·유지·운영에 관한 책임을 지방자치단체가 담당하는 제도를 말한다. 국가 전체를 관할하는 국가경찰(중앙경찰)에 대비되는 개념으로, 국가 전체가 아닌 국가 내의 일부지역에 소속되어 그 지역과 지역주민의 치안과 복리를 위해 활동하는 경찰을 의미한다.

자치경찰은 생활안전, 지역교통, 지역경비 임무를 갖고 방범순찰, 사회적 약자보호, 기초질서 위반 단속, 교통관리, 지역행사 경비 등 지역주민을 위한 치안 서비스를 제공하게 된다. 자치경찰은 경찰력의 운영상황과 각종 관련 통계를 국가경찰과 상호 공유하는 한편, 전시·사변 등 국가 비상사태나 테러, 대규모 소요사태 시 경찰청장의 지휘를 받게 된다.

자치경찰제는 지역 특성에 적합한 경찰활동이 가능하고, 소속 지역에 대한 귀속감이 높아 경찰관의 친절봉사도를 제고시킬 수 있으며, 국가의 재정부담이 경감된다는 장점이 있다. 그러나 자치경찰이 정당 소속 지자체 장의 통제를 받게 됨에 따라 지방의원들의 선거 목적에 이용되는 등 공정성 저해가 우려되고, 국가목적적 치안활동을 위한 조정통제가 곤란하며, 자치단체의 재정부담 증가, 자치단체별 빈부격차에 따른 치안 서비스 차이 등의 단점이 있다. 현재 미국, 영국, 프랑스, 일본 등에서 실시되고 있다.

우리나라는 김대중 국민의 정부 출범과 동시에 실질적인 지방분권화에 주목하기 시작했고 본격적으로 자치경찰제의 도입논의가 활성화되었다. 2003년 2월 출범한 노무현 참여정부에서는 자치경찰제 도입을 위한 준비를 본격화했다. 마침내 2006년 7월 1일 제주특별자치도에서만 프랑스 자치경찰제 모형에 매우 가까운 자치경찰제도를 도입하게 되어 오늘에 이르고 있다. 그러나 프랑스의 경우는 시장·군수·구청장 차원의 기초단위에서 시행되지만 제주특별자치도의 경우는 도지사 차원에서 자치경찰단을 통해 시행되고 있는 점이 약간 다르다.

- 일본의 지방공공단체 종류

일본의 지방공공단체에는 보통지방공공단체와 특별지방공공단체가 있다. 보통지방공공단체는 한국의 광역시도에 해당하는 47개(1都1道2府43縣) 도도부현(都道府縣)과 한국의 시군구 기초단체에 해당하는 1,727개의 시정촌(市町村)으로 구성되어 있다.

특별지방공공단체는 도쿄도(東京都) 내의 23개 특별구(特別區), 지방공공단체조합, 재산구(財産區), 지방개발사업단 등으로 구성되어 있다. 재산구(財産區)는 시정촌(市町村) 또는 특별구(特別區)의 재산을 소유하거나 공공시설 설치 시 그 재산이나 시설을 관리하는 행정단위이다. 지방개발사업단은 특정지역의 종합개발을 위해 복수의 자치단체가 참여하는 사업단이다.

제 9 장
정책학

오늘날과 같은 지식정보사회에서 급속하게 변화하는 사회 환경에 대응하기 위해서 정책연구의 중요성이 보다 부각되고 있습니다. 미국의 대학들 중에는 행정학과는 별도로 정책학 학위과정을 운영하고 있는 곳이 많습니다. 하지만 국내에서는 아직까지 정책학을 행정학의 하위 분과로 인식하는 실정입니다. 이 장에서는 정책학의 기원에서 출발하여 정책연구의 주요 내용인 정책의 형성, 분석, 집행 및 평가 등에 대하여 살펴보도록 하겠습니다.

제1절 정책학이란 무엇인가?

1. 정책학의 배경

정책학의 학문적 발달에는 1950-60년대 미국이 직면한 여러 문제들을 해결하는 과정에서 제 역할을 하지 못한 정치학과 행정학의 학문적인 반성이 자리 잡고 있습니다. 이러한 내용을 간략하게 살펴보면 다음과 같습니다.

1) 정책학의 기원과 발전

현대의 체계적이고 분석적인 정책 연구의 기원은 1951년 미국에서 라스웰(H. D. Lasswell)이 "정책지향(The Policy Orientation)" 이라는 논문을 발표하면서 시작되었습니다. 정책에 대한 학자들의 관심은 그 이전부터 있었지만 오늘날의 정책학은 라스웰에서 출발합니다. 그리고 이러한 정책학은 1950년대 이후에 미국의 정치적이고 행정적인 문제를 해결하기 위한 사회과학적 연구방법의 발전 과정에서 나타난 것입니다.

라스웰은 1951년 정책지향의 논문에서 여러 분야에서 정책학적 연구가 진행되고 있다고 지적하면서 정책연구의 방향을 크게 두 가지로 구분하였습니다. 첫째는 정책과정에 관한 연구(Knowledge to Policy process)입니다. 이것은 정책형성이나 정책집행에 대한 체계적인 연구입니다. 둘째는 정책에 필요한 지식에 관한 연구(Knowledge in Policy contents)입니다. 이것은 정책결정자들이 이용하는 지식과 정보의 구체적인 내용과 해석을 개선하는 것입니다.

1956년 라스웰은 미국정치학회 회장연설에서 동료정치학자들에게 인간사회의 근본문제들, 예를 들어 원자폭탄의 위험, 에너지의 부족, 정보통신혁명의 가능성과 위협 등에 대하여 보다 적극적인 관심을 가지고 연구할 것을 촉구합니다. 그러나 이러한 라스웰의 주장은 당시 미국정치학계를 지배하고 있던 행태주의적 연구 경향에 밀려나게 됩니다.

이후 1960년대 말 정책학은 체계적으로 재출발을 하게 됩니다. 그 이유는 1960년대에 미국이 당면했던 수많은 국내외적인 문제 해결에 기존의 학문과 학자들이 별다른 도움을 주지 못했기 때문입니다. 1950년대의 미국은 반공 매카시즘이 휩쓸고 지나간 이후에 쿠바의 미사일 위기를 겪었습니다. 그리고 극심한 인종차별이 빚어낸 흑인폭동사건과 월남전에 참전을 거부하는 젊은 층의 저항으로 미국 사회는 극심한 혼란에 빠지게 됩니다. 이 과정에서 미국의 정치와 행정학계는 정부의 당면문제 해결에 아무런 도움을 주지 못하게 되고, 따라서 인간 행태중심의 연구보다는 사회문제 중심 연구의 필요성이 부각됩니다.

구체적으로 1960년대 중반에 집권한 존슨정부는 빈곤과의 전쟁을 선포하면서 '위대한 사회의 건설(The Great Society)'이라는 구호를 내걸고, 흑인을 비롯한 저소득층의 복지향상을 위하여 대대적인 사회복지정책을 추진하였습니다. 이러한 존슨의 위대한 사회의 건설을 위한 정책은 교육, 의료 및 주택에 이르기까지 다양한 복지정책을 포함한 것이었습니다.

이처럼 사회 문제의 해결을 위한 수많은 정책이 미국 정부에 의해서 추진되면서 정부정책에 대한 지원과 정책학 교육을 위하여 정책학전문대학원이 설립되었고 1960년대 말부터 정책학 연구는 폭발적인 성장을 하게 되었습니다.[17] 이러한 경향은 1970년대에 들어서면서 보다 급격하게 확산하는 도시문제, 환경문제, 공해문제 및 에너지 문제 등 다양한 방면의 사회문제 해결을 위한 문제 중심의 정책연구로 발전하게 됩니다.

이러한 과정에서 1971년 라스웰은 '정책학서설(Preview of Policy Sciences)'이라는 새로운 저서를 발간하게 됩니다. 이 책에서 라스웰은 앞으로 정책학이 추구해야 할 세 가지의 속성을 다음과 같이 제시하였습니다.

첫째, 정책학은 문제해결에 관심을 가져야 한다는 '문제지향성(Problem Orientation)'을 강조합니다.

둘째, 이러한 문제해결을 위한 의사결정은 관련 영역이나 학문 간의 경계를 초월하는 보다 큰 사회적 과정의 분야에 해당됨을 의미하는 '맥락성(Contextuality)'의 관점에서 파악되어야 합니다.

셋째, 정책연구를 위해 이용되는 방법이나 기술의 다양성을 강조하였습니다.

이처럼 1960년대 후반에 정책 연구에 대하여 학계에서 다양한 시도가 전개되었지만 보편적인 분석의 틀이 마련된 것은 아니었기 때문에 학자들마

---

17) 미국의 하버드 대학교는 1936년에 설립되어 운영되던 행정대학원(Harvard Graduate School of Public Administration)을 1966년에 케네디 대통령의 이름을 딴 케네디 공공정책 대학원(John F. Kennedy School of Government)으로 변경하고 공공정책학을 중심으로 운영해오고 있습니다.

다 다양한 견해를 제시하였습니다. 이 과정에서 라스웰의 정책학에 대한 연구를 이어 받아서 이를 집대성한 사람은 드로어(Yehezkel Dror)입니다. 그는 정책결정의 최적모형(Optimal Model)을 제시한 행정학자로, Public Policy making Reexamined(1968), Design for Policy Sciences(1971), Ventures in Policy Sciences(1971) 등 일련의 저서를 통하여 정책학의 체계적 연구와 학문적 발달에 크게 기여하였습니다.

2) 정책학의 연구 특징

정책학 연구의 특징들은 크게 다음과 같이 나누어 볼 수 있습니다(이하 최봉기, 2008: 20-22의 수정).

(1) 문제지향적 연구

정책의 궁극적인 목표는 사회문제의 해결을 통한 인간의 존엄과 가치를 실현시키는 것에 있습니다. 따라서 정책을 연구하는 것은 그러한 사회문제를 해결하는데 도움을 줄 수 있는 자료와 전략 및 대안을 탐색하는 것입니다. 따라서 정책 연구는 사회문제를 인지하는 것에서 출발하여, 문제의 성격 규명, 해결 대안의 탐색 그리고 선택에 이르기까지 주로 문제의 바람직한 해결에 관심과 노력을 집중하게 됩니다.

(2) 가치지향적 연구

라스웰이 주장한 정책학의 궁극적인 목적은 인간의 존엄과 가치를 추구하고 실현하는 것이었습니다. 이러한 목적을 달성하기 위하여 정책학은 미래의 바람직한 상태(목표)를 추구하기 위하여 무엇이 바람직한 상태이며, 그것을 추구하기 위한 최적의 대안은 무엇인가를 연구합니다. 이 과정에서 정책학은 다른 가치를 가진 사람들의 다양한 의견을 수렴하고 존중하지만, 민주주의 이념에 따라서 다수가 추구하는 가치를 중시합니다.

(3) 공익지향적 연구

정책연구는 우리사회의 불특정 다수의 국민들이 처한 고통이나 그들이 해결하지 못하는 곤란, 즉 공공문제의 해결을 연구하는 학문입니다. 일반적으로 공익이란 '불특정 다수인의 이익' 또는 '개인 및 집단의 특수이익을 초월한 사회 전체에 공유된 가치로서의 사회 일반의 공동이익'으로 정의할 수 있습니다. 따라서 정책 연구는 언제나 공공성과 공익성을 연구의 기본 바탕으로 합니다.

(4) 다학제적 연구

정책연구는 복잡한 사회 문제 해결을 위해 다양한 분야의 여러 방법론을 사용하게 됩니다. 따라서 정책연구는 다학제적(Interdisciplinary) 또는 맥락적인 성격을 지니게 됩니다. 정부가 해결하고자 하는 문제는 사회의 다양한 분야들로부터 야기되며, 다양한 문제들은 여러 학문 영역에 걸쳐서 연구되어야 합니다. 또한 시간적이고 공간적인 상황이나 역사적인 맥락성 등을 고려하여 문제 해결을 시도하여야 합니다.

(5) 처방적 연구

정책학은 문제 지향적인 연구를 강조하기 때문에 문제 해결을 위한 처방적인 연구를 진행하게 됩니다. 이처럼 정책 연구의 대다수가 처방적인 속성을 지니는 것은, 정책연구 그 자체가 공공문제에 대한 효율적인 해결책을 찾아서 제시하는 것이 궁극적인 목적이기 때문입니다.

2. 정책학의 이론적 토대

1) 정책의 개념

사회과학의 다른 개념들과 같이 정책의 개념 정의 역시도 연구관점이나 연구의 목적에 따라서 다양하게 나타나고 있습니다.

(1) 국내외 학자들의 개념 규정

우선 정책학의 창시자인 라스웰(Lasswell)은 정책이란 "사회변동의 계기로서 미래 탐색을 위한 가치와 행동의 복합체" 또는 "목표와 가치 그리고 실제 수단을 담고 있는 예정된 계획"이라고 규정함으로써 정책의 미래지향성, 목표체계, 가치함축성 및 실제수단함축성 등을 강조하였습니다.

드로어(Dror)는 정책을 "매우 복잡하고 동태적인 과정을 통하여 정부기관에 의해 만들어지는 미래지향적인 주요 행동지침이며, 가능한 최선의 수단을 통하여 공익을 증진할 것을 목적으로 하는 것"이라고 규정하였습니다. 이처럼 드로어는 정책의 미래지향성, 공익지향성 및 하위결정에 대한 지침적 성격을 강조하고 있습니다.

박동서 교수는 정책을 "많은 이해관계의 대립을 조정하고 타협시켜 나가면서 정부가 당면한 어떤 문제를 해결하려는 데서 이루어지는 정부의 주요 활동"을 의미한다고 하였습니다. 정정길 교수는 정책을 "정치체제, 즉 권위 있는 정부의 공식적 결정의 산물이며, 주로 국민 생활을 그 대상으로 하는 것"이라고 규정하였습니다.

허범 교수는 정책의 개념을 크게 일반적인 관점과 정책학적인 관점으로 둘로 나누어서 설명합니다. 그리고 정책학적 관점에서 정책의 개념을 "당위성에 입각한 사회가치체계의 변화를 통하여 형성되는 행동지향적 기도"라고 규정하였습니다.

(2) 정책의 의미

이러한 국내외 학자들의 개념 규정을 종합해 볼 때, 정책이란 "공공문제를 해결하거나 목표 달성을 위한 정부의 결정된 행동 방침"으로 정리할 수 있습니다. 이러한 정책의 의미는 다음과 같이 정리될 수 있습니다(이종수·윤영진 외, 2012: 212의 수정).

첫째, 정책결정과 집행의 주체는 '정부'입니다. 이때 정부란 단순히 행정부만을 가리키는 것이 아니라 국민에게 권위를 부여받은 모든 국가기관을 말합니다. 최근에는 준정부기관, 시민단체, 자발적 조직 등이 정책결정 및 집행에 참여하는 경향이 있습니다.

둘째, 정책은 '권위 있는 결정'의 산물입니다. 이 권위에는 주권자들에 의해 여러 형태로 부여되는데, 법에 의하거나 투표에 의해, 아니면 묵시적 승인에 의해서 부여됩니다. 이러한 권위는 개인이나 민간조직에서는 갖지 못한 합법적 강제력을 수반합니다.

셋째, 정책은 '행동방침'입니다. 이를 정책 내용이라고도 하는데 정책, 사업, 사업계획, 정부방침 및 정책지침 등과 같이 여러 가지로 표현됩니다. 이 행동방침은 정부가 '어떤 일을 하겠다' 또는 '하지 않겠다'는 의사표명입니다.

넷째, 정책은 '공공문제 해결이나 목표 달성'과 관련이 있습니다. 정부의 중요한 역할은 개인이나 집단 수준에서는 해결하기 곤란한 공공문제의 해결에 있습니다. 공공문제의 해결을 통하여 도달하고자 하는 지향점이 곧 정책목표입니다. 정책은 이러한 공공문제의 해결을 통해 정책목표를 성취하고자 하는 행동방침입니다.

다섯째, 정책은 '미래 지향성'을 지니고 있습니다. 앞으로 취할 정부의 행동방침으로서 어떤 대상에 대하여 의도적 변화를 추구하는 것입니다. 그 대상이 주택, 환경 및 보건 등 다양한 분야에서 의도적 변화를 담고 있는 미래 지향의 정책입니다.

2) 정책의 구성요소 및 과정

일반적으로 정책은 정책목표, 정책수단 및 정책대상의 구성요소와 다양한 과정으로 구성되어 있습니다. 이러한 내용을 간략하게 살펴보면 다음과 같습니다.

(1) 정책의 구성요소

정책의 3대 구성요소는 그것을 통해서 달성하려는 정책목표와 그 정책목표를 달성하기 위해 이용될 정책수단 그리고 그 정책이 대상으로 하는 사회

내의 특정한 지역이나 계층 또는 집단 등의 정책대상으로 구성됩니다(이하 최봉기, 2008: 56-58의 수정).

① 정책목표

정책목표란 정책을 통해서 달성하고자 하는 미래의 바람직한 상태를 의미합니다. 이러한 정책목표는 시간적으로는 미래의 특정 시점에 목표를 맞추고 있으며, 그러한 목표를 향한 방향과 지침을 제공합니다. 정책목표는 무엇이 바람직한 상태인가를 판단하는 가치판단에 의존하기 때문에 주관적이며, 규범적인 속성을 지니고 있습니다. 정책목표가 명확하고 구체적이기 위해서는 가능한 한 숫자로 표시되어야 하고 계량적이어야 합니다.

정책집행으로 인하여 정책목표가 달성되어 나타나는 결과를 흔히 정책효과(Policy Effect)라고 부릅니다. 예를 들어, 청소년 비행 예방정책을 추진한 결과, 청소년 비행발생률이 연간 5%에서 3%로 감소되었다면 정책효과는 2%가 됩니다.

② 정책수단

정책수단이란 정책목표를 달성하기 위하여 사용하는 각종의 자원, 즉 인적 자원 및 물적 자원은 물론 각종의 전략과 지식, 기술, 정보, 신용, 시간 등 유형과 무형의 여러 조건들을 의미합니다. 이러한 정책수단은 국민들에게 직접 영향을 미치기 때문에 이를 둘러싼 이해관계자들의 갈등은 매우 치열합니다. 즉, 정책목표 달성을 위해 어떠한 정책수단을 사용할 것인가의 문제는 정책결정과정에서 가장 핵심적인 문제이며, 이러한 이유 때문에 정책수단은 능률성, 효과성 등등 그뿐만이 아니라 형평성 등 다양한 가치기준을 만족시킬 수 있어야 합니다.

사용될 정책수단의 성격에 따라서 대상집단은 물론 일반 국민들에게도 상당한 영향을 미칠 수 있기 때문에 이들 간의 이해관계에 따라서 상당한 갈등이 야기될 수 있습니다. 정책수단의 실현은 사회 내의 특정 개인이나 집단의 사회적 희생을 동반하게 되는데 이것을 우리는 정책비용이라고 합니다. 이러한 정책수단은 실질적 정책수단과 실행적 혹은 보조적 정책수단이 있습니다.

③ 정책대상

정책은 이러한 정책목표와 정책수단 이외에도 정책의 적용을 받게 되는 집단이나 지역 혹은 계층 증이 또한 정책의 주요 구성요소가 됩니다. 이를 흔히 정책대상집단(Policy target group)이라고 하며, 이들은 정책으로부터 혜택을 받는 집단과 정책 때문에 손해나 희생을 받는 집단으로 구분됩니다. 이처럼 정책으로부터 혜택을 받는 자들을 정책의 수혜집단이라고 하며, 정책 때문에 희생을 당해야 하는 사람들을 정책비용부담집단이라고 합니다.

이들은 정책의 모든 과정을 통하여 정책기관이나 담당자들에게 지지와 반대를 함으로써 정책으로 인한 이익의 극대화나 손실의 극소화를 위하여 노력합니다. 이들은 자신들의 주장을 정책과정에 투입하기 위하여 정치권력을 동원하거나 매스컴을 통해 여론을 조성하기도 하며 때로는 집단적 시위를 통해 지지와 반대의 의사를 표시합니다.

사회의 균형발전을 위하여 정부의 권위적 결정으로 이루어지는 정책에 의해서 피해를 입는 집단과 수혜를 받는 집단이 생기는 것은 자연스러운 현상일 수 있습니다. 그러나 비록 윤리적 혹은 도덕적으로 볼 때에도 이러한 특정집단의 희생이 당연하다고 판단되는 경우라도 가급적 이를 줄이거나 회피하는 것이 바람직하며, 불가피한 경우에는 희생에 대한 적절한 국가의 보상이 뒤따르는 것이 바람직합니다.

여기에서 재미있는 이야기를 하나 하고자 합니다. 우리나라는 1960년대 말에 경부고속도로를 건설하였습니다. 뒤에서 다시 살펴보겠지만, 박정희 대통령이 독일을 방문해서 아우토반을 보고 온 이후에 고속도로 건설의 의지를 천명했고, 당시 모든 야당의원이 시기상조라고 반대하였습니다. 자동차 한 대도 제대로 생산하지 못하는 나라에서 무슨 고속도로 건설이 필요하냐는 것이었습니다. 그리고 그 과정에서 우리나라 경부고속도로는 당시로는 세계에서 가장 최단기간에 건설된 기록을 남기게 됩니다. 토지 보상과 고속도로 건설이 일사천리로 진행된 것입니다.

여기에서 만약에 현재 2013년에 제2의 경부고속도로를 건설한다면 얼마의 돈이 들어갈지를 생각해보면 정책대상이 분명해집니다. 즉 1970년대 당시에는 고속도로 건설이라는 명분으로 개인들이 가지고 있는 토지를 수용하고 시장 가격을 제대로 지불하지 않았습니다. 토지소유주들이 국가정책을 위하여 희생한 것이지요. 하지만 민주화가 진전된 오늘날, 제2 경부고속도로를 건설한다면 토지 보상을 하는데 만 엄청난 금액과 시간이 소요될 것입니다. 따라서 토지보상 비용에 천문학적 액수가 지출되기 때문에 단기간에 제2 경부고속도로를 건설할 수 없다고 합니다.

물론 방법은 있을 수 있습니다. 소떼를 몰고 방북했던 어느 기업인이 기존의 고속도로 위에다 2층으로 고속도로를 건설하면 된다고 했다는데, 저는 건설 분야의 전문가가 아니라서 잘 모르겠습니다. 여러분이 판단하시기를......

(2) 정책의 과정

정책은 그것이 정책으로 작성되고 집행을 거쳐서 그 본래의 목적을 달성하기까지 복잡하고 다양한 정책과정을 거치게 됩니다. 이러한 정책과정은 그 세분화의 정도에 따라서 다양하게 나누어질 수 있지만, 일반적으로 다음과 같이 구분해 볼 수 있습니다(이하 최봉기, 2008: 94-96의 수정).

① 정책의제설정과정(Policy Agenda Setting Process)

정책의제설정과정이란 수많은 사회문제 중에서 일정한 문제들이 정책적 해결을 요구하며 정부 정책결정기구의 관심대상으로 부각되고, 그것이 정책결정 체제의 정책결정 대상항목으로 선정 혹은 채택되는 과정을 뜻합니다. 이 의제설정과정은 정책과정 중에서도 가장 첫 번째의 과정이며(정책의 시발 단계) 정치 세계와 정부의 정책 결정체제가 접합되는 연결점인 것입니다.

특히 의제설정과정은 그 문제를 주도해 나가는 주체가 누구냐에 따라서 그 과정 양상이 현저하게 달라집니다. 우선 문제의 주도집단이 민간인 민간 주도형 의제설정과정은 문제의 제기 – 사회문제화 – 사회논제화 – 공중의제화 – 공식의제화 라는 과정으로 분류할 수 있습니다. 문제의 주도집단이 관료에 해당하는 정부주도형 의제설정과정은 정책제안 공식의제 채택 – 의제의 확산 – 공중의제형성 – 의제확정 등의 단계를 거칩니다.

② 정책결정과정(Policy Making Process)

정책결정과정이란 의제형성과정에 의해 채택된 정책의제를 그 해결책을 강구한 정책으로 바꾸어 나가는 정책의 작성 혹은 정책수립과정을 뜻합니다. 이 과정은 공식·비공식의 참여자와 다양한 압력주체들이 상호 영향을 주고받는 매우 동태적 과정이며 정치권력의 영향력이 함께 작용하는 정치적 과정이기도 합니다. 또한 이해관계를 달리하는 수많은 개인 및 집단들이 보다 자기들에게 유리하게 정책이 결정될 수 있도록 갖가지 전략과 수단을 동원해 나가는 경쟁과정의 속성을 지니고 있습니다.

이러한 정책결정과정은 다시 문제의 정의 및 정책목표의 설정 – 정보 및 자료의 수집과 분석 – 정책대안의 탐석 – 정책대안의 미래예측 – 대안의 비교 및 평가 – 대안의 선택이라는 과정으로 세분될 수 있습니다.

③ 정책집행과정(Policy Implementation Process)

정책집행과정이란 정책결정체제가 작성·산출한 정책을 정책집행기관이 이를 환경에 적용·실현시켜 나가는 과정을 뜻합니다. 이 과정은 다시 정책집행의 준비단계와 실행단계로 나누어집니다.

집행준비단계는 집행계획의 수립, 집행담당조직구성, 인사 및 예산배정, 기타 관련자원의 지원 등을 뜻하며, 실행단계는 집행계획과 주어진 자원을 활용하여 이를 행정활동으로 옮겨 나가는 것을 말합니다. 이러한 집행과정

역시도 집행담당자와 다양한 이해관계자들, 그리고 수혜집단과 피해집단들 간의 경쟁과 대립이 활발히 전개되는 동태적인 과정입니다.

④ 정책평가과정(Policy Evaluation Process)

정책평가과정이란 정책평가를 담당한 개인이나 집단 혹은 정부의 기관이 대상정책의 내용을 포함하여 정책의 형성과 집행과정은 물론 정책의 성과 등을 탐지하고, 일정한 평가기준에 따라서 심사하고 평가하며 시정조치를 취해 나가는 과정을 의미합니다.

이 과정은 평가체제의 위치에 따라서 내부평가와 외부평가로 구분될 수 있으나, 양자는 평가기준에 차이가 있을 뿐, 그 세부과정에는 차이가 없습니다. 정책평가과정은 정보자료의 수집과정 - 평가기준 설정과정 - 평가 및 시정조치과정 - 환류과정 등으로 이루어집니다.

⑤ 정책종결과정(Policy Termination Process)

정책종결이란 정책집행을 통해 정책목표를 달성함으로써 지금까지 추진해 오던 정책의 집행을 종료시키는 것을 말합니다. 물론 정책을 종결시키는 것이 반드시 정책목표를 달성했기 때문에 종결하는 것은 아닙니다. 경우에 따라서는 정책목표가 달성되지 않아도 종결시키는 경우가 있는가 하면, 목표가 달성되었거나 목표달성이 불가능함에도 종결시키지 않고 계속 추진되는 경우도 있습니다.

정책종결은 매우 정치적인 과정입니다. 정책당국은 물론 기존의 정책과 관련된 수많은 이해관계자들이 찬성과 반대를 통하여 복잡하게 얽히는 동태적인 과정입니다. 따라서 종결을 추진하는 정책당국은 사전에 종결에 필요한 전략과 수단을 면밀하게 준비하여야 합니다.

정책종결과 관련하여 가장 유명한 이야기는 베트남전쟁입니다. 미국은 1970년대에 들어와서는 베트남전쟁에서 자신들이 승리할 수 없다는 것을 확실하게 알고 있었습니다. 국내에서는 전쟁에 반대하는 목소리가 계속 확대되고 있고, 언론에서는 매일같이 베트남전의 사망자가 보도되는 상황이었습니다. 이 과정에서 미국정부는 베트남전쟁의 종식, 즉 정책종결을 원했지만 현실적으로 선택할 수 있는 방안이 많지 않았습니다. 결국 월맹군을 휴전 테이블로 끌어내기 위해서 하노이에 대한 포격과 공습을 지속적으로 추진한 이후에 미국은 베트남전에서 빠져 나올 수 있었습니다. 이 과정에서 미국의 행정학이 베트남전쟁 종결에 기여한 것은 거의 없고, 정책학에서 정책종결 분야가 체계화되는 계기를 마련하게 되었습니다.

제2절 정책학의 주요 이슈들

정책학은 행정학과 마찬가지로 하나의 분과학문입니다. 따라서 1절에서 정책학의 모든 내용을 기술할 수는 없었습니다. 그러므로 여기에서 정책학의 주요 내용을 보완하고자 합니다. 이 절에서는 정책학의 주요 과정들에 대하여 보다 자세하게 살펴보고자 합니다. 크게 정책의 형성과 집행 및 분석 그리고 평가에 대한 것입니다(이하 이종수·윤영진 외, 2012: 225-267의 수정).

1. 정책의 형성

정책의 형성은 정책을 만들어내는 과정입니다. 이러한 과정은 정책결정이나 의사결정 등 다양하게 표현됩니다. 이러한 정책이 만들어지는 과정은 대체로 다음과 같은 단계를 거칩니다.

첫째, 정책문제와 국민 욕구의 파악 단계입니다. 정책문제와 국민들의 욕구가 무엇인가를 파악함으로써 정책 형성의 작업이 시작됩니다. 둘째, 목표설정의 단계입니다. 정부의 모든 활동에는 목표가 있으며, 목표를 설정함으로써 이해관계자들을 하나로 결집시킬 수 있습니다. 셋째, 정책 대안의 수립 및 분석의 단계입니다. 목표를 달성하기 위한 정책대안을 찾아내서 이들 각각의 장단점, 제약요인 및 실현가능성을 분석하는 것입니다. 넷째, 최적안의 선택단계입니다. 대안들에 대한 분석결과를 놓고 결정권을 가진 사람이 최종 결정을 하면 정책형성의 과정이 끝납니다. 이러한 정책형성의 과정을 크게 정책 의제설정과 합리적인 정책결정으로 나누어서 살펴보겠습니다.

1) 정책의제의 설정

(1) 정책의제의 의의

정책의제란 정책담당자가 공식적으로 다루기로 결정한 정책문제입니다. 이것은 정책담당자들의 토의 안건인데, 여러 경로를 통하여 전달됩니다. 어떤 문제가 심각해지고 대중의 관심사가 되면 될수록 '정책적 해결이 필요한 문제'로 전환됩니다. 즉 개인이나 민간차원에서 쉽게 해결할 수 없어서, 정부만이 이를 해결할 수 있고 또 해결해야만 한다고 많은 사람들이 생각할 경우에 정책의제로 전환됩니다.

(2) 정책의제 설정 유형

정책의제 설정의 유형은 크게 외부 주도형, 동원형 및 내부 접근형으로 나누어 볼 수 있습니다.

① 외부 주도형

정책담당자가 아닌 외부 사람들의 주도에 의해서 특정 문제를 정부가 해결해야 할 문제로 받아들이게 되는 경우입니다. 이 유형의 경우, 사회문제로 인해 피해를 입고 있는 집단이 정부에 압력을 가하기 위해 사회문제의 심각성에 대한 대중의 관심을 유도하려고 노력하기도 합니다. 이 결과 많은 사회구성원이 정부가 이 문제를 해결하기 위해 나서야 한다고 믿게 되면 여러 가지의 전략을 사용하여 정부로 하여금 정책의제로 받아들이게 합니다.

② 동원형

정책담당자들에 의해 정책의제가 형성되는 경우입니다. 그렇지만 일방적으로 의제화하는 것이 아니라 일반 대중이나 관련 집단의 지원을 유도하기 위한 노력을 수행한 뒤에 의제를 채택합니다. 국민의 지원 및 순응의 확보, 국민들의 반응 파악 등은 이때 활용되는 방안입니다. 이 유형은 정부의 힘이 강하고 민간부문의 힘이 취약한 후진국에서 많이 나타납니다.

③ 내부 접근형

동원형처럼 정책담당자들에 의해 자발적으로 정책의제화가 진행되는 것입니다. 동원형과 다른 점은 정부 밖의 이해관계자와 접촉 없이 정부관료제 내부에서만 정책의제화 움직임이 있다는 것입니다. 국민이 사전에 알면 곤란한 문제를 다루 때나 시간이 급박할 때, 의도적으로 국민을 무시하는 정부에서 나타날 수 있습니다. 일반 대중에게 알려지는 것을 피하려고 하므로 일종의 음모형에 속합니다. 부와 권력이 집중된 나라에서 흔히 나타나는 유형입니다.

(3) 의제설정에 영향을 미치는 요인

정책의제설정에 영향을 미치는 요인은 문제의 성격, 정책담당 체제의 특성, 문제 인지자의 역량, 정치 상황 및 경제·사회 상황에 이르기까지 매우 다양합니다.

① 문제의 성격

정책문제의 중요성 그 자체가 의제설정에 영향을 미칩니다. 정책문제가 사회발전에 큰 영향을 미칠 수 있다면 정책의제화 가능성이 높습니다. 영향을 받는 집단이 크고 영향력의 질, 즉 내용이 중요한 것일수록 우선순위가 높아서 의제화 가능성이 커집니다. 또한 관련 집단들에 의해서 예민하게 쟁점화된 것일수록 의제화의 가능성이 커집니다.

② 정책담당 체제의 특성

의제설정권자가 어떤 성향과 어떤 가치 욕구를 가지고 있느냐에 따라서 의제화 과정이 영향을 받습니다. 또한 상부기관의 지시와 통제에도 영향을 받습니다. 민주적이 조직일수록 하위 조직원의 뜻이 의제 설정에 많이 반영될 수 있습니다.

③ 문제 인지자의 역량

문제를 인식하는 집단의 규모가 클수록 의제화 가능성이 높습니다. 물론 조직적으로 응집되어 있어야만 영향력이 클 수 있습니다.

④ 정치 상황

문제에 대한 관심을 가지고 지원하는 정치인들이 많을수록 의제화 가능성이 높아집니다. 정치적으로 민주화된 상황에서는 민간의 많은 문제들이 공공문제로 의제화될 수 있습니다. 하지만 억압적인 정치상황에서는 소수 정책결정권자들의 관심사항만이 정책의제로 채택됩니다.

⑤경제·사회 상황

당시의 경제 상황에 따라서 의제화 가능한 문제의 종류가 달라질 수 있습니다. 소득의 증대와 국가의 경제력 향상이 국민들의 정책 욕구를 변화시킬 수 있기 때문입니다.

2) 합리적 정책결정

합리적 정책결정을 위해서는 문제의 인지와 정의, 이를 바탕으로 한 정책목표의 설정, 정책목표를 달성하기 위한 정책대안의 탐색, 정책대안의 결과 예측, 예측된 결과에 대한 비교, 평가 및 최적 대안 선택 등의 활동이 진행됩니다.

(1) 정책문제의 속성

사회의 여러 가지의 문제들 가운데서 많은 사람들이 관련되어 있는 것이 공공문제이고, 그런 것들 중에서 정부에 의해 정책적으로 해결해야 한다고 여기지는 것들이 정책문제입니다 정책문제는 다음과 같은 네 가지의 속성을 지니고 있습니다.

첫째, 정책문제는 공공성을 띠고 있습니다. 공공성이라는 것은 정책 대상 집단의 규모나 정책결과의 영향력이 얼마나 큰가의 여부도 중요하지만, 얼마나 많은 사람들이 관심을 보이고 있는가도 중요한 요인입니다.

둘째, 정책문제는 주관적이고 인공적인 성격을 띠고 있습니다. 문제를 유발하는 상황은 선택적으로 정의되고, 정책문제는 관련된 개인과 집단의 영향을 받아서 만들어지게 됩니다.

셋째, 정책문제는 복잡다양하고 상호의존적입니다. 정책 문제는 복합 요인에 의해서 동시 다발적으로 생겨납니다. 따라서 여러 요인들이 복합적으로 작용하고 있습니다.

넷째, 정책문제는 역사적 산물인 경우가 많습니다. 현재의 문제는 오랜 기간 동안 형성되어 온 것일 수 있기 때문에, 눈에 보이는 현실만 고려해서 문제에 접근하면 원인을 찾을 수 없을 때가 있습니다.

(2) 정책목표의 설정

정책목표는 미래에 도달하고자 하는 바람직한 상태를 의미하므로 미래지향적인 성격을 가지고 있으며, 무엇이 바람직한 상태인가를 판단하는 가치판단에 의존하기 때문에 주관적이며 타당성이나 규범성을 지니고 있습니다. 정책목표의 본질적인 기능은 정책목표의 실현을 통해 사회적으로 바람직한 상태를 만드는 것입니다. 이러한 바람직한 정책목표가 설정되었는지를 판단하는 기준으로는 적합성과 적실성을 들 수 있습니다.

정책목표의 적합성이란 달성할 가치가 있는 여러 가지의 목표들 중에서 가장 바람직한 것을 목표로 채택했는가 하는 것을 의미하는 것으로, 결국 정책문제의 여러 가지 요소 중에서 가장 중요한 문제 요소를 선택했는지의 여부를 의미하는 것입니다. 정책문제의 적실성은 정책목표의 달성 수준과 관련된 것으로서 목표의 수준이 지나치게 높거나 낮지 않고 적당한 수준인지의 여부를 의미합니다.

(3) 정책대안의 탐색 및 결과 예측

정책목표를 설정한 후에는 이를 잘 달성할 것으로 예상되는 정책 수단들을 개발하고 탐색하는 작업이 필요한 데, 이것을 정책대안의 탐색이라고 부릅니다. 여기에서 정책대안이란 정책목표와 정책수단을 포함하는 개념입니다.

정책대안이 집행 또는 실현되었을 경우 나타날 결과들을 미리 예상하는 것을 정책대안의 결과예측이라고 합니다. 합리적 결정에서는 정책수단들 중에서 어느 것이 최선인지를 알아내는 것이 가장 중요하며, 이를 위해서는 정책 수단들이 집행될 경우에 어떠한 결과가 나타나게 될 것인지를 예측하는 것이 필요합니다.

정책대안의 결과를 예측하는 방법에는 여러 가지가 있습니다. 우선 개인적인 판단이나 델파이, 패널토의, 자유토론 및 시나리오 작성 등 주관적으로 예측하는 방법이 있습니다. 이어서 기존 자료를 통해 일정한 경향을 파악하는 통계적 방법으로서 시계열자료에 의한 예측방법도 있습니다. 또한 예측대상 분야와 관련이 있는 변수들의 인과관계를 계량적으로 분석하는 방식도 있습니다.

(4) 예측 결과의 비교 평가

탐색된 정책대안들이 어떠한 결과를 가져올 것인지를 예측한 다음에는 이 결과들을 일정한 기준에 따라서 비교 평가해서 최선의 대안을 선택하는 작업을 하여야 합니다. 이 과정에서 소망성과 실현가능성 등의 평가 기준이 활용됩니다.

① 소망성

정책대안의 소망스러움(Desirability)을 평가하는 데 사용되는 기준은 사람에 따라서 그리고 강조하는 바가 무엇이냐에 따라서 달라질 수 있습니다. 소망성의 관점에서 평가에 가장 중요한 기준은 다음과 같습니다.

- 노력: 정책에 투입될 양적이고 질적인 재원 및 에너지를 의미합니다.
- 능률성: 비용과 관련시켜서 투입과 산출의 비율을 의미합니다.
- 효과성: 가치 있는 결과가 성취되었는지 즉 목표달성의 여부를 의미합니다.
- 형평성: 비용과 편익이 여러 이익집단들 사이에 동등하게 배분되었는지 여부를 의미합니다.
- 대응성: 성취된 결과가 특수집단의 욕구, 선호 및 가치 등을 만족하게 해주는지의 여부를 의미합니다.

② 실현가능성

정책대안의 실현가능성(Feasibility)은 그것이 정책으로 채택되고 그 내용이 충실히 집행될 가능성을 의미합니다. 정책대안의 실현가능성 기준들은 다음과 같습니다.

- 기술: 기술적 실현가능성이 정책대안이 현재 이용 가능한 기술로서 실현이 가능한 정도를 말합니다.
- 재정: 재정적 실현가능성은 정책대안이 실현되는 데 소요되는 비용을 현재의 재정적 수준 또는 이용 가능한 자원으로 부담할 수 있는 정도를 의미합니다.
- 행정: 행정적 실현가능성은 정책대안의 집행을 위해 필요한 행정, 조직, 인력 등의 이용가능성을 의미합니다.
- 법과 윤리: 법적 실현가능성은 정책대안이 다른 법률의 내용과 모순되지 않을 가능성을 의미하며, 윤리적 실현가능성은 정책의 실현이 윤리적 제약을 받지 않을 가능성을 의미합니다.
- 정치: 정치적 실현가능성은 정책대안이 정치 체제에 의해 정책결정 과정에서 정책으로 채택되고 이것이 집행될 가능성을 의미합니다.

2. 정책의 집행

“위대한 사회(Great Society) 건설”을 목표로 1964년 케네디의 뒤를 이어서 미국의 대통령이 된 존슨 대통령은 앞에서 살펴본 것처럼 빈민, 범죄, 실업, 도시문제, 인종차별 및 사회복지 등 다양한 분야의 문제들을 해결하기 위하여 대량의 법률을 통과시켰습니다. 그러나 이러한 법률들 가운데는 입법과정에서의 의욕이 지나쳐서 문제점에 대한 정확한 파악 없이 모호한 것이 많았고, 집행과정에서 예기치 못한 난관에 봉착하게 됩니다.

따라서 처음의 의욕과는 달리 입법은 하였으나 입법자의 의도대로 집행되지 못하여 현실적인 문제점들은 조금도 개선되지 못하는 상황이 발생하였습니다. 이러한 사실에 대한 반성으로 미국에서 1970년대 초반부터 정책집행에 대한 연구가 본격화됩니다. 1970년 초에 미국 캘리포니아 랜드(RAND)연구소에서는 정책집행 연구에 대한 분석을 주제로 학술회의가 개최되었습니다. 이어서 1973년에 프레스맨(J. L. Pressman)과 윌다브스키(A. Wildavsky)의 「집행론」이 출판되어 학계와 실무계의 관심을 불러일으키게 됩니다. 이들은 미국 상무부의 경제개발처가 오클랜드 시에서 추진한 도시지역 실업자 구제사업이 실패하게 된 원인에 대하여 조사하였습니다. 이후 미국에서 정책집행에 관한 연구는 다양한 분야에서 연구되기 시작하였습니다.

1) 정책집행 연구의 전개

(1) 정책집행의 개념

정책집행이란 결정된 정책을 그 정책이 의도하는 목표달성을 위하여 이를 실천에 옮기는 것을 말합니다. 정책집행에 대한 개념도 학자들에 따라서 다음과 같이 다양하게 정의를 내리고 있습니다.

우선 프레스맨과 윌다브스키는 “예견된 결과를 달성할 수 있는 능력”이라고 하면서, “목표의 설정과 이를 달성하기 위한 활동 간의 상호작용”이라고 정의하였습니다. 나카무라(R. T. Nakamura)와 스몰우드(F. Smallwood)

는 정책집행을 "권위있는 정책지시를 실천에 옮기는 과정"으로서 정의할 수 있지만, 이 과정은 순차적인 단일방향의 과정이 아닌 복잡하고 동태적인 순환과정으로 보아야 한다고 강조하였습니다.

이들의 의견을 종합해 볼 때, 정책집행의 개념은 "정책의 목표달성을 위해 취해지는 수단의 구체화 과정"이라고 규정할 수 있습니다(최봉기, 2008: 331) 이러한 정책집행의 개념은 넓은 의미에서 다음의 내용을 담고 있습니다.

첫째, 정책목표의 달성을 위하여 환경의 조작이나 조직구조의 변화수단으로서 인적, 물적 자원의 동원과 배분을 가능하게 하는 상호적응과정을 설명하고 있습니다. 둘째, 정책목표의 달성을 위해 때로는 정책집행자가 정책결정과정에도 참여해야 하며, 집행된 정책의 평가과정까지도 고려해야 하는 순환적 과정의 속성을 설명하고 있습니다. 셋째, 정책과정의 초기단계부터 각종의 요구를 투입해 온 수 많은 이익집단들과 의제설정과정에서나 정책결정과정에서 자기들의 이익을 충분히 반영시키지 못한 이해관계자들, 그리고 정책집행으로 인한 피해를 받게 된 또 다른 개인 및 집단들이 참여하여 서로의 이익을 대변하게 되는 정치적 과정의 성격도 동시에 내포하고 있습니다.

(2) 정책집행의 과정

정책집행의 과정은 여러 변수들이 동태적으로 작용하는 순환적 과정입니다. 정책집행은 직접 그 정책에 영향을 받게 되는 정책 대상 집단들과, 집행기관을 둘러싸고 집행에 영향을 미치려는 정당, 국회, 압력단체, 법원, 대중매체 및 시민단체들이 상호 복합적으로 작용하는 정치적 과정이기도 합니다. 이러한 정책집행의 과정은 집행계획의 작성, 집행기관 조직, 자원의 동원과 배분, 실행 및 성취동기의 부여 및 집행과정의 통제와 정책수정 등 다섯 단계로 나누어 볼 수 있습니다.

① 집행계획의 작성(Planning)

집행계획의 작성과정은 일정한 목표를 달성하기 위하여 최상의 이용 가능한 미래의 방법과 절차를 의식적으로 개발하는 과정입니다. 집행계획의 작성이란 정책을 보다 합리적이며 효율적으로 집행하기 위한 방법과 수단을 사전에 결정하는 기획과정이라고 할 수 있습니다.

② 집행기관의 조직(Organization)

이 단계는 누가 무엇을 가지고 어디에서 어떤 일을 담당해 나가야 할 것인가의 문제를 결정해야 하는 과정입니다. 계획에 의해 보다 체계화되고 구체화된 행동의 방향이나 내용들을 실제로 담당해 나갈 집행기구를 조직화하는 단계입니다. 이 단계에서는 분업체제는 물론, 자원을 동원하고 배분하는 기능적 요소가 반드시 필요하게 되며, 따라서 고전적 행정학의 조직, 인사 및 재무행정의 대부분이 이 단계에 속하게 됩니다.

③ 자원의 동원과 배분(Mobilization & Allocation of Resources)

분업체제의 기능적인 측면에서 보면, 정책집행에 필요한 자원을 동원하고 배분해야 하는 기능이 가장 중요한 기능입니다. 이때의 자원이란 인적·물적 자원은 물론이고 정보·기술·시간·정치적 지지 등을 의미합니다. 동원과 배분이란 이들 자원을 효율적으로 활용하기 위해 기관의 통일적인 관리통제하에 집중시키는 것을 뜻합니다.

④ 실행 및 성취동기부여(Activating & Motivating)

실행 및 성취동기부여 단계는 정책집행을 담당하게 될 기관의 집행활동을 수행하고, 그 수행과정에서 일어나는 집행담당자들에 대한 사기와 교육훈련 등 유인과 자극을 통한 동기부여과정을 말합니다. 과거 행정학에서는 정책을 집행하는 관료의 활동을 상급자의 지시나 명령에 의해 이루어지는 것으로 보고, 이 집행과정을 지시·명령단계로 보았습니다. 그러나 현대 행정학은 정책을 집행하는 관료의 활동이 수동적·소극적으로 지시·명령에만 따라 움직이는 것이 아니며, 관료의 자발적이고 창의적이며 적극적인 활동을 강력하게 요청하고 있다고 보며, 이를 동기부여 과정이라고 합니다.

또한 동기부여의 대상을 과거에는 정책집행기관의 내부에 있는 구성원들에 국한시켜서 생각했으나, 오늘날에는 정책집행기관 외부의 환경이나 정책집행 대상집단의 행동변화까지도 그 대상으로 고려하고 있습니다.

⑤ 통제와 정책수정(Controling & Correcting)

정책이 언제나 원하는 것처럼 완전하게 집행될 수는 없습니다. 따라서 정책이 집행되고 있는 과정에도 그 정책이 처음 의도한 바를 달성할 수 있도록 많은 요인들을 통제하고, 진행상황을 평가함으로써 집행의 효율성을 높이도록 노력해야 합니다. 이러한 활동들을 일반적으로는 평가 및 시정조치 또는 통제라고 합니다.

일반적으로 통제라고 하면 흔히 정책집행이 종료되고 정책의 평가가 끝난 다음에 이루어지는 것으로 보지만, 정책과정상에서 볼 때 통제는 사전통제와 과정통제 및 사후통제로 나누어 볼 수 있습니다.

2) 정책집행의 유형

정책집행의 유형은 정책결정자와 정책집행자의 상호작용 측면에서뿐만 아니라, 정책집행기관인 조직이나 집행 그 자체를 어떠한 관점에서 보느냐에 따라서 달라질 수 있습니다.

(1) 정책결정자와 집행자 간의 권력관계 기준

나카무라와 스몰우드의 기준에 의하면 정책집행의 유형은 다음과 같이 분류됩니다.

① 고전적 기술자형(Classical Technocracy Type)

이것은 정책결정자가 구체적인 정책목표를 수립하고 이러한 목표를 달성하기 위한 기술적 문제에 대한 권한을 정책집행자에게 위임하면 정책집행자는 정책결정자가 수립한 권한의 범위내에서 각종의 기술적 수단을 강구하여 정책을 실천에 옮기는 형태의 정책집행을 의미합니다.

정책결정자는 정책집행과정에 강력한 통제력을 행사하며, 집행자는 기술적인 문제에 대해서만 다소간의 재량권을 갖습니다.

② 지시적 위임형(Instructed Delegation Type)

정책결정자가 수립한 목표에 정책집행자가 합의를 하고 정책결정자가 정책집행자에게 목표달성을 위하여 요구되는 각종 집행 권한을 광범위하게 위임하는 정책집행을 의미합니다. 이 모형의 특징은 고전적 기술자형에 비하여 정책집행자에게 보다 많은 권한을 위임하는 것입니다.

③ 협상형(Bargaining Type)

정책결정자와 집행자 간에 정책목표나 그 목표달성을 위한 수단의 선택을 위해 상호 협상하는 형태의 정책집행방식입니다. 정책목표나 구체적인 집행 수단들에 대하여 두 집단이 서로 조정과 협상의 과정을 거쳐 정책이 변화를 겪게 됩니다. 이 모형은 어느 집단의 힘이 세고, 협상력을 발휘하느냐에 따라서 그들의 의도가 반영된 정책이 만들어져서 집행되게 됩니다.

④ 재량적 실험형(Discretionary Experimentation Type)

해결해야 할 중요한 정책문제가 야기되었으나 문제의 성격상 복잡한 요소가 관련되어 있을 뿐만 아니라 문제해결을 위한 핵심을 명확하게 찾을 수 없는 경우, 정책결정자가 구체적인 정책을 결정하지 못하고 광범위한 재량권을 집행자에게 위임하는 형태입니다. 집행자들은 정책목표의 구체화, 수단선택, 정책 시행을 자신의 책임하에 관장합니다.

⑤ 관료적 기업가형(Bureaucratic Entrepreneurs Type)

정책집행자가 정책결정자의 권력을 장악하고 정책결정과정을 지배함으로써 그들 자신이 정책목표나 그 목표달성을 위한 수단까지도 결정권을 행사하는 경우를 의미합니다. 행정의 기능이 확대되고 복잡해지는 오늘날에 직업공무원제에 따라서 정책집행에서 관료적 기업가 형태를 가지는 정책집행이 자주 나타납니다.

(2) 정책집행에 대한 관점 기준

정책집행기관인 조직이나 집행 그 자체를 어떠한 관점에서 보느냐에 따라서 정책집행과정에 대한 인식의 형태가 달라질 수 있습니다.

① 체제관리모형(System Management Model)

이 모형은 조직을 체제로 보고, 정책집행을 체제의 목표지향적인 활동으로 파악합니다. 이 모형은 조직에 대한 기본 관점을 다음과 같이 갖고 있습니다.

첫째, 조직은 합리적 가치를 극대화하고 수립된 목표를 달성하도록 운영되며 계층제의 원리에 따라서 구성되어야 한다. 둘째, 최고관리층은 정책결정과 체제전반에 걸친 성과에 책임을 지며 할당된 과업과 목표를 통해 하위층을 통제한다. 셋째, 조직이 수행하는 과업의 성과를 극대화하기 위해서는 하위조직단위 상호 간에 권한과 책임이 적정하게 배분되어야 한다. 따라서 이 모형은 규범적인 성격이 강해서 현실적인 어려움을 설명하는데 한계를 지니고 있습니다.

② 관료과정모형(Bureaucratic Process Model)

이 모형은 정책집행을 이례적인 재량을 통제하는 일상적인 과정으로 보고 있습니다. 이 모형은 조직에 대한 기본 관점을 다음과 같이 갖고 있습니다.

첫째, 조직은 이례적인 재량과 일상적인 관례의 2대 속성이 있다. 둘째, 조직 내부의 세력은 특정과업을 통제하는 하위단위로 분산되는 경향이 있다. 셋째, 정책결정은 이례적인 재량을 통제하고 일상적인 관례를 변경하는 작업이다. 넷째, 정책집행은 재량이 어디에 집중되고 있으며 어떠한 관례가 변경되는가를 확인하는 과업이다. 따라서 이러한 관점에서는 정책집행을 통제방안을 모색하고 정책목표에 부합되도록 과정의 방안을 찾아내는 것으로 보고 있습니다.

③ 조직발전모형(Organizational Development Model)

이 모형은 정책집행을 집행자가 정책을 결정하거나 결정에 참여하여 자신의 입장을 주장하는 참여적 과정으로 보고 있습니다. 이 모형은 조직에 대한 기본 관점을 다음과 같이 갖고 있습니다.

첫째, 조직은 개인의 사회심리적 기본욕구를 충족시키도록 기능해야 한다. 둘째, 조직은 조직구성원들이 스스로의 개인적 통제와 결정에의 참여, 조직목표에 대한 몰입을 극대화할 수 있도록 구성되어야 한다. 셋째, 조직 내에서 얼마나 효과적인 작업집단을 만들어내느냐에 따라서 신뢰와 지지에 바탕을 둔 인간관계를 형성하여 갈등을 효과적으로 관리할 수 있다고 본다. 따라서 이러한 관점에서 정책집행과정은 당연히 정책결정자와 집행자 간에 합의와 수용이라고 보는 것입니다.

④ 갈등협상모형(Conflict Negotiation Model)

이 모형은 정책집행을 순환적으로 반복되는 갈등과 협상의 과정으로 보고 있습니다. 따라서 이 모형은 조직에 대한 기본 관점을 다음과 같이 갖고 있습니다. 첫째, 조직은 권력행사와 자원배분 과정에서 상대적으로 이익을 추구하는 개인과 하위조직단위가 경쟁을 벌이는 갈등의 장이다. 둘째, 조직 내의 권력행사와 권한분포는 공식적 구조와 무관하게 언제나 불안정하며, 개인과 하위조직 단위 간의 상대적 영향력은 부단히 변화한다. 셋째, 조직 내의 의사결정은 하위조직단위들 상호 간의 협상에 의해서 이루어진다고 본다. 이 모형에 의하면 정책집행은 참여자들의 선호와 세력을 반영하는 협상을 통하여 이루어지며, 이 협상은 협상과정에 참여하는 참여자들 간의 세력에 따라 결정됩니다.

3. 정책의 분석 및 평가

정책과정에서 마지막이 분석과 평가입니다. 이 분야를 간략하게 정리하면 다음과 같습니다(이하 이종수·윤영진 외, 2012: 251-263의 수정).

1) 정책분석의 의의와 절차

(1) 정책분석의 의의

정책분석(Policy Analysis)은 정책결정자들이 더 나은 판단을 할 수 있도록 필요한 정보를 창출하고 제시하는 일련의 과정을 말합니다. 정책분석은 넓은 의미에서는 정책형성, 정책집행 및 정책평가로 이어지는 정책 과정의 모든 단계에서 필요한 정책 관련 정보를 산출하는 활동으로 이해할 수 있습니다. 즉, 정책분석은 정부가 당면한 다양한 문제들에 대한 대응 방식으로, 구체적인 정책문제 해결에 필요한 정책 관련 정보를 창출하는 활동입니다.

좁은 의미로는 정책형성 단계에서 요구되는 정책 관련 지식을 생산하고, 비판적으로 평가하는 활동을 의미합니다. 정책분석과 정책평가는 시간적 순서는 물론 분석 대상, 범위 및 방법론 등에서 약간의 차이를 보이고 있습니다. 즉, 정책분석은 정책의제 설정 및 정책형성에 관련된 지식을 창출하는 사전적 분석활동이라고 할 수 있습니다. 이에 비하여 정책평가는 정책집행 과정에서 의도한 대로 능률적으로 집행되었는지, 정책집행 이후 설정된 목표를 달성했는지를 평가하는 활동을 의미합니다.

(2) 정책분석의 절차와 방법

정책분석을 광의로 이해할 경우에 일반적인 절차는 문제 구조화, 예측, 제안, 모니터링 및 평가의 단계로 구성됩니다.

① 정책문제의 구조화

정책분석의 첫 단계는 정책문제를 구조화하는 것입니다. 정책문제는 복잡하고 상호의존적이기 때문에 체계적인 규칙을 통한 구조화는 매우 어렵습니다. 따라서 정책문제를 올바르게 정의하는 것이 중요합니다. 문제의 구조화는 문제 감지, 문제 탐색, 문제 정의 및 문제의 구체화 단계를 거쳐서 이루어집니다.

② 정책미래의 예측

정책미래는 잠재적 미래, 개연적 미래 및 규범적 미래 등 세 가지의 유형으로 구분됩니다. 정책분석은 규범적 미래의 방향과 세부목표를 구체화함으로써 잠재적 혹은 개연적 미래의 범위를 제한하는 것을 목적으로 합니다. 즉, 잠재적 혹은 개연적 미래를 규범적 미래로 전환하는 데 필요한 정보를 제공합니다.

③ 정책대안의 채택

정책대안의 채택은 둘 이상의 대안에 대한 가치판단을 의미하므로 윤리적·도덕적 문제와 관련이 깊습니다. 따라서 정책제안은 사실적 주장 혹은 평가적 주장뿐만 아니라 행동에 관한 주장을 포함하며, 기술적·법적·경제적·사회적·정치적 합리성 등에 기초해서 이루어집니다. 이러한 정책제안을 위한 접근방법에는 비용편익분석과 비용효과분석 등이 있습니다.

2) 정책평가의 의의와 쟁점들

(1) 정책평가의 의의와 유형

정책평가는 정책대안이 결정된 후에 집행 과정에서 의도한 대로 능률적으로 집행되었는지 점검하고, 정책이 집행된 후에 설정된 목표를 효과적으로 달성했는지를 평정하는 활동을 의미합니다. 따라서 정책평가는 정책의 내용, 집행 및 그 영향 등을 추전하거나 조정하는 것입니다. 정책평가의 결과는 정책결정이나 집행 과정에 환류되어 정책의 합리성과 예측력을 높여주게 됩니다.

정책평가의 유형은 평가의 시기, 단계 및 목적 등에 따라서 다음과 같이 분류해 볼 수 있습니다.

① 시기에 따른 분류: 형성적 평가와 총괄적 평가

과정평가, 도중평가 및 진행평가 등으로 불리는 형성적 평가(Formative Evaluation)는 사업계획을 형성 및 개발하는 과정에서 수행되는 평가입니다. 정책집행 과정에서 나타나는 문제들을 해결해서 사업계획을 더 나은 방향으로 개선하기 위한 목적으로 수행됩니다.

총괄적 평가(Summative Evaluation)는 정책이 집행된 후에 과연 그 정책이 당초 의도했던 목적을 달성했는지의 여부를 판단하는 활동이며 정책효과성 평가라고 할 수 있습니다.

② 목적에 따른 분류: 과정, 영향 및 포괄적 평가

과정평가(Process Evaluation)는 정책이나 사업이 정해진 지침에 따라서 집행되었는지를 평가하는 것입니다. 영향평가(Impact Evaluation)는 정책이나 사업이 의도한 방향으로 변화를 가져왔는지를 평가하는 것입니다. 즉 정책이 표명한 목표대로 대상집단에 영향을 주었는지 평가하는 것입니다. 포괄적 평가(Comprehensive Evaluation)은 과정평가와 영향평가를 모두 포함하는 평가입니다. 이러한 포괄적 평가는 정책결정자 및 국민에게 정책집행과 정책 결과에 대한 유용한 정보를 제공하게 됩니다.

(2) 정책평가의 쟁점들

정책평가와 관련한 쟁점들은 크게 평가의 주체, 윤리적 문제 및 시민참여 등으로 정리해볼 수 있습니다.

① 평가의 주체

정책평가는 여러 주체에 의해서 행해질 수 있으며, 평가 구조 역시도 달라질 수 있습니다. 일반적으로 부처 내부에서 수행하는 자체평가와 외부 기관에 위탁해서 수행할 수도 있습니다. 일반적으로는 연구기관이나 부처 예산 담당기관, 의회 위원회 및 감사기관 등에 의해서 수행됩니다. 자체평가의 경우에도 외부의 교수들을 자체평가 위원으로 선임하여 객관성을 담보하려는 노력을 하고 있습니다. 외부평가는 기관이 외부의 연구조직과 계약을 맺어서 제3자의 위치에 있는 외부전문가가 수행하는 것입니다.

② 정책평가의 윤리적 쟁점

최근에 와서 정책평가에서도 전문직업적 윤리가 강조되는 추세입니다. 정책평가 기법이 날로 발전하고 있어서 과학적이고 객관성이 강조되기 때문에 평가단계에서 발생할 수 있는 윤리 문제를 적극 고려해야 합니다. 특히 성과를 객관적으로 밝히고 개선방안을 도출하는 과정에서 이해관계자들과 윤리적 문제에 직면하게 되므로 윤리지침을 마련할 필요성이 있습니다.

③ 정책평가와 시민참여

정부 중심의 정책평가 제도는 조직경직화, 결과의 과대포장 및 의도적 은폐 등의 문제로 많은 비판을 받아왔습니다. 최근에는 정책의 책임성을 강화하기 위해서 정책평가 과정에서 시민참여가 강조되고 있습니다. 시민참여는 정책의 모든 과정에서 강조될 수 있습니다. 특히 현행 정부업무평가기본법에서 시민참여 기반이 제도적으로 보장되고 있어서 앞으로 시민참여는 보다 활성화될 것으로 기대됩니다.

제3절 정책학의 과제들

여기에서는 정부업무의 성과관리 및 평가제도에 대하여 살펴보도록 하겠습니다.

1. 정부업무의 성과관리

현재 시행되고 있는 "정부업무평가기본법"에 따르면 "정부업무평가"라 함은 국정운영의 능률성·효과성 및 책임성을 확보하기 위하여 중앙행정기관, 지방자치단체 및 그 소속기관과 공공기관(이하 "평가대상기관"이라 한다)에서 행하는 정책 등을 평가하는 것을 말합니다(제2조 정의). 이러한 정부업무평가는 각 부처의 성과관리 기본계획에 근거한 자체평가와 국정을 통합적으로 관리하기 위하여 국정과제 추진성과, 기관별 국정과제 지원 등에 대한 특정평가로 구성되어 있습니다. 우선 성과관리부터 살펴보면 다음과 같습니다.

1) 성과관리의 개념

정부부문의 "성과관리"는 기관의 임무와 비전, 중·장기 목표, 연도별 목표 및 성과지표를 미리 제시하고, 집행과정 및 결과를 경제성·능률성·효과성 등의 관점에서 관리하는 일련의 활동을 의미합니다(정부업무평가기본법 제2조). 즉 성과관리란 <그림 12>와 같이 각 기관이 그 임무달성을 위해 전략적 관점에서 계획을 수립하고, 한정된 자원을 효율적으로 활용하여 업무를 추진한 후, 조직의 역량과 성과를 정확히 측정하여 그 결과를 정책의 개선이나 자원배분, 개인의 성과보상에 반영함으로써 조직의 전반적인 효율성을 높이고자 하는 과정입니다. 따라서 성과관리의 궁극적 목적은 일 잘하고 책임 있는 정부를 만들어 국민에게 질 높은 행정서비스를 제공하고자 하는 것입니다.

<그림 12> 정부 성과관리 흐름도

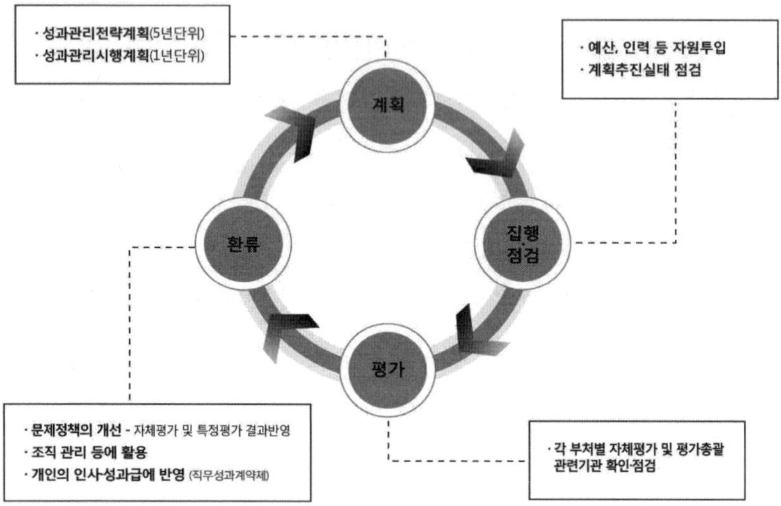

2) 성과관리의 도입 배경

성과관리 제도는 주로 외국의 민간 기업에서 시작되었으나, 정부의 효율성 제고를 위해 1990년대부터 공공부문에 활발하게 도입되기 시작하였습니다. 우리나라는 1990년대 중반까지 정책의 결과보다는 예산이 제대로 투입되었는지, 주어진 업무를 절차에 맞게 수행하였는지 등의 투입과 집행 측면에 중점을 두고 정책을 관리하여 왔습니다. 이후 국가경쟁력 강화와 정부 효율성 제고 요구가 증가함에 따라서 1990년대 후반 정부업무평가, 재정사업평가, 정보화 평가 등 기관을 대상으로 한 결과지향적인 성과관리제도를 부분적으로 채택하여 왔습니다.

2003년에는 중앙행정기관 4급 이상 공무원을 대상으로 목표관리제를 도입하고, 2004년 10월부터는 이를 직무성과계약제도[18]로 발전시켜 공무원

18) 장·차관 등 기관의 책임자와 실·국장과 과장 간에 성과목표 및 지표 등에 관하여 공식적인 성과계약(Performance Agreement)을 체결하고, 그에 따라 당해 연도의 개인의 성과를 평가한 후, 그 결과를 성과급, 승진 등에 반영하는 인사관리시스템입니다.

개인에게까지 성과관리제도를 확대·적용하고 있습니다. 또한 피평가기관의 평가로 인한 업무부담 감소 등 성과관리제도 개선을 위해 2006년 "정부업무평가기본법"을 제정하여 본격적으로 정부업무 성과관리를 추진하고 있습니다.

3) 성과관리의 주요 내용

(1) 계획 수립

2007년부터 중앙행정기관은 5년 단위의 '성과관리 전략계획'을 수립하여 기관의 임무와 비전, 전략목표와 5년 단위 성과목표를 제시하고, 실행계획인 '성과관리 시행계획'을 수립하여 당해 연도의 성과목표와 이의 달성을 위한 정책(사업)과 성과지표를 제시하고 있습니다.

국무총리 소속 정부업무평가위원회(국무총리·민간 공동위원장)는 중앙행정기관의 목표체계와 성과지표의 적절성을 검토·조정하는 등 계획 수립을 지원하고 있습니다.

(2) 집행, 점검 및 평가

중앙행정기관은 주어진 자원을 효율적으로 배분하여 정책을 추진하고 과제의 추진과정과 실적 등 이행상황을 점검하여 목표달성에 차질이 없도록 관리하고 있습니다. 중앙행정기관은 매년 4월에 평가계획을 수립하고, 연말실적을 기준으로 다음 해 1~3월간 자체 평가를 하고 있습니다. '성과관리시행계획'의 관리과제와 과제별 성과지표는 중앙행정기관 자체평가의 대상과제 및 성과지표로 활용되고 있습니다.

(3) 평가 결과의 환류

① 기관 차원

자체평가와 자체평가에 대한 평가총괄관련기관의 확인·점검 결과, 정책 등에 문제점이 발견되면 중앙행정기관의 장은 자체 시정조치 또는 감사를 실시하고, 그 결과를 '정부업무평가위원회'에 제출하는 등 정책의 지속적인 개선을 추진하고 있습니다. 또한 조직관리 차원에서 평가결과에 따라 인력 증원, 직급별 정원 조정 등 부처의 조직관리에 대한 자율권을 차등적으로 부여하고 있습니다.

② 개인 차원

과제의 평가결과를 과제를 추진한 개인의 성과와 연계하여 인사에 반영시키고 있습니다. 따라서 연공체계에 익숙한 공직사회에 성과와 경쟁시스템을 도입함으로써 행정서비스의 질을 높이고 행정의 생산성 향상에 기여하고 있습니다.

또한 4급 이상 공무원은 직무성과계약제를 통해, 5급 이하 공무원은 근무성적 평가를 통해 평가결과가 개인의 인사에 반영되도록 제도화하였습니다. 따라서 근무실적, 직무수행능력 및 직무수행태도를 평정하는 근무성적 평정의 경우, 정부업무평가 결과를 토대로 근무실적을 평정하고 있습니다.

2. 정부업무 평가제도

2006년 제정된 정부업무평가기본법에 의거하여 정부는 매년 정부업무에 대한 평가를 진행하고 있습니다. 여기에서는 정부업무평가위원회의 기능과 2013년 정부업무 성과관리 운영지침을 중심으로 살펴보겠습니다.

1) 정부업무평가위원회

정부는 정부업무평가기본법 제9조 및 제10조에 따라서 정부업무평가의 실시와 평가기반의 구축을 체계적·효율적으로 추진하기 위하여 국무총리 소속하에 정부업무평가위원회를 설치하여 운영하고 있습니다.

정부업무평가위원회의 기능은 다음과 같습니다.

- 국가 차원의 중장기 평가기반의 구축·운영계획의 수립 및 추진

- 정부업무평가기본계획 및 정부업무평가시행계획의 수립
- 정부업무평가의 기획·조정·총괄
- 정부업무평가제도와 관련된 성과관리
- 정부업무평가결과의 활용 및 평가제도간 연계방안
- 특정평가계획의 수립·시행 등

정부업무평가위원회는 국정운영의 능률성 효과성 및 책임성을 확보하기 위해 <그림 13>과 같이 중앙행정기관 등이 행하는 정책 등을 평가합니다. 평가대상기관은 중앙행정기관, 지방자치단체 등이 있으며 평가결과를 종합하여 익년도 초에 정부업무평가보고회를 개최하거나 국무회의에 보고합니다.

<그림 13> 정부업무평가 실시 체계도

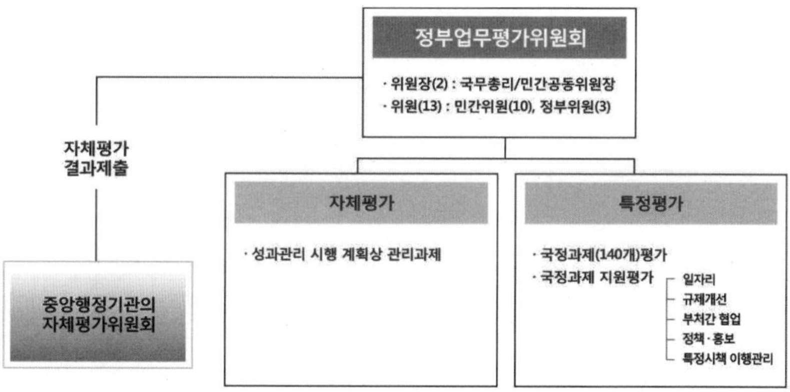

자체평가는 중앙행정기관 또는 지방자치단체가 소관 정책 등을 스스로 평가하는 것입니다. 각 부처는 성과관리시행계획상 관리과제를 대상으로 전자통합평가시스템을 활용하여 스스로 평가를 실시합니다. 성과관리시행계획은 중앙행정기관의 장이 매년 수립하는 업무계획서로서 당해 연도 소관 기관의 주요정책·사업의 목표와 추진일정, 목표의 달성도를 측정할 수 있는 성과지표를 포함합니다. 정부업무평가위원회에서는 자체평가결과에

대한 근거자료 등을 확인·점검하고 평가의 객관성, 신뢰성에 문제가 있는 경우, 재평가를 실시합니다.

특정평가는 국무총리가 중앙행정기관을 대상으로 국정의 통합적 관리를 위해 필요한 정책 등을 평가하는 것입니다. 국무총리는 국정과제 추진성과, 기관별 국정과제 등에 대한 특정평가를 실시합니다.

2) 2013년도 정부업무 성과관리 운영지침

현재 정부의 정부업무 성과관리 체계는 <그림 14>와 같습니다. 운영지침의 내용을 요약하면 다음과 같습니다.

<그림 14> 정부업무 성과관리 추진체계

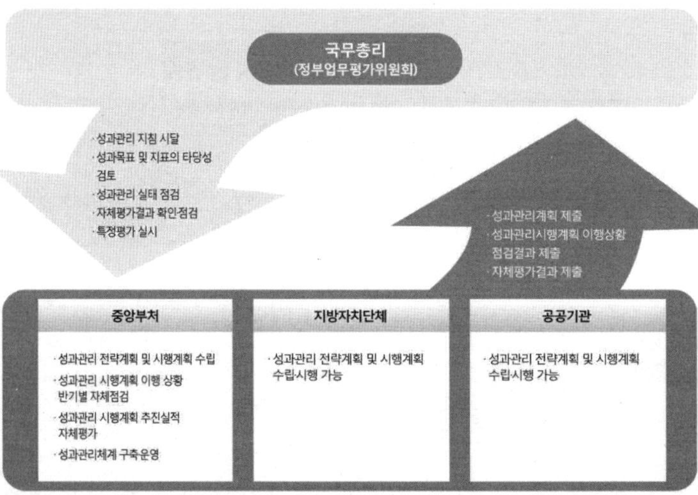

2013년부터 중앙행정기관은 새로이 5년 단위의 '성과관리 전략계획'을 수립하여 기관의 임무와 비전, 전략목표와 5년 단위 성과목표를 제시하여야 합니다. 성과관리 전략계획은 중앙행정기관의 장이 소속기관을 포함한 당해 기관의 전략목표 달성을 위해 수립하는 5년 단위의 중·장기계획입니다.

각 기관은 기관의 임무·전략목표 등을 설정하고, 동 계획과 관련이 있는 법령에 의한 중·장기 계획의 포함이 가능하며, 「국가재정법」에 의한 '국가재정 운용계획'을 반영하여야 합니다. 최초 수립 이후 최소 3년마다 수정·보완하도록 정부업무평가기본법 제5조 제2항에 명기되어 있습니다.

또한 매년 성과관리 전략계획의 실행계획인 '성과관리 시행계획'을 수립하여 당해 연도의 성과목표와 이의 달성을 위한 정책(사업)과 성과지표를 제시하여야 합니다. 성과관리 시행계획은 중앙행정기관의 장이 '성과관리 전략계획'에 기초하여 당해 연도의 성과목표를 달성하기 위해 수립하는 연도별 시행계획입니다. 당해 연도의 성과목표·관리과제·성과지표 및 재정부문의 과거 3년간('10~'12) 성과결과 등을 포함하여야 합니다.

중앙행정기관은 매년 평가계획을 수립하고, 연말실적을 기준으로 다음해 1~3월간 자체평가를 실시하여야 합니다. 성과관리 시행계획의 관리과제와 과제별 성과지표는 중앙행정기관 자체평가의 대상과제 및 성과지표로 활용됩니다.

국무총리는 국정과제 등 정부 내에서 지속적 관리가 필요한 시책, 다수부처 관련 시책, 주요 현안시책 등에 대하여 특정평가를 실시합니다.

이러한 평가결과는 환류되어, 기관차원에서는 정책개선 또는 예산편성에 반영하거나 조직 관리에 활용됩니다. 구체적으로 성과가 미흡한 사업은 원칙적으로 10% 이상 예산을 삭감하거나 폐지하고, 성과가 미흡하지 않으나 성과가 객관적으로 입증되지 않은 사업은 증액을 허용하지 않습니다. 개인차원에서는 개인성과 및 인사와 연계하거나 성과급 지급에 반영됩니다.

또한 부처 핵심 과제에 대한 중·장기적 정책성과 분석이 강화됩니다. 각 부처 핵심 과제에 대한 성과관리 및 책임성 강화를 위해 시계열 분석(Time Series Analysis) 체계를 구축합니다. 부처별 대표 성과지표를 선정, 중·장기적(3~5년) 성과관리를 통해 미흡사항에 대한 정책 개선 및 환류 기능을 강화시킵니다.

더 나아가 성과관리 시행계획과 성과계획서와의 연계를 강화할 예정입니다. 이러한 성과관리 시행계획(정부업무평가기본법)과 성과계획서(국가

재정법)의 연계 강화를 위해 양 기관 간 협업체계를 구축할 예정입니다. 기획재정부의 성과계획서 작성지침을 정평위 보고(매년 5월)토록 하여 계획단계부터 기재부와의 협력을 강화하고, 각 부처 성과관리 시행계획 검토 시 성과계획서 포괄여부·성과지표 등에 대해 검토할 것입니다.

제9장 쉬어가기 정책평가에서 시차적 접근의 필요성

경부고속도로 건설과 관련한 이야기를 해 보겠습니다. 1967년 4월 29일, 경부고속도로 건설이 박정희 대통령의 대선공약으로 발표되면서 시작되었습니다. 1968년 2월 1일, 정식으로 착공된 경부고속도로는 놀랍게도 같은 해 12월 21일, 서울-수원 구간이 완공되었고, 불과 2년 반 후인 1970년 7월 7일에 428Km 전 구간이 개통되었습니다. 하지만 당시에 김영삼, 김대중 등 모든 야당지도자들이 고속도로 건설에 결사반대했습니다. 정부 예산의 23%를 고속도로 건설에 투자하느니 농민들에게 나누어주자는 것이었습니다.

하지만 우리나라는 경부고속도로의 건설로 전국 일일생활권을 달성하고, 각종 산업의 활성화를 가져와서 경제발전의 기초를 닦을 수 있었습니다. 이처럼 경부고속도로의 건설은 현재가 아니라 대한민국의 미래를 내다보는 정책이었습니다. 그러나 야당과 국민들의 엄청난 반대에 직면했던 것입니다. 따라서 어떤 정책을 평가할 때, 사업의 종료 시점이 아니라 5년 후 또는 10년 후의 장기적인 관점이 중요할 수 있습니다. 여기에서 우리는 정부 정책의 평가에 시차적(時差的) 접근이 필요함을 알 수 있습니다.

제 전공과 관련하여 이야기를 하나 덧붙이면 다음과 같습니다. 김대중 정부는 2001년 1월부터 2002년 10월까지 전자정부 11대 사업을 추진했습니다. 그 가운데 대표적인 1번 사업이 전자적인 민원행정서비스(G4C), 현재의 민원24 사업이었습니다(다음 장의 전자정부에서 상세히 다룰 예정입니다). 저는 이 사업에 법제 정비 위원으로 참여하였습니다. 그런데 이 사업이 완료되고 난 이후, 거의 1년 동안 사용자가 전혀 늘지 않았습니다.

따라서 G4C 사업의 직후에 이 사업을 평가하면 실패한 사업입니다. 그런데 사용자가 늘지 않은 이유는 이 사업이 미완의 진행형 사업이었기 때문이었습니다. 왜냐하면, 김대중 대통령의 임기 중에 11대 사업들을 완료하고,

대통령을 모시고 전자정부기반 완성 보고대회를 개최해야 했기 때문에, 11대 사업들은 대통령의 임기가 끝나기 전인 2002년 10월까지 완료해야 했습니다.

따라서 G4C 사업의 결과, 민원행정서비스의 신청은 인터넷을 통해서 전자적으로 하고, 발급은 민원인이 직접 동사무소를 찾아가서 받던가 아니면 별도의 돈을 내고 우편으로 받아야 했습니다. 따라서 동사무소에 찾으러 간다면 거기에서 바로 신청해서 받으면 되지 굳이 신청은 인터넷, 발급은 동사무소를 고집할 이유가 없었습니다.

이후 노무현 정부에서 G4C의 고도화 사업을 진행하면서, 2004년에는 민원인이 신청과 동시에 그 자리에서 바로 민원서류를 출력할 수 있게 되었기 때문에 사용자가 기하급수적으로 폭증하기 시작하였습니다. 지금 민원24는 수수료도 무료일 뿐만 아니라 제3자에게 전송하는 기능까지 갖추고 있으며, 행정정보 공동활용시스템과 연계되어 대한민국 전자정부가 세계 1등이 되는데 중추적인 역할을 담당하고 있습니다. 따라서 사업의 5년 후의 평가는 우수할 수 있지만, 사업 직후의 평가는 낙제점이었습니다.

더 읽어야 할 책 3권:

- 최봉기. (2008). 「정책학개론」. 서울: 박영사.
- 정정길. (2010). 「정책학원론」. 개정증보판, 서울: 대영문화사.
- 정정길 외. (2005). 「행정의 시차적 접근」. 서울: 박영사.

꼭 알아야 하는 용어 3개(출처: 허동석, 2010; 이종수, 2009; 두산백과사전):

- 매카시즘(McCarthyism)

1950~1954년 동안에 미국을 휩쓴 일련의 반(反)공산주의 선풍을 말합니다. 이 용어는 미국 위스콘신주(州) 출신의 공화당 상원의원 J.R.매카시의

이름에서 나온 말입니다. 1950년 2월 "국무성 안에는 205명의 공산주의자가 있다"는 매카시의 폭탄적인 연설에서 발단한 것입니다. 1949년 이래 수년에 걸쳐 매카시가 상원의 비미(非美)활동특별조사위원회를 무대로 하여 행한, 공산주의자 적발 추방의 선풍을 의미하는 것입니다.

이러한 매카시즘은 제2차 세계대전 후의 냉전이 심각해지던 상황에서 전통적인 미국자본의 시장이던 중국의 공산화와 잇달아 발생한 한국의 6·25 전쟁 등 공산세력의 급격한 팽창에 위협을 느낀 미국국민으로부터 광범위한 지지를 받았습니다. 매카시는 히틀러와는 달리 아무런 비전도 가지지 못하였으나, 보기 드문 선동가였습니다. 그가 미국의 대외적 위신이나 지적(知的) 환경에 끼친 손해는 실로 막대한 것이었습니다.

- 쿠바 미사일위기(Cuban missile crisis)

쿠바 미사일 위기는 1962년 10월 22일부터 11월 2일의 11일 동안 소련의 중거리 핵미사일을 쿠바에 배치하려는 시도를 둘러싸고 미국과 소련이 대치하여 핵전쟁 직전까지 갔던 국제적 위기를 말한다. 그것은 제2차 세계대전 후의 미국·소련에 있어서 가장 심각한 위기였다. 1962년은 케네디 미국정권과 흐루시초프 소련정권 간에 심각한 대립·긴장의 관계에 있었다. 흐루시초프 정권은 전년 1961년 8월 중순 동독일에 '베를린의 벽'을 구축하도록 지시하였다. 냉전의 전성기에 발생한 쿠바미사일위기는 미소간의 핵전쟁의 위험조차 포함한 것이었다.

쿠바는 미국의 플로리다 반도의 끝에서 불과 230km 밖에 떨어져 있지 않으며 미국은 이 지역에 소련에 대한 레이더 조기경계 시스템을 개발하지 않았다. 쿠바에 반입된 42기의 소련의 핵미사일은 미국의 본토를 사정거리에 충분히 둘 수 있는 것이었다. 당시의 미국은 소련에 대해 대륙간탄도미사일(ICBM)의 수에서 약 5대 1의 우위에 있었지만 쿠바에 반입된 소련의 핵미사일에 전략적 위협을 받고 있기 때문에 당연한 것이었다. J. F. 케네디 대통령은 문제를 국제연합안전 보장이사회에 붙이는 한편 긴급하게 미주기구회의를 개최하여 소련에 대해서 핵미사일의 즉시 철거와 미사일기지의 파괴를 요구하였다. 케네디 대통령은 국가안전보장회의(NSC)를 열어 쿠바와 소련으로의 대응을 협의하였지만 쿠바에 대한 공중폭격과 상륙이라는 강경 작전을 피하고 소련의 상선의 쿠바 접근을 저지하는 해상봉쇄를 결정하고 위기 속에서도 흐루시초프 총리와의 협상의 여지를 남겨 두었다. 그러나 케네디 대통령의 대(對)소련 요구의 메시지는 소련이 핵미사일과 기지의 철거·파괴에 응하지 않으면 미국은 소련과의 전면전쟁도 불사하겠다고 하였다.

이런 속에서 소련은 1962년 10월 26일 미국이 쿠바를 침공하지 않는다는 것을 약속한다면 미사일을 철거하겠다는 뜻을 미국에 전달하고, 10월 27일 쿠바의 소련 미사일기지와 터키의 미국 미사일기지의 상호철수를 제안하였다. 이에 대하여 미국은 10월 26일의 제안을 수락할 것을 결정하였다. 흐루시초프 총리는 10월 28일 미국의 요구를 전면적으로 받아들이기로 결정하고 위기는 2주 만에 끝나게 되었다. 이 사건을 계기로 미소는 냉전의 와중에서도 워싱턴과 모스크바를 연결하는 '핫라인'(Hot Line: 긴급통신연락망)을 설치하였다. 그리고 미소는 이 위기를 계기로 영국과 함께 '부분적 핵실험금지조약'(모스크바조약 1963년 8월)을 체결하였다.

- 정책 순응(政策順應, Policy Compliance)

정책집행자 및 정책 대상 집단이 정책에서 요구하는 행태를 따르는 것을 말한다. 즉 정책결정자의 의도나 정책 내용에 포함된 행동 규정에 대해 정책집행자나 대상 집단이 부합되는 행동을 나타내는 것을 의미한다. 이에 비해 정책집행자 및 정책 대상 집단이 정책에서 요구하는 행태를 따르지 않는 것을 정책불응(Policy Noncompliance)이라 한다.

제 10 장

전자정부

자 이제 행정의 여러 분과들 가운데 마지막 장인 전자정부에 도달하였습니다. 행정의 여러 분야들 가운데 가장 최근에 등장한 것이 바로 전자정부입니다. 전자정부는 필자의 박사학위 논문의 주제였기 때문에 누구보다도 잘 알고 있는 부분입니다. 따라서 다른 장과는 달리 내용이 조금 더 많을 수 있습니다(독자 여러분들께서 이해해 주시기를......). 전자정부에 대하여 개념과 발전과정 및 주요 서비스 내용을 중심으로 정리하고자 합니다. 그리고 3절에서는 전자정부와 대통령의 리더십을 제 전자정부론 책에서 옮겨다 놓았습니다.

제1절 전자정부란 무엇인가?

전자정부의 개념에 대하여는 아직까지 국제적으로도 합의가 이루어져 있는 상황은 아닙니다. 세계 여러 나라들이 나름대로 전자정부를 구현하기 위하여 노력하고 있으며, 그 나라의 실정에 맞게끔 사업을 추진하고 있습니다. 전자정부는 단순히 정보기술에 의하여 정부의 업무처리 방식만을 변화시키는 것이 아니라, 정부와 시장 및 정부와 국민 간의 의사소통 및 권력적 변화의 내용도 포함하고 있습니다. 따라서 전자정부에 대하여 개념을 정립하고 이것을 한국적인 관점에서 이해하는 작업이 필수적으로 요망됩니다. 이 절에서는 전자정부의 개념을 우선 살펴보고, 미국과 우리나라의 전자정부 발전과정 및 전자적 민원행정서비스에 대하여 알아보겠습니다(이하 정충식, 2012a: 69-93의 수정).

1. 전자정부의 이해

전자정부의 개념과 유형은 다음과 같이 정리해 볼 수 있습니다.

1) 전자정부의 개념

'전자정부'란 어떤 정부인가? 가장 간단하면서도 일반인들 사이에 폭넓게 이해되고 있는 것은 "대부분의 업무를 컴퓨터, 인터넷, 데이터베이스, 네트워크 등 정보통신 기술과 기기를 활용하여 처리하는 정부"라는 정의라고 할 수 있습니다. 이런 개념 정의의 키 워드는 전자정부의 한 구현 요소인 '정보통신 기술'입니다.

그러나 전자정부를 이처럼 기술중심적으로만 이해해서는 전자정부의 보다 본질적인 성격들을 파악해 낼 수가 없습니다. 정보통신 기술은 인간, 법, 제도, 문화 등과 더불어 전자정부를 구현하는 여러 가지 요소 중 하나에 불과한 것이기 때문입니다.

과거에 1990년대 후반에는 전자정부를 "초고속정보통신 기반기술을 활용하여 행정업무를 재설계하고 대국민 서비스를 증진함으로써 삶의 질을 향상하고 민주주의 이념을 실현하는 미래의 혁신적 행정모형"으로 보았습니다. 따라서 전자정부가 가져올 변화로는 첫째, 정부 안에서 공무원들이 일하는 방식상의 변화와 둘째, 정부와 국민의 관계 상의 변화가 올 것으로 예측하였습니다. 하지만 오늘날의 전자정부는 다음의 두 가지로 정리해 볼 수 있습니다.

(1) 대한민국 정부의 전자정부 개념

2012년 대한민국 전자정부 공식 홈페이지(http://www.korea.go.kr)의 행정자료실 용어사전에서는 전자정부를 다음과 같이 정의하고 있습니다. "정보통신기술을 활용하여 행정활동의 모든 과정을 혁신함으로써 정부의 업무처리를 효율적이고 생산적으로 개선하고, 정부의 고객인 국민에게 질 높은 행정서비스를 제공하는 지식정보사회형 정부를 말한다. 좁은 의미로는 대민행정, 내부행정처리 및 정책결정, 조달 등의 측면이 전자적으로 상호 유기적인 작용을 하면서 온라인 네트워크를 통해 공공재나 서비스를 상호 제공하는 것을 의미한다."

이어서 전자적인 민원행정서비스의 관점에서 전자정부를 다음과 같이 부연설명하고 있습니다.

> "전자정부는 행정서비스의 시간적·공간적 제약 없이 언제 어디서나 서비스가 가능하고, 정보의 공유로 부처 간 협업이 수월해져 업무를 원활하게 처리할 수 있으며, 인터넷을 통한 납기·품질 등을 고려한 전략적 공급자의 선택이 가능하다. 또 열린 네트워크를 활용하기 때문에 효율성·생산성·책임성·투명성 등을 제고할 수 있다. 1993년 미국 클린턴 행정부가 국민의 삶의 질을 높이고 경제에 활력을 불어넣는 데 정보기술을 사용하고자 시작된 개념으로, 현재 2만여 개에 이르는 모든 연방정부 관련 웹사이트를 하나로 묶어(www.usa.gov) 인터넷 통합서비스를 제공하고 있다.
>
> 우리나라의 경우 2002년 11월 13일 전자정부가 출범하였으며, 이에 따라 일상생활에서 필요한 주민등록 등·초본 등 민원서류와 정보서비스를 전자정부 단일창구(www.egov.go.kr)를 통해 인터넷으로 신청하거나 열람할 수 있게 됐다. 또 민원서류를 관공서에 제출할 필요가 없으며, 24시간 등기부 열람 온라인서비스를 제공하여 부동산계약 때 등기부등본을 발급받을 필요도 없게 되었다".

(2) 전자정부법의 전자정부 개념

2001년 7월 1일부터 시행되고 있는 전자정부법에 따르면, 전자정부의 구현을 행정기관의 생산성과 투명성 및 민주성과 연계시키면서 궁극적으로 국민의 삶의 질을 향상시키는 것을 목적으로 하고 있다고 분명하게 밝히고 있습니다. 이는 전자정부법의 제1조(목적)에서 다음과 같이 확인됩니다.

> 제1조(목적) 이 법은 행정업무의 전자적 처리를 위한 기본원칙 · 절차 및 추진방법 등을 규정함으로써 전자정부를 효율적으로 구현하고, 행정의 생산성, 투명성 및 민주성을 높여 국민의 삶의 질을 향상시키는 것을 목적으로 한다.

그러나 제2조(정의)에서 전자정부는 다소 협소한 의미로 다음과 같이 규정되어 있습니다.

> 제2조(정의) 이 법에서 사용하는 용어의 정의는 다음과 같다. 1. "전자정부"란 정보기술을 활용하여 행정기관 및 공공기관(이하 "행정기관등"이라 한다)의 업무를 전자화하여 행정기관등의 상호 간의 행정업무 및 국민에 대한 행정업무를 효율적으로 수행하는 정부를 말한다.

따라서 현재 전자정부법에서 정의하고 있는 전자정부의 개념을 앞으로는 확장시킬 필요가 있습니다. 즉 전자정부의 개념을 정의할 때, 그 나라가 처한 기술적인 기반수준과 정치 사회적인 배경이 고려되어야 합니다. 이러한 관점에서 볼 때, 전자정부를 개념 정의하면서 우선적으로 기술적인 측면이 강조될 수밖에 없을 것입니다. 이러한 전자정부의 기술적 정의는 행정업무에 정보기술(IT)의 활용을 중심으로 이를 부처의 네트워크를 통하여 대국민서비스로 연결시켜 파악됩니다. 따라서 전자정부의 가장 단순한 기술적 정의는 대부분의 행정업무가 온라인 정보기술에 의해 수행되어 신속·정확한 서비스를 제공한다는 시각입니다. 우리나라의 전자정부 정의는 결국 이

수준에 머무르고 있는 것입니다.

그러나 단순히 정보기술을 도입하는 것에 의해서 전자정부가 구현될 수는 없으며, 따라서 정부의 업무 절차, 기능 및 조직에 대한 근본적인 재구성과 개혁이 선행되어야 합니다. 그러므로 전자정부의 개념은 이러한 관점에서 새로이 조명되어야 합니다. 현재 우리나라의 경우에는 행정개혁이 아닌 국가경쟁력이 정보기술과 연결되어 전자정부로 인식되고 있습니다. 그러나 전자정부는 기회의 평등, 사회정의, 민주주의와 같은 정치적인 이상과 더불어 정의되어야 하고 그 이상을 실현하는 방향으로 구현되어 국가행정이 지향해야 하는 미래 정보사회의 이상적인 정부형태로 정의되어야 합니다.

왜냐하면 현재 우리나라의 경우에는 다른 선진국에 비해 보편적 서비스 환경의 수준이 매우 낮은 실정입니다. 따라서 전자정부의 개념을 정의하면서 전자정부를 미래 행정의 이상적인 모습을 나타내는 이념적인 수준까지 확대하여 규정할 필요가 있습니다.

2) 전자정부의 개념 정립

전자정부의 개념을 정의하기 위해서는 전자정부와 관련되는 기술적 및 사회적 요인들을 종합적으로 고찰하여야 하며, 특히 전자정부의 구현과 관련한 기술 및 사회적 요인의 비중과 양자의 관련을 고려해야만 합니다. 또한 한국 사회가 처한 특수성을 감안하여 한국형 전자정부의 개념정립을 시도할 필요가 있습니다. 따라서 이러한 관점에서 전자정부의 개념을 분류해 보면 다음과 같습니다.

(1) 기술발전에 의한 사회변화로서의 전자정부

기술의 발달과 사회의 변화와 관련해서는 대체로 세 가지 관점이 제시되고 있습니다. 첫째는 기술발달이 사회변화를 유발시킨다는 기술결정론(Technological Determinism)이 있고, 둘째로 기술은 원천적으로 기술 외적인 목적에 의해 개발·발전되지만, 이러한 기술 개발은 사회적 목적달성에 있어서 핵심적인 수단이 된다고 보는 사회결정론(Social Determinism)적 입장이 있으며, 셋째로 기술발달은 독립적으로 이루어지지만 사회의 필요에 의해 채택될 때 변화를 유발한다고 보는 중립적인 입장이 있습니다.

① 기술결정론의 시각

기술결정론의 논리에 의하면 정보기술은 조직에 있어서 하나의 하위시스템으로서 직무, 구조, 구성원 등 다른 하위시스템들과 밀접한 관계를 유지하고 있습니다. 즉 새로운 정보기술은 관련 직무를 자동화시킴으로써 이들 직무를 변화시킵니다. 따라서 조직구조에 변화를 가져오고 다른 직무와의 연결 관계와 전체적인 업무의 흐름에도 변화를 유발시킨다고 보고 있습니다. 그리고 새로운 정보기술은 그 정보기술을 효율적으로 활용할 수 있는 새로운 기술 인력과 직무수행 인력을 요구하게 됨으로 전반적인 변화를 초래한다고 주장합니다.

전자정부의 발전 초기에는 대다수의 학자와 실무자들이 전자정부를 개념정의하면서 기술적인 측면을 강조하였습니다. 이러한 전자정부의 기술적 정의는 행정업무에 정보기술(IT)의 활용을 중심으로 이를 부처의 네트워크를 통하여 대국민서비스로 연결시켜 파악하는 것입니다. 따라서 전자정부의 가장 단순한 기술적 정의는 대부분의 행정업무가 온라인 정보기술에 의해 수행되어 신속·정확한 서비스를 제공한다는 시각입니다. 이러한 시각은 전자정부라는 용어[19]에서, 전자 즉 초소형전자기술(Microelectronics)에 바탕을 둔 컴퓨터와 데이터통신의 결합에 의한 디지털화와 네트워크화에 그 강조점을 두고 있습니다.

결국 이러한 기술적 정의는 기술결정론의 범주를 벗어날 수 없는 한계를

---

19) 초기에 연구자들 사이에서도 전자정부라는 용어에 대한 많은 다양한 의견과 대안이 제시되었습니다. 정보화정부, 네트워크정부, 가상정부, 온라인정부 등 많은 용어들이 제시되었으나 전자정부가 현재 널리 사용되고 있고, 또한 정부가 공식적으로 용어를 사용함으로 인하여 연구자들 간에 합의가 이루어진 상태입니다. 특히 UN의 e-Gov 평가 이후에는 전자정부로 통일되었습니다. 하지만 최근에도 모바일정부, 유비쿼터스정부 및 Government3.0 등의 용어가 널리 활용되고 있습니다.

가지고 있으며 전자정부의 개념을 축소시켜서 정보기술의 발전으로 한정하고 있습니다. 그러므로 이러한 관점에서의 전자정부라는 용어는 정보기술의 발전에 따라서 자연스럽게 모바일정부 및 유비쿼터스정부라는 용어로 대치될 수 있을 것입니다. 이러한 기술결정론적 시각은 이제까지 전자정부의 개념을 정의하면서 당연하게 받아들여져 왔습니다.

② 사회결정론의 시각

그러나 사회결정론자들은 기술의 발달이 사회변동을 유발시킬 수는 있으나 기술 그 자체만으로는 사회적 관계나 제도를 변화시킬 수 없다고 주장합니다. 사회결정론자들에게 있어 사회변화란 미시적으로는 구성원들의 이해관계에 영향을 미치는 것이고, 거시적으로는 사회의 권력관계나 계급구조를 변화시키는 것입니다. 따라서 사회는 단순히 수동적으로 기술발달의 결과를 받아들이거나 그에 적응하는 것이 아니라, 능동적으로 기술의 발달과 이용에 개입하게 되어 결국 사회경제적인 요인에 의해서 기술의 발달이 규정된다고 주장합니다.

따라서 사회구조결정론자들에 의하면 새로운 정보기술은 직무, 인력, 그리고 조직구조 등 행정조직에 많은 변화를 가져올 수 있지만 정보기술과 행정조직의 관계는 정보기술이 항상 행정조직의 변화를 가져오는 일방적인 관계에 있지는 않다고 보고 있습니다. 즉 직무의 변화는 이에 적합한 인력의 기술 수준을 요구하며, 조직구조의 개선은 사무절차의 자동화와 인력절감 등 행정의 기술시스템과 인력구성에 많은 변화를 가져올 수 있는 것입니다. 따라서 이러한 관점하에서는 전자정부의 개념정의도 정보기술의 도입보다는 업무의 재설계 관점에서 파악하게 됩니다.

이러한 관점에서는 전자정부를 조직구조 및 업무처리 절차의 변화관점에서 파악할 수 있습니다. 구체적으로는 행정업무 처리 절차의 개선을 통하여 행정의 효율성을 극대화하여 국민의 삶의 질 및 국가경쟁력의 향상까지 연결시킬 수 있습니다. 이것은 전자정부 정의를 정보기술의 활용을 통한 업무의 재설계(BPR: Business Process Reengineering)와 정부의 역할 변화까지 언급하고 있습니다. 더구나 최근 들어 정부는 정보화를 국가경쟁력의 수단으로 인식하고 있기 때문에 이러한 전자정부의 개념정의는 많이 확산되었습니다.

(2) 정부혁신을 통한 전자정부

전자정부는 기회의 평등, 사회정의, 민주주의와 같은 정치적인 이상과 더불어 정의되어야 하고 그 이상을 실현하는 방향으로 구현되어 국가행정의 지향해야 하는 정보사회의 이상적인 정부형태로 정의되어야 합니다. 이를 위해서는 다음과 같은 세 가지 관점에서 전자정부의 개념이 정립되어야 합니다.

① 확장된 보편적 서비스의 제공

현재 우리 정부도 전자정부 정책을 추진하면서 항상 국민들의 삶의 질 향상을 정책과제로 제시하여 왔습니다. 그러나 우리 정부는 전자적인 민원행정서비스의 제공 및 행정의 능률성 향상에 전자정부 구현의 목표를 두고 있기 때문에 정보격차의 문제를 해소할 수 없는 한계를 지니고 있습니다. 사교육비 부담완화를 위한 교육정보화나 지역정보화를 통한 지역의 균형발전 정책은 미봉책에 그칠 수 있습니다.

이를 위해서는 '정보화촉진기본법'에 규정되어 있던 보편적 서비스의 원칙[20)]을 실현하여야 합니다. 미국의 NII Action Agenda에도 정부의 역할로서 정보자원에 접근을 보장하는 보편적 서비스의 개념이 포함되어 있습니다. 이처럼 미국은 초고속정보통신기반(NII)을 구축함에 있어서 핵심 원칙 중의 하나로 '확장된 보편적 서비스(Extended Universal Service)[21)]'의 보

20) 원래 전기통신의 보편적 서비스란 언제, 어디서나 누구라도 적절한 요금에 서비스를 이용할 수 있는 것을 말하며, 의미는 다르지만 용어의 기원은 1907년 AT&T의 Theodore Vail이 밝힌 "One Policy, One System and Universal Service"에서 유래합니다.

장, 즉 "모든 미국 국민이 소득·장애·지역에 관계없이 고도정보통신서비스에 쉽고, 적절한 비용으로 접근(Access)할 수 있도록 보장"하는 것을 설정하고 있습니다.

이 기본개념에는 멀티미디어 사회에서 정보통신기반이 미국산업의 경쟁력을 강화하여 자유시장제도와 민주주의에 활력을 주어 정보부자와 정보빈자로 양극화되는 현상을 방지하는 것이 중요하다는 인식이 포함되어 있습니다. 따라서 교육기회의 균등과 의료·복지의 향상 등 국민생활에 필수불가결한 멀티미디어 서비스를 이용함에 있어서 지역 간의 격차를 방지하는 보편적 서비스의 개념을 공공정책의 대상으로 하고 있습니다. 미국의 경우 특히, 장애인의 정보통신 접근을 보장하기 위한 법(장애인통신법, 미국장애인법, 개정 통신법 등) 제정을 통하여 제도적 장치들을 마련하기 위한 노력을 기울여 왔습니다. 또한 일본의 경우에도 고령화사회에의 대비책으로서 정보통신 시스템을 적극 활용하기 위해 고령자 지원을 위한 다양한 정보통신 시스템을 개발, 구축하여 왔습니다.

그러나 우리나라의 경우에는 이들 선진국에 비해 보편적 서비스 환경의 수준이 매우 낮은 실정입니다. 따라서 전자정부의 개념을 정의하면서 전자정부를 행정의 이상적인 모습을 나타내는 이념적인 수준까지 확대하여 규정할 필요가 있습니다.

② 행정혁신의 관점

따라서 전자정부는 정보기술을 활용한 행정혁신으로 정의되어야 합니다. 이처럼 행정혁신의 관점에서 전자정부의 개념을 파악할 경우, 다음과 같

21) 미국에서 '보편적 서비스'의 개념 확장은 다음의 3가지로 분류됩니다. 첫째는 기존의 '보편적 서비스' 관련 정책이 초고속 멀티미디어 서비스를 고려하고 있지 못하다는 인식하에 전화 이외의 현대적 정보통신서비스들을 보편적 서비스의 대상목록에 추가한다는 의미에서의 확장입니다. 둘째는 기존의 '보편적 서비스' 관련 정책이 '규제하의 독점' 상황에 적합하게 되어 있는 만큼, 다수 사업자 간 경쟁 상황에 맞도록 재조정한다는 의미에서의 확장입니다. 셋째는 방향과 관련하여 현대의 발달된 정보기술을 이용하여 누구나 정보통신 시스템에 접근할 수 있도록 정보통신 시스템을 설계(Universal Design)한다는 의미에서의 확장입니다.

은 관점들을 전자정부 추진의 모든 단계에서 고려하여야 합니다.

전자정부의 구현을 통하여 행정기능, 규모 및 역할 등 정부의 모든 것을 총체적으로 변화시키는 공공행정의 새로운 패러다임으로 접근하여야 합니다. 구체적으로는 행정업무 처리에 정보기술을 도입하여 업무처리에 소요되는 시간과 비용을 단축시키고 대민 서비스의 질을 향상시켜야 합니다. 또한 업무처리의 투명성을 제고시켜서 부정부패를 척결하는 수단으로 활용하여야 합니다. 그리고 전자적 정보공개를 통하여 정부의 투명성이 보장되는 가운데 국민의 알 권리를 신장시켜야 합니다. 마지막으로는 기존의 부처할거주의를 타파하고 정보기술의 활용으로 지식정부의 구현과 부처별 업무의 융합을 통하여 조직혁신을 추구하여야 합니다.

③ 민주주의의 관점

우리는 민주주의라는 관점에서 전자정부에 대해 생각해야 합니다. 정치적인 제도의 차원을 고려하지 않았을 때, 전자정부는 항상 두 가지의 경향을 보일 것입니다. 하나는 전체주의적 전자정부의 경향성이며, 다른 하나는 민주주의적 전자정부의 경향성일 것입니다. 전체주의로 전락하는 것은 전자감시가 이루어지기 쉬운 기술적 특성을 가지고 있으며, 데이터가 통합되어 있음으로 인해 프라이버시의 침해가 일상적으로 일어날 가능성이 높고, 또한 그럼으로 인해 정보가 정부조직에 의해 완전 독점되거나 통제될 수 있는 개연성을 내포하고 있습니다.

더 나아가 정보격차(Digital Divide)로 인한 사회적 계급, 계층 간의 구조적 격차의 심화로 인한 다수에 의한 소수에 대한 폭력 혹은 소수에 의한 다수의 억압 등과 같은 비민주적 정치행태가 민주주의라는 절차적 외피를 쓰고 등장할 수 있으며, 나아가 기계문명에 의한 인간의 종속을 통해서 인간성 상실이라는 극단적 현상의 등장도 배제할 수 없습니다. 이것이 전체주의적 전자정부의 단적인 모습들입니다.

반대로 민주주의적인 전자정부는 전자민주주의라는 개념적 직접민주주의의 의식 확산을 통해 민주적인 정부가 항상 재생산될 수 있는 제도적 메커니즘을 마련하고, 이를 기반으로 행정의 투명성을 높이며, 행정과정 및 정치과정 등 모든 공적인 과정에 국민이 직접 참여하기를 원하고, 또한 참여할 수 있는 제도가 항상 열려있는 정부입니다. 또한 정보공개와 정보격차의 문제가 사회적 계층화의 심화를 불러일으키지 않으며, 지식정보사회에 조응한 정보적 휴머니즘을 통한 정신적 가치의 활성화가 민주적 전자정부가 추구하는 사회상이라 할 수 있습니다.

따라서 우리는 전자정부를 추진함에 있어 전자정부에 국민이 참여할 수 있는 가능한 모든 제도적 장치들을 마련하는데 주력할 필요가 있습니다. 이것은 곧 전자정부로 인해 직접적이든 간접적이든 사회의 모든 부문에서 전자적 시민의 권익을 보호하는 길이기도 합니다.

2. 전자정부의 발전 과정

2010년과 2012년 UN의 전자정부 평가에서 1위를 차지한 우리나라는 전자정부 구현에서 선진국임을 자부하고 있습니다. 하지만 2000년대 초반까지도 우리나라는 미국의 전자정부 사업들을 벤치마킹하였습니다. 여기에서는 미국과 우리나라의 전자정부 발전 과정을 간략하게 살펴보도록 하겠습니다.

1) 미국의 전자정부 발전과정

미국은 세계 최초로 전자정부의 개념을 도입한 나라입니다. 이러한 미국의 전자정부 발전 과정을 행정부별로 나누어서 살펴보면 다음과 같습니다.

(1) 클린턴행정부

1993년 미국의 클린턴정부는 정보통신기반의 고도화가 미국의 산업정책의 강화와 사회적 문제들의 해결에 불가결하다는 인식 하에 국가정보통신

기반구조(National Information Infrastructure: NII)의 구축을 추진하였습니다. 이와 함께 미국 정부를 혁신하기 위하여 부통령인 고어(Al Gore)가 위원장을 맡은 정부성과위원회(NPR: National Performance Review)를 출범시켰습니다.

이러한 NPR의 보고서인 '정보통신을 통한 리엔지니어링'에서 세계 최초로 1993년부터 전자정부가 언급되기 시작합니다.

> **전자정부** "Electronic Government"는 전자은행서비스 "Electronic Banking"에서 처음 대두된 개념을 확장한 것이다. ATM, 플라스틱으로 된 접근 카드, 전국에 걸친 네트워크가 은행 업무 처리를 보다 편리하게 해 주었듯이, 전자정부도 정부와 고객 간의 의사소통을 보다 용이하고 신속하게 만들어 줄 것이다. 전자은행서비스에서와 마찬가지로, 전자정부에서도 프라이버시 및 보안 문제가 중요하게 다루어져야 한다.
>
> (NPR. 1993, Executive Summary)

이어서 미래 정보사회의 전자정부에서 요구하는 정보기술의 위상과 전자 정부의 모습을 다음과 같이 설명하고 있습니다.

> 정부 관료는 21세기를 대비하는 정부의 필수적 기반이라는 관점에서 정보 기술을 이해해야 한다. 21세기를 대비한 정부라 함은 효율적이고 고객 응답적(Customer-Responsive)인 과정을 통해 시민들이 정보 및 서비스에 보다 폭넓게, 그리고 보다 적시에 접근하게 해주는 현대화된 "**전자정부** (Electronic Government)"를 의미한다.
>
> (NPR. 1993, Executive Summary)

또한 NII에 대한 NPR의 권고사항을 집행하기 위해 설치된 행정정보기술서비스작업반(Government Information Technology Services: 이하 GITS)에서는 전자정부에 대해 다음과 같이 정의하고 있습니다.

> 현대화된 **전자정부**를 국민들에게 제공: 전자정부는 국민들이 정보와 서비스를 즉각적이고 효율적으로 이용할 수 있도록 함과 동시에 사생활을 보호한다. (Information Infrastructure Task Force, 1994)

이처럼 미국에서의 전자정부 개념은 1993년부터 단편적으로 언급되기 시작합니다. 처음에는 은행이 고객에게 보다 편리한 서비스를 제공하기 위해 개발한 "전자은행서비스(Electronic Banking)" 개념에서 출발하여 이후에 정부가 정부의 고객인 국민들에게 보다 편리한 정부서비스를 제공해야 한다는 차원에서 전자정부의 개념으로 변화하였다고 할 수 있습니다.

여기에서 중요한 사실 하나는 미국의 NPR정책은 단순한 통신망의 구축이나 정보기술의 도입이 아니라 행정부문의 리엔지니어링을 통한 행정개혁의 일환으로 추진되고 있다는 사실입니다. 이것은 ① 리엔지니어링을 통한 관료제 간소화 ② 연방구매의 재창조 ③ 정보기술을 통한 리엔지니어링 ④ 정부 사이의 행정비용 감축 ⑤ 개별 행정기관의 예산 절감 등과 같은 NPR의 다섯 가지 권고안에서도 알 수 있습니다. 따라서 이 당시 미국은 행정의 리엔지니어링을 통하여 '효율적이고 고객지향적인 전자정부'를 지향하였습니다.

2000년 6월에 클린턴 대통령은 대규모 전자정부 추진 계획을 발표하면서, 2000년 말까지 정부통합 포털사이트를 통하여 약 2만개의 연방정부 웹사이트의 모든 온라인 자료의 검색을 가능하게 하며 시민, 학생, 연구자, 공무원을 대상으로 전자정부 추진을 위해 가장 혁신적인 아이디어를 제안한 사람에게 최고 5만 달러를 수여하는 방안을 제시하였습니다. 이에 따라 같은 해 9월 22일에 27,000개 연방정부 웹사이트를 검색할 수 있는 정부 차원의 포털사이트인 'firstgov.gov'를 개통하여 운영하였습니다.

(2) 부시 행정부

2001년 새롭게 출범한 부시 행정부는 향후 10년간 새로운 시대의 새로운 국가 경영 비전을 제시한 'A Blueprint for New Beginnings' 제하의 2002년도 예산안을 통하여 '능동적인 작은 정부(Active and Limited Government)' 구현을 위한 새로운 접근 방법을 제안하면서, 국민중심의 정부, 결과중심의 정부, 그리고 시장중심의 정부 구현을 추진하였습니다. 이를 위해 부시 대통령 역시도 총 1억 불을 투입함으로써 전자정부를 조기에 구현하려는 의지를 표명하였습니다.

특히 2001년 8월에 미국에서 발표된 보고서에도 전자정부의 추진을 지속적으로 추진할 것을 다짐하였습니다. 이에 따라서 관리예산처(Office of Management & Budget: OMB)에서 2002 Fiscal Year 2002 The President's Management Agenda가 발표되었는데 이 가운데 많은 부분이 정부 혁신전략으로 전자정부의 구현을 다루고 있습니다.

따라서 이처럼 부시 행정부도 클린턴 행정부부터 지속된 공공부문 개혁을 더욱 가속화하기 위해 전자정부의 조기 구현을 적극적으로 추진하였습니다. 이러한 노력은 정부서비스의 온라인 제공을 위한 포털사이트(first. gov) 구축이나 '전자정부기금(e-Government Fund)' 설치, 전자정부 전담팀(e-Government Task-Force)의 신설·운영(2001년 7월), 전자정부법의 제정(2002년) 등을 통해 가시화되었습니다.

2002년 부시 행정부는 전자정부를 통해 정부의 운영방식을 개혁하고 대국민 서비스의 품질을 제고하기 위하여 아래의 3가지 원칙을 발표하고, 집권기간 내내 전자정부를 열심히 추진합니다.

① 시민중심(Citizen-centered, not bureaucracy-centered;)

② 결과중심(Result-oriented; and)

③ 시장기반(Market-based, actively promoting innovation)

이어서 전자정부 구현의 목표는 다음과 같이 설정되었습니다.

· 대국민 서비스 전달의 단순화

· 투자효율성 달성을 위한 다양한 장치마련

· 개별기관의 IT 투자 및 관리기법 합리화
· 효과적인 IT 인력확보
· 전자정부 사업 및 대통령관리 아젠다(PMA)의 성공적 추진을 위한 책임기관의 리더십 보장

(3) 오바마 행정부

2009년 1월 취임한 오바마 대통령은 부시 행정부보다 더욱 적극적인 IT 활용을 강조하며, 미국의 국가혁신을 성공적으로 실현하기 위해 기존 국가정보화 전략과 혁신과제 지원을 위한 IT 활용방안을 체계적으로 연계하여 새로운 국가정보화전략을 추진하고 있습니다. 이러한 오바마 정부의 전자정부 추진정책은 <그림 15>와 같이 국정운영 방식의 혁신을 위한 '열린 정부(Open Government)' 정책으로 집약할 수 있습니다.

<그림 15> 오바마 정부의 국가정보화 전략 개념도

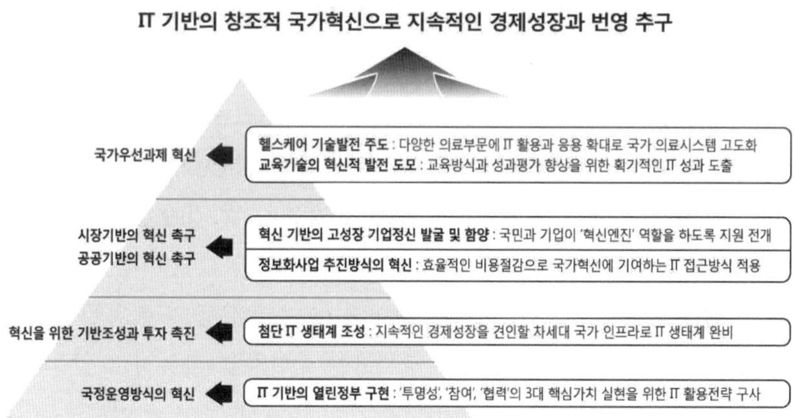

2009년 집권 초기부터 오바마 대통령은 전자정부를 통하여 정부운영의 성과를 개선하고 비용을 낮추는데 정보기술을 활용할 것이라고 언급하였습니다. 오바마 정부는 전자정부를 통하여 정부의 운영비용을 줄이고, 기관들을

보다 책임감 있게 만들며, 정부 정보에 대한 접근을 향상시켜 국민들을 참여시키고 있습니다. 구체적으로는 다음의 세 가지 분야를 강조하고 있습니다.

첫째, 오바마 정부는 각 문제별로 커스터마이징된 시스템을 설계하는 것이 아니라 가능한 한 상용 소프트웨어와 접근법을 사용하고, 또한 클라우드 컴퓨팅을 도입하여 정부의 운영비용을 근본적으로 절감할 것입니다.

둘째, 정부업무 추진현황 및 기록을 공개하여 국민들을 의사결정 과정에 참여시킴으로써 기관들의 책임감을 높일 것입니다. 이것의 예로 경기부양책에 대한 지출 현황을 공개하고 의견을 수렴하기 위하여 'Recovery.gov'를 개설하였습니다.

셋째, 기밀사항이나 국가안보와 관련된 정보 이외의 모든 연방정부의 정보를 국민들에게 공개함으로써 관료주의의 병폐를 줄이고 혁신을 유도할 것입니다. 이것의 예로 국민들이 정부 정보에 접근할 수 있도록 하는 'Data.gov'를 개설하였습니다.

구체적으로 오바마 정부는 국정운영 방식을 최우선으로 혁신하고자, 기존 행정부 역사상 유례없는 수준의 열린정부 구현을 새로운 지향점으로 선정하였습니다. 오바마 대통령은 열린정부 구현으로 '보다 책임감 있고 효율성 높은 정부운영과 민주주의 강화를 달성' 할 수 있음을 확신하고 있습니다. 이에 따라서 관리예산처(OMB)는 '열린정부 지침(Open Government Directive, 2009.12.8.)'을 발표하고 모든 연방부처 및 기관을 대상으로 추진을 확대하고 있습니다.

또한 웹 2.0, 모바일 인터넷, 소셜미디어, 스마트폰 등 새로운 IT 기기의 활용을 통하여 열린정부의 이념을 구현하는 수단으로 활용하고 있습니다. 오바마 정부는 구체적으로 <그림 16>과 같이 투명성, 참여, 협업이라는 3대 구현원칙에 따라 각각의 추진전략과 서비스 모델을 개발하여 전자정부를 구현하고 있습니다.

<그림 16> 오바마 정부 전자정부 추진 원칙과 목표

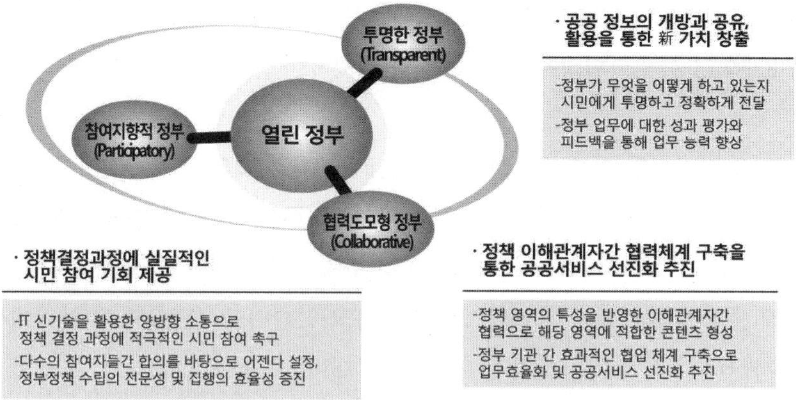

출처 : White House, Open Government Directive, 2009. 12. 8

이러한 추진원칙과 목표를 간략하게 살펴보면 다음과 같습니다.

① 투명한 정부: 공공정보 개방·공유·활용을 통한 새로운 가치 창출

지난 2009년부터 백악관을 비롯한 주요 연방기관들은 시민과 기업들이 새로운 정보 활용의 가치를 창출할 수 있도록 업무 중 생성·보유하고 있는 공공정보를 다양한 방식으로 무료로 공개하고 있습니다. 특히 연방정부는 국가 주요 부문의 정보(Data.gov), 정보화 예산과 프로젝트 성과 정보(IT Dashboard) 및 경기부양법 제정 관련 예산 운용 정보(Recovery.gov) 등의 웹사이트 구축하여 제공하고 있습니다.

② 참여지향적 정부: 웹 2.0 기반의 양방향 소통 활성화

미국 정부는 정부-시민간 양방향 소통을 위한 다양한 웹 2.0 기술을 공공 웹사이트에 도입하여 채널의 다양화, 이용 접근성 및 편리성 강화 등을 통해 시민들의 참여를 촉구하고 있습니다. 특히 2009년 2월 처음 시작된 'e-타운홀' 미팅은 오바마 대통령이 직접 중소 지역 시민이 참여한 토론회를 주관하면서 온라인을 통한 실시간 질의와 피드백이 가능한 생중계 방송을 제공

하는 서비스로 시민의 큰 호응을 유도하였습니다. 또한 백악관은 'Stay Connected'란 이름으로 트위터, 페이스북, 유튜브, 마이스페이스, 아이튠 등 8개의 소셜네트워킹사이트(SNS)를 연계하여 운영하고 있습니다.

③ 협력도모형 정부: 다양한 정책 이해관계자간 협업 체계 구축

미국 정부는 일반 시민과 기업 및 비영리 단체 등과의 소통과 참여 촉진 뿐만 아니라 그들과의 온라인 네트워킹 구축과 실질적인 협업 체계 구축을 위해 온라인 플랫폼을 적극적으로 활용하고 있습니다. 특히, 관계 기관에서는 사이버 테러나 재난재해 등 긴급 상황 대비, 보안과 국제 협력 등 전문적인 정책 영역 분야의 우수한 정책 콘텐츠 형성과 집행을 위해 수많은 전문가들이 협업 사이트를 직접 운영하고 있습니다.

2) 우리나라의 전자정부 발전과정

우리나라는 과거 김영삼 정부 시절에 초고속정보통신기반 구축사업이 시작되었습니다. 이와 함께 전자정부의 개념도 등장하였지만 본격적으로 전자정부의 구현이 추진된 것은 김대중 대통령 시절부터입니다.

(1) 김대중 정부

행정자치부는 1997년 가을 (구)총무처 시절부터 전자정부의 구현을 위한 준비작업을 시작하여 1998년 3월에 「전자정부의 비전과 전략」 초안을 작성하였습니다. 이어 이 자료를 우리나라에 적합한 한국형 전자정부의 모델을 정립하고자 일반인들에게 공개하여 의견을 수렴하였고, 행정자치부 장관이 1998년 5월 21일 김대중 대통령께 전자정부의 구현방안으로 보고하였습니다. 이러한 전자정부의 비전과 전략은 당시에 정보화추진위원회의 심의를 거쳐 우리나라 국가정보화 추진정책으로 확정되었습니다.

당시 김대중 정부는 전자정부의 개념을 전세계적으로 공통적으로 사용하는 의미에다 우리의 특수한 환경을 가미하여 "정보기술을 활용하여 행정

활동의 모든 과정을 혁신함으로써, 정부의 고객인 국민과 기업에게 제공하는 각종 서비스와 정보를 손쉽게 이용할 수 있도록 하고, 행정 및 정책활동의 생산성을 향상시켜, 한반도의 지식정보화를 선도할 수 있는 정부로 재창출"하는 것이라고 정의하였습니다.

당시 김대중 정부의 전자정부의 비전은 "단번에 통하는 온라인 열린 정부"를 구현하는 것이었습니다. 이를 위한 구체적인 목표는 다음의 세 가지가 제시되었습니다. 첫째, 집 안팎에서 밤낮으로 가능한 원스톱서비스와 구비서류 없이 신청만 하면 되는 전자민원서비스가 가능한 누구나, 언제, 어디서나 한 번에 서비스되는 정부를 실현하는 것이었습니다. 둘째, 종이문서나 자료가 전자적으로 생산·처리되고 각종 정보가 물 흐르듯이 유통되도록 하여, 정부의 생산성을 민간기업 수준을 뛰어넘는 일류정부로 만드는 것이었습니다. 셋째, 국민과 공무원이 언제나 가까이 대화할 수 있는 네트워크를 구축하여 정보공개와 정보보호가 잘 어울리는 효율적인 정보자원관리를 통하여 투명한 정부를 건설하는 것이었습니다.

국민의 정부 전반기에는 정부 내에 전자정부를 구현하기 위한 별도의 조직이 마련되지 않은 상황이었습니다. 즉 전자정부는 행정정보화 추진의 일환으로 당시 행정자치부 행정관리국 행정정보과에서 정책을 수립하는 수준이었습니다.

따라서 이러한 문제점을 인식하고 정부는 2001년 1월 30일 대통령 기관으로서 전자정부특별위원회를 설치 · 운영하게 되었습니다. 전자정부특별위원회는 대통령 자문기구인 정부혁신추진위원회의 특별위원회로 발족하고, 업무 추진 면에서 전자정부추진 실무지원단장을 청와대 정책비서관이 맡았기 때문에, 실질적으로는 독립적인 임시조직으로 운영하도록 되어 있었습니다.

당시에 전자정부특별위원회는 전자정부 구현의 추진원칙을 현재와 미래의 전자정부 사업을 반영할 수 있도록 지속적으로 점검하는 한편, 2002년까지 완성해야할 핵심적 전략과제의 향후 청사진을 제시하는 역할을 담당하였습니다. 이와 관련하여 전자정부특별위원회는 2001년 5월 그간의 성과평가를 토대로 전자정부의 비전과 2002년까지 달성해야 할 목표와 중점과제를 담은 「세계일류국가 도약을 위한 전자정부 구현전략」을 수립하였습니다.

2001년 당시 전자정부특별위원회에서 수립한 전자정부의 비전은 21세기 세계 일류국가로의 도약을 궁극적인 과제로 삼았습니다. 이를 달성하기 위해 정부는 투명하고 생산성 높은 행정을 펼치고, 국민은 24시간 안방과 사무실에서 민원서비스를 제공받으며, 세계에서 제일 기업하기 좋은 환경이 조성될 수 있도록 사업 방향을 정했습니다.

전자정부특별위원회는 우리나라가 2002년까지 달성해야 할 전자정부의 목표를 정부의 대 고객 정부서비스(G2C와 G2B), 정부내 업무처리(G2G), 그리고 정보의 유통과 관리 인프라(Infra) 차원에서 구체적으로 제시하였습니다.

전자정부특별위원회는 정부 서비스의 공급자가 아니라 수요자, 사용자의 관점에서 2002년 10월 말 구현을 목표로 우선적으로 추진해야 할 중점사업으로서 국민과 기업에 대한 서비스 혁신사업, 행정의 생산성 제고 사업, 전자정부 기반 구축사업 분야로 구분하여 총 11개 과제를 선정하였다.

김대중 대통령 시절의 전자정부 11대 과제는 다음과 같습니다.

① 단일창구를 통한 민원업무 혁신 사업
② 4대 사회보험 연계시스템 구축 사업
③ 정부 통합 전자조달 시스템 구축 사업
④ 인터넷을 통한 종합 국세서비스 제공 사업
⑤ 국가 재정정보시스템 구축 사업
⑥ 시군구 행정 종합 정보화 사업
⑦ 전국 단위의 교육행정 정보시스템 구축 사업
⑧ 표준인사관리시스템 구축 사업
⑨ 전자결재 및 전자문서유통 정착 사업
⑩ 전자관인시스템 구축 및 전자서명시스템 확산 사업
⑪ 범정부적 통합전산환경 구축 사업

이 11대 과제의 중요성은 대통령에게 직접 보고되어 그 추진이 결정되고, 청와대(정책기획수석비서관)가 그 추진상황을 수시로 점검하고 조정하는 이른바 '대통령 프로젝트'로 추진되었습니다.

전자정부특별위원회는 2002년 11월 사업완료 보고를 마치고, 2003년 1월까지 2년 동안 활동했습니다. 그동안 3회의 대통령보고, 7회의 본회의와 51회의 실무회의 등을 통해 사업과제의 선정과 점검 및 조정, 자문에 이르는 활발한 활동을 펼쳤습니다.

(2) 노무현 정부

전자정부 사업은 앞에서 살펴본 바와 같이 국민의 정부에서 그 기반이 구축되었습니다. 그리고 이러한 전자정부 사업의 구체적인 성과에 대하여 국민의 기대가 급증하는 시점에 노무현 정부가 출범하게 되었습니다. 2003년 2월 출범한 노무현 정부는 정부혁신과 전자정부를 연계함으로써 정부혁신 효과를 극대화하는데 높은 관심을 표명하였습니다.

따라서 정부혁신과 연계된 범정부적 전자정부를 추진하기 위하여 2003년 4월 「정부혁신지방분권위원회규정」(대통령령)에 따라 설치된 대통령자문 정부혁신지방분권위원회에 전자정부전문위원회를 설치하고, 5월부터 8월까지의 준비작업 끝에 전자정부 로드맵을 확정하여 발표하였습니다. 노무현 정부의 전자정부 로드맵은 4대 분야, 10대 어젠다, 31대 과제로 구성되어 있습니다.

전자정부 로드맵에서는 참여정부의 국정 비전과 목표를 달성하기 위하여 참여민주주의 실현, 균형발전 사회 구축, 동북아 시대 구현, 국민소득 2만 불 시대 달성을 구현하려는 원대한 목표가 제시되었습니다. 이를 위하여 전자정부는 공무원의 일하는 방식 혁신을 통한 투명한 행정, 정보자원관리 혁신을 통한 효율적 행정, 그리고 정부 서비스 혁신을 통한 참여하는 행정을 추구함으로써 선진행정을 구현하는데 초점을 맞추고 있습니다.

노무현 정부는 전자정부 비전을 '세계 최고수준의 열린 전자정부 구현'

으로 설정하였습니다. 이것은 크게 두 가지 관점에서 해석할 수 있습니다. 첫째, '세계 최고수준'은 최근까지 달성한 우리나라 국가정보화의 성과를 바탕으로 전자정부 사업을 세계 최고수준까지 성숙시키는 것을 목표로 한다는 의미입니다. 둘째, '열린' 전자정부는 정부 운영의 투명성을 바탕으로 국민의 국정과정에의 참여를 활성화하는 의미를 지니고 있습니다. 투명성은 정부의 정책 의도, 내용, 과정 등에 대한 정보를 충분히 공개하여 국민이 잘 인식함으로써 정부와 국민 사이에 정보 비대칭이 없는 상태를 말합니다. 투명성은 국민의 알 권리와 정보 접근성, 인력과 자원의 효율적 배분, 그리고 부패방지를 통한 깨끗하고 신뢰받는 행정을 촉진합니다. 또한 행정의 투명성은 공직자의 책임성을 향상시킵니다. 이러한 전자정부 비전을 보다 구체화한 세 가지 이념은 다음과 같습니다.

① 첫째, 서비스 전달 혁신을 통한 네트워크 정부의 구축

이것은 인간의 시·공간적 제약을 극복하는데 결정적으로 기여하는 정보통신기술을 활용하여 전자정부 서비스를 구현함으로써, 정부의 국민에 대한 각종 민원 서비스의 양적 확대와 질적 고도화를 도모하는 것이다. 전자정부는 프론트 오피스 서비스에 대한 전면적인 혁신을 통하여 정부와 시민 및 기업과의 수평적 네트워크를 구축하는데 기여한다.

② 행정의 효율성과 투명성의 향상을 통하여 지식정부 구현

전자정부를 통하여 정부가 보유하고 있는 행정정보의 공개, 공유 및 공동활용을 획기적으로 확대함으로써, 행정의 투명성과 공직의 책임성이 제고된다. 그리고 이를 통하여 정책 결정과 서비스 전달 등 전반적인 정부 활동의 지적 수준을 제고하는 지식정부를 구축하는데 기여한다.

③ 진정한 국민주권을 실현하는 참여정부 구축

국민은 전자정부를 통하여 정부의 행정 서비스를 전달받을 뿐만 아니라,

더 나아가 주권자로서 국정 과정 전반에 참여하여 의견을 개진하고 피드백을 받는 등 주권재민 원리를 구현할 수 있다. 즉 전자정부는 대의민주주의의 참여위기를 극복하는데 크게 기여한다.

노무현 정부는 전자정부 구현을 위해 31대 로드맵 과제를 4대 추진전략에 따라서 진행하였습니다. 이를 간략하게 살펴보면 다음과 같습니다.

① 행정개혁과의 연계성

전자정부 사업과 행정개혁과의 연계 추진은 1980년대 이후 많은 경험을 통하여 하나의 원칙으로 자리 잡았습니다. 따라서 전자정부 로드맵도 정부혁신과의 긴밀한 연계 속에서 추진한다는 대원칙을 선언하였습니다. 이를 위하여 로드맵 제1단계(2003~2005)는 기반정비로서 행정 내부업무 정비 및 공통기반 구축과 선별적 대국민 및 대기업 서비스 혁신이 중심입니다. 이 단계에서는 기관별, 기능별로 제한적 정보제공, 정보의 주기적 현행화, 전자우편. 전자민원 등에 있어서 들쑥날쑥하게 제공되는 서비스 수준을 각종 민원의 온라인 처리와 조세 및 수수료 등 전자납부(e-Transactions)가 가능한 수준으로 향상시키는 것이 목표였습니다.

제2단계(2006~2007)에서는 전자거래의 완성도를 높임으로써 부처 간 통합처리가 가능한 단계입니다. 이러한 단계적 전략은 로드맵의 개별사업들에 대한 거시적인 일정(Milestone)을 제시하여 이에 따르도록 함으로써 전자정부의 점진적 고도화를 위하여 채택되었습니다.

또한 이러한 정보화와 업무혁신의 선순환적 연계는 정부업무에 대한 전수조사로부터 시작하여 업무 프로세스의 재정립, 중복기능의 폐지, 그리고 업무절차의 간소화 단계를 거친 이후 정보화를 함으로써 정부혁신과 업무혁신의 기대효과를 극대화하는데 필수적입니다.

② 수요자(이용자) 중심의 사업추진

참여정부 전자정부 사업은 이용자 중심으로 진행되어야 합니다. 대체로 전자정부 사업의 초기 단계에서는 시스템이 공급자 중심으로 개발됨으로써 수요자의 만족과 선호를 제한함으로써, 결과적으로 고객의 활용도도 낮은 경우가 많았습니다. 권위주의적이거나 편의주의가 지배하는 행정문화에서는 수요자보다 공급자의 입장이 반영되는 경우가 많습니다. 또한 정보화의 초기 단계에서는 미숙한 경험으로 인하여 그런 경우도 많습니다. 따라서 철저한 고객 지향성이 없으면 낮은 활용도로 인하여 전자정부 목표달성이 미흡하고 예산만 낭비되는 결과에 이르게 됩니다.

그러므로 고객 관점에서 접근성과 다양한 선택수단을 보장하고, 시민참여를 활성화하는 전자정부 추진은 가장 중요한 성공요인의 하나입니다. OECD에서 제안하는 전자정부 점검항목에서 고객과 관련된 사항은 접근성, 선택성, 시민참여성, 개인정보보호 등에 결쳐서 제시되어 있습니다 (OECD, 2003: 153-159). 참여정부의 전자정부 로드맵은 이러한 OECD의 점검항목들을 반영하여 추진전략이 수립되었습니다.

③ 성과목표 설정 및 단계별 성과관리

전자정부 로드맵은 비전 구현을 위한 구체적인 목표로 현황 진단모형과 성과목표모형을 제시하고 있습니다. 대민 서비스, 행정효율성, 행정 민주성 등에서 계량화가 가능한 목표는 그 성과목표를 제시하고, 그렇지 않은 목표는 개념적 목표를 제시하였습니다. 동시에 로드맵의 우선순위를 설정하고, 이에 따른 기대성과를 제시하였습니다.

이를 바탕으로 전자정부 과제들의 성과 지향적이고 책임성 있는 관리를 위하여 책임 성과관리제를 도입하였습니다. 우선 프로젝트 관리에 대한 실명제를 도입하고, 성과지표를 사전에 제시하여 관리하고 사업완료 후에 성과를 평가하는 시스템을 도입하였습니다. 더 나아가 사업성과와 인사·예산 등 행정관리 요소들을 연계하여 중복투자를 방지하는 원칙을 제시하였습니다.

④ IT산업 육성에 활용

마지막으로 전자정부 사업에 첨단 정보기술을 개발 및 적용하여 테스트베드(Test Bed)로 활용함으로써 정보통신산업을 진흥하고, 이를 바탕으로 전자정부 솔루션을 외국정부에 보급하는 해외진출을 적극 추진하였습니다. 이러한 IT산업 육성 목표는 정보통신산업을 포함한 산업정책에서 정부 주도적 수출정책을 통하여 경제발전을 도모해 온 우리 정부로서는 중요한 전략적 의미가 있습니다.

노무현 정부에서 추진된 전자정부 31대 로드맵 과제들은 다음과 같습니다.

(1) 문서처리 전 과정의 전자화
(2) 국가 및 지방재정 종합 정보화
(3) 전자지방정부 구현
(4) 전자감사체계 구현
(5) 전자국회 구현
(6) 통합형사사법체계 구축
(7) 인사행정 종합정보화
(8) 외교통상 정보화
(9) 국정과제 실시간 관리
(10) 행정정보 공동이용 확대
(11) 정부기능연계모델(BRM) 개발
(12) 인터넷 민원서비스 고도화
(13) 국가안전관리종합서비스
(14) 건축. 토지. 등기 연계 및 고도화
(15) 종합국세서비스
(16) 국가복지종합정보서비스
(17) 식. 의약품 종합정보서비스

(18) 고용. 취업종합정보서비스
(19) 행정심판 인터넷서비스
(20) 기업지원 단일창구서비스
(21) 국가물류종합정보서비스
(22) 전자무역서비스
(23) 외국인종합지원서비스
(24) 전자정부 해외진출 지원
(25) 온라인 국민참여
(26) 범정부 통합전산환경 구축
(27) 전자정부 통신망 고도화
(28) 범정부 정보기술아키텍처 적용
(29) 정보보호체계 구축
(30) 정보화 인력 및 운영조직 강화 정비
(31) 전자정부 구현 및 안전성 관련 법제정비

노무현 정부에서는 5년 동안 전자정부 31대 로드맵 과제들에 1조 원에 가까운 사업 예산을 투입하여 우리나라 전자정부의 기반을 완성하였습니다.

(3) 이명박 정부

이명박 정부는 출범 초기에 참여정부와의 차별화 전략의 일환으로 전자정부를 국정과제에 포함시키지 않았습니다. 또한 정부조직 개편을 통해 정보통신부를 해체하여 국가정보화의 기능은 행정안전부로 이관되었습니다. 따라서 행정안전부는 전자정부와 국가정보화를 함께 수행하게 되었고, 기존의 전자정부본부를 정보화전략실로 개편하였습니다.

추진체계의 측면에서는 정보화촉진기본법의 전면 개정이 지연되면서 초반에는 기존의 정보화추진위원회를 통한 임시방편의 업무가 수행되었으며, 2009년 11월에 가서야 새로이 국가정보화전략위원회를 출범시켰습니다.

따라서 이명박 정부에서는 전자정부 대신에 국가정보화 개념과 비전 및 추진과제들을 살펴보아야 합니다.

이명박 정부는 2008년 12월 3일에 정보화를 통해 미래 성장동력을 발굴하고 창의와 신뢰의 선진 지식정보사회를 구현하기 위하여 국가정보화 기본계획을 확정하여 발표하였습니다. 이러한 기본계획은 <그림 17>과 같이 선진일류국가의 국정비전에 따라서 정보화의 비전과 목표 및 전략으로 구성되어 있습니다. 그 구체적인 내용을 간략하게 살펴보면 다음과 같습니다.

<그림 17> 이명박 정부 국가정보화의 비전과 전략

① 국가정보화의 비전

정보화 비전에 나타나는 창의란 ICT와 비ICT 부문 간 융합을 통해 다양한 분야에 적용 가능하고 미래지향적인 새로운 가치를 창출하는 것을 의미합니다. 즉 기존의 단절과 분산의 정보화에서 소통과 융합의 정보화를 의미합니다. 유비쿼터스 기반기술 및 웹3.0 등을 통해 창조적 융합과 협업으로 신규 가치를 창출하고 기존의 촉진 중심의 정책을 활용 중심의 정책으로 전환하여 개방형 혁신, 창의적 공유제 확대, 과학2.0(협업적 과학)등을 통해 개방적으로 협업을 추구하는 것입니다.

정보화 비전에 나타나는 신뢰란 '배려와 통합'을 통하여 지속가능한 발전을 도모하는 것입니다. 이것은 이제까지 정부주도의 정보화에서 민관 협업의 거버넌스 체제로 전환하는 것을 의미합니다. 구체적으로는 참여와 소통, 위키 등 집단지성을 활용한 민·관 협업 및 사회적 통합을 극대화하려는 전략입니다.

② 국가정보화의 목표: 2대 엔진, 3대 분야

국가정보화의 목표는 크게 2대 엔진과 3대 분야로 설정되었습니다. 첫째는 일 잘하는 지식정부입니다. 이것은 참여·공유·개방의 문화를 행정에 접목하여 정부 업무의 효율성과 신뢰를 제고하고, 맞춤형 통합서비스 제공으로 국민과 기업의 실질적 가치 창출을 뒷받침하고자 하는 것입니다.

둘째는 디지털로 잘사는 국민입니다. 이것은 ICT의 강점과 저력을 바탕으로 경제 전반의 실질적 ICT 활용성과를 제고하고, 경제 구조의 선진화로 국가경제 활성화에 기여하고자 하는 것입니다.

셋째는 신뢰의 정보 사회입니다. 이것은 사이버 공간 상의 신뢰성 확보와 아울러, 재난재해, 식품안전, 복지 등 정보화에 기반을 두면서 국민생활 전반의 신뢰 제고를 통해 사회적 자본을 축적하고, 신뢰받는 선진 지식정보사회를 실현하고자 하는 것입니다.

이어서 창의적 소프트파워는 사회변화의 엔진입니다. 이것은 국가지식 창출 및 활용체계를 종합적으로 혁신시키고, 다양한 아이디어나 문화콘텐츠를 창의적으로 융합·발전시켜 국가성장 및 사회변화의 엔진을 제공하고자 하는 것입니다.

마지막으로 첨단 디지털 융합인프라는 국가성장의 엔진입니다. 이것은 차세대 네트워크 구축 및 지능형 융합서비스 기반을 조성하여, 국민·기업·정부의 경쟁력을 제고 하고자 하는 것입니다.

③ 국가정보화의 전략

국가정보화의 전략은 크게 네 가지로 구분되어 있습니다. 첫째는 정부주도의 정보화에서 민관 협업의 거버넌스로의 전환입니다. 이것은 민과 관의 협업을 통한 정보화 정책의 개발·추진으로 참여와 공유의 新인터넷 문화 환경에 대응하고, 정보화 성과를 제고하고자 하는 것입니다.

둘째는 단절과 분산의 정보화에서 소통과 융합의 정보화로의 전환입니다. 이것은 지식과 서비스의 공유, 정보자원의 통합, 방송·통신의 융합 등 정보화 제 영역의 소통·융합으로 새로운 미래가치를 창출하고 ICT와 전통산업, 서비스, 문화, 예술의 결합을 통해 사회전반의 부가가치를 제고하고자 하는 것입니다.

셋째는 정보화 순기능 중심에서 정보화 역기능 고려로의 전환입니다. 이것은 스팸메일, 해킹, 개인정보유출 등 정보보호에 대한 정책 강화로 지속발전가능한 정보화의 기반을 마련하고, 사이버상의 질서·윤리를 확립하여 부정확한 정보의 확산에 따른 갈등 예방 등 신뢰할 수 있는 정보사회를 실현하고자 하는 것입니다.

넷째는 촉진 중심의 정책에서 활용 중심의 정책으로의 전환입니다. 이것은 국가정보화 기본설계도(EA)에 기반한 체계적 정보화로 기존의 정보화 문제점을 극복하고 시스템 활용도를 극대화하고, 사회 전 분야에서 축적된 지식정보를 효율적으로 공유·활용할 수 있는 지식 기반 인프라를 구축하고자 하는 것입니다.

이처럼 이명박 정부는 참여정부에서 활발하게 추진된 전자정부 사업들의 기반을 이어받아서 국가정보화를 추진하였지만, 대통령의 무관심에 따라서 추진 동력을 상실하고 국가경쟁력이 하락하는 결과를 가져왔습니다. 다만 저탄소 녹색성장이라는 정책기조에 따라서 스마트워크 정책은 어느 정도 추진되었습니다.

(4) 박근혜 정부

박근혜 정부는 출범한 지 얼마 되지 않았기 때문에 전자정부와 관련하여 설명할 것이 거의 없습니다. 다만 박근혜 정부는 정부3.0을 추진하고 있으므로 이 부분을 간략하게 살펴보면 다음과 같습니다.[22)]

"저는 **깨끗하고 투명하고 유능한 정부**를 반드시 만들어서 국민 여러분의 신뢰를 얻겠습니다." 이것은 2013년 2월 25일 박근혜 대통령 취임사의 일부분입니다. 이어서 박근혜 대통령은 2013년 4월 5일 안전행정부의 업무보고 시에 "공공정보가 개방이 되면 민간부문에 창의와 활력을 더하게 되고 이를 통해서 새로운 가치창출이 가능해질 것입니다. **정보공개와 개방의 폭을 과감하게 확대하고 민간이 보다 쉽게 활용할 수 있도록 지원**해 주시기 바랍니다." 하고 하면서 정부3.0에 대한 의지를 나타냈습니다. 이후 2013년 6월 19일에 정부3.0 비전선포식도 개최하였습니다. 정부3.0의 정의 및 비전과 전략은 다음과 같습니다.

① 정부3.0의 정의

정부3.0은 **공공정보**를 적극 **개방·공유**하고, 부처 간 칸막이를 없애고 **소통·협력**함으로써, **국정과제에 대한 추진동력을 확보하고 국민 맞춤형 서비스**를 제공함과 동시에 **일자리 창출**과 창조경제를 지원하는 새로운 정부운영 패러다임입니다.

② 정부3.0의 방향

정부3.0의 추진 방향은 다음과 같습니다.

- 공공정보의 **개방**과 **공유**, 정부-국민 간의 **소통**과 **협력**을 확대
- 국가보다 국민 개개인의 행복에 초점을 두어 **맞춤형 서비스 제공**
- **민간의 창의와 활력**이 증진되는 혁신 생태계 조성
- 부처 간 칸막이를 뛰어넘는 **통합형 정부운영** 지향
- 정부가 직접 개입하지 않고, 민간의 능동적 참여를 유도하는 **플랫폼 정부**

22) 박근혜 정부는 정부3.0을 전자정부를 넘어서는 획기적인 것으로 포장하고 있지만 실상은 전자정부의 일부분입니다. 개방과 공유 및 협업은 지난 10년 동안 전자정부 분야에서 꾸준하게 추진되어 온 내용입니다. 다만 박근혜 대통령이 정보공개를 강력하게 추진할 의지를 가지고 있기 때문에 기존과는 다르게 공직사회에 미치는 파장이 훨씬 클 것으로 예상됩니다.

이러한 정부3.0은 다음 <표 5>와 같은 정부운영 패러다임의 변화 방향에 대응하기 위하여 추진되는 것입니다.

<표 5> 정부 운영 패러다임의 변화 방향

구분	정부1.0	정부2.0	정부3.0
운영방향	정부 중심	국민 중심	국민 개개인 중심
핵심가치	효율성	민주성	확장된 민주성
참여	관 주도·동원 방식	제한된 공개·참여	능동적 공개·참여 개방·공유·소통·협력
행정 서비스	일방향 제공	양방향 제공	양방향·맞춤형 제공
수단(채널)	직접 방문	인터넷	무선 인터넷 스마트 모바일

③ 정부3.0의 비전과 전략

정부3.0의 비전과 전략은 다음 <그림 18>과 같습니다.

<그림 18> 정부3.0의 비전과 전략

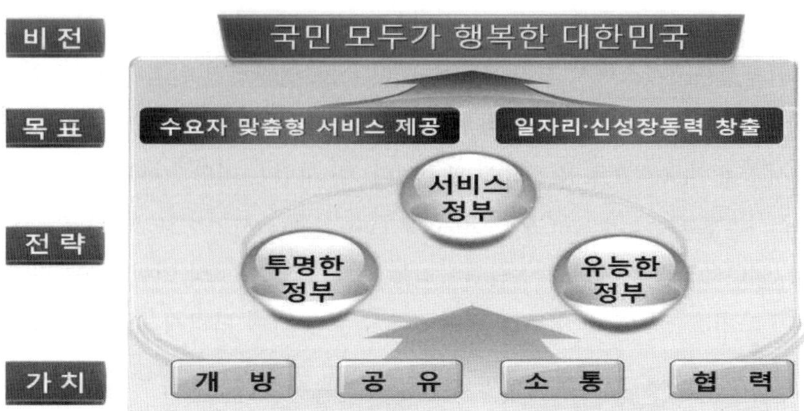

④ 정부3.0의 중점 추진과제

정부3.0의 중점 추진과제들은 다음과 같습니다.

구분	과제
소통하는 투명한 정부	① 공공정보 적극 공개로 국민의 알권리 충족
	② 공공데이터의 민간 활용 활성화
	③ 민·관 협치 강화
일 잘하는 유능한 정부	④ 정부 내 칸막이 해소
	⑤ 협업·소통 지원을 위한 정부운영 시스템 개선
	⑥ 빅데이터를 활용한 과학적 행정 구현
국민 중심의 서비스 정부	⑦ 수요자 맞춤형 서비스 통합 제공
	⑧ 창업 및 기업활동 원스톱 지원 강화
	⑨ 정보 취약계층의 서비스 접근성 제고
	⑩ 새로운 정보기술을 활용한 맞춤형 서비스 창출

박근혜 정부는 향후 5년간 총 약 2조 2,800억 원을 정부3.0에 투입할 예정입니다.

3. 전자적 민원행정서비스의 제공

전자정부서비스에서 가장 중요한 것이 바로 전자적 민원행정서비스입니다. 우리나라는 지난 10여 년간 인터넷을 활용한 전자적 민원행정서비스 구축 사업을 지속적으로 추진하여 왔습니다. 이 사업은 지난 2000년에 민원서비스시스템(Government for Citizens: G4C) 구축 사업으로 시작되었습니다. G4C시스템은 국민들이 민원처리를 위해 직접 관청의 민원창구를 방문하여 처리하던 기존의 방식을 인터넷이 되는 곳이면 어디서나 전자적인 민원창구를 이용하여 민원처리를 할 수 있도록 주요 행정기관의 시스템들을 연계시키는 사업이었습니다.

이로 인해 국민들이 민원처리를 위해 관청을 방문하는 횟수를 최소화하는 등 행정서비스의 질을 향상시킬 수 있는 패러다임의 변화를 가져오게 되었고, 우리나라가 세계 최고 수준의 전자정부로 자리매김 할 수 있는 계기를 마련하게 되었습니다. 이러한 정책기조는 이명박 정부에서도 계승되어 2010년 8월부터 '민원24'라고 하는 새로운 명칭으로 서비스가 제공되고 있습니다. 현재 서비스되는 민원24는 "누구나 행정기관 방문 없이 집·사무실 등 어디서든, 24시간 365일 인터넷으로 필요한 민원을 안내받고, 신청하고, 발급·열람할 수 있는 서비스"를 말합니다. 여기에서는 G4C에서 시작되어 민원24로 발전되기까지의 전자적 민원행정서비스 사업과 현황을 간략하게 살펴보고자 합니다.

1) 사업의 배경

G4C사업은 지난 2000년에 인터넷 대중화시대를 맞이하여 정보기술을 행정에 도입하고 민원을 비롯한 행정업무를 혁신함으로써 국민에게 보다 편리하고 신속한 민원서비스를 제공함과 아울러 행정의 효율성과 투명성을 제고하고자 하는 데서 비롯되었습니다.

이러한 G4C사업은 전자정부 구현을 위한 핵심 사업으로서 그동안의 행정전산망사업 등 정부의 정보화에 대한 투자로 이루어진 정보화 기반을 바탕으로 추진이 시작되었습니다. 그동안 국민들은 민원처리를 위해 일일이 관청을 직접 방문하거나 많은 구비서류를 제출해야 하는 등 적지 않은 불편함을 겪어왔으나, G4C의 구축 이후에는 국민들이 민원처리를 위해 관청을 방문하는 횟수를 최소화하고 언제 어디서나 원하는 정보를 얻을 수 있고, 각종 민원을 인터넷으로 해결할 수 있게 되었습니다. 특히, 인터넷을 통해 주요 생활 민원서류를 직접 민원인 PC에서 신청하고 그 결과물을 출력할 수 있도록 One-Stop 서비스를 제공함으로써 한층 더 편리한 전자민원 서비스 환경이 구현되었습니다.

더 나아가 민원 신청과 결과물 수령 방법을 다양화하여 행정기관의 위치에 상관없이 민원인이 원하는 행정기관 어디서나 민원처리가 가능하도록 서비스 방식을 지속적으로 개선하여 국민에게 민원서비스를 이용할 수 있는 기회의 폭을 넓혀나가고 있습니다.

초기에 G4C사업은 개인 PC 보급과 초고속 인터넷 통신으로 대표되는 민간부문의 정보화 확산에 따라 질 높은 행정서비스에 대한 국민의 요구 증가에 보다 적극적으로 부응하기 위하여 시작되었습니다. G4C사업은 온라인 행정서비스의 창구 단일화를 통한 국민의 편의성 및 행정의 효율성, 투명성 제고를 목적으로 추진된 국민의 정부 전자정부 11대 핵심과제 중 하나였습니다.

2) 업무처리 과정

민원24 시스템에 의하여 민원인은 해당 관공서를 직접 방문하지 않고도 <그림 19>와 같이 통합 전자민원창구를 통하여 전자적으로 업무를 수행할 수 있게 되었습니다.

<그림 19> 민원24의 구성도

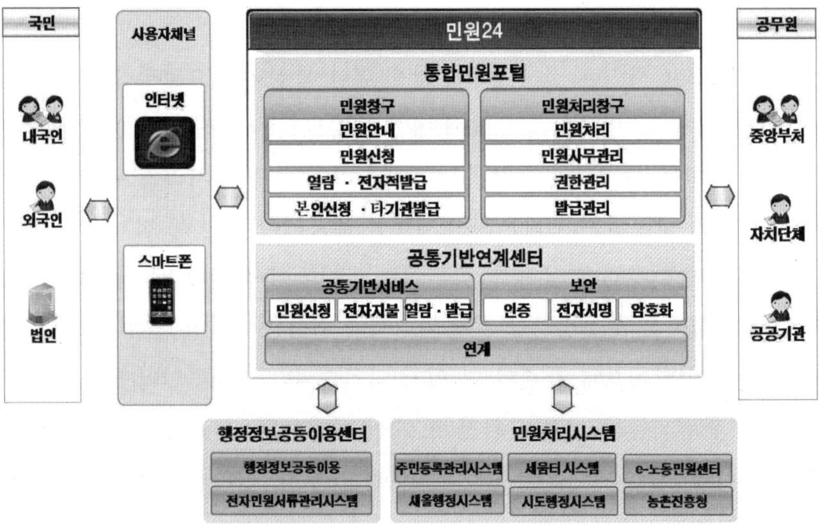

우선 민원인은 통합전자민원창구에서 필요 민원을 선택하여 민원신청서식에 필요정보를 입력하여 민원을 신청합니다. 이어서 민원 신청 후 처리 상태 및 처리 결과를 민원24시스템을 통해 조회할 수 있습니다. 정보제공기관은 요청된 신청정보를 바탕으로 해당되는 정보를 추출하여 민원24로 전달

합니다. 해당 민원처리기관의 담당자는 접수받은 민원을 처리절차에 의거해서 처리합니다. 즉 신청 즉시 처리상태 및 처리결과를 민원24로 전달하여 민원인에게 알려줍니다.

3) 기대효과

민원24시스템의 구축으로 다음과 같은 관점에서 대국민 서비스의 제고 및 행정업무 처리의 효율화 등을 도모할 수 있게 되었습니다.

① 국민의 편리성 측면 - 빠르고 편리한 통합 전자민원창구

국민들은 인터넷을 통해 주요 민원의 신청이 가능하여 굳이 행정기관이나 대행사를 찾을 필요 없이 사무실 또는 가정에서 직접 민원신청과 증명서 발급이 가능해졌습니다. 일부 민원에 대해서는 전자파일 형태나 인터넷 열람을 통해 결과를 확인할 수도 있습니다. 또한 800여 종의 민원에 대해서는 구비서류가 감축되어 민원인이 하나의 민원을 처리하기 위해 여러 행정기관을 방문하는 부담이 감소하였습니다.

② 행정업무처리의 효율화·투명화 측면

행정기관 간 자료를 공동이용함으로써 행정업무처리를 위해 다른 행정기관을 방문하여 서류를 발급하여 필요한 내용을 확인하는 데 따른 비용이 줄어들고, 증명서 발급을 담당하는 민원 담당 공무원은 각종 인·허가 등의 민원을 보다 충실하게 취급하게 되어 민원서비스의 질적 향상이 가능해졌습니다. 또한 민원처리 과정이 인터넷으로 실시간 조회가 가능해 짐에 따라 행정의 투명성도 향상되었습니다.

③ 행정기관의 중복투자 방지

전자정부 단일창구 및 각 기관별 전자민원시스템 간의 실질적이고 효과적인 서비스 제공을 위해서, 서비스기반 확보, 기존 인프라 재활용 극대화,

이용 편의성을 고려한 다양한 연계방식을 제공하여 전자정부 전산 자원의 효율성을 극대화 시킬 수 있게 되었습니다.

4) 주요성과

민원24는 서비스 개시(2002년) 이후의 경제적 효과를 환산하면, 시간비용 및 교통비 등 연간 1조 5천억 원 이상의 경제·사회적 비용이 절감된 것으로 조사되었고, 교통이용 및 종이사용의 감소로 약 2만 2천 톤의 탄소배출량 절감 효과를 가져온 것으로 나타났습니다.

또한, 1,000만 국민이 이용하는 세계 최고 수준의 온라인 정부민원 포털사이트로서, 2011년「UN 공공행정상(PSA: Public Service Awards)」우수상 수상, 국무총리실 규제개혁 성과 중 "국민이 뽑은 BEST10" 1위에 선정되었으며, 2012년에는 안전행정부 대표우수정책 중 국민이 선정한 최우수정책으로 선정되었고, 매년 실시하는 만족도 조사 결과 <그림 20>과 같이 높은 점수로 평가되고 있습니다.

<그림 20> 민원24 현황

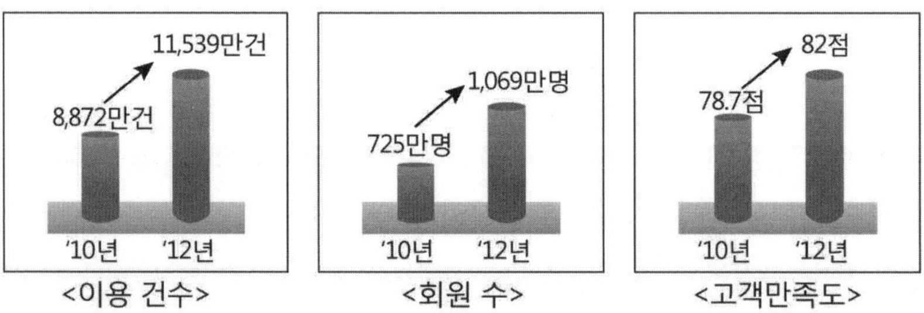

그러나 아직도 주민등록초본과 등본을 발급받기 위해서 과거의 동사무소 현재의 주민자치센터를 방문하는 국민들이 많이 있습니다. 주민자치센터를 방문하여 발급받으면 400원의 수수료를 내야 합니다. 하지만 인터넷에서는 무료입니다. 그럼에도 불구하고 국민들이 주민자치센터를 방문하는 이유는 아직까지도 전자정부에 대한 인식 및 홍보가 부족하기 때문입니다.

따라서 앞으로도 지속적으로 전자정부에 대한 홍보가 필요합니다.

제2절 전자정부의 주요 이슈들

전자정부와 관련한 이슈들은 프라이버시 침해 및 개인정보 보호 등 역기능 분야도 많이 있지만 여기에서는 행정정보의 공동이용, 행정정보의 공개 및 통합전산센터만을 간략하게 살펴보겠습니다(1절에서 너무 많은 내용을 기술하는 바람에 2절은 최대한 축약해서 기술하도록 하겠습니다. 자세한 내용은 2012 전자정부론 책을 참조해 주시기 바랍니다).

1. 행정정보 공동이용

행정정보의 공동이용이란 "국민들이 인·허가 등 각종 민원신청 시에 필요한 구비서류를 제출하지 않아도 민원담당자가 전산망으로 확인하여 민원을 처리하는 전자정부 서비스"입니다. 예를 들어 여권발급(변경) 민원신청 시에는 별도의 구비서류를 제출하지 않고 신청서만 작성하여 민원담당자에게 제출하시면, 민원담당자가 여권발급(변경)에 필요한 각종 행정정보를 전산망으로 확인합니다. 이러한 행정정보 공동이용 시스템은 최근에 민원24와 통합되면서 전자정부의 핵심으로 부상하고 있습니다. 이러한 행정정보 공동이용 시스템 구축과정 및 발전방안은 다음과 같습니다.

1) 추진배경 및 목표

(1) 과거의 불편 사항들

행정정보공동이용센터(PISC: Public Information Sharing Center) 자료에 의하면 행정정보 공동이용을 서비스하기 이전에는 국민들이 다음과 같은 불편을 겪고 있었습니다.

① 민원사무 신청 시 여러 개의 구비서류 첨부

2008년 기준 5,037종의 민원사무를 조사해 본 결과 민원인이 첨부서류를 제출해야 하는 민원사무는 3,680여 종(약 73%)으로 이를 준비하기 위해 국민들은 관공서를 방문해야 하는 불편함이 있었습니다.

② 기관별 정보의 중복수집과 관리로 예산 낭비

A기관이 보유한 자료를 B기관이 이용할 수 없어 B기관에서도 별도로 자료를 수집·관리함에 따라 예산이 중복 투입되고 같은 사항에 대해 불일치된 자료가 발생할 수 있어, 행정기관에서 보유한 자료의 신뢰성이 저하되고 있었습니다.

③ 다량의 개인정보 제공으로 개인정보의 유출 위험 존재

관련 업무를 처리하는 데 필요한 자료는 개인의 이름과 주소, 주민등록번호 뿐이나 이를 주민등록등본을 받아 확인하는 체계에서는 세대 관련 정보 등 불필요한 개인정보도 노출되고 있었습니다.

④ 종이 서류 구비 시 서류의 위·변조 문제 상존

행정기관에서 발급받은 종이문서나 인터넷을 통해 발급받은 종이문서를 위조해 제출하는 등 종이문서를 유통할 경우 위·변조의 가능성이 있었습니다.

⑤ 종이 구비서류 발급 및 보관에 따르는 행정력 낭비

연간 4억 4천만 통의 서류가 행정기관에서 발급되어 행정·공공·금융기관 등에 제출되고 있어 예산낭비, 보관 공간과 발급 인력 소요 등 행정력이 낭비되고 있었습니다

(2) 추진 배경

과거에 국민들이 행정기관에 제출하는 구비서류의 다수는 다른 행정기

관에서 발급받아야 하는 서류였습니다. 따라서 국민들의 입장에서는 과다한 행정기관의 방문을 행정편의에 따라 요구받아 오고 있는 실정이었습니다. 이러한 상황을 해소하기 위하여 국민의 행정기관 방문횟수를 줄이고, 민원처리를 편리하게 할 수 있도록 행정 기관들 사이의 정보공유가 중요하게 대두하게 되었습니다.

또한 민원 이외 일반 행정업무를 처리하는 데 있어 여러 기관의 정보를 조회, 참고해야 되는 경우, 기존의 공문에 의한 협조방식으로는 여러 가지 한계가 있어 행정효율을 높여야 한다는 필요성도 제기되었습니다. 이에 따라서 범정부적인 협업기반의 막힘없는(Seamless) 업무처리를 위하여 행정정보 공동이용체계의 구축을 추진하게 되었습니다.

<그림 21> 범정부 행정정보공유센터 구성도

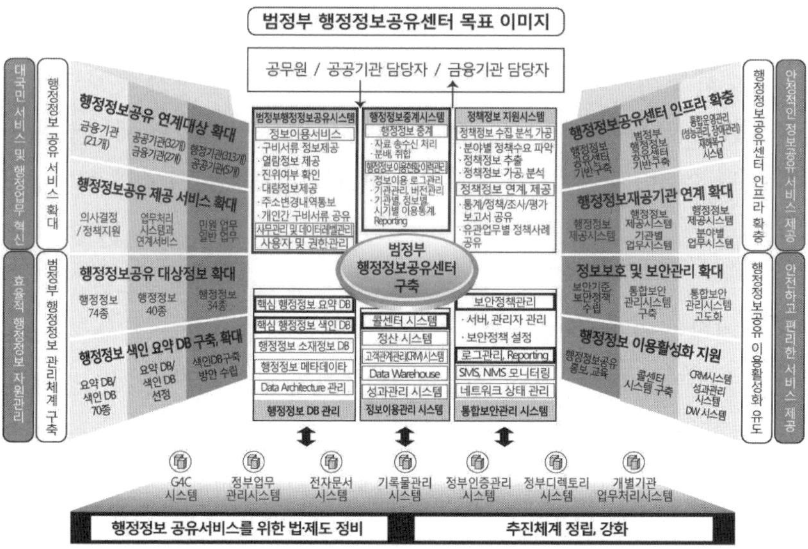

우리 정부는 2005년 말에 국무총리실 산하에 행정정보공유추진위원회를 구성하고 이를 지원하기 위한 실무기구로 행정정보공유추진단을 신설하였습니다. 이 추진단에서는 범정부 행정정보공유센터의 설립을 목표로 <그림 21>과 같이 행정정보 공동이용 구축사업을 추진하였습니다.

(3) 사업의 필요성

따라서 이 사업의 필요성은 다음과 같이 정리해 볼 수 있습니다.

① 대국민 행정서비스 혁신

행정정보공유 개선방안을 정부 정책으로 채택하여 정부 내부의 행정개혁을 추진함으로써 국민의 행정서비스 요구에 부응할 필요성 있었습니다. 이를 위해 행정·공공·금융기관 간 구비서류 정보의 공유를 통한 징구 폐지가 필요하였습니다. 구체적으로는 '행정정보공유센터'를 통해 정부기관이 보유하고 있는 행정DB를 연계하여 행정·공공·금융기관의 구비서류 징구의 폐지를 통한 근본적인 업무처리 절차의 개선이 요망되었습니다.

② 투명한 행정에 대한 국민의 요구 반영

정부에 대한 국민의 요구가 증가하고 있다는 점입니다. 즉 국민들이 정부정책에 대하여 적극적으로 의견을 제시하고 있으며, 행정 감시 및 투명한 행정에 대한 요구가 증가하고 있었습니다. 더 나아가 행정 서비스에 대한 국민들의 요구 수준이 높아지고 있으므로 이에 적극적으로 대처할 필요가 있었습니다.

③ 행정정보 공유시스템 확대

행정정보공유 확대를 위한 정보화전략계획에 의해 정의된 새로운 행정정보공유체계 구축이 필요하게 되었습니다. '행정정보공유센터'를 중심으로 하는 범정부(행정, 공공, 금융) 행정정보공유체계 구축을 위한 종합적인 정보화 전략계획에 따른 후속 사업이 추진되어야 했습니다. 이러한 사업은 수립된 행정정보공유센터의 기능 및 역할에 충족되는 센터를 구축하며, 업무처리를 위한 공동이용 열람 내역을 행정정보공유센터에서 보관할 수 있는 증적관리시스템도 구축할 예정이었습다. 특히 중요하게 부각되는 것은 "정보 주체자의 자기통제권 강화를 위하여 사전 동의 및 정보 주체자 본인의 정보를 누가, 언제, 어디서, 어떤 정보를 이용했는지 인터넷으로 확인 가능한 서비스를 제공할 예정"인 점이었습니다.

④ 공동이용 대상 범위의 확대

공공 및 금융기관으로의 서비스 대상 확대 및 대상정보 확대(40종에서 70종으로)에 따른 인프라 확충이 필요하였습니다. 행정기관 위주로 운영되던 행정정보공유시스템을 행정·공공·금융기관으로 대상기관을 확대하여 통합, 운영할 수 있도록 범정부 행정정보공유센터를 구축할 필요성이 제기되었습니다. 또한 공동이용 대상정보의 단계적 확대('02)17종 → ('05)24종 → ('06)34종 → ('07)42종 → ('08)71종 → ('09)80종 → ('10)92종→ ('11)120종 등에 따른 시스템의 확충도 필요하였습니다.

⑤ 안전한 전자정부 기반 확보

개인정보보호 강화를 통해 국민에게 신뢰받는 정부의 실현이 필요하였습니다. 이 사업을 통하여 행정정보 및 개인정보 보호를 위한 보안체계 구축을 실현하고 행정정보공동이용 확대에 따른 부작용을 최소화할 예정이었습니다. 이에 따라서 행정정보 유출 및 개인정보 오남용을 사전에 방지할 수 있는 대책을 마련하여 안전한 전자정부 서비스의 기반을 구축하고자 하였습니다.

(4) 제공되는 업무의 내용

이러한 행정정보 공동이용 시스템을 구축하여 초창기에 다음과 같은 업무들을 제공하게 되었습니다.

① 범정부 행정정보공유 서비스(대국민)

국민들에게 제공되는 정보공동이용 대상정보 및 서비스를 확대하였습니다. 행정기관에 제출하던 구비서류 중 행정정보공유를 통해서 갈음 할 수 있는 정보가 34종에서 40종으로 확대되어 해당 구비서류를 제출하지 않아도 민원처리가 가능하게 되었습니다. 또한 행정정보공유 서비스 대상이 행정기관에서 공공·금융기관으로 확대됨에 따라 기관에 제출하던 구비서류 중 행정정보공유를 통해서 갈음할 수 있는 대상 정보는 서비스 대상 기관에 한하여 제출하지 않아도 되게 되었습니다. 개인정보 보호의 차원에서 행정정보공유를 통해서 열람되어진 개인의 정보에 대하여 정보열람에 대한 기록확인이 가능하게 되었습니다.

② 행정기관 정보공유서비스(공무원)

공무원의 업무처리 시에 행정정보공유대상 정보에 대하여 구비서류의 접수, 보관 등의 업무처리가 간소화되었습니다. 현재에는 행정정보공유대상(120종)에 대하여 민원 접수 시, 구비서류를 수령하지 않고 행정정보공유센터가 제공하는 이용기관 API 등 업무처리시스템과 연계된 서비스를 이용하거나 공유포털(www.share.go.kr)을 통해서 해당정보를 열람할 수 있도록 서비스가 지원되고 있습니다. 따라서 행정정보공유 대상 정보별 데이터 레벨 적용 및 데이터 매칭(진위확인)등의 서비스로 필요 정보만 확인하면 되어 업무처리 절차가 간편해졌습니다.

③ 공공·금융기관 정보공유서비스(업무처리담당)

행정정보공유대상이 행정기관에서 공공 및 금융기관으로 확대됨에 따라 공공·금융기관용 정보공유시스템을 구축하여 독립적인 운영체계를 마련하고, 보다 신속하고 안정적인 서비스를 제공하고 있습니다. 따라서 공공·금융기관별로 사전 협의된 행정정보공유대상에 대하여 민원인으로부터 필요 구비서류를 수령하지 않고 행정정보공유센터가 제공하는 이용기관 API 등 업무처리시스템과 연계된 서비스를 이용하거나 공유포털(www.share.go. kr)을 통해서 해당 정보를 열람하여 해당 업무를 간편하게 처리하고 있습니다. 이때에는 정보 공유에 대한 적절한 권한을 가진 자가 정당한 목적으로 이용할 수 있도록 권한 관리 체계를 적용하여 개인정보보호를 강화하고 있습니다.

2) 추진현황

행정정보 공동 이용은 2003년부터 본격적으로 시작되었습니다. 이 사업은 2002년부터 서비스되고 있던 인터넷 민원서비스(G4C)의 정보공동이용센터의 공유 DB를 확대 구축하고, 부처별 행정정보DB를 상호 연계하는 것에서 시작되었습니다.

(1) 시스템 구축 과정 및 현황

'행정정보 공유를 위한 기본계획' 수립과 추진체계 정비를 통해 2005년 12월부터 1단계 사업을 본격적으로 추진하였으며, 현재까지 지속적으로 고도화 사업을 진행하여 행정정보 대상 정보 및 대상 기관을 확대하는 사업을 추진하고 있습니다.

① 행정정보 공동이용 확대를 위한 BPR/ISP (2003. 9 ~ 2004. 5)

행정정보 공동이용의 확대와 중·장기 계획 수립을 위해 2003년 9월부터 8개월간 인터넷 민원서비스(G4C) 시스템 확충을 위한 선행사업의 일환으로 행정정보 공동이용 활성화를 위한 BPR/ISP가 인터넷 민원서비스(G4C) 고도화 사업과 통합 추진되었습니다. 이를 통해 과제 내용의 구체화가 추진되었습니다.

② 행정정보 공동이용 범위 확대 (2004. 12 ~ 2005. 9)

행정정보 공동이용 확대를 위한 업무재설계 및 정보화전략계획(BPR/ISP) 수립 결과에 따라 행정정보 공동이용 중계시스템의 장비 보강 및 기능개선 사업(2004. 9 ~ 12)과 행정정보 공동이용 대상 정보 확대를 위한 사업(2004. 12 ~ 2005. 9)이 인터넷 민원서비스(G4C) 고도화 1단계 구축 사업과 통합되어 추진되었습니다. 병적, 국가유공자, 출입국, 외국인 등록 등 4종의 공동이용 대상정보가 추가되어 기존의 주민, 토지대장, 호적 등 20종에서 24종으로 확대하고 제도 보완 등을 거쳐 2006년 1월 30일부터 시행에 들어갔습니다.

본 사업과는 별도로 2005년 4월부터 12월까지 '행정DB 공유현황조사 및 정보공유를 위한 개선 방안'의 후속 작업으로 중앙 및 지방자치단체를 대상으로 '행정정보공동활용 및 DB 표준화사업'이 추진되었습니다. 본 사업에서는 범정부 행정정보 공유 및 공동이용 현황에 대한 실태 파악과 현황조사가 실시되어 그 결과를 반영하여 2005년 11월 '행정정보공유 종합계획'이 수립되었습니다.

③ 1차: 행정정보 공유 확대를 위한 기반 구축 (2005. 12 ~ 2006. 8)

1차 사업은 '행정정보공유 종합계획' 결과를 반영하여 우선, 여권정보, 토지이용계획 확인원, 건축허가서 등 10종이 추가되어 공동이용 대상정보는 24종에서 34종으로 확대되었습니다. 또한, 공동이용 대상기관도 당초 행정기관에만 적용되던 것이 한국전력, 근로복지공단, 국민연금관리공단 등 위임위탁민원 및 대국민 업무를 처리하는 5개 공공기관에 추가로 적용되었습니다.

④ 2차: 행정정보 공유 확대 (2006. 9 ~ 2007. 3)

2차 사업은 34종이었던 대상정보가 42종으로 확대되었습니다. 또한 43개 공공기관이 추가로 공동이용 대상기관에 편입되었습니다. 특히 2007년 4월에는 2개 시중은행(우리, 기업은행)에도 행정정보공유 서비스가 시범 운영되었습니다. 민원인들이 은행 업무를 볼 때 일일이 행정서류를 따로 준비할 필요 없이, 고객의 동의하에 은행이 이를 전용회선으로 직접 발급받아 사용하는 것으로 주민등록등초본, 건물토지등기부등본, 법인 등기부등본 등이 서비스 되었습니다.

⑤ 3차: 행정정보 공유 확대 (2007.12 ~ 2008. 8)

2007년 12월부터 시작된 3차 사업은 지속적인 서비스 확대를 통한 정보 공유 효과를 극대화하고 서비스의 신뢰성 보장을 위한 안정적인 운영기반을 확보하기 위해 2008년 8월까지 추진하였습니다. 본 사업에서는 행정정보 공동이용 대상을 확대하기 위해 공동이용 대상 정보 24개를 추가하여 66개까지로 확대하고 공동이용 대상기관을 공공기관과 금융권까지 확대하였습니다.

공동이용 대상기관은 우선적으로 공사 및 공단 등의 공공기관을 상대로 기존 43개 기관에서 50개 기관까지 확대하고, 금융기관은 2개 시범기관에서 주요 시중은행들과 조합으로 단계적으로 확대하였습니다. 또한 행정정보 공동이용 서비스 통합관리체계 수립을 위해 사무신청, 승인 등 공동이용 사무관리포털을 구축하고, 변경관리·민원상담관리 등을 연계한 운영관리 시스템을 구축하였습니다.

이와 함께 행정정보공동이용 서비스 확대를 위해 담당자 알리미 기능, 주민번호 및 이름변경 서비스를 제공하고 각 기관의 공통 업무(계약·인사업무 등)에 대한 구비서류 제출 등의 서비스를 제공하고 있습니다. 마지막으로 행정정보 공동이용 서비스의 신뢰성 보장을 위해 행정정보 공동이용 센터의 보안시스템을 고도화하고 개인정보보호체계를 강화하는 작업을 추진하였습니다.

⑥ 중장기 발전방안 수립을 위한 BPR/ISP (2008.12~2009.6)

행정정보 공동이용 서비스의 중장기 발전방안을 모색하고 3차에 걸쳐 구축된 시스템을 고도화하기 위하여 '수요자 맞춤형 행정정보 공동이용체계 구축을 위한 BPR/ISP 사업'을 실시하였습니다. 주요 내용은 기존 오프라인 방식의 종이서류 중심에서 필수 항목 중심의 '맞춤형 서류정보 열람체계(One Screen 서비스)'를 구축하고, 민원서비스선진화 사업을 지원하기 위한 전자민원서류관리시스템을 구축하며, 정책정보 등 다른 행정정보의 공동이용 방안을 모색하고, 행정정보공동이용센터의 역할과 위상을 새롭게 정립하는 등의 방안을 담고 있습니다.

⑦ 제1차: 수요자 맞춤형 공동이용체계 기반 구축사업 (2009.8~2009.12)

'수요자 맞춤형 행정정보 공동이용체계 구축을 위한 BPR/ISP 사업' 결과에 따라 행정정보 공동이용 중기전략계획(2009~2012년)을 수립하고 1차 사업으로 수요자 맞춤형 공동이용체계 기반 구축 사업을 추진하였습니다. 이 사업은 보다 쉽고 편리하고 안전한 행정정보 공동이용체계 구축을 목적으로 공동이용 대상정보 11종 및 11개 이용기관 확대, 맞춤형 서류정보 열람체계 및 전자민원서류관리시스템 구축, 현행 행정정보 공동이용시스템 개선 및 이용활성화 등을 핵심과제로 추진하게 되었습니다.

또한 전자민원 서류관리시스템을 구축하여 전자민원 포털(민원 24)과 연계, 민원인이 온라인으로 제출한 구비서류 및 민원발급기관 발급서류의 등록·보관·열람서비스를 가능하게 하였으며, 현 행정정보 유통시스템을 사회복지 통합관리망과 연계하여 국세청, 국민연금 관리공단 등 15개 기관 25종의 소득·재산자료를 실시간으로 조회할 수 있는 서비스를 개발하였습니다.

⑧ 제2차: 수요자 맞춤형 공동이용체계 기반 구축사업 (2010.4~2010.11)

2009년도 제1차 사업에 이어 2010년도에는 행정정보 공동이용 대상 확대 및 범정부 정보유통허브(HUB) 시범구축 등을 위한 제2차 기반 구축 사업이 2010년 11월까지 추진되었습니다. 이 사업에서는 보건복지부 의료면허증(의사, 치과의사, 한의사, 간호사), 국민건강보험공단 건강보험료 납부확인서 정보 등 12종 정보를 공동이용 대상으로 확대하는 등 대상정보를 추가하여 총 92종으로 확대하고, 서울메트로 등 공공기관 19개, 교육기관 3개, 민간기관(금융) 2개 기관 확대 등 24개 이용기관을 추가하여 총 414개 기관으로 확대하였습니다.

이어서 2009년 여권발급(변경)신청 등 5개 사무에 시범적용된 맞춤형 정보(원스크린) 조회서비스를 2종 이상 구비서류가 포함된 사무 400개로 확대 적용하여 총 405종의 사무에서 이용할 수 있게 되었습니다. 또한 특정 민원 및 업무에서 관련 서류를 확인하지 않고 진위여부만 확인하여 이용기관 편의를 높일 수 있는 장애인사실여부(Y/N)서비스 등 6개 보유기관, 8종 서비스를 '실시간 사실여부 확인서비스'로 구축·제공하고 있습니다.

⑨ 제3차: 수요자 맞춤형 공동이용체계 확대 구축사업 (2011.4~2011.11)

2009년에 수립된 '행정정보 공동이용 중기전략계획(2009~2012년)'을 국가정보화 시행계획 변경, 예산변경 등을 고려하여 책정한 목표를 달성하기 위하여 제3차 사업을 추진하였습니다. 이 과정에서 미환급금 찾아주기 통합서비스를 지속적으로 확대하였으며, 이와 같이 다양한 기관 및 국민 수요에 최적화된 서비스를 제공하도록 행정정보 공동이용체계에서 도로명주소 전환지원서비스, 자격증정보 통합조회서비스 등 '맞춤정보 유통서비스'를 체계적으로 구축하여 제공하고 있습니다.

또한 공동이용 대상정보 28종을 추가적으로 확대하고, 22개 사무를 대상으로 맞춤형 정보조회서비스를 적용하여 확대하였습니다. 과거 행정정보중계서비스에서 발전해 온 범정부 정보유통허브는 2010년 시범 구축한 개방형 실시간 정보유통기반을 본격적으로 구축하여 서비스하고, 기존 사실여부 확인서비스는 관내 거주여부 사실 여부 확인서비스 등 15개 서비스를 추가로 확대하여 구축하였습니다.

⑩ 행정정보 공동이용의 과거와 미래

자 지금까지 장황(?)하게 근 10년 동안의 행정정보 공동이용 사업의 전개 과정에 대하여 살펴보았습니다. 우리나라 전자정부 사업들 가운데 가장 성공적이고, 가장 국민들에게 파급효과가 큰 사업이 바로 행정정보의 공동이용입니다.

옛날 이야기를 하나 하도록 하지요. 저는 1984년 2월에 대학을 졸업하였습니다. 그 이전까지는 태어나서 해외여행을 해본 적이 없었습니다. 요즘이야 배낭여행이다 글로벌 인턴십이다 해서 거의 모든 대학생들이 해외여행의 경험을 가지고 있습니다. 하지만 1980년대 초반에는 해외여행은 극히 소수의 사람들만이 할 수 있었습니다.

저는 대학 졸업 후에 직장에서 1980년대 중반에 처음으로 해외 출장을 다녀왔습니다. 그런데 지금은 모두 사라졌지만 그 당시에 아주 황당한 경험을 많이 하였습니다. 일단 김포국제공항에서 공무원들에게 많은 돈을 상납했습니다. 왜냐하면 20대에 군대 미필자가 해외여행을 하려면 동사무소에서 사전에 신고를 하고 신고필증을 공항 주재 출입국관리소 직원들에게 제출하여야 한다는 것입니다. 저는 그냥 여권과 비행기표만 가지고 공항에 나갔기 때문에 공항에 근무하는 공무원들에게 이른바 봉투를 상납하고 비행기를 탈 수 있었습니다.

그리고 귀국해서는 동사무소의 호출을 받았습니다. 지금은 공항 입국 시에 여권 스캐닝으로 행정정보의 공동이용이 가능해졌지만, 그 당시에는 어림없는 일이었습니다. 따라서 공항을 통해서 입국을 하더라도 거주지 동사무소에 찾아가서 내가 귀국했다는 사실을 신고해야 하던 시절이었습니다. 또한 여권 하나를 발급받기 위해서 똑같은 신청서를 6매 작성해서 제출해야 하던 시절입니다. 지금은 신청서 1장이면 되고, 여권의 갱신 시에는 사진 2장이면 됩니다.

그리고 또 하나는 여권을 발급받는데 1개월 가까이 시간이 걸렸다는 점입니다. 다음 주에 해외 출장은 가야 하는데 여권은 없고(그 당시는 한 번 쓰고 폐기하는 단수여권이 존재하였습니다), 난감한 상황에서 여행사에 급행료를 제공하니까 거짓말처럼 신기하게 일주일 만에 여권을 받을 수 있었던 시절이었습니다. 꽤 오래전의 이야기 같지만 30년도 채 안 되는 과거 시절의 이야기였습니다.

자 그러면 미래에 대하여 이야기해 봅시다. 저는 저에게 전자정부론을 수강하는 학생들에게 여러 가지의 과제물을 내 줍니다. 그중의 하나가 민원24

포털에 접속하여 주민등록초본을 발급받아서 제게 제출하라는 것입니다. 10년 전에는 이 과제물을 종이로 받았습니다. 하지만 이제는 행정정보 공동이용의 고도화 결과로 제3자 제출로 전자적으로 받고 있습니다. 제가 민원24에서 제3자 수신에 접속하면 제게 주민등록초본을 제출한 수강생들의 목록이 나옵니다.

여기에서 한 걸음 더 나아가면 제3자에 현대자동차나 삼성전자 그리고 경성대학교가 될 수 있습니다. 즉 이제까지 우리 행정정보 공동이용 시스템은 정부 내에서 그리고 정부와 공공기관 그리고 금융기관으로 그 활용 범위를 확대하여 왔습니다. 그런데 만일 경성대학교 행정학과에 재학 중인 홍길동 학생이 생활보호대상자라서 경성대학교로부터 학비 감면을 받는다고 가정해 봅시다.

현재는 학생이 주민자치센터를 찾아가거나 민원24에 접속하여 생활보호대상자 증명서를 종이로 발급받아서 학교에 제출해야 했습니다. 그러면 경성대학교는 학생이 제출한 종이의 내용을 학교 시스템에 입력해야만 행정업무 처리가 가능했습니다. 하지만 앞으로 행정정보 공공이용 시스템이 보다 고도화되어 활용 범위를 확장하게 된다면, 홍길동 학생은 민원24에 접속하여 자신의 생활보호대상자 증명서를 정부에서 경성대학교로 보내 달라고 요청하기만 하면 됩니다. 정부는 민원인의 신청을 받아서 민원 결과를 처리하면 되는 것입니다. 이 경우 민원처리가 제3자 그리고 정부나 공공기관이 아니라 민간기관으로 확장된다는 것이 다를 뿐입니다.

기술적으로는 전혀 문제될 것이 없습니다. 우리나라 자동차 기업들은 벌써 20여년 전부터 미국에 자동차를 수출하기 위하여 전자문서교환(EDI: Electronic Data Interchange)을 시행하여 왔습니다. 이러한 전자문서교환이 이루어지기 이전에는 수출업체들은 다양한 색깔의 여러 종이들을 수출입에 사용하였습니다. 물론 입력 오류도 엄청나게 많았습니다. 하지만 전자문서교환의 도입 이후에는 색색가지의 종이문서들이 모두 사라졌습니다. 따라서 이러한 행정정보 공동이용의 고도화는 앞으로도 지속적으로 추진될 것입니다. 따라서 중요한 것은 기술보다는 법과 제도의 개선입니다.

(2) 법·제도 정비

① 제도개선

우리 정부는 행정정보 공동이용 시스템 구축 사업이 추진되는 동안 지속적으로 법과 관련 제도를 개선하려는 노력을 기울였습니다. 정부는 2006년 11월 국회에 행정정보공동이용법(안)을 제출하였으나 2008년 제17대 국회의 임기 만료로 자동 폐기되었습니다. 이어서 이 법안의 핵심 내용이 포함된 전자정부법 개정(안)을 마련하여 2008년 11월 국회에 다시 제출하고 2010년 2월에는 전부 개정하였습니다.

개정된 전자정부법은 국민편익과 행정효율을 증진하고 개인정보보호를 강화하기 위하여 행정정보 공동이용 대상과 방법 및 절차를 규정하고, 정보주체로부터 행정정보 공동이용에 대한 사전 동의를 받도록 하며, 정보주체의 열람청구권을 규정하여 개인정보에 대한 자기통제권을 신설하고, 개인정보침해에 따른 벌칙 규정을 대폭 강화하는 것 등을 주요내용으로 하고 있습니다.

이와는 별도로 2008년 11월 행정정보 공동이용에 관한 세부절차를 정한 '행정정보공동이용지침'을 제정하였고, 2010년 5월에는「전자정부법」및 동법 시행령과 그동안 지침을 운영하면서 제기된 불편사항·건의 사항을 반영하여 전부 개정하였습니다

② 개별 법령 개정

행정정보 공동이용을 실질적으로 뒷받침하기 위해서는 구비서류 제출을 면제하는 내용의 개별 법령 개정이 필요하여 2006년 84개와 2007년 29개의 대통령령을 각각 일괄 개정하였습니다. 2008년에는 추가된 행정정보에 관한 사항과 등기부등본 등 이른바 공시성 정보에 대하여 사전동의를 면제하는 내용으로 39개의 대통령령을 일괄 개정하였습니다. 이와 동시에 각 소

관 부처별로 총리령 및 부령 개정 작업을 독려하여 2006년과 2007년 각각 293개와 91개를 개정하도록 하였고, 2008년에도 농림수산식품부 등 11개 부처의 16개 부령(총리령)을 개정하도록 하였습니다.

2010년에도 일괄개정으로 총 264건의 시행령이 개정 완료되어 행정정보 공동이용 의무화의 개별 근거를 마련하는 작업이 크게 진척되었다고 할 수 있습니다. 이에 따라 일선 민원창구에서 자의적인 구비서류 제출요구 관행이 근절되었습니다. 이를 바탕으로 수백만 건의 구비서류가 감축됨에 따라 수수료·교통비·출력경비 등 사회적 비용이 절감되고 이산화탄소 발생량도 저감되어 녹색행정을 촉진하는데 기여할 것으로 기대됩니다.

3) 기대효과

행정정보 공유 확대는 결국 국민들의 불편을 가능한 최소화한다는 목적을 두고 있습니다. 다양한 관계기관들이 행정정보를 공유하게 되면 서류 발급을 줄일 수 있고, 이는 민원인들의 행정기관 방문 최소화로 이어져 결국 국민들이 일일이 관계기관을 방문해 서류를 준비해야 하는 불편을 줄일 수 있습니다. 구비서류를 제출하지 않고 신청서만 제출하게 됨에 따라 과거에는 서류를 준비하는데 최대 10일 정도 소요되었으나 이제는 즉시 처리할 수 있어 국민들은 신속하게 민원을 처리할 수 있을 뿐만 아니라, 서류 준비에 필요한 시간을 크게 절약할 수 있게 되었습니다. 공동이용 대상정보 확대로 2011년에는 월 300만 건 이상의 정보가 공동 활용되어 민원인의 불편이 대폭 감소되었으며, 행정업무의 효율성 및 생산성이 향상되었습니다.

또한 행정기관의 민원창구에서는 증명서 발급 수요 감축에 따라 약 2천 명의 민원담당 공무원을 사회복지와 같은 현장 중심의 업무에 투입할 수 있게 되는 등 인력절감의 효과도 크게 기대할 수 있게 되었습니다. 이러한 내용을 정리하면 다음과 같습니다.

(1) 정량적인 기대효과

행정정보 공동활용의 정량적인 기대효과는 다음과 같이 정리해 볼 수 있습니다.

① 이용확대에 따른 경제적 효과

행정정보 공동이용 서비스 확대 및 이용 활성화 추진으로 최근 3년간 224백만 건의 이용량을 달성하였습니다. 따라서 공동이용에 따른 구비서류 감축으로 3년간 7,912억 원의 사회적 기회비용을 절감하였다고 평가할 수 있습니다.

② 이용 확대에 따른 탄소저감 효과

행정정보 공동이용의 고도화 사업을 통한 서비스 확대로 인하여 민원인들이 구비서류를 절감함에 따라서 지난 3년간 약 44만 8천 톤(t-CO2) 탄소저감 효과를 계상할 수 있습니다.

(2) 정성적인 기대효과

행정정보 공동활용의 정성적인 기대효과는 다음과 같이 정리해 볼 수 있습니다.

① 구비서류 유통관련 대국민 서비스 개선

공동이용 대상정보를 120종으로 확대함으로써 민원인의 구비서류 준비를 위한 기관 방문의 불편을 감소시켰습니다. 또한 행정정보공유를 통해서 정보를 열람할 수 있는 정보도 확대되어, 행정기관뿐 아니라 공공·금융기관에서도 해당 구비서류를 제출하지 않고 민원을 처리할 수 있는 기반을 마련하였습니다. 진위확인서비스를 통해서 업무처리에 필요한 최소한의 정보만을 제공하여 과다한 개인정보 노출을 원천적으로 방지하고 있습니다. 또한 정보공유센터 기반 강화 및 연계 체계 고도화를 통해 공무원 및 업무 담당자의 업무 생산성을 극대화할 수 있습니다. 또한 민원신청서만 작성하고, 구비서류를 준비할 필요가 없어 인·허가 및 대출신청 등의 업무 간소화를 통하여 시간 및 비용이 절감됩니다.

② 행정·공공·금융기관의 업무 처리 혁신

행정·공공·금융기관의 업무 프로세스가 획기적으로 개선되었습니다. 기존의 종이증명서 대신 구비서류 정보를 실시간으로 확인할 수 있어 신속 정확하게 민원을 처리할 수 있고, 유통 서류의 위·변조 문제를 근본적으로 차단합니다. 이에 따라서 기존의 종이증명서 보관에 따른 행정적, 재정적 낭비를 방지할 수 있습니다. 또한 행정기관 민원창구의 획기적인 업무개선을 이룩할 수 있습니다. 이처럼 증명서 발급이 획기적으로 감축되어 시군구, 읍면동 등 구비서류를 발급하는 행정기관 민원창구를 현장지원 중심으로 전환하는 것이 가능해졌습니다.

③ 행정정보공유센터 구축을 통한 행정의 신뢰도 제고

행정정보공유센터를 통해서 각 행정기관이 보유하고 있는 정보의 일치성 및 무결성을 보장함으로써 전자정부의 신뢰성을 제고시킬 수 있게 되었습니다. 또한 다양한 행정기관 보유 정보를 필요로 하는 기관에서 사용할 수 있도록 행정정보공유체계를 구현함으로써 전자정부의 업무 효율성도 제고시켰습니다. 이를 바탕으로 행정정보공유센터의 안정적 인프라 확충을 통한 공무원의 체감 만족도를 향상시켰습니다.

2. 행정정보 공개

정보공개제도는 국가기관·지방자치단체에서 어떤 일을 하고 있고 예산을 어떻게 집행하고 있는지 국민들이 알 수 있도록 공공기관이 보유·관리하는 정보를 국민에게 공개하는 것입니다. 즉 국민의 알 권리를 보장함으로써 더 많은 정보를 바탕으로 국정운영에 참여할 수 있도록 하기 위한 제도입니다. 이처럼 정보공개제도는 헌법상 기본권인 국민의 알 권리를 구체적으로 실현하고 국민주권주의를 실질적으로 보장하는 민주주의의 핵심적인 장치 중의 하나입니다.

1) 행정정보 공개제도 개관

우리 정부는 국민의 알 권리를 확대하고 국정운영의 투명성을 높이기 위해 지난 1996년에 '공공기관의 정보공개에 관한 법률: 이하 정보공개법'을 제정·공포하고, 1998년 1월 1일부터 시행하고 있습니다. 이러한 정보공개법은 세계의 여러 국가 가운데서 13번째로 제정한 것입니다.

(1) 행정정보 공개제도의 내용

모든 국민은 청구인 본인 또는 그 대리인을 통하여 공공기관에 정보공개를 청구할 수 있습니다. 법인과 단체의 경우에는 대표자의 명의로 공공기관에 정보공개를 청구할 수 있으며, 국내 거주 외국인도 가능합니다. 대상기관은 모든 국가기관, 지방자치단체, 정부투자기관 및 대통령령이 정하는 공공기관을 포함합니다.

공개 청구가 가능한 정보는 공공기관이 직무상 작성 또는 취득하여 관리하고 있는 문서(전자문서 포함)·도면·사진·필름·테이프·슬라이드 및 기타 이에 따르는 매체 등에 기록된 사항 등입니다. 결국 "공공기관이 업무와 관련하여 생산 또는 접수한 문서·도서·대장·카드·도면·시청각물·전자문서 등 모든 형태의 기록정보자료"인 기록물은 모두 정보공개청구의 대상이 되는 정보에 해당합니다. 다만, 예외적으로 개인의 사생활 정보, 국가안전보장을 해할 우려가 있는 정보 등 정보공개법 제9조 제1항 각 호의 비공개 사유에 해당하는 정보는 공개하지 않을 수 있습니다. 그러나 비공개대상 정보라 할지라도 기간의 경과 등으로 비공개의 필요성이 없어진 경우에는 공개대상이 됩니다.

(2) 행정정보 공개제도의 절차

청구인은 원하는 정보가 있을 경우 이를 보유·관리하는 공공기관에 정보공개청구서에 청구서기재사항(청구인의 이름, 주민등록번호 및 주소, 청구하는 정보의 내용, 정보형태, 공개방법 등)을 기재하여 제출합니다. 청구인이 공공기관에 직접 출석하여 제출하거나 우편·팩스 또는 정부의 열린정부 홈페이지(http://www.open.go.kr)를 통해서도 청구서를 제출할 수 있습니다.

청구를 받은 공공기관은 정보공개처리대장에 기록하고 청구인에게 접수증을 교부하고, 접수부서는 이를 담당부서 또는 소관기관에 이송하게 됩니다. 공공기관은 청구를 받은 날부터 "10일" 이내에 공개여부를 결정해야 하며, 부득이한 경우 10일의 범위내에서 연장할 수 있습니다.

공공기관은 청구정보가 제3자와 관련이 있는 경우 제3자에게 통보하고 필요한 경우 그 의견을 청취하여 결정하게 됩니다. 공개 청구된 사실을 통보받은 제3자는 의견이 있을 경우 통지받은 날로부터 "3일" 이내에 당해 공공기관에 공개하지 아니할 것을 요청할 수 있습니다.

국가기관·지방자치단체·정부투자기관은 공개 청구된 정보의 공개여부를 결정하기 곤란한 사항과 이의신청사항을 심의하기 위하여 정보공개심의회를 설치·운영하고 있습니다. 공개를 결정한 때에는 공개일시·공개장소 등을 명시하여 청구인에게 서면으로 통지하되, 공개를 결정한 날로부터 "10일" 이내에 공개되도록 하여야 합니다. 비공개로 결정한 때에는 비공개사유·불복방법 등을 명시하여 청구인에게 지체없이 문서로 통지하여야 합니다.

공개를 실시할 때 청구인 본인 또는 정당한 대리인임을 확인하여야 하며, 이를 확인할 필요가 없는 경우 청구인의 요청에 의해 사본·출력물, 복제파일 등을 우편·팩스 또는 전자우편으로 송부할 수 있습니다.

청구인은 공공기관의 비공개 또는 부분공개결정에 대하여 불복이 있는 때에는 공개여부의 결정통지를 받은 날 또는 비공개의 결정이 있는 것으로 보는 날부터 "30일" 이내에 공공기관에 이의신청을 할 수 있습니다.

공공기관은 이의신청을 받은 날부터 "7일" 이내에 결정하여야 하며, 부득이한 경우 7일 이내의 범위에서 결정기간을 연장할 수 있습니다. 각하 또는 기각결정을 하는 경우 행정심판 또는 행정소송을 제기할 수 있으며, 공공기관은 이를 고지하여야 합니다.

2) 행정정보 공개제도 현황

정부는 정보공개제도 운영과정에서 지적된 문제점을 개선하고 정보공개제도의 틀을 바꾸어, 국민의 알 권리를 확대하고 행정의 투명성을 높일 수 있도록 정보공개법을 제정 이후에도 2004년부터 5차례의 개정을 통해 정보공개 활성화를 위한 개선을 지속하여 왔습니다. 개정된 정보공개법은 비공개대상 정보의 축소, 공공기관의 사전적·자발적 정보공개 의무화, 정보공개위원회와 정보공개심의회의 설치를 통한 정책수립·집행과정에 대한 외부 통제 강화 등 기타 정보공개제도의 발전에 필요한 여러 획기적인 사항이 반영되어 있습니다. 또한 정보공개법은 정보공개 청구가 없더라도 정부가 선제적으로 공개할 수 있도록 '행정정보 사전공표제'를 도입하였으며 정보공개심의회를 구성하여 비공개에 대한 이의신청을 객관적으로 심의토록 하였습니다.

아울러 비영리법인의 공공복리 유지 증진 목적의 정보공개 청구 등에 대한 정보공개 수수료 감면 규정을 도입하여 청구인의 행정 감시활동을 제도적으로 지원해주고 있습니다. 또한 정보공개 결정기간을 종래 15일에서 10일로 단축하여 보다 신속하게 정보를 제공받을 수 있게 하고 추상적인 비공개 요건을 삭제하였으며 공공기관으로 하여금 비공개 대상 정보의 범위에 관한 세부기준을 수립하게 하는 등 객관적이고 일관성 있게 정보공개 여부를 결정할 수 있도록 하였습니다.

한편 정부는 국민이 보다 편리하고 신속하게 공공기관의 정보에 접근할 수 있도록 2004년에 전자적 정보공개의 법적근거를 마련하였습니다. 2006년 4월에는 정보공개시스템(www.open.go.kr)을 개통하여 온라인을 통해 본격적인 정보공개 서비스를 제공하게 되었습니다.

(1) 개정안의 주요 내용

이제까지의 정보공개법 주요 개정 내용은 다음 <표 6>과 같이 정리할 수 있습니다.

<표 6> 정보공개법 개정을 통한 제도개선 사항들

구 분	개정 항목	주요 내용
정보공개청구민원 편의 제공	전자적 정보공개 근거마련	○ 열람, 사본·복제물 교부 이외에 정보통신망을 통하여 정보를 제공하는 것도 "공개"의 범위에 포함(2004)
	정보목록의 작성·비치	○ 국민이 쉽게 알 수 있도록 해당 기관이 보유·관리하는 정보목록을 작성·비치, 정보공개시스템 등을 통해 공개(2004)
정보공개 활성화	행정정보의 사전공표제 도입	○ 국민생활에 큰 영향을 미치는 정책, 대규모 예산투입 사업, 예산집행내용과 사업평가결과 등의 정보를 미리 공개(2004)
	비공개대상정보의 축소	○ 법령에 의해서만 비밀 또는 비공개 사항을 규정 ○ "기타 공공의 안전과 이익"과 같은 추상적 기준 삭제 등(2004)
		○ 기관별 업무성격을 고려하여 비공개 대상 정보의 세부기준을 수립·공개(2006)
	정보공개비용 부담완화	○ 비영리단체에 대한 감면기준 도입 등(2004)
정보공개 청구권 강화	정보공개심의회 구성	○ 국가기관, 지방자치단체, 정부투자기관은 정보공개여부 등을 심의하기 위하여 정보공개심의회를 설치·운영(2004)
	불복절차 보완	○ 불복구제요건 완화, 이의신청기간 연장, 제3자 권리구제 강화(2004)
정보공개 절차 등의 효율화	정보공개절차의 개선	○ 청구목적 미기재, 청구인 요구에 따라 공개, 구술청구가능 ○ 공개여부 결정 처리일 단축(15일 → 10일) ○ 정보의 양 과다 시 일정기간 분산, 열람과 병행하여 교부(2004)
	정보공개위 설치 및 소속 변경	○ 정보공개위원회 설치(2004) ○ 위원회 소속을 대통령 → 행정안전부장관으로 하여 책임 행정 강화(2008)

① 주요 정책정보의 사전 공표 확대

국민생활 관련정보, 예산 집행내역 등 중요정보는 정보공개청구가 없더라도 공공기관이 사전에 공개범위·주기·시기·방법을 미리 공표하고 정기적으로 공개하게 되었습니다.

② 정보공개 절차와 방법의 개선

정보공개여부 결정기간이 기존 15일에서 10일로 단축되었으며, 구술에 의한 정보공개청구도 가능하게 되었습니다. 전자우편(e-mail)을 통해서도 청구한 정보를 받아볼 수 있게 되어 더욱 손쉽게 정보에 접근할 수 있게 되었습니다.

③ 정보공개위원회 설치

정보공개제도를 개선하고 정보공개기준을 수립하며, 정보공개운영실태의 평가에 관한 사항을 심의·조정할 수 있는 정보공개위원회가 대통령소속으로 설치(2004.8)되었습니다. 위원회는 위원장을 포함하여 5명의 민간전문가와 4명의 정부위원으로 구성하여 제도운영의 공정성을 강화하였습니다. 2008년에는 법을 개정하여 정보공개위원회의 소속을 대통령에서 행정안전부장관으로 변경하여 책임 행정을 보다 강화시켰습니다.

④ 비공개대상 범위의 축소

비공개할 수 있는 정보를 대통령령 이상의 법령에 의해서만 정할 수 있도록 하고, 개인에 관한 사항으로서 공개될 경우 사생활의 비밀을 침해할 우려가 있는 정보는 비공개하도록 하였습니다.

(2) 행정정보공개 운영 현황

정보공개 접수 현황은 다음과 같습니다.

① 국민의 청구권 증가 추세의 지속

국민의 알 권리 의식 및 국정참여 욕구 증가로 공공기관의 정보에 대한 국민의 수요는 매년 급증하고 있습니다. 2010년 정보공개 접수건수는 421,813건에 달하는데 이는 전년도에 비해 약 6%('09년 389,163건)가 증가한 수치입니다. 정보공개법이 처음 시행된 1998년 26,000건에 비해 무려 16배 이상 국민의 정보 공개 수요가 증가하였습니다.

<그림 22>를 보면 특히 2007년 이후 정보공개에 대한 국민의 요구가 대폭 상승하였음을 알 수 있습니다. 이는 정보공개시스템(www.open.go.kr)을 통한 온라인 서비스 실시로 국민들이 집에서도 신속하고 편리하게 정보공개를 청구할 수 있게 되었기 때문으로 분석됩니다. 정보공개시스템은 2006년 4월부터 서비스를 시작하여 현재 1,399개 기관에서 이용하고 있습니다.

<그림 22> 연도별 정보공개청구 현황

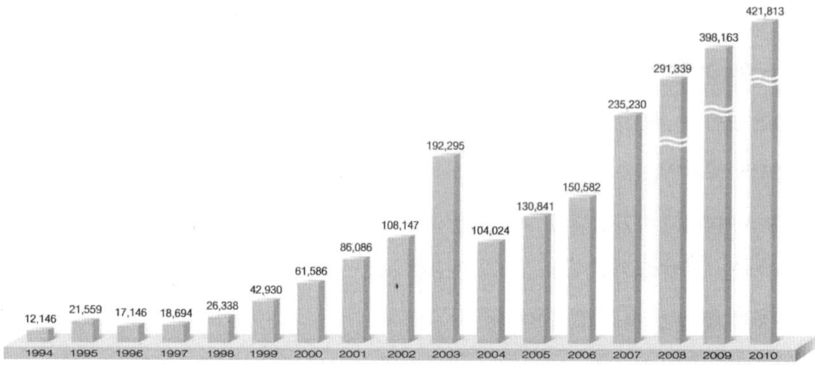

'공공기관의 정보공개에 관한 법률'이 시행된 이후의 연도별 정보공개 청구 증가율은 가히 폭발적으로 증가한 것으로 나타났습니다. 2005년도의 청구건수를 2001년도와 비교해 보면 259% 증가된 수치이며, 정보공개법이 처음 시행된 1998년에 비해서는 무려 500%가 증가한 것으로 공공기관의 정보에 대한 국민의 알 권리 수요가 여전히 급증하고 있음을 보여주고 있습니다.

② '지방자치단체'에 대한 정보 수요가 다수 차지

2010년에 접수된 총 421,813건을 기관별로 살펴보면 중앙행정기관이 91,324건(22%), 지방자치단체가 264,684건(63%), 교육청이 20,084건(5%), 공공기관이 45,757건(11%)을 차지하고 있습니다. 지방자치단체에 대한 정보공개 청구가 중앙행정기관에 비해 많은 편인데 이는 지방자치단체의 경우 주민들의 이해관계를 조정하거나 직접 행정서비스를 국민에게 제공하는 역할을 하기 때문인 것으로 보입니다. 이러한 이유로 중앙행정기관 중에서도 직접적으로 국민생활에 관련된 집행업무를 수행하는 기관에 대한 정보공개 청구가 많은 것으로 나타났습니다.

③ 주로 '온라인'을 통한 정보공개 청구가 다수

정보공개법은 국민이 보다 손쉽게 정보공개를 청구할 수 있도록 직접 출석·우편·모사전송·정보통신망 등 다양한 청구방법을 보장하고 있습니다. 2006년까지만 해도 국민이 직접 기관을 방문하여 청구하는 사례가 전체 청구건수의 50%에 달했으나 우리나라의 정보화 수준이 향상되고 온라인 정보통신여건이 개선됨에 따라 온라인 청구가 지속적으로 증가하여 왔습니다. 이에 2010년 가장 많이 활용된 정보공개 청구방법은 정보공개시스템(www.open.go.kr)을 통한 청구로서 전체의 약 67%를 차지하고 있습니다. 그 밖에는 직접출석(24%), 모사전송(5%), 우편(4%) 등의 방법을 활용하여 정보공개를 청구하고 있습니다.

한편 기관 유형별로 정보공개 청구방법을 살펴보면, 중앙행정기관, 지방자치단체 및 교육청에 대해서는 주로 온라인을 이용하는 데 비해, 공공기관의 경우 아직 직접 공공기관을 방문하여 청구하는 사례가 많은 것으로 나타났습니다. 이에 2011년부터는 정보공개시스템 미 이용 공공기관에 대하여 정보공개시스템을 이용할 수 있도록 단계적으로 확대해 나갈 계획입니다.

이어서 정보공개 처리 현황은 다음과 같이 정리됩니다.

① 매년 90%이상의 높은 정보공개율을 유지

2010년 접수된 정보공개 신청 421,813건 중 청구인이 스스로 취하하거나 민원으로 이첩된 경우 등을 제외하고 실제 정보공개 청구에 해당하는 322,018건에 대하여 처리한 결과를 살펴보면, 약 81%에 해당하는 259,739건이 청구인의 요구에 따라 '전부공개'되었습니다. 그밖에 9%(29,271건)는 부분공개 되었으며 비공개로 결정된 것은 10%에 해당(33,008건)하여 약 90%의 높은 정보공개율을 보이고 있습니다.

② 법령상 대부분의 정보공개 청구는 기한 내 처리

정보공개법 제11조는 각 기관은 정보공개 청구를 받은 날부터 10일 이내에 공개여부를 결정하고, 부득이한 경우에는 10일 이내의 범위에서 기간을 연장하여 처리하도록 규정하고 있습니다. 2009년도에 이어 2010년에도 청구의 99%가 법령상의 처리기한인 20일 이내에 처리된 것으로 나타나, 대부분의 정보공개 처리가 공개기한 내에 이루어지고 있음을 알 수 있습니다. 10일 이내 처리 비율도 96%를 넘어 정보공개결정은 대체로 신속하게 처리되고 있다고 볼 수 있습니다.

③ 정보는 주로 전자파일을 통하여 공개

정보공개법은 특별한 사정이 없으면 청구인이 원하는 방법으로 공개하도록 규정하고 있습니다. 이에 따라 정보는 열람·시청, 사본·출력물, 전자파일, 복제·인화물 등 다양한 방법으로 공개됩니다. 정보공개 방법으로는 주로 전자파일, 사본·출력물의 교부 등이 이용되고 있는데, 2010년도에 전자파일(50%), 사본·출력물(43%), 열람·시청(4%)의 방법으로 공개하였습니다.

연도별 변화추세도 뚜렷한데 정보통신망을 이용한 정보공개 청구건수가 대폭 증가함에 따라 전자파일에 의한 공개가 지속적으로 증가한 반면, 사본·출력물에 의한 공개는 계속 감소하고 있습니다. 이러한 추세는 앞으로도 계속될 것으로 보이며 사본·출력물 요구시 자료를 일일이 복사해야 하는 공공기관의 업무부담도 줄어든다는 점에서 전자파일을 통한 공개가 보다 활성화될 필요성이 있습니다.

④ 공개된 정보는 주로 온라인을 통해 교부

2010년도에는 정보통신망을 활용한 교부방법을 가장 많이 활용하였습니다. 이어서 직접방문(25%), 우편(12%), 모사전송(8%)을 통한 교부방법이 활용되었는데, 정보통신망을 통한 교부비율은 지속적으로 증가하고 있고 직접방문 비율은 감소하고 있음을 알 수 있습니다. 특히 지방자치단체와 교육청에서는 정보통신망 활용률이 매우 높은 것으로 나타나고 있는데, 이러한 추세는 앞으로도 지속될 것으로 예상됩니다.

⑤ 주로 정보부존재, 법령상비밀, 개인정보보호를 사유로 비공개

각 기관은 2010년도 정보공개 청구건수 중 약 10%에 해당하는 33,008건에 대해 비공개 결정을 하였습니다. 주된 비공개 사유는 청구된 정보자체를 공공기관이 보유·관리하고 있지 않은 경우(정보부존재)이며 그 다음으로 법령상 비밀 또는 비공개 정보인 경우, 공정한 업무수행에 지장을 주는 정보인 경우 등이 많았습니다. 그 외에도 개인의 사생활의 비밀을 침해할 우려가 있는 경우, 법인의 영업상 비밀에 관한 사항인 경우 등이 있습니다.

2010년 전체 비공개결정 사유 중 가장 큰 비중을 차지하는 것은 정보 부존재입니다. 정보 부존재로 인한 비공개결정 건수는 총 15,620건으로 비공개결정의 47%에 해당합니다. 실제로 정보공개 청구 대상정보는 '공공기관이 보유·관리하는 정보'이지만, 정보부존재의 경우 처리규정이 없어 기관에서 '비공개 결정'으로 처리하여 왔습니다. 이러한 제도적 미비사항을 보완하기 위하여 2011년부터는 '정보부존재' 처리규정을 신설키로 하였습니다.

2) 전자적 정보공개시스템의 기대효과

전자적 정보공개시스템의 구축 과정은 생략하고 시스템의 기대효과만을

살펴보면 다음과 같습니다. 그동안은 국민이 원하는 정보에 대한 소재를 정확하게 파악하기 어려워 불필요한 정보공개 청구가 발생하였으나 통합목록 검색 서비스가 제공되어 이러한 불편이 상당 부분 해소되었습니다. 또한 정보의 공개청구부터 정보의 획득까지 온라인을 통한 일괄처리 구현으로 신속하고 정확한 서비스가 제공되고 있으므로, 관련 시스템과의 연계를 통한 이중 작업 최소화 및 다양한 시스템 지원 기능 제공을 통한 업무처리시간 단축으로 행정의 생산성 및 효율성 향상이 가능해졌습니다.

특히 정보공개시스템을 이용할 수 있는 기관이 2006년에 805개 기관에 불과하던 것이 2010년 1,399개 기관으로 확대되면서 대부분의 청구가 온라인으로 가능하게 되었고 이를 통하여 국민들은 집에서도 편리하게 원하는 정보를 원스톱으로 제공받을 수 있게 되어 실질적인 정보공개제도 활성화에 크게 기여하였습니다.

주요 성과를 살펴보면 우선, 통합정보공개시스템 서비스 이용률의 증가를 꼽을 수 있습니다. 또한 통합정보공개시스템에서 제공되는 서비스 대상 목록도 꾸준히 증가하여 현재 통합 정보공개시스템에서 제공되고 있는 정보목록은 약 4,800만 건이며 사전공표정보는 35만건으로 다양한 정보에 대한 검색 서비스가 제공되고 있습니다.

또한 정보통신망을 이용한 정보공개청구 비율도 2006년에는 55%에 불과했으나 열린정부 사이트 개통 이후에는 2008년 3월 67%까지 급증하였습니다. 또한 2002년까지는 정보 열람을 위해 기관을 직접 방문하여 열람하고 사본을 우편으로 송부해주는 등 오프라인을 통한 종이문서 위주의 공개가 이루어졌으나 통합정보공개시스템이 서비스를 개시한 2007년 3월에는 전체 공개건수 중 53%가 전자파일로 공개되었습니다.

그러나 향후 정보공개 이용기관의 확대가 요망됩니다. 공공기관의 경우, 2010년 정보공개 접수건수가 4만 4천 건으로 총 정보공개 청구건수(32만 2천 건)의 14%를 차지하고 있습니다. 그러나 이 중 정보통신망을 이용한 온라인 청구율은 14%로 행정기관의 온라인 청구율 67%에 비해 상당히 낮은 수준입니다. 이는 공공기관의 대다수가 정보공개시스템을 이용하지 않고 있기 때문인 것으로 풀이 됩니다.

이에 지속적으로 증가하는 공공기관의 정보공개 수요에 대응하여 보다 편리한 정보공개 서비스를 제공하고 기관간 업무처리의 효율화를 위해 정보공개시스템 확대 방안을 모색할 필요성이 있습니다.

따라서 앞으로 행정정보의 온라인 공개시스템의 고도화를 통한 이용률 확대는 인터넷으로 하나의 사이트에 접속해서 한 번에 여러 기관에 동시 청구가 가능하고, 인터넷을 통한 처리 단계별 실시간 확인이 가능하게 되어 대국민 정보공개 서비스의 이용률 향상에 크게 기여할 것으로 판단됩니다.

또한 시스템의 고도화를 통하여 정보의 공개 청구부터 정보의 획득까지 온라인을 통한 일괄처리 구현으로 신청시간이 70분에서 7분으로 단축되고 처리시간이 10분 이내로 단축되어 신속하고 정확한 서비스가 제공되고 있습니다. 이를 통하여 관련 시스템과의 연계를 통하여 이중 작업 최소화 및 업무처리시간 단축 등으로 행정 업무의 생산성 및 효율성 향상이 기대됩니다.

이와 같이 정보공개를 위한 정보화 기반이 고도화되면서 능동적, 적극적 정보공개서비스 제공이 가능해지고 정확한 정보를 바탕으로 활발한 국정참여의 기회가 제공될 것이다. 또한 투명한 행정의 구현으로 정부에 대한 국민의 신뢰성이 향상될 것으로 기대됩니다.

특히 2013년에 출범한 박근혜 정부는 행정정보의 개방과 공개를 통한 정부3.0을 추진하고 있기 때문에 앞으로 이 부분에서 비약적인 발전이 있을 것으로 기대하고 있습니다.

3. 정부통합전산센터

지난 2000년대 이후로 우리나라 전자정부 사업은 정보화 총괄 부처에서 주도하되 개별부처에서 자율적으로 추진하는 방식으로 진행되어 왔습니다. 정보화 총괄 부처는 정보화 사업을 지원하고 개별부처는 부처의 특성에 맞춰 업무를 개발하고 관련 장비를 구축 및 운영하는 방식이었습니다. 그 결과

각 부처의 IT활용도는 단 기간 내에 괄목할 만큼 향상되고 정보화 수요도 크게 증대되었습니다.

하지만 개별부처마다 서로 독립적으로 정보화를 추진해왔기 때문에 부처별로 운영인력의 수준이 제각각이었고, 부처의 전산실 규모나 관리환경도 모두 다른 환경이 조성되었습니다. 또한 각 기관이 별도로 정보시스템을 구축하였기 때문에 비슷한 업무에 정보화 예산이 중복투자 되는 경우가 적지 않았습니다. 특히 한 사람이 관리하는 서버 수가 민간선진기업의 평균 10분의 1수준에 불과해 정보자원 운영의 효율성도 매우 낮았습니다. 더 큰 문제는 각 부처마다 보안수준이 상이하고 대다수의 정보시스템들이 해킹 및 바이러스 등 사이버 위협에 그대로 노출되어 있다는 점이었습니다.

따라서 정부는 이 같은 문제점들을 개선하고 향후 안정적이며 지속적으로 성장 가능한 튼튼한 전자정부 기반을 구축하기 위하여 세계 최초로 정부부문 통합 데이터센터 구축 사업을 추진하게 되었습니다. 이러한 내용을 간략하게 살펴보면 다음과 같습니다.

1) 정부통합전산센터의 구축 및 현황

(1) 구축 경과

정부통합전산센터의 구축은 지난 2002년 국민의정부 시절에 정부차원에서 범정부 통합전산환경에 대한 혁신방안(BPR)이 마련되면서 시작되었습니다. 이어서 참여정부는 2003년에는 이를 토대로 정부통합전산센터 구축 사업을 '전자정부 로드맵 31대 과제'로 포함시켰습니다. 이에 따라서 2004년 7월 통합센터 구축에 대한 구체적인 정보화전략계획(ISP)를 시작으로 대통령보고, 국무회의 상정, 부처 의견수렴 등을 거치고 2005년 11월에 1센터인 대전통합전산센터가 출범하게 되었습니다. 대전통합전산센터에는 24개 중앙행정기관의 정보시스템이 옮겨져서 2006년 10월 모든 이전이 마무리 되었습니다.

이어서 2007년 11월에 2센터인 광주통합전산센터가 완공되었습니다. 광주통합전산센터에는 나머지 24개 부처의 정보시스템 이전이 추진되어, 2007년 말까지 거의 모든 중앙행정기관의 정보시스템이 2개의 데이터센터에 성공적으로 분산 이전되었습니다.

현재 정부통합전산센터는 대한민국 모든 중앙행정기관의 정보시스템들을 통합운영 및 관리하고 있으며, 정보시스템에 대한 안전한 보호·보안 및 재해복구와 중앙부처 정보화 사업에 대한 기술지원 임무 등을 수행하고 있습니다.

(2) 구축 현황

정부통합전산센터는 현재 대한민국 전자정부의 심장 역할을 하고 있다고 볼 수 있습니다. 이러한 정부통합전산센터의 현황을 요약하면 다음과 같습니다.

① 안정적인 전자정부 인프라 운영

정부통합전산센터는 2010년 10월 데이터센터 부문에서 Future-Government Award를 수상하면서 세계 수준의 정부 데이터센터라는 공신력을 획득했으며, 매년 수백 명의 해외 고위급 IT 관료가 방문하는 전자정부 벤치마킹 사이트가 되었습니다.

정부통합전산센터가 이러한 평가를 얻게 된 근본적인 배경에는 통합센터가 한국의 전자정부에 매우 안정적인 IT 인프라와 관리환경을 제공하고 있으며, 비용과 효율성 면에서도 가시적인 운영성과들이 속속 나타나고 있기 때문입니다.

실제로, 정부통합전산센터 설립 전인 2004년 장비 당 월평균 장애시간이 67분이었으나 2010년에는 4.9초로 줄어들었으며, 시스템의 가동률은 2010년 말 현재 99.9999%를 기록하고 있습니다. 이것은 관리 대상 장비 수가 2004년 약 4,000여 대에서 2010년 약 18,000여 대로 5배가량 증가한 것을 감안하면 매우 의미있는 수치입니다.

② 최적의 물리적 기반환경 조성

2개의 데이터센터가 실시간 상호백업체계를 이루고 있는 정부통합전산센터는 애초부터 세계 최고 수준의 데이터센터로 설계 구축되었습니다. 건축구조는 내진 특등급을 적용하고 하중도 1,000㎏/㎡까지 견딜 수 있도록 하였습니다. 기반설비는 입주기관 정보시스템의 설치 및 운영을 위한 상면공간, 무중단 전원공급 및 항온항습, 물리적 보안 등을 종합적으로 고려하여 설계되었기 때문에 각종 재해 및 재난에도 정보자원을 안전하게 운영할 수 있도록 하였습니다.

특히 최근에는 온실가스 저감을 위한 그린IDC 정책을 채택하고, 다양한 그린 기술을 활용하여 탄소배출과 전력소비를 획기적으로 줄여나가고 있습니다. 도입장비는 기본적으로 에너지 고효율 제품을 선정하고, 신재생에너지 도입, 외기 냉각방식 채택, 전산랙 표준화, 전력모니터링 자동화 등 다양한 신기술을 적용하여 데이터 센터의 에너지 효율을 최대화 하였습니다.

③ 효율적인 시스템 통합 운영환경 구축

정부통합전산센터가 주목할 만한 성과를 이뤄낼 수 있었던 것은, 센터의 설립과 동시에 구축하였던 '통합운영관리체계'에 상당 부분 기인한 것이라 할 수 있습니다. 통합운영관리체계는 정보서비스 운영관리 부문의 국제 표준인 ITIL(IT Infrastructure Library)을 기반으로 제정된 '표준운영절차'와 <그림 23>과 같이 이들 절차를 시스템으로 구현한 'nTOPS'(National Total Operating Platform System), 그리고 절차를 운영하는 '조직' 등 세 가지 요소로 구성되어 있습니다.

<그림 23> 정부통합전산센터 통합운영관리체계

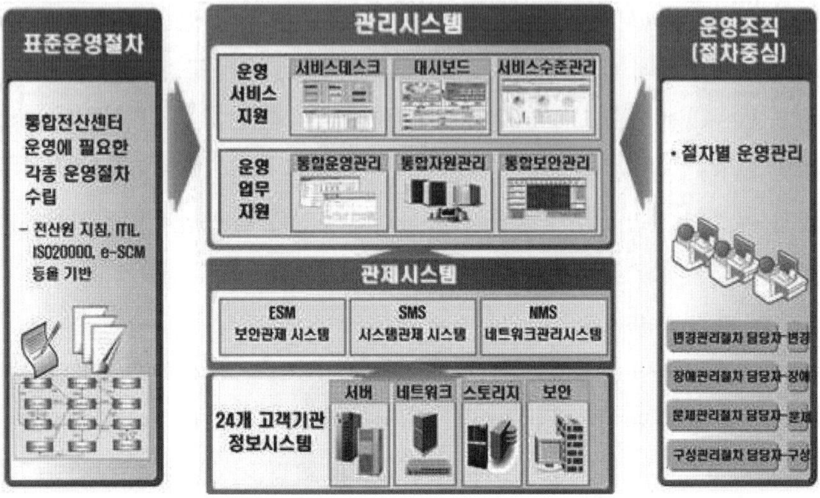

④ 국가기관의 정보통신 환경 개선

기존 전자정부통합망과 통합전산센터 통신망을 통합하여 일원화하고, 행정기관이 공동 활용할 수 있도록 정비하여 행정기관의 통신망 구성과 정보유통을 위한 국가 네트워크 허브역할을 할 수 있도록 국가백본망을 통합·정비하였습니다.

국가정보통신망은 기존 전자정부 통합망과 센터 통신망의 전송망 통합·재구성, 행정기관 접속환경 정비, 정보 트래픽 유통 최적화를 위한 교환망을 통합·재구성하였습니다. 이를 통하여 업무, 인터넷망을 분리시켜 대전정부통합전산센터와 중앙별관을 중심으로 광주센터, 중앙·과천·대전 정부청사 및 16개 광역시·도간을 대용량 광전송망으로 구성하였습니다.

또한 행정기관의 접속환경은 중복투자를 방지하고 운영관리의 효율화를 달성하도록 동일지역에 중복적으로 존재하는 접속환경을 통합하는 것과 행정기관의 트래픽 종류 및 이용목적에 따라 차별적 서비스 수준을 제공할 수 있도록 환경을 개선하였습니다. 2010년 말 현재 국가정보통신망 백본 서비스 회선은 342개이며, 이용기관은 중앙부처, 지방자치단체, 산하기관을 합쳐 모두 1,022기관입니다.

⑤ 사이버 보안체계 구축

보안 이슈에 있어서 2010년은 통합센터에게 획기적인 전환점이 된 해였습니다. 통합센터의 보안체계를 시험이라도 하듯 DDoS 공격이 빈발하였고 그중에서도 특히 7.7 DDoS 같은 대형 공격시도는 자주 발생하였습니다.

이에 대응하여 정부통합전산센터는 DDoS라는 신종 사이버 공격을 항구적으로 방어할 수 있는 방안으로 DDoS 쉴드시스템을 구축하게 되었고, 이를 계기로 사이버 방어체계 전반을 원점에서부터 새롭게 구축하기 시작하였습니다. 이제까지의 방어체계가 단순 침해사고에 사후 대응하는 수동적 방어망이었던데 비해 새롭게 정립한 방어체계는 각종 사이버 공격에 대한 대응시스템, 대응기술, 대응인력, 대응프로세스 등이 망라된 종합방어체계입니다. 통합센터는 이 방어체계를 고구려 안시성의 정신을 본떠 'e-안시성'이란 브랜드로 명명해 전자정부 최일선의 보안을 담당하도록 하고 있습니다.

또한 조직·인력 측면에서는, 2010년 부서의 계단위 전담조직을 만들어 사이버 대응 업무를 수행하다가 2011년에 들어와 준 과단위 조직인 '사이버안전팀'으로 확대 개편해 사이버 대응 및 분석업무를 전담하고 있습니다. 이 전담조직에는 보안 경험이 풍부한 외부 전문가를 적극 기용하여 빠른 시간 안에 분석과 대응기술의 수준을 전반적으로 끌어 올릴 수 있도록 하였습니다.

경계가 없는 사이버 상에서의 공격에 효과적으로 대응하기 위해서는 유관기관과의 정보공유가 필수적입니다. 그러나 외부 노출을 꺼리는 보안업무의 특성상 이러한 정보교류가 쉽지 않은 것이 현실입니다. 이에 2010년에 정부통합전산센터가 주축이 되어 유관기관과 민간 보안사업자를 아우르는 사이버침해 공동대응 네트워크를 출범시키고, 이를 지원할 사이버위협 정보공유시스템까지 구축함으로써 침해정보에 대한 상호 정보공유의 통로를 마련하였습니다.

2) 정부통합전산센터의 성과 및 발전방향

(1) 진행 과정

2008년 이명박 정부는 실용을 강조해 작고 효율적인 정부, 국민편익을 최우선으로 하는 원스톱 서비스, 저탄소 녹색성장을 국정철학으로 내세웠습니다. 이는 정부통합전산센터가 나아갈 방향과도 일치하는 개념이었습니다. 정부통합전산센터는 각 부처의 IT 인프라를 단순히 물리적으로 모아서 대신 운영해 주는 차원을 넘어 서버, 스토리지 등 정보자원을 통합센터가 일괄 구축한 뒤 이를 부처가 공동 활용하는 방식으로 사업을 일대 전환하게 되었습니다.

자원통합 첫해인 2008년에는 서버 장비 중심으로 정보자원 풀(Pool)을 구축하였고, 각 부처 공무원들의 인사관리 업무시스템인 'e-사람'을 통합구축 하였습니다. 이어서 2009년에는 각 부처의 수요설계를 바탕으로 편성된 장비구매 예산을 통합센터가 일괄 배정받아 본격적으로 각 부처 신규업무에 투입될 장비와 노후장비의 교체장비를 통합하여 구매하고 구축하게 되었습니다. 2009년 통합구축사업은 35개 부처 79개 단위업무를 대상으로 하였습니다.

2010년에는 2009년의 성과를 바탕으로 총 8차에 걸쳐 20개 부처 52개 신규 정보화 사업과 28개 부처 87개 업무시스템 노후장비 대·개체 사업을 추진하여 자원의 도입과 할당이 분리된 진정한 자원통합의 기반을 다지게 되었습니다.

(2) 정보자원통합 사업의 성과

이러한 정보자원통합 사업을 통해 2008년부터 2010년까지 부처 개별구축 대비 714억 원의 장비구매 예산을 절감할 수 있었으며, 동시에 시스템 운영에 소모되는 전력 또한 2009년에서 2010년 사이 약 34%를 절약하는 성과를 거두었습니다.

또한, 운영하는 장비 수에서도 업무단위로 개별 서버나 스토리지를 구축할 때 보다 약 80% 정도 줄어들어 하드웨어의 유지보수와 운영에 드는 비용 또한 연간 약 30% 절감하게 되었으며, 장비를 배치할 상면 공간도 더욱 여유롭게 운영할 수 있게 되었습니다.

(3) 세계로 수출하는 정부데이터센터 모델

'세계 최초에서 세계 최고로', 이것은 통합센터의 성장을 한마디로 나타내주는 말입니다. 2000년대 초반 한국정부가 각 부처가 저마다 운영하고 있던 방대한 IT 자원을 물리적으로 한 장소에 모아 통합 운영하겠다는 아이디어는 그야말로 세계 어느 정부도 시도하지 못했던 야심찬 발상이었습니다.

이러한 의사결정의 배경에는 당시 팽창 일로에 있던 전자정부가 안고 있던 크고 작은 부작용들을 한꺼번에 해결하고, 정부의 IT 자원관리 패러다임까지도 효과적으로 재편하겠다는 두 개의 포석이 깔려 있었습니다. 이 당시에는 부처 간 이해관계도 복잡하고 사업규모도 너무 컸기 때문에 그 실현 가능성에 대해서는 반신반의하는 분위기가 지배적이었습니다. 그러나 우여곡절 끝에 '세계 최초의 범정부 통합데이터센터'라는 개념으로 탄생한 정부통합전산센터는 2013년 현재 주변의 우려와 불신을 잠재우고 세계 전자정부의 교과서라고 인용되면서 최고 수준의 전자정부솔루션으로 인정받게 되었습니다.

이에 따라서 한국 전자정부의 발전경험과 성공스토리를 배우고자 찾아오는 외국 정부 인사가 매년 증가하고 있습니다. 이들 중 대다수가 한국 전자정부의 실체적 구현현장으로 지목한 곳이 바로 정부통합전산센터입니다. 이런 외부의 평가는 2007부터 2011년 9월까지 무려 96개국 954명의 해외 고위급 공무원이 정부통합센터를 배우기 위해 다녀갔다는 데서도 잘 나타납니다.

따라서 이제 통합센터를 통해 확인된 한국형 데이터센터의 운영 성과는 전자정부를 확산시키고자 하는 많은 개발도상국들로 하여금 정부통합전산센터의 도입을 요청하게 만들었습니다.[23)]

이처럼 아시아, 아프리카, 중동 등의 여러 개발도상국에서 정부통합전산센터 모델에 주목하고 있습니다. 최근 한국 내 IT 수출기업을 상대로 행정안전부가 실시한 설문에서도 여타의 단일 솔루션을 제치고 정부통합전산센터가 가장 경쟁력 있는 전자정부 수출상품으로 조사되기도 하였습니다. 따라서 정부는 한국 전자정부의 종합 세일즈를 위한 '전자정부 홍보관'을 통합센터 안에 구축하였습니다. 이러한 홍보관을 찾는 해외 전자정부 인사들에게 한국 전자정부에 대한 이해를 높이는 한편 전자정부 안에 포함된 개별 솔루션(Best Practice)과 정부데이터센터 모델 등에 대한 정보도 제공하고 있습니다.

(4) 발전 방향

정부통합전산센터는 다가오는 클라우드 컴퓨팅 시대에 대응하여 다음과 같은 발전 전략을 수립하고 지속적으로 전자정부의 심장 역할을 수행할 예정입니다.

① 정부 클라우드 데이터 센터로 전환

글로벌 IT 패러다임의 전환에 대응하여 우리 정부는 2009년 부처 합동으로 '클라우드 컴퓨팅 활성화 종합계획'을 수립해 클라우드 강국으로의 도약을 선언하였습니. 특히 행정안전부는 정부부문에서 IT기술과 서비스의 융·복합을 통해 시간과 장소에 상관없는 서비스를 구현하겠다는 포부로 <그림 24>와 같이 '스마트 전자정부 추진계획'을 발표하고 여기에 클라우드컴퓨팅을 주요과제로 포함시켰습니다.

23) 몽골과 네팔은 2009년 한국으로부터 무상 ODA를 지원받아 현지에 정부데이터센터를 구축해 운영하고 있습니다. 베트남 정부도 2011년에 미화 1억 달러 규모의 EDCF 차관을 활용해 베트남 하노이에 정부데이터센터를 구축하기로 확정하고 현재 후속 절차를 진행 중입니다.

<그림 24> 통합전산센터 클라우드컴퓨팅 추진계획

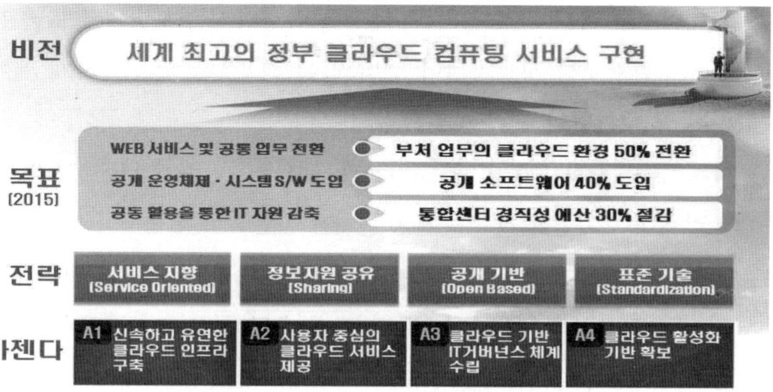

이 계획에 따라 정부클라우드컴퓨팅 플랫폼의 역할을 맡게된 정부통합전산센터는 2010년 말 클라우드컴퓨팅 시범센터를 구축해 일부 부처를 대상으로 클라우드 서비스를 제공하기 시작했으며, 향후 5년간의 클라우드 로드맵이 담긴 '정부 클라우드컴퓨팅 추진계획'도 수립하였습니다.

이 계획에는 정부부처 업무의 50% 클라우드 전환과 공개 소프트웨어 도입비중 40% 확대, 운영예산의 30% 절감 등과 같은 정부 클라우드컴퓨팅의 청사진이 담겨 있습니다.

2011년에는 구체적인 정부 클라우드컴퓨팅 수행전략과 실행모델을 정립하기 위해 클라우드 컴퓨팅 정보전략계획(ISP)을 수립하였으며, 이와 동시에 클라우드 자원풀(Pool)을 구축하여 긴급한 IT 자원수요가 발생하는 부처를 대상으로 서비스할 준비를 갖추고 있습니다.

② 정부 클라우드 데이터센터의 지향점

정부통합전산센터는 다음 세 가지 측면에 주안점을 두어 정부 클라우드 컴퓨팅을 추진하고 있습니다.

첫째, IT 운용 예산의 절감입니다. 클라우드컴퓨팅을 위한 자원 도입 시에 저비용·고효율의 x86 기반의 하드웨어 및 공개소프트웨어를 적극 채택하여 구매 비용을 절감하는 한편 도입된 정보자원에 대해서는 가상화 기술을 적용하여 자원 활용률을 극대화할 예정입니다. 또한 운영 과정에서는 사용량을 기반으로 하는 측정(미터링) 체계를 마련하여 업무별 활용도를 객관적으로 분석함으로써 정보자원이 낭비 없이 적재적소에 신속하게 배치될 수 있도록 할 계획입니다.

둘째, 기술 표준화 부분입니다. 지금까지 정부통합전산센터는 여러 종류의 백화점식 정보자원을 하드웨어 차원에서 통합하고 표준화하는데 노력을 기울여 왔으나 향후에는 이에 더해 시스템 소프트웨어, 소프트웨어 개발플랫폼 및 공통행정업무 서비스 등의 영역까지 아우르는 통합과 기술 표준화를 추진해 나갈 계획입니다. 이렇게 되면 IT 구성요소가 단순화되어 자동화된 프로비저닝이 손쉬워지고 정보자원 운용의 효율성도 극대화 될 것으로 보입니다.

셋째, 수요자 관점의 서비스 체계의 정립입니다. 통합센터가 제공하는 모든 IT서비스 기능은 고객 부처의 업무와 연계가 가능하도록 서비스화 하여 완성된 상품 형태로 제공한다는 계획입니다. 그리고 이러한 서비스 상품의 선택을 돕기 위해 클라우드 서비스 카탈로그를 만들어 부처에 제공할 예정입니다. 또한 정부 클라우드 주도기관으로서 이제 막 조성된 국내 민간 클라우드 생태계의 진화를 위해서도 꾸준히 클라우드 수요를 만들어내는 조력자의 역할을 하게 될 것입니다.

제3절 전자정부의 과제들

전자정부와 관련해서 앞으로 사이버범죄나 해킹 그리고 개인정보 보호 등 역기능에 대한 대비가 중요한 과제가 될 수 있습니다. 하지만 성공적인 전자정부의 구현을 위하여 가장 중요한 것은 최고지도자의 전자정부에 대한 관심 및 리더십입니다.

전자정부는 단순히 행정에 정보기술을 도입하여 전자적 민원행정서비스를 제공하는 것이 아닙니다. 전자정부는 총체적인 정부혁신을 수반하는 것입니다. 따라서 고도의 통치행위에 해당될 수 있습니다. 여기에서는 지난 몇 년간

제 전자정부론 책의 마지막 장에 기술해 놓았던 전자정부와 대통령의 리더십 이야기를 인용하고자 합니다. 요즈음 NLL 대화록 이관과 관련하여 사초(史草)의 실종이라는 등 시국이 매우 어지럽습니다. 따라서 이 글이 작성된 시대적 상황을 생각하면서 읽어 주시기 바랍니다(이하 정충식, 2012a: 610-615).

1. 전자정부 구현과 대통령의 리더십(1) - 2007년판 전자정부론

먼저 행정고시에 전혀 나올 수 없는 시험문제를 하나 출제하려고 합니다. 부담 없이 생각해 보세요. 우리나라의 전, 현직 대통령들 가운데 컴퓨터를 가장 잘 쓸 줄 아는 사람은 누구일까요? 정답을 파악해 봅시다.

전두환과 노태우 두 사람은 모두 육군사관학교출신입니다. 물론 육사, 좋은 대학교입니다. 그런데 전두환 전 대통령은 축구선수였다고 합니다. (우리는 운동선수 출신들에게 이상하게도 공부에 대한 편견을 지니고 있습니다). 노태우 전 대통령 역시도 비자금 확보에만 능했지 컴퓨터하고 관련은 없다고 보면 됩니다. 이 사람들은 모두 부하들 시켜서 일하는 데 일가견이 있었습니다.

김영삼 전 대통령 역시도 컴맹이었습니다. 김영삼 전 대통령의 경우, 아들이 구속되고 집권 후반에 정보화에 관심을 기울였습니다. 이것은 1995년 말에 당시 호주의 키팅 수상을 만나서 정보화의 중요성을 깨달았기 때문이라고 하는데 확인할 수는 없습니다. 일설에는 정보화 관련 설명회 때 너무 어려워하면서 졸았다는 이야기도 있지만 이 역시 마찬가지로 확인할 수 없습니다.

김대중 전 대통령의 경우는 약간 다릅니다. 김대중 전 대통령 역시도 컴맹이었으나, 정보화의 중요성을 잘 알고 있었습니다. 그는 1998년 2월 취임식에서 "튼튼 정보대국"을 강조하면서, 온 국민이 컴퓨터를 세상에서 가장 잘 쓰는 나라를 만들겠다고 공언하였습니다. 하지만 IMF 경제위기 때 취임하면서, 초반에는 국가신인도 회복에 매달릴 수밖에 없었습니다. 이어서 집권 후반에 전자정부특별위원회를 설치하고 최초로 전자정부 사업을 대통령

사업으로 추진하였습니다. 특히 각 부처의 업무 보고를 받을 때도 항상 전자정부 구현의 중요성을 역설하여, 공무원들에게 정보화 마인드를 확산시키는데 큰 기여를 하였습니다.

노무현 대통령의 경우, 사법시험 합격자이고 변호사출신입니다. 당연히 머리도 좋을 것입니다. 따라서 공부에도 일가견을 가지고 있다고 보아야 합니다. 일설에 의하면 노무현 대통령은 변호사 시절에 지금 스프레드시트의 대명사인 엑셀의 전신인 dBASEIII+를 잘 활용했다고 합니다. dBASEIII+의 매크로 기능을 활용해서 변호사 사무실의 기장회계프로그램을 직접 작성했다고 합니다. 따라서 상당한 실력의 소유자라고 보면 됩니다. 그러므로 결국 정답은 노무현 대통령입니다. 조금 싱거운 감이 있지요?

자 그러면 미국 대통령과 비교를 해 보겠습니다. 미국의 부시 대통령은 아버지 잘 만나서 아이비(IVY)리그 대학인 예일대학교를 나왔습니다. 하지만 외신 보도에 의하면 학교 다닐 때, 성적은 엉망이었다고 합니다. 따라서 우리나라 대통령과 미국 대통령 중에 누가 컴퓨터를 더 많이 활용하고 있을까요? 이 역시 정답은 우리나라 대통령이라고 생각합니다.

그러면 전자정부와 관련하여 국가 간 순위를 비교해 봅시다. 컴퓨터에 능숙한 대통령이 있는 우리는 전자정부 순위가 세계 5위입니다. 미국은 항상 1위를 해 왔습니다. 여기서 둘 중의 하나입니다. 순위 선정방식이 틀렸거나, 아니면 대통령의 컴퓨터에 대한 지식은 그 국가의 전자정부 구현과 관련이 없거나 입니다. 저는 후자의 경우라고 생각합니다.

노무현 대통령의 컴퓨터 및 전자정부에 대한 식견은 정말로 대단합니다. 일례로 탄핵 시절에는 청와대 내부전산망에 기반을 둔 '이지원(e-知園)'을 개발하는데 최종사용자(End-User)로 큰 역할을 하였다고 합니다. 이지원에는 '문서관리카드'라는 새로운 개념이 도입되어 있습니다. 이 문서관리카드를 보면 최초의 보고서 작성자와 그 작성내용, 그 후 처리 과정에서 어떻게 토의 수정되었는지, 또한 대통령의 지시사항은 무엇인지 일목요연하게 알 수 있도록 설계되어 있습니다. 현재 청와대 업무의 대부분은 이지원을 통해 처리되고 있습니다.

또한, 2004년말에 행정자치부와 정보통신부 사이에 범정부통합전산센터의 소관부처를 가지고 갈등이 유발되었을 때에도 대통령이 교통정리를 하였습니다. 그 이전에 2004년 초반 정보통신부와 행정자치부가 전자정부 구현의 주도권 다툼을 할 때에도 행정자치부는 CIO역할을, 정보통신부는 CTO의 역할을 하도록 직접 정리하였습니다. 청와대 비서실에 전자정부를 직접 담당하는 인력이 없는데, 이러한 일을 대통령이 직접 한다는 것은 대단한 일입니다.

그러나 행정자치부를 전자정부의 CIO로 지정한 이후에도 전문성이 없는 사람들을 계속해서 행정자치부 장관에 임명하고 있습니다. 그것도 아주 자주 하고 있습니다. 그러므로 전자정부와 관련되어 실무를 담당해야 할 공무원들은 큰 문제가 생기면 대통령이 나서서 해결해 주기를 기다리고 있습니다. 2003-4년까지 국정과제회의에서 자주 해 왔던 모습을 기대하고 있습니다. 그러나 2005년 이후 북핵문제가 생기고 지지율이 급락하면서 대통령님께서 더 이상 전자정부에 신경을 쓸 시간을 내기가 곤란한 상황이 되었습니다.

따라서 선장을 잃은 대한민국의 전자정부호는 표류할 수밖에 없습니다. 지난번의 김대중 전 대통령은 비록 컴맹일지라도 확실하게 한시적인 추진체계를 갖추어서 힘을 부여해 주었습니다. 하지만 현재 참여정부에서는 전자정부 구현과 관련하여 국가CIO는 물론 주무부처의 조정력을 기대하기 곤란한 실정입니다. 부처의 국 수준에서는 다른 부처와의 이견을 조정할 수 없기 때문입니다.

그러므로 이제 대통령이나 임시조직에 의존해서 전자정부를 추진하는 방식을 지양하고 전자정부법에 전자정부의 추진체계를 명확하게 하여 제도화해야 할 시점에 와 있습니다. 리더십이란 자신이 직접 하는 것이 아니라 전문가를 활용하여 최대한 권한을 부여하고 이를 지원하는 것에서 나옵니다. 이런 측면에서 제가 출제한 문제는 의미가 없는 것이었습니다.

2007년 1월 정충식

2. 전자정부 구현과 대통령의 리더십(2) - 2009년판 전자정부론

우선 노무현 전 대통령의 이야기를 하나 하면서 시작해야 할 것 같습니다. 2009년 4월 30일 노무현 전 대통령이 포괄적 뇌물죄의 혐의로 대검찰청 중앙수사부에 소환되면서 온 나라가 시끄럽습니다. 이 사건은 권력층의 부정부패와 관련된 것이므로 우리 전자정부 분야와는 약간 떨어져 있습니다. 하지만 노무현 전 대통령은 현재 서울지방검찰청에 배당된 또 다른 사건에 당사자입니다. 바로 대통령기록물 유출사건입니다. 이 사건과 관련하여 여러 가지의 쟁점이 있지만 두 가지만 살펴보겠습니다.

사건의 전말을 간단하게 설명하면 다음과 같습니다. 노무현 전 대통령은 퇴임 후에 봉하마을에 내려가면서 대통령기록물 사본을 가져갔습니다. 그리고 여러 대의 서버를 가지고 e-지원시스템을 포함하여 민주주의2.0 등 다양한 업무시스템을 가동하였습니다(노무현 전 대통령측은 모두 7대의 서버를 구입하였습니다, 5대는 분당의 IDC에 노무현 전 대통령의 홈페이지인 '사람사는 세상'의 운용에 사용되었고, 봉하마을에는 2대가 있습니다).

2008년 6월부터 언론에는 노무현 정부가 40만 명의 인사자료를 포함하는 국가기록을 조직적으로 유출시켰고, 봉하마을의 e-지원시스템을 통하여 계속해서 기록이 유출될 위험이 있으므로 온라인 차단을 공식적으로 요청했다는 기사들이 등장합니다. 이어서 7월에는 페이퍼컴퍼니(유령회사)를 동원하여 불법적으로 서버를 구축한 국기문란 행위로 규정하게 됩니다.

이에 대하여 노무현 전 대통령 측은 봉하마을로 가져간 것은 사본이고, 열람권을 확보하기 위해서 가져갔기 때문에 정당하다고 주장하였습니다. 반면에 청와대 측에서는 원본·사본 관계없이 기록을 봉하마을로 가져간 것 자체가 불법이라고 주장했습니다. 이 문제는 국가기록원의 대통령기록관 설치와 관련이 있습니다.

참여정부는 2007년 4월 27일 법률 제8395호로 「대통령기록물 관리에 관한 법률」을 제정하였습니다. 이에 따라서 국가기록원은 2007년 대통령기록관리시스템 구축 계획을 세웠습니다. 하지만 이 과정에 대통령기록 이관 시스템만 구축되고 전직 대통령기록의 열람권을 포함해 대통령기록을 서비스 할 수 있는 체계는 만들지 못하고 있었습니다. 당시까지도 국가기록원에서 대통령기록관리시스템을 고도화하지 않고 있어 여전히 전직대통령이 시스템을 통해서 열람하는 것은 불가능했습니다. 이 문제로 인해 노무현 전 대통령은 봉하마을에서 열람을 할 수 없다고 판단하고 복사를 진행했을 가능성이 매우 높아 보입니다. 물론 이것은 대통령기록물관리에 관한 법을 위반한 것입니다.

두 번째는 e-지원시스템의 재산권과 관련한 문제입니다. 청와대는 e-지원이 국가의 예산으로 개발된 것이기 때문에 국가재산이라고 주장하였습니다. 즉 노무현 전 대통령 측이 참여정부 시절에 청와대 내에 별도로 구축하여 무단 반출한 e-지원시스템은 정부예산으로 개발한 국가 자산인 e-지원 프로그램이 설치되어 있는 시스템으로써, 이의 사용을 위해서는 국가의 허락을 얻어 설치하여야 하나, 이러한 절차를 밟은 증거가 없다는 것입니다.

여기에 대해서 노무현 전 대통령측은 서버 등 하드웨어 시스템은 노무현 전 대통령이 사비를 들여 구축한 개인사유물이고, e-지원시스템은 노무현 전 대통령이 직접 고안에 참여했고, 노무현 전 대통령이 특허를 받았다고 주장하였습니다.

실제로 2005년 7월, 당시 노무현 대통령은 "e-지원에 대하여 특허 출원이나 경진대회 출품을 검토하라"는 지시를 내립니다. 이에 따라서 청와대는 2005년 8월 16일, 특허청에 e-지원시스템의 특허를 신청합니다. e-지원시스템의 특허 신청자는 노무현 대통령, 강태영 청와대 업무혁신비서관 및 시스템 개발에 참여한 구축 담당자 등 총 5명입니다. 이어서 2006년 2월 13일에 특허가 나왔습니다. 당시 김만수 청와대 대변인은 2월 14일 브리핑을 통하여 "지난해 특허청에 특허 신청한 e-지원의 특허가 나왔다면서, 앞으로 경제적 목적이 아닌 경우 필요로 하는 기관이나 민간이 무상으로 자유롭게 활용하게 할 것"이라고 밝혔습니다. 따라서 이 문제는 간단해 보이지 않습니다.

이명박 대통령은 2008년 3월 15일, 행정안전부 업무보고에서 "청와대에 들어간 2월 25일 저녁에 청와대 내 컴퓨터가 작동하지 않았다"고 밝힌 바 있습니다. 또 "컴퓨터가 다시 작동하기에도 열흘이 걸렸다."며 청와대 내부 전산망인 e-지원시스템에 문제가 있다는 식으로 말씀을 했습니다. 하지만 나중에 확인된 결과, 사실은 컴퓨터 화면보호기 '락'(Lock)이 걸려있었던 것인데, 그동안 비밀번호를 제대로 몰라서 컴퓨터를 활용할 수 없었던 것이었습니다.

이명박 정부는 2008년 2월 대통령직인수위원회 시절에 청와대의 업무보고를 받지 않았습니다. 따라서 청와대 e-지원시스템의 인계·인수가 제대로 이루어지지 않았습니다. 여기에서 중요한 것은 청와대의 내부 정보시스템이 상당 기간 사용되지 않았다는 사실입니다. 이명박 정부는 e-지원시스템을 위민(爲民)이란 명칭으로 바꾸어서 사용하고 있는데, 과거 참여정부처럼 적극적인 활용을 보이고 있지 않다고 합니다. 다만 작년 하반기에 이명박 대통령이 위민시스템을 사용하면서 극찬을 아끼지 않았다는 소문이 있었는데 제가 직접 듣지 않아서 잘 모르겠습니다.

제가 직접 보고 들은 바로는 이명박 대통령은 전자정부에 대하여 큰 관심을 보이고 있지 않습니다. 2009년 12월 3일 이명박 대통령이 참석한 국가 정보화 비전과 전략 선포식에서 15분간 대통령 말씀이 있었습니다. 저는 그 자리에서 대통령님이 전자정부라는 용어를 몇 번이나 언급하실 지를 세어보려고 했습니다. 하지만 한 번도 듣지 못했습니다. 이명박 대통령은 국가정보화회의에서 에너지 절약 및 녹색성장을 강조하셨습니다. 그 덕에 현재 우리나라의 국가정보화는 녹색정보화 즉 Green IT에 초점이 맞추어져 있습니다.

하지만 최근 들어 조금씩 IT의 중요성을 강조하는 발언의 횟수가 늘어나고 있는 것은 사실입니다. 2009년 4월 22일 청와대에서 취임 후 처음으로 IT기업 간담회를 개최하였고, 그 자리에서 청와대에 IT전담비서관을 둘 수 있도록 적극 검토하겠다고 말씀하신 것으로 알려졌습니다. 따라서 IT전담비서관 직제가 생긴다면 이명박 대통령의 정보화에 대한 인식이 많이 향상될 수 있을 것이라고 기대해 봅니다. 더 나아가 국가정보화전략위원장에게 권한을 위임한다면 전자정부 추진에서 대통령의 리더십이 발휘될 수 있을 것입니다. 아주 간단합니다(?).

여기까지 읽어주신 독자여러분들께 감사의 말씀을 올립니다.

2009년 4월 30일

정충식 배상

2009년 5월 29일 노무현 전 대통령의 국민장이 거행되었습니다. 다른 분야는 정치적으로 견해가 대립할 수 있겠지만, 전자정부에서는 위대한 대통령으로 기록될 것입니다. 삼가 고인의 명복을 빕니다.

3. 전자정부 구현과 대통령의 리더십(3) - 2012년판 전자정부론

이제 마지막으로 이명박 대통령과 전자정부에 대하여 이야기할 시간입니다. 그 전에 우선 일반적인 대통령 평가에 대하여 말해보겠습니다(이명박 대통령은 노무현 대통령과 달리 전자정부에 대하여 할 말이 별로 없습니다). 2012년 12월 19일에 제18대 대통령선거가 실시됩니다. 따라서 올해가 이명박 대통령의 임기 마지막 해로, 결국 어쩔 수 없이 레임덕(임기말 권력누수 현상)에 시달려야 하는 상황입니다. 물론 이명박 대통령은 "임기 마지막 날까지 일하는 사람이 레임덕하고 무슨 관련이 있나? 나는 권력을 가지고 일하는 사람이 아니다."라는 말씀을 하셨지만 현실은 많이 다를 수 있습니다.

저는 개인적으로 역대 대통령들의 평가에 대해서 아쉬운 마음을 지니고 있습니다. 그것은 우리나라에 아직 성공한 대통령이 없다고 하는 평가에 관한 것입니다. 군사정부의 종식 이후에 선출된 김영삼, 김대중, 노무현 및 이명박 대통령에 대하여 세간의 평가는 그리 높지 않습니다. 김영삼 대통령은 IMF의 경제위기를 불러왔고, 김대중 대통령은 햇볕정책으로 북한에 무한정 지원을 했으며, 노무현 대통령은 국가보안법 폐지 시도 등으로 좌파정권으로 낙인찍혔습니다. 이명박 대통령에 대해서는 치기어린 판사들까지 가세해서 대통령을 희화화하고 있습니다.

하지만 저는 전혀 다른 생각을 가지고 있습니다. 위에서 언급한 네 명의 대통령 모두 성공한 대통령입니다. 왜냐하면 이들은 모두 우리나라의 시대적인 상황에서 주어진 막중한 역할을 잘해낸 분들이기 때문입니다. 김영삼 대통령은 군사정부를 종식시키고 문민정부의 서막을 열었으며, 금융실명제와 하나회 숙정 등 많은 일을 하였습니다. 김대중 대통령은 단군이래 국가적으로 최대의 어려움에 봉착한 대한민국을 국제적인 신인도를 바탕으로 회복시켰습니다. 노무현 대통령은 한국 사회의 권위주의와 기득권 세력을 타파하는데 크게 이바지하였습니다. 이명박 대통령은 2008년 후반의 글로벌 금융위기에 잘 대처하고 대한민국의 국격을 높였습니다.

대한민국은 현재 세계화와 신자유주의, 이로 인한 빈부격차의 심화에 더하여 내적으로 세대 간, 이념 간의 갈등의 골이 깊어서 사회통합을 이루는데 큰 어려움에 직면해 있습니다. 따라서 이러한 잣대를 들이민다면, 누가 대통령에 당선되더라도 성공한 대통령이 될 수 없을 것입니다. 그러므로 저는 개인적으로 어느 당의 누가 18대 대통령에 선출되는지에 대하여 아무런 관심이 없습니다.

4대강 사업에 대해서도 저는 평가를 유보하는 편입니다. 왜냐하면 제가 토목공사나 하천 준설에 대하여 아는 바가 없고 우리나라가 물부족 국가이기 때문에 앞으로 수자원의 관리가 크게 부각될 수도 있기 때문입니다.

자 이제 전자정부에 대한 이명박 대통령 지도력에 대한 평가입니다. 이명박 대통령은 두 가지 측면에서 문제점을 보여주었습니다. 첫째는 정보기술과 정보화에 대한 대통령의 의식과 식견에 대한 것입니다. 이명박 대통령은 정보화를 통하여 일자리가 줄어든다는 생각을 지니고 있습니다(저는 그렇게 생각하고 계시다고 믿고 있습니다). 하지만 이것은 전산화와 자동화 시절의 이야기입니다. 물론 산업사회의 관점에서 보면 건설업이 가장 고용을 유발하는 산업입니다. 하지만 이제 정보기술의 융합을 통하여 정보산업의 분야는 외연을 크게 확장하였기 때문에 건설업보다 훨씬 많은 일자리를 창출하는 부문이 되었습니다. 그러나 이명박 대통령은 건설회사 CEO 출신이기 때문에 정보화에 대한 태생적 한계를 보여주고 있습니다.

이명박 대통령의 비즈니스 감각은 역시 뛰어납니다. 덕분에 최근에 전자정부 해외 수출은 기하급수적으로 늘고 있습니다. 다 대통령의 비즈니스 관심 덕분입니다. 이명박 정부는 지난 참여정부에서 전자정부 사업이 방만하게 추진되었다고, 통합과 연계를 통하여 예산을 절감하는 것을 미덕(?)으로 내세우고 있습니다. 따라서 전자정부 사업의 예산을 매년 20% 정도씩 절감하여 4대강 사업에 보태고 있습니다. 이러한 정책기조는 임기말인 2012년까지 지속하고 있습니다. 따라서 이명박 대통령은 저탄소 녹색성장 분야에서는 탁월한 식견을 지니고 있으나 전자정부에 대해서는 관심을 보여주지 못하였습니다. 이러한 상황에서 이명박 대통령에게 전자정부를 통한 총체적인 정부혁신의 관점을 기대하는 것은 무리가 따릅니다.

둘째는 인사에 대한 것입니다. 대통령의 정보화에 대한 식견이 이 정도 수준이라면 주위에서 이것을 바로잡아 줄 사람이 필요합니다. 그 역할은 청와대 수석비서관, IT특보, 행정안전부장관 및 국가정보화전략위원회위원장 등이 해 주어야 합니다. 지난 국민의 정부 시절에는 안문석 전자정부특별위원회 위원장이 그리고 참여정부 시절에는 서삼영 한국전산원 원장 등이 그 역할을 수행하였습니다. 하지만 이명박 정부에서는 청와대 내에서 이러한 역할을 할 수 있는 사람이 없습니다. 현재 청와대내에 녹색성장기획관, 방송통신이나 뉴미디어를 담당하는 비서관은 있지만 국가정보화나 전자정부를 담당하는 직제나 전문가는 없습니다. IT특보의 경우, 지난 대선 시절의 논공행상 차원의 1인 자리이므로 별 의미가 없습니다. 행정안전부 장관의 경우, 정부정보화책임관협의회 의장을 맡고 있으나 항상 비전문가로 인선해 왔습니다.

결국 국가정보화전략위원회 위원장이 역할을 해 주어야 했지만 잃어버린 10년 이라는 구호아래 과거 시절의 비전문가를 인선하였습니다. 국무총리와 동급의 민간위원장 자리이기 때문에 연령이 많은 사람을 찾았다고 하는데, 믿기지 않는 이야기입니다(제가 잘못된 이야기를 들었기 바랍니다). 제2기 국가정보화전략위원회가 출범 했지만 임기 말이라서 기대할 것이 없습니다. 결국, 이명박 정부에서 전자정부는 높은 평가를 받을 수 없는 형편입니다.

따라서 다음 정부에 기대를 걸어야 하는데 정답은 간단합니다. 정보화(정보산업 포함)와 전자정부를 차기 정부에서 국정과제에 포함시켜서 대통령 의제로 격상시켜야 합니다. 이를 뒷받침하기 위하여 청와대 내에 정보화수석과 비서관 직제를 신설하고, 정보화 관련 전문가를 국가정보화전략위원회 위원장으로 인선하여 대통령이 힘을 실어주어야 합니다. 이러한 대통령 권한의 이양을 통하여 정보화 분야에서 리더십을 발휘하면 됩니다. 간단해 보이지만 결코 쉽지만은 않은 일입니다. 하지만 대한민국의 미래가 달려 있습니다.

여기까지 읽어주신 독자 여러분들께 감사의 말씀을 드립니다.

2012년 4월 15일, 정충식.

제10장 쉬어가기 서울시의 민원처리 온라인 공개시스템 (OPEN시스템)

서울시의 민원처리온라인 공개시스템(이하 OPEN시스템)은 부조리발생 소지가 있는 민원업무의 처리과정을 인터넷에 공개하여 시민이 자기가 신청한 민원이 어떻게 처리되고 있는지 컴퓨터를 통해 알 수 있는 시스템입니다. 예를 들면 시민이 건축허가를 신청해 놓고 진행과정을 알기 위해 담당공무원을 만나거나 전화할 필요 없이 가정이나 직장에서 컴퓨터를 통해 공무원이 결재하는 단계마다 그 처리내용과 앞으로 처리방향을 실시간으로 쉽게 알 수 있게 되어 있습니다.

지금까지 국·내외적으로 인터넷을 통해 정보를 공개하는 다른 시스템은 이미 처리가 완료된 최종적인 문서를 공개하고 있지만 서울시 OPEN시스템은 현재 진행 중인 의사결정 과정까지 실시간으로 공개하는 동태적인 시스템이라는 점에서 혁신적 이라고 말할 수 있습니다. 구체적으로는 각 서류의 검토단계마다 계장, 과장, 국장이 각각 결재한 날자와 검토내용, 앞으로의 예정사항, 서류가 미비하거나 반려된다면 그 상세한 이유 등을 실시간으로 입력하여 공개하는 것입니다.

구체적으로 OPEN시스템이 추구하는 목적은 다음의 세 가지로 나누어 볼 수 있다. 첫째는 민원처리의 신뢰성과 공정성 확보입니다. OPEN 시스템은 공공의 감시를 통해 시정의 투명성을 확보하고 부조리 발생소지가 있는 이권업무를 대상으로 인터넷 및 행정전산망에 시민이 제출한 민원 사항이나 원하는 사안의 처리과정을 시민 누구나 볼 수 있도록 하여 민원처리 업무에 신뢰성과 공정성을 확보하는데 목표를 두고 있습니다.

둘째는 행정의 신뢰성 증진입니다. 행정에 대한 신뢰성을 증진시키기 위해서는 무엇보다 서울시 관료 또는 서울 시민의 일방적인 관계만 갖고는 성립되기 어려운 부분입니다. 서울시가 부정과 부패가 없는 행정을 구현하고 있더라고 시민들이 그 사실을 확인할 수 없다면 서울시는 시민들로부터 적절한 수준의 신뢰를 확보할 수 없습니다. 서울시의 행정 처리과정 및 결과에 대한 정확한 정보가 시민들에게 전달될 수 있어야 시민들로부터 신뢰를 회복할 수 있으며 회복된 신뢰를 유지할 수 있게 됩니다.

셋째는 행정의 접근성 향상입니다. 시청이나 구청을 방문하지 않고도 민원을 접수하고 처리과정과 결과를 알 수 있다면 국민은 보다 쉽고 저렴한 비용으로 행정서비스를 향유할 수 있을 것입니다. 민원을 제기한 시민은 자신의 민원이 어떻게 처리되고 있는가에 대하여 많은 관심을 갖고 있습니다. 이에 대한 보다 정확한 정보를 얻기 위하여 민원 담당자에게 전화를 걸거나 직접 방문하여 처리 과정을 살펴보거나 확인하려 한다. OPEN 시스템의 도입은 민원인의 불필요한 방문을 억제하는 효과를 얻을 수 있을 뿐 아니라 민원인의 방문이나 전화응답에 사용되는 공무원의 시간을 절약해주는 효과를 예상할 수 있습니다. 궁극적으로는 모든 시민들이 OPEN 시스템을 통하여 행정의 내부적인 정보를 획득하여 시민과 정부의 접촉의 확대, 고도화로 이어져 장기적으로는 시민의 시정에의 참여 극대화의 효과로 이어질 수 있을 것입니다.

서울시의 OPEN시스템은 1999년 1월 25일 당시 고건 서울특별시장이 행정처리 과정을 인터넷에 공개하여 투명성을 확보함으로써 사전에 비리를 예방하고 시민들에게는 알 권리를 충족시킬 수 있는 시스템개발을 직접 제안함에 따라 본격적인 개발이 시작되었습니다.

1999년 3월에 개발을 마치고 내부적으로 시험운영한 후, 1999년 4월 15일에 처음으로 일반시민이 이용할 수 있게 공개되었다. 개발이 시작된 지 최단기간인 두달만에 공개를 꺼려하는 공무원을 독려하며 방대한 작업을 마무리하고 성공적으로 시민에게 공개할 수 있었던 것은 당시 고건 서울시장의 강력한 추진의지가 있었기 때문에 가능하였습니다. 이후 서울시의 OPEN시스템은 UN과 국제투명성기구(TI) 등 국제기구들로부터 호평을 받아서 세계에 널리 알려지게 되었으며, 현재 우리나라 중앙부처 및 각 지방자치단체에 확산되어 모든 공무원들이 사용하고 있습니다.

더 읽어야 할 책 3권:

- 정충식. (2012). 「2012 전자정부론」. 제3판, 서울: 서울경제경영.
- 권기헌. (2012). 「전자정부론」. 서울: 박영사.
- 안문석. (2008). 「한국전자정부론」. 서울: 박영사.

꼭 알아야 하는 용어 3개(출처: 허동석, 2010; 이종수, 2009; 두산백과사전):

- 전자정부법

정부는 2001년 3월에 "전자정부구현을위한행정업무등의전자화촉진에관한법률"(이하 전자정부법)을 법률 제6439호로 공포하였고 2001년 7월부터 법 시행에 들어갔다. 그동안 전자정부법은 행정전자서명, 행정기관 간 정보공동활용 분야, 그리고 명칭변경과 수수료 감면 등과 관련하여 크게 세 차례 개정이 이루어졌다. 가장 최근에는 2010년 2월에 전부개정이 이루어졌다. 2013년 현재의 전자정부법(법률 제10580호)에 의하면 본문 7장 78조, 부칙 6조로 구성되어 있다.

법의 구성	법의 내용
제1장 총 칙	목적, 정의, 행정기관 및 공무원 등의 책무, 전자정부의 원칙 등 6개 조
제2장 전자정부 서비스의 제공 및 활용	전자적 민원처리 신청, 구비서류의 전자적 확인, 민원인의 본인확인, 행정정보의 전자적 제공, 세금 등의 전자적 납부, 전자적 급부제공, 이용자의 참여 확대, 유비쿼터스 기반의 전자정부서비스 도입과 활용, 전자정부서비스의 보편적 활용을 위한 대책, 전자적 대민서비스 보안대책 등 18개 조
제3장 전자적 행정관리	전자문서의 작성, 전자문서의 성립, 전자문서의 송수신, 행정전사서명의 인증, 행정지식의 전자적 관리, 전자적 업무수행, 종이문서의 감축, 업무담당자의 신원 및 접근권한 등 11개 조
제4장 행정정보의 공동이용	행정정보의 효율적 관리 및 이용, 행정정보 공동이용 센터, 공동이용 행정정보, 행정정보 공동이용의

	신청과 승인, 정보주체의 사전동의, 정보주체의 열람청구권 등 9개 조
제5장 전자정부 운영기반의 강화	정보기술아키텍처 기본계획의 수립, 정보기술아키텍처의 도입과 운영 촉진, 정보통신기술에 적합한 업무 재설계, 상호운용성 확보 등을 위한 기술평가, 표준화, 공유서비스의 지정 및 활용, 정보통신망의 구축, 정보화인력 개발계획의 수립, 정보자원 통합관리, 지역정보통합센터의 설립과 운영, 정보통신망 등의 보안대책 수립과 시행, 감리법인의 등록 등 19개 조
제6장 전자정부 구현을 위한 시책 등의 추진	전자정부 사업의 추진 및 지원, 지역정보화사업의 추진 및 지원, 시범사업의 추진, 성과 분석 및 진단, 정보시스템의 보급 및 확산, 전자정부의 국제협력, 한국지역정보개발원의 설립 등 12개 조
제7장 벌칙	벌칙, 양벌 규정 및 과태료 등 3개 조
부칙	시행일, 경과조치 및 다른 법률의 개정 등 6개 조

'전자정부법'은 2001년 3월 28일 제정·공포된 이래, 지식정보화시대의 정부혁신과 대국민 행정서비스 향상을 위한 기본법으로서의 역할을 해 왔다.

- OECD 개인정보보호 가이드라인 8원칙

1. 정보수집 제한의 원칙(Collection Limitation Principle)

개인정보는 수집에 있어서 합법적이고 정당한 수단에 의하여, 그리고 정보 주체의 인지 및 동의에 의하여 수집되어야 한다.

2. 정보의 질의 원칙(Data Quality Principle)

개인정보는 사용하고자 하는 목적에 따라 정확하고 완전하며 최신의 것이어야 한다.

3. 목적 구체성의 원칙(Purpose Specification Principle)

개인정보를 수집할 때는 수집의 목적이 구체적으로 명시되어야 하며, 이후의 이용에 있어서도 처음의 목적과 일치되어야 한다.

4. 이용제한의 원칙(Use Limitation Principle)

개인정보는 정보주체의 동의에 의한 경우와 법률에 근거한 경우를 제외

한 경우,

목적 외 공개·이용·사용되어서는 안된다.

5. 안전성 확보의 원칙(Security Safeguards Principle)

개인정보는 상실이나 부당한 접근·파괴·이용·수정, 그리고 공개와 같은 위험에 대처하여 적절한 안전성 장치가 확보되어야 한다.

6. 공개의 원칙(Openness Principle)

개인정보를 개발·이용하는 등의 정책은 공개되어야 하며, 이용 목적과 통제자,

그리고 권한의 소재가 알기 쉽게 되어야 한다.

7. 정보주체 참여의 원칙(Individual Participation Principle)

정보주체인 개인은 자신이 제공한 정보를 통제하는 이로부터 다음의 권리를 가진다.

o 개인정보의 보유 유무를 확인할 권리

o 원한다면 정해진 시간, 적은 비용 내에서, 이해하기 쉽게 조회할 수 있을 권리

o 위의 요구가 거절되었을 경우, 타당한 이유를 요구할 권리

o 개인정보의 내용에 대하여 이의를 신청하고, 데이터의 정정을 요구할 권리

8. 책임의 원칙(Accountability Principle)

개인정보 관리자는 앞서 언급한 원칙들이 실행될 수 있게 조치를 취할 책임이 있다.

- 전자서명(電子署名, Electronic Signature)

서명한 자의 확인을 위한 음성, 심볼 등을 전자적으로 입력하여 컴퓨터와 같은 디지털 기기를 통해 본인 확인을 할 때 사용되는 서명을 전자서명이라 한다. 점차적으로 인터넷의 사용이 확대되면서 전자상거래를 이용할 때 전자서명이 주로 사용된다. 특수한 디지털 정보가 전자문서에 부착되면 종이

문서에서 사용되는 서명이나 인감과 같은 역할을 한다. 따라서 전자서명을 통해 전자문서에 서명한 사람이 누구인지를 확인하고 서명된 전자문서가 변조되지 않았는지 여부를 알 수 있다.

전자서명은 두 가지 기능 즉, 메시지인증기능과 사용자인증기능을 갖는다. 메시지인증기능은 비록 정보가 암호화되어 있다 하더라도 이 내용이 처음에 만들어진 내용과 변경이 없었다는 것을 증명하는 기능이다. 사용자인증은 이 메시지를 보낸 사람이 정말 내가 기대한 그 사람인지를 증명하는 기능이다. 사용자인증은 받는 측에서도 유용하지만 메시지를 보낸 사람도 그 메시지를 자신이 보낸 것이 아니라고 부인하지 못하게 하는 효용도 있다.

본인 확인을 위해 입력된 서명은 디지털화되면서 서명자의 특정한 개인키로 전환되었다. 전자서명은 문서의 무결성과 진정성을 위해 암호화되는 방법을 사용하는 암호화 서명(Cryptographic Signatures)이라는 방법이 있다. 이러한 방식은 서명이 송신되는 과정 동안 문서가 암호화됨으로써 안정성이 매우 높다. 이외에도 지문과 같이 신체 특성을 이용하는 생체인식서명(Biometric Signatures)의 방식도 있다.

우리나라에선 1998년 12월 '전자서명법'이 제정되었으며 이후 주로 인터넷 뱅킹, 사이버 증권거래 등 금융분야에 전자서명이 이용되어 오고 있다. 2002년 4월부터 시행된 개정 '전자서명법'에는 전자서명의 범위가 공개키 기반구조(PKI) 암호방식에서 지문·음성·홍채 인식 등으로 확대되었다.

이야기 행정학

제 3 편
새로운 행정을 위하여

이제까지 우리는 행정의 기본개념에서 출발하여 행정학의 여러 분야들에 대하여 살펴보았습니다. 이처럼 행정학은 다양한 분야에서 한국사회와 정부의 발전에 기여해 왔습니다.
그러나 이제 세상은 정보기술의 급속한 발전에 의해서 엄청난 변화의 물결에 휩싸여 있으며, 그 변화의 폭과 깊이는 우리가 생각하는 그 이상입니다. 따라서 한국사회도 그리고 우리 정부도 이러한 세상의 변화에 대응하여 끊임없이 혁신을 추구하여야 합니다.
따라서 3편에서는 우선 행정개혁에 대하여 알아보겠습니다. 이제까지 우리정부의 행정개혁 과정을 살펴보고, 이어서 정보기술을 활용한 행정혁신을 알아보겠습니다. 마지막으로는 미래행정에 대하여 빅데이터의 활용과 스마트워크를 중심으로 살펴보도록 하겠습니다.

제 11 장

행정개혁

제1절 행정개혁이란 무엇인가?

1. 행정개혁의 의의

1) 행정개혁의 정의

행정개혁(Administrative Reform)이란 행정체제를 어떤 하나의 상태에서 그보다 나은 다른 하나의 상태로 변동시키는 것을 말합니다(오석홍, 2006: 5). 따라서 행정개혁은 행정체제의 바람직한 변동을 의미합니다. 행정개혁은 가치(목표)의 인도를 받는 계획적 변동이며 동태적이고 연관적 특성을 지니는 변동입니다. 어느 나라의 어느 정부나 변화(Change), 발전(Development), 혁신(Innovation) 및 재창조(Reinvention) 등의 용어를 활용하면서 정부혁신을 추구하여 왔습니다.

특히 1990년대 들어와서 세계 각국은 급속하게 변화하는 정부 환경에 대응하여 공공부문의 효율성을 제고하고 행정 기능을 재조정하기 위하여 다양한 방식으로 행정개혁을 추진하여 오고 있습니다. 이러한 행정개혁의 흐름은 작은 정부를 지향하고 시장 질서를 우선시하는 신자유주의적인 사회 분위기와 연관되어 있습니다.

그러나 행정개혁은 저항이 따르기 때문에 지속적인 노력이 필요합니다. 우리 정부도 정권이 교체될 때마다 정부의 효율성 제고, 정부 역할의 재정립, 공직 분위기의 쇄신 등 지속적으로 정부혁신을 강조했지만 큰 성과를 거둔 것으로 평가받지는 못하고 있습니다.

이러한 행정개혁의 개념에 내재된 주요 속성을 설명하면 다음과 같습니다.

① 목표지향성: 행정개혁은 의식적으로 설정된 목표를 추구하는 것입니다. 행정개혁의 이러한 목표는 결국 가치지향성을 지니게 됩니다.

② 행동지향성: 행정개혁은 동태적(Dynamic)이며 행동지향적(Action Oriented)인 특성을 지니고 있습니다. 이것은 미래지향적으로 계획된 목표를 추구하는 것을 의미합니다.

③ 포괄적 연관성: 행정개혁은 개혁과제를 둘러싸고 있는 다양한 요인들과 이해관계자 집단들 간에 포괄적 연관성(Comprehensive Interdependencies)을 중요하게 여기고 이에 대처하는 활동입니다. 행정개혁의 대상이 되는 행정체제의 내적 요인들은 서로 복잡하게 연관되어 있으며 상호의존관계에 놓여 있습니다.

④ 지속성: 행정개혁은 한 차례의 일회성으로 끝나는 것이 아니라 지속적인 현상입니다. 왜냐하면 행정체제 내에는 항상 개혁의 필요성이 존재하기 때문입니다. 따라서 완전한 행정개혁은 없으며 지속적으로 추진해야 합니다.

⑤ 저항의 야기: 행정개혁은 인위적으로 현상유지를 무너뜨리는 작업이기 때문에 기득권 세력의 저항을 받을 수밖에 없습니다. 따라서 행정개혁을 성공적으로 수행하기 위해서는 기득권 세력 즉 이해관계자 집단들의 저항 원인과 양태를 잘 분석하여 이에 대처해야 합니다.

2) 행정개혁의 계기

행정개혁을 촉진하는 중요한 요인은 우선 정권의 교체와 함께 행정 체제

내외의 환경 변화일 것입니다. 이러한 행정개혁의 추진 요인들을 정리하면 다음과 같습니다(이종수·윤영진 외, 2012: 583의 수정).

① 새로운 이념의 등장: 새로운 대통령의 선출에 의한 새로운 정부의 등장은 여러 분야에서 행정개혁을 요구하게 됩니다. 특히 최고지도자의 정치적 이념이나 국정운영에 대한 생각은 과거와는 다른 새로운 가치를 창출할 수 있습니다.

② 새로운 기술의 등장: 과학기술의 발달로 인한 행정의 전문화 및 현대화 등도 행정개혁의 동기가 될 수 있습니다. 특히 최근에는 인터넷과 스마트폰의 확산을 통한 정보기술의 발전이 행정 운영방식에 급속한 변화를 초래하고 있습니다.

③ 비능률의 제거: 불필요한 행정 기능의 중복과 과다 팽창된 조직 등을 정비하기 위하여 행정개혁이 시도될 수 있습니다. 특히 정부의 재정적자 확대로 인하여 비능률로 인한 비용의 증대를 축소하기 위하여 혁신이 단행되는 경우가 많습니다.

④ 정치적 변혁의 발생: 혁명과 같은 정치적 변혁은 기존 질서의 변화를 의미합니다. 따라서 기존의 행정체제나 이념이 새로운 정치적 이념에 의하여 부정되거나 중대한 변화를 요구받게 됩니다.

⑤ 국제적 환경의 변화: 최근에 세계적인 지구온난화에 대한 관심 및 통상 무역 마찰에 대한 분쟁 등으로 인하여 환경부나 통상자원산업부 등의 업무 분야가 각광을 받을 수 있습니다. 또한 이 분야에 대한 지원 정책의 강화를 위한 정부혁신이 이루어 질 수 있습니다.

2. 정부역할의 변화

정부의 역할은 관료제의 확립 이후에 공공관리, 신행정 및 신공공관리와 뉴거버넌스에 이르기까지 다양하게 변화하여 왔습니다. 이러한 정부의 역할 변화는 정부의 범위와 역량, 국가권력의 재배분, 행정의 주체와 대상 및 정부 운영의 책임성 문제와 관련해서 다음과 같이 살펴볼 수 있습니다(이종수·윤영진 외, 2012: 591-594의 수정).

1) 정부의 범위와 역량: 시장과 정부

시장과 정부에 대한 논의는 '시장실패'와 '정부실패'로 대표됩니다. 1929년 대공황을 기점으로 자유방임주의는 사라지고 시장실패로 인한 정부의 개입이 정당성을 갖게 되면서 정부의 재정과 영향력은 급속하게 확대되었습니다. 그러나 1970년대 석유파동을 맞이하면서 정부실패의 단어가 등장했고, 정부의 과도한 시장개입을 억제하려는 분위기가 확산되면서 작은 정부를 지향하게 되었습니다. 현재에는 어느 한 쪽의 일방적인 힘의 우위 보다는 정부와 시장 및 다양한 민간부분이 협력하는 상황이 전개되고 있습니다.

2) 국가권력의 재배분: 집권과 분권

국가권력의 배분은 세 가지의 분야에서 살펴볼 수 있습니다. 첫째, 행정부와 입법부 및 사법부 사이의 관계는 권위주의 정부의 종식 및 민주주의 발전과 관련이 있습니다. 과거 권위주의 시절에는 행정부가 일방적으로 독주했으나, 최근에 입법부에 예산정책처 등이 신설되면서 국회의 역할이 강화되고 있습니다. 앞에서 살펴본 것처럼 미국의 경우 회계검사원도 의회 소속입니다. 또한 대법원과 헌법재판소 등이 독립적인 판결을 내리고 있습니다.

둘째는 국무총리실의 역할입니다. 우리나라는 항상 제왕적(帝王的)대통령제에 대한 비판이 지속되어 왔습니다. 따라서 대통령에게 과도하게 집중된 권한을 국무총리에게 제도적으로 배분하는 방안을 모색할 시점입니다.

셋째, 중앙정부와 지방정부와의 관계에서 우리나라는 지방자치제도가 도입되었지만 아직까지 중앙집권적 권력구조를 유지하고 있습니다. 권한과 재정이 모두 중앙정부에 집중되어 있기 때문에 자치권이 아직까지 미약한 상황입니다. 따라서 지방자치와 관련하여 행정구역을 개편하는 방안을 모색할 필요성이 있습니다.

3) 행정의 주체와 대상: 시민과 고객

이제까지 우리의 행정은 정부 중심의 일방향 운영이었으나, 이제 시민참여를 통하여 형평성, 참여성, 대표성 및 공정성 등의 가치를 추구하고 있습니다. 따라서 앞으로도 시민들의 다양한 참여 통로를 보장하는 공청회, 위원회, 주민총회 및 전자민주주의를 확대할 필요성이 있습니다.

더 나아가 시민을 고객으로 인식하는 고객지향적 행정으로 변화할 필요가 있습니다. 고객의 시각에서 정부는 재화나 서비스를 생산하는 생산자의 역할을 담당하면서 효율성을 최고의 가치로 추구하게 됩니다. 이 경우, 고객의 시각에서 강조되는 정부혁신의 목표는 궁극적으로 정부서비스 품질의 향상과 서비스 전달체계의 향상입니다.

4) 책임 있는 정부 운영: 자율과 책임

공공부문에서 책임성을 담보하는 기제는 통제 및 조직의 자율성 정도로 구분할 수 있습니다. 전통적으로 정부의 책임성 제고는 내부적으로 위계적 조직구조에 의한 조직관리 체제와 외부적인 감사 통제 시스템에 의존하고 있었습니다. 그러나 이제 급변하는 행정환경에 대응하여 관리의 재량권과 책임에 대하여 더 많은 위임과 자율이 필요하게 되었습니다.

이제는 정부가 투입보다는 산출을 중시하는 성과관리에 기초하여 시스템을 통한 책임성 담보가 가능하게 되었습니다. 따라서 이제 자율성을 강조하는 책임기제의 중요성이 상대적으로 커지고 있는 추세입니다.

제2절 우리정부의 행정개혁 전개과정

과거 박정희, 전두환 및 노태우 정부도 사회정화 운동 및 새질서, 새생활 운동 등 사회 개혁을 시도하였습니다. 또한 이들 정권에서는 항상 공직기강

확립이라는 군사정권에 적합한 구호를 써가면서 행정개혁을 시도했지만 태생적 한계를 극복할 수는 없었습니다. 여기에서는 문민정부 출범 이후부터 지금까지 우리 정부의 행정개혁 추진 내용을 간략하게 살펴보겠습니다.

1. 김영삼 정부의 행정개혁

김영삼 대통령은 1993년 2월 25일 취임사에서 자신이 이끌 정부를 '문민정부(文民政府)라고 명명하였습니다. 이것은 자신이 군 출신이 아니므로, 과거 군사독재의 유산을 정리하고 민주화 시대를 본격적으로 열어 가겠다는 의지의 표현이었습니다. 따라서 '신한국 창조운동'의 일환으로 과거와 차별화된 강도 높은 개혁을 시도하였습니다.

1) 행정개혁의 환경

김영삼 대통령은 취임과 함께 '한국병'을 치유하고 '신한국'을 창조하겠다는 선언과 함께 부정부패 척결, 경제 활성화 및 국가기강확립을 3대 국정과제로 제시하였습니다. 김영삼 대통령은 취임 직후에 과거 군사문화 및 권위주의를 청산하는 분위기를 조성하고 국민편익을 위한 조치들을 실시하였습니다.

우선 청와대 근처와 인왕산을 개방하고, 대통령 안가를 폐지하였고, 군시설보호구역을 대폭적으로 해제하였습니다. 이와 함께 군부의 사조직이었던 하나회를 해체시키고, 권력 남용의 온상이었던 국군기무사령부와 국가안전기획부를 축소하여 재편하였으며, 과거 성역으로 간주되었던 계층과 기관들에 대한 감사와 수사를 확대하면서 문민통제기구인 감사원의 위상을 제고시켰습니다. 따라서 초기에는 국민들의 높은 지지를 받았습니다. 하지만 김영삼 대통령의 권력기반 역시도 3당 합당에 의한 것이었기 때문에 기득권 세력으로부터 자유스러울 수는 없었습니다.

2) 행정개혁의 추진 체계

김영삼 정부는 출범 초기에 작은 정부의 구현을 정책기조로 채택하여 일부 행정부처의 통폐합, 기구축소 및 고위직 감축 등을 추진하였습니다. 문화부와 체육청소년부를 통합하여 문화체육부로 개편하였으며, 상공부와 동력자원부를 통합하여 상공자원부로 개편하였습니다. 그 이듬해에는 경제기획원과 재무부를 합쳐서 재정경제원으로, 건설부와 교통부를 합쳐서 건설교통부로 만들면서 기구를 축소·조정하였습니다. 이와 함께 체신부를 정보통신부로 개편하여 정보통신 강국의 기틀을 마련하였습니다.

행정개혁과 관련해서는 1993년 4월에 행정쇄신위원회를 발족시키고, 1994년 4월에는 국민고충처리위원회를 설치하였습니다. 이것과는 별도로 경제활동의 규제 완화를 위하여 경제행정규제완화위원회도 발족시켰습니다. 행정쇄신위원회는 출범 첫해에 1년의 한시적인 자문기구로 활동하기 위하여 출범하였으나, 1년의 시한이 만료되자 활동기간을 1년간 연장하였다가, 다시 1998년까지 3년간 연장하여 임기 5년 동안에 지속적으로 활동하였습니다.

3) 행정개혁의 내용 및 평가

김영삼 정부에서는 행정쇄신위원회와 국민고충처리위원회가 지속적으로 다양한 행정개혁 활동을 수행하였습니다. 우선 국민의 알 권리 보장과 행정의 투명성 보장을 위하여 '공공기관의 정보 공개에 관한 법률'과 '행정절차법'을 제정하였습니다. 이와 함께 '행정규제 및 민원사무기본법'도 제정하였습니다.

인사행정 부문에서도 공직자 재산등록제에 추가하여 재산공개제도를 도입하고, 전문가 특별채용, 여성채용목표제 및 공개승진시험의 부활 등 다양한 인사분야의 개혁을 시도하였습니다.

특히 반부패 활동에 치중하여 '공직자윤리법'을 개정하고 '공무원범죄에 관한 몰수특례법'을 제정할 정도로 고위공직자의 부패를 엄단하였으며, 금융실명제의 실시로 경제정의 실현에 기여하였습니다.

따라서 행정개혁의 관점에서 사회의 다양한 분야에서 상당히 가시적인 성과를 거두었다고 평가할 수 있습니다. 다만 임기 말에 경제 정책의 실패가 환율위기로 나타나면서 지지율이 급락하였습니다.

2. 김대중 정부의 행정개혁

1998년 2월 25일 출범한 김대중 정부는 대한민국 정부 수립 50년 만에 여야 간에 평화적 정권교체를 이룩하여 '국민의 정부'로 명명하였습니다. 이른바 'IMF사태'라고 하는 국가 위기를 맞이하여 출범한 김대중 정부는 경제위기 탈출이 가장 큰 과제였습니다. 하지만 아이러니하게도 행정개혁의 관점에서 볼 때, 김대중 정부의 환경이 역사상 가장 좋았다고 말할 수 있습니다.

1) 행정개혁의 환경

김대중 정부는 이전의 김영삼 정부와 달리 정권교체를 통하여 집권하였기 때문에 정치적으로나 사회적으로 큰 파장을 몰고 왔습니다. 특히 외환위기와 경제위기를 극복해야 하는 최대 현안 때문에 집권 초반기에 하드웨어적인 개혁을 시도하고 후반기에 전자정부를 통한 소프트웨어적인 행정개혁을 시도합니다. 구체적으로는 금융과 기업들에 대한 구조조정을 실시하고 부실기업들의 퇴출을 유도하였습니다. 이어서 5대 국정지표와 100대 국정과제를 발표하는데 이 가운데 정부부문은 21개였습니다.

김대중 정부는 '제2의 건국 운동'이라고 하는 일종의 국가개혁 내지는 사회개혁운동을 조직화하고 추진기구로 제2의 건국 범국민추진위원회를 대통령자문 기구로 만들어서 활용하였습니다. 이러한 운동의 일환으로 '신지식인'을 발굴하여 표창하는 등 다양한 혁신 활동을 지원하였습니다.

특기할 만한 것은 1998년 후반부터 1999년 2월까지 정부조직에 대한 경영진단에 착수하여 정부조직 개편 및 행정개혁안을 도출하였다는 것입니다. 이 당시는 외환위기의 영향으로 행정보다는 경영의 논리들이 우선시되는 시절이었습니다.

2) 행정개혁의 추진 체계

김대중 정부의 행정개혁 추진 체계는 분산적이었으며 추진기구 간에 협력과 조정은 잘 이루어지지 못하였습니다. 우선 1998년 2월 정부조직 개편에 의해서 새로이 출범한 기획예산위원회에 정부개혁실을 설치하여 여기에서 행정개혁에 대한 업무를 수행하였습니다. 기획예산위원회는 그 소속으로 자문기구인 행정개혁위원회를 설치하여 운영하였습니다. 하지만 법정조직이 아니었기 때문에 그 역할은 제한적이었습니다.

이어서 2000년 8월에 대통령 직속으로 정부혁신추진위원회를 신설하였습니다. 정부혁신추진위원회의 설립목적은 "공공부문의 조직구조, 운영체제와 일하는 방식, 의식과 문화를 21세기 지식정보사회에 맞게 혁신하여 공공부문의 경쟁력과 서비스의 질, 투명성과 민주성을 획기적으로 향상시키기 위해 공공부문 개혁의 추진에 관한 사항을 심의하는 것"으로 규정되어 있습니다.

이러한 정부혁신추진위원회의 기능은 ① 공공부문 개혁의 비전과 목표설정 ② 연도별 공공부문개혁의 기본방향과 기관별 추진계획의 수립 ③ 공공부문 개혁추진계획의 종합 및 조정 ④ 공공부문 개혁추진실적의 점검 등이었습니다. 이러한 정부혁신추진위원회는 실제로 제대로 운영되지 않았습니다. 다만 산하에 2001년 1월에 특별위원회로 설치된 전자정부특별위원회가 활발한 활동을 하였습니다. 저자도 이 당시 전자정부특별위원회에서 열심히 일했던 기억을 가지고 있습니다.

이 외에 대통령직속기관으로 규제개혁위원회를 설치하여 정부의 시장개입을 축소하고 민간의 경쟁을 촉진하여 경제활동의 자율성과 창의성이 최대한 발휘되도록 지원하였습니다. 이와 함께 대통령직속기구로 부패방지위원회를 신설하여 반부패 정책을 추진하였습니다.

3) 행정개혁의 내용 및 평가

김대중 정부는 외환위기 극복을 위하여 우리보다 먼저 IMF 구제 금융을 받았다가 성공적으로 극복한 영국의 사례를 많이 참조하였습니다. 따라서 영연방국가들이 주도한 신공공관리운동을 대폭적으로 받아들여서 정부혁신의 내용으로 삼았습니다. 김대중 정부 행정개혁의 주요 내용은 작은 정부의 구현을 지향하고, 민간화를 촉진하면서 행정서비스의 고객지향적 개혁을 추진하는 것이었습니다. 따라서 이때부터 모든 공공기관에 행정서비스 헌장이 제정되기 시작하였습니다. 또한 공공관리의 개방성과 경쟁성을 높이려고 노력하였으며, 성과주의적 관리체제를 도입하였습니다.

이처럼 김대중 정부는 나름대로 행정개혁에서 상당한 성과를 거두었지만, 자식들을 포함한 주변 인물들의 구속 등으로 인한 급격한 레임덕 현상을 보이면서 후반기 지지율 급락을 경험하였습니다. 그 이유는 자유민주연합과의 공동정권이 붕괴되고, 대형 의혹사건의 빈발하면서 개혁추진 세력의 이미지가 실추되었기 때문입니다. 특히 각종 정부위원회 남설에 따르는 형식주의, 과시주의적인 개혁으로 인하여 후반기에는 개혁 피로감이 상승하면서 저항 세력의 결집을 가져왔습니다.

3. 노무현 정부의 행정개혁

2003년 2월에 집권한 노무현 정부는 '참여정부'를 표방하였습니다. 이러한 노무현 정부의 출범을 전후하여 우리나라 정치의 대변환이 일어났으며, 정권의 성격 자체도 사회적 변혁을 유발하였습니다.

1) 행정개혁의 환경

2002년 대통령 선거에 출마한 당시 새천년민주당의 노무현 후보는 이른바 국민경선을 통하여 지명되었습니다. 이것은 권역별로 실시된 당원들의 투표에 의해서 선출된 것을 의미합니다. 그리고 이 당시 당내 경선과 대통령 선거전은 우리나라 선거에서 인터넷을 효율적으로 활용한 첫 사례입니다.

노무현 대통령은 대통령에 당선된 이후에 새천년민주당을 해체하고 열린우리당을 창당하면서 여당이 원내 제3당이 되는 여소야대의 상황이 전개되었습니다. 이어서 국회에서 대통령에 대한 탄핵안이 가결되는 사태를 맞이하였습니다. 또한 행정수도이전 논쟁과 대북관련 정책 등으로 인하여 노무현 대통령 집권 5년 동안은 한국 사회에서 기득권층과 새로운 시민사회 세력의 갈등이 표출되는 시기였습니다.

2) 행정개혁의 추진 체계

노무현 정부는 초반에 정부조직 개편을 시도하지 않았습니다. 따라서 대대적인 기구감축이나 인력감축은 없었으며, 고위직을 포함하여 공무원 숫자는 훨씬 늘어났습니다. 노무현 정부 출범 이후에 부총리직이 하나 더 늘고, 4개 부처에 복수차관제를 신설하여 2년간 장차관급 직위가 12%나 늘어납니다.

부패방지위원회는 국가청렴위원회로 개칭됩니다. 국민고충처리위원회는 국무총리 소속에서 대통령소속으로 옮기고 위원장의 직급을 차관급에서 장관급으로 격상시킵니다. 여성부는 여성가족부로 확대하여 개편하고, 방위사업청을 신설합니다.

노무현 정부는 정부혁신, 지역혁신 및 국가균형발전을 담당할 목적으로 대통령직속으로 정책기획위원회, 정부혁신지방분권위원회, 국가균형발전위원회 및 동북아시아위원회 등 다양한 위원회들을 출범시킵니다.

행정개혁과 관련하여 중요한 것은 대통령 직속으로 정부혁신지방분권위원회를 신설하였다는 것입니다. 2003년 4월에 출범한 정부혁신지방분권위원회는 산하에 행정개혁, 인사개혁, 지방분권, 재정세제 및 전자정부를 관장하는 5개의 전문위원회를 구성하고 본격적인 행정개혁을 추진합니다.

여기에서 중요한 것은 집권 5년 동안 노무현 대통령이 자주 국정과제 회의를 주재하면서 정부혁신지방분권위원회에 힘을 실어 주었다는 점입니다. 따라서 정부혁신지방분권위원회는 대통령의 신임을 바탕으로 강력하게 행정개혁을 추진할 수 있었습니다.

3) 행정개혁의 내용 및 평가

노무현 정부는 로드맵정부라고 불릴 정도로 모든 분야에서 로드맵을 작성하였습니다. 이러한 행정개혁 로드맵을 간략하게 살펴보면 다음과 같습니다. 우선 노무현 정부의 행정개혁 비전은 "국민과 함께하는 일 잘하는 정부"로 설정되었습니다. 이를 달성하기 위한 목표로는 효율적인 행정, 봉사하는 행정, 투명한 행정 및 함께하는 행정, 그리고 깨끗한 행정이 제시되었습니다. 각 목표별로 2개씩의 하위 혁신 아젠다가 설정되어, <표 7>과 같이 총 10개의 행정혁신 아젠다가 도출되었습니다. 이러한 각 행정개혁 목표별 주요 아젠다를 간략하게 살펴보면 다음과 같습니다.

<표 7> 참여정부의 행정개혁 목표별 주요 아젠다

목표	아젠다	
효율적인 행정	성과중심의 행정시스템 구축	정부기능과 조직의 재설계
봉사하는 행정	행정서비스 전달체계 개선	고객지향적 민원제도 개선
투명한 행정	행정의 개방성 강화	행정행위의 투명성 제고
함께하는 행정	시민사회와 협치 강화	공익활동 적극 지원
깨끗한 행정	공직부패에 대한 체계적 대응	공직 윤리의식 함양

① 효율적인 행정: 아젠다는 성과중심의 행정시스템 구축 및 정부기능과 조직의 재설계입니다. 이들의 세부과제는 국가평가인프라 구축, 업무절차

재설계(BPR)를 통한 일하는 방식 개선, 유연하고 탄력적인 조직문화 조성, 정부조직 재설계 및 총액인건비제 도입 등입니다.

② 봉사하는 행정: 아젠다는 행정서비스 전달체계의 개선과 고객지향적 민원제도의 구축입니다. 이들의 세부과제는 서비스 스텐다드 추진, 전국적 민원연계시스템 구축, 사회적 약자에 대한 서비스 형평성 제고 및 소외민원 처리제도 개선 등이 추진되었습니다.

③ 투명한 행정: 아젠다는 행정의 개방성 강화와 행정행위의 투명성 제고가 제시되었습니다. 이들의 세부과제는 행정정보 공개 확대 및 접근성 제고, 행정절차의 투명성 강화, 인터넷 민원서비스 확대 및 재량행위의 투명화입니다.

④ 함께하는 행정: 거버넌스라는 용어가 상징하듯이 이제 국정운영은 정부만이 아니라 정부와 시민사회 간의 협력과 상호작용에 의해서만 제대로 운영될 수 있게 되었습니다. 따라서 아젠다는 시민사회와의 협치 강화 및 공익활동 적극 지원이 제시되었습니다. 이들의 세부과제는 전문 옴부즈맨 제도 도입, 시민단체 활동여건 개선 및 정책공동체 활성화 등이 추진되었습니다.

⑤ 깨끗한 행정: 아젠다는 공직부패에 대한 체계적 대응과 공직윤리의식 함양이 제시되었습니다. 이들의 세부과제는 공직자 윤리제도 개선, 부조리 유발 제도 및 규제의 개선, 분야별 반부패 대책 마련, 감찰기관 간 견제와 균형 및 행동강령 내실화가 추진되었습니다.

이처럼 노무현 정부의 행정개혁은 이전의 다른 정부들과는 차별화되는 종합적인 것이었습니다. 노무현 정부의 행정개혁이 이전 정권과 다른 점들은 ① 최고책임자인 대통령이 "혁신은 생존의 필수조건이다"라는 확고한 혁신의지에 기초하고 있고 ② 과거 정부는 출범 이후 1년 정도 추진하다가 시들해졌지만 참여정부는 5년이나 지속적으로 추진했다는 점 ③ 참여정부의 행정개혁은 확고한 비전과 체계적인 로드맵을 가지고 일관성 있게 수행되었다는 점 ④ 로드맵을 학계와 민간전문가의 의견을 충분히 수렴하여 만들었고, 추진과정에서 정부 부처와 이해관계자들의 토론과 참여를 거쳐서 합의에 도달하였다는 점 ⑤ 공무원을 개혁의 대상이 아니라 혁신의 주체로 삼았다는 점 등이 제시되고 있습니다.

그러나 이러한 노무현 정부의 행정개혁에 대한 평가는 극명하게 엇갈리고 있습니다. 한편에서는 노무현 정부의 행정개혁은 급진적이고 이상주의적이었다고 평가하고 있습니다. 개혁추진 세력의 이상이 앞서나가고 행동표출 양태도 편향적이고 급진적이었기 때문에 기존 주류세력들의 저항을 받았습니다. 따라서 지지 기반이 이탈하면서 노무현 정부 역시도 정권 후반기에 매우 낮은 지지율을 감수해야 했습니다.

하지만 행정개혁의 측면에서 볼 때, 행정의 성과통제 강화, 그리고 경쟁체제화에 상당한 진전이 있었습니다. 또한 분권화와 지방화는 크게 촉진되었습니다. 더 나아가 반부패활동으로 인한 행정의 투명성과 공정성도 현저하게 향상되었습니다.

4. 이명박 정부의 행정개혁

이명박 정부는 행정개혁에 대하여 큰 관심을 기울이지 않았습니다. 기존의 정부 조직들도 통합이라는 이름으로 통폐합을 유도하였기 때문에 추진체계 즉 조직적인 측면에서도 후퇴의 양상을 가져왔습니다.

1) 행정개혁의 환경

이명박 대통령은 2007년 12월 19일 치러진 대통령선거에서 48.7%를 얻어 26.1%를 얻은 야당 후보를 압도적인 차이로 물리치고 제17대 대통령으로 당선되었습니다. 이것은 경제 회생에 대한 국민적인 열망이 표출되었기 때문입니다. 따라서 행정개혁의 환경에서 볼 때, 좋은 분위기에서 출발하였습니다. 특히 압도적인 지지율로 인해 집권 초기에 정부조직 개편안도 순탄하게 국회에서 처리되었습니다.

그러나 이명박 정부는 행정개혁과 관련하여 비전과 전략을 제대로 수립하지 못하였습니다. 특히 집권 초반에 수입쇠고기 파동으로 인한 촛불집회 그리고 리먼브라더스의 파산으로 인한 세계적인 경제위기 등으로 인하여 행정개혁의 드라이브를 걸 수 있었던 시기를 모두 날려버렸습니다.

2) 행정개혁의 추진 체계

'작고 유능한 실용정부'를 지향하는 이명박 정부의 출범과 동시에 추진된 정부조직개편은 시대의 흐름이나 글로벌 스탠더드에 맞지 않는 기능은 과감히 폐지하고, 민간이 더 잘하는 것은 민간에 맡기며 지방이 더 잘하는 것은 지방으로 넘기는 것을 목표로 추진되었습니다(행정안전부, 2008). 그 결과 2원 18부 4처 18청 4실 10위원회의 기존 정부조직을 통폐합하여 2원 15부 2처 18청 3실 5위원회로 대폭 축소 개편되어 11개의 중앙행정기관이 감소되었으며 동시에 3,427명의 인원을 감축하였습니다. 구체적으로 해양수산부, 정보통신부, 과학기술부 등의 부처가 기능별로 관련 부처와 통합되어 재편되었고, 더불어 하부조직도 유사 기능 부서를 통합하는 등 대국(大局) 중심으로 설계하였습니다.

이명박 정부는 행정개혁을 전담하는 조직을 두지 않았습니다. 더 나아가 부정부패와 관련하여 기존의 조직조차도 통합시켰습니다. 즉 국민권익위원회를 신설하였습니다. 국민권익위원회는 부패방지와 함께 국민이 억울하고 힘든 일을 당했을 때, 정부의 단일화된 창구를 통해 신속하게 권리보호와 구제를 받을 수 있도록 만든 조직입니다. 이명박 정부는 과거에 국민고충처리위원회, 국가청렴위원회, 국무총리행정심판위원회 등 민원 창구는 많았지만, 각각의 기능을 제대로 아는 국민이 별로 없어 혼란과 불편을 초래해 왔으며, 여러 기관으로 나뉘어져 있어 편리하고 신속하게 권리구제와 권익을 보호받기 어려웠다고 판단했습니다.

이에 따라 국민고충처리위원회와 국가청렴위원회, 국무총리 행정심판위원회를 '국민권익위원회'로 통합하여 고충민원 처리, 부패방지, 행정심판

기능을 한곳에서 처리하게 함으로써 원스톱 권익보호 서비스 체제를 마련하였습니다. 국민권익위원회의 주요 기능은 고충민원의 처리와 이와 관련된 불합리한 행정제도의 개선, 공직사회 부패 예방, 부패행위 규제를 통한 청렴한 공직 및 사회풍토 확립, 행정심판을 통하여 행정청의 위법, 부당한 처분으로부터 국민의 권리 보호 등입니다.

하지만 정부 조직은 통합만이 능사는 아닙니다. 이질적인 업무를 수행하는 3개의 기관을 한 군데로 통합하였다고 해서 시너지효과를 기대할 수는 없는 것입니다. 따라서 이러한 측면에서 이명박 정부의 행정개혁 추진체계는 높은 점수를 받을 수 없는 구조였습니다.

3) 행정개혁의 내용 및 평가

이명박 정부의 행정개혁은 이전 정부에 비하여 현저하게 후퇴하였습니다. 과거 정부에서 대통령직속 기관이었던 행정위원회인 국민고충처리위원회와 국가청렴위원회를 합쳐서 국무총리 소속의 국민권익위원회를 신설한 것은 부정부패 척결이 대통령 관심사항이 아니라 국무총리실의 실무사항이라는 것을 대내외적으로 언명한 것입니다. 따라서 이명박 정부에서는 행정개혁이 제대로 시행된 것이 없습니다.

재미있는 사실은 정부위원회에 대한 것입니다. 이명박 정부는 과거 정부에서 위원회들이 다음과 같이 방만하게 운영되었다고 주장하였습니다.

> 위원회 조직은 정책결정과정의 투명성과 민주성, 전문성을 높일 수 있는 순기능에도 불구하고 그동안 각종 정책 현안을 추진할 때마다 위원회를 무분별하게 남설하여 오히려 부작용이 더 크게 부각되었다. 즉 위원회를 정책 실패의 책임전가용으로 활용하는가 하면, 빈번한 회의 소집과 참석에 따르는 행정 낭비와 복잡한 절차로 인한 정책결정과 민원처리 지연 등의 문제가 지속적으로 제기되었다. 또한 조직과 인력을 늘리기 위한 수단으로 활용되는 등 국가 예산의 낭비를 초래해 정부위원회의 정비 필요성이 대두되었다. 정부에서는 먼저 시급히 정비해야

할 필요성이 있는 39개 정부위원회를 정비하기 위해 33개 법률 개정안을 국회에 제출하고 6개 대통령령 개정을 추진하였다. 그러나 법률안의 경우 국회심의 과정에서 국가균형발전위원회 등 5개 위원회는 존치하기로 하였으며, 9개 과거사위원회를 통합하기 위한 법률안은 차기 국회에서 논의하기로 결정하였다. 이에 따라 최종적으로 18개 위원회 폐지, 7개 위원회 소속 조정 등 총 25개 위원회를 정비하였다(행정안전부, 2008: 148-149).

따라서 집권 초기에 이처럼 많은 위원회를 정비하여 숫자를 줄였다고 했는데 집권후반에는 이전 정부보다 훨씬 많은 위원회를 만들어서, 즉 자신들의 표현대로 남설해서 방만하게 운영하였습니다. 이명박 정부 시절에 대통령령에 의해 설치된 대통령 소속 자문위원회 4곳(국가경쟁력강화위원회/국가브랜드위원회/사회통합위원회/미래기획위원회)의 2011년 예산만 173억 원에 달하였습니다. 이는 참여정부 시기의 대통령령 근거 자문위원회 5곳의 2007년 예산 95억 원에 비해서도 두 배 가까이 많은 규모입니다.

따라서 독자 여러분들은 정부의 홍보를 접할 때 주의하셔야 합니다. 즉 정부 홍보는 정권의 초반과 후반이 다르기 때문에 숫자만 보시면 곤란하고 내용을 감안하셔야 합니다.

5. 박근혜 정부의 행정개혁

박근혜 정부는 이제 갓 출범했기 때문에 행정개혁과 관련하여 기술할 수 있는 내용이 많지 않습니다. 이 책을 집필할 때, 후배가 제게 한 말이 있습니다. "형님, 박근혜 정부는 올해 출범했기 때문에 비판적으로 글을 쓰지 말고, '잘할 것이다'라고만 기술해 주세요"라고 말입니다. 하지만 학자적 양심에서 그럴 수는 없습니다. 현재의 자료를 가지고 있는 그대로 기술해 보겠습니다. 따라서 박근혜 정부의 국정과제를 중심으로 간략하게 살펴보면 다음과 같습니다.

1) 행정개혁의 환경

박근혜 정부는 대선 공약시절부터 '창조경제'를 앞세웠기 때문에 행정개혁은 정책의 우선 순위에서 밀려나 있습니다. 박근혜 대통령은 '창조경제'의 개념을 다음과 같이 직접 설명하기도 했습니다. 박근혜 대통령은 2013년 4월 4일 창조경제에 대해, "창의성을 우리 경제 핵심가치로 두고 과학기술과 ICT(정보통신기술) 융합을 통해 산업과 산업이 융합하고 산업과 문화가 융합해서 새로운 부가가치를 창출하고 일자리를 만들어 내는 것"이라고 말했습니다.

하지만 행정개혁에 대한 직접적인 언급은 이제까지는 없었습니다. 다만 2013년 6월 19일에 정부3.0 비전선포식이 있었습니다. 여기에서 정부운영방식의 변화에 대한 언급은 있었지만 직접적인 행정개혁과의 연계는 아니었습니다. 현재 정부3.0과 부정부패의 척결은 분리되어 있는 실정입니다. 따라서 앞으로 박근혜 정부가 행정개혁을 어느 정도의 수준으로 진행시켜 나갈지는 지켜보아야 합니다.

2) 행정개혁의 추진 체계

박근혜 정부는 2013년 3월 22일 정부 출범 26일 만에 정부조직 개편작업을 마무리 지었습니다. 이번 정부조직 개편 결과 먼저, 중앙행정기관은 종전 47개에서 50개로 3개 늘어났는데, 이는 당초 개편안 48개에, 여야 합의에 따라 방송통신위원회와 원자력안전위원회 두 기관이 추가되었기 때문입니다. 따라서 이명박 정부에서 15부 2처 18청 2원 3실 7위원회의 조직이 17부 3처 17청 2원 5실 6위원회로 바뀌었습니다.

박근혜 정부는 정부조직 개편을 진행하면서 별도의 행정개혁을 추진하는 조직을 신설하지는 않았습니다. 국민권익위원회는 부패방지 업무를 가지고 그대로 존속하고 있습니다. 행정안전부를 안전행정부로 명칭을 전환하고, 창조정부조직실을 신설하여 정부3.0을 통한 정부의 업무처리 혁신을 주도하지만 행정개혁을 주요 업무로 하고 있지는 않습니다.

3) 행정개혁의 내용 및 평가

우선 박근혜 정부의 행정개혁과 관련된 부분을 살펴보면 다음과 같습니다. 박근혜 정부는 2013년 5월 28일 청와대에서 박근혜 대통령 주재로 열린 국무회의에서 140개 국정과제 추진전략과 추진계획을 보완·확정하였습니다. 이번에 확정된 140개 국정과제는 '경제부흥', '국민행복', '문화융성', '평화통일 기반 구축' 등 4대 국정기조와 14대 추진전략 그리고 140개 국정과제입니다.

박근혜 정부는 이러한 4개 국정기조와 14대 추진전략을 신뢰받는 정부를 통하여 추진하고 있습니다. 이러한 신뢰받는 정부는 크게 두 가지의 전략으로 구성되어 있습니다. 첫 번째 전략이 개방·공유·협력을 통한 정부3.0달성입니다. 박근혜 정부는 정부3.0을 통하여 '투명한 정부', '유능한 정부', '서비스 정부'를 목표로 정보공개 확대, 정부 내 업무영역 간 칸막이를 허물고 소통·협업하는 정부를 구현하여 국민 중심의 맞춤형 서비스를 제공할 예정입니다.

두 번째 전략이 깨끗하고 유능한 정부의 구현입니다. 박근혜 정부는 공직사회 내의 불합리한 관행과 부정부패를 근절하고, 엄정하고 공정한 법 집행으로 국민에게 신뢰받는 정부를 구현할 예정입니다.

따라서 140대 국정과제에서 신뢰받는 정부 부분을 정리하면 다음과 같습니다.

134: 국민 중심 서비스 정부3.0 구현

· 공공정보의 적극공개로 대정부 신뢰제고

· 공공데이터 민간 활용 기반 조성

· 시민참여 확대로 집단지성 구현 및 민·관 협치 강화

· 정부 내 칸막이를 없애는 협업·소통체제 구축

· 협업·소통을 위한 지식기반 행정시스템 강화
· 빅데이터를 활용한 과학적·미래지향적 행정 구현
· 수혜자 중심의 맞춤형 행정·복지서비스 통합 제공
· 창업 및 기업활동 지원 강화
· 새로운 정보기술을 활용한 서비스 창출
· 정부3.0 추진기반 마련 및 변화관리
· 정부입법과정에서 지방자치단체 및 국민의 참여 확대

138: 청렴하고 깨끗한 정부 구현
· 특별감찰관제 및 상설특별검사제 도입
· 공무원의 직무 수행과 관련된 사익추구 금지
· 공직기강 관련 기관 간 협업 및 정보 공유체계 구축
· 자체 감사기구 운영 내실화

박근혜 정부는 올해 출범했기 때문에 행정개혁과 관련한 평가를 내리기에는 시기상조입니다. 다만 현재까지의 내용을 살펴볼 때, 행정개혁에 대한 의지가 강하다고 평가할 수는 없습니다. 또한 기존의 전자정부의 개념이 정보기술을 활용한 행정개혁인데 박근혜 정부에서는 정부3.0으로 축소하여 협업을 통한 부처 간 협력이 강조되기 때문에 조금 더 지켜보아야 할 것입니다.

저도 대한민국 국민의 한 사람으로서 박근혜 정부가 성공하기를 기원합니다. 하지만 행정개혁은 관료사회에 포획(capture)되어서는 성공할 수 없습니다. 이 정도면 상당히 온건(?)하게 기술한 것입니다.

제3절 전자정부를 통한 행정개혁

이화여대 행정학과 송희준 교수님의 오래전 논문에 이런 내용이 있습니다. 미국에서 1900년대에 들어서서 연방정부의 행정개혁은 Keep Commission (1905-1909)부터 Grace Commission(1982-1984)까지 10여 차례가 있었습

니다. 그러나 이들의 행정 개혁은 대부분 행정부 내의 조직개편이나 사무관리 방법의 개선 등 단편적인 행정 효율성 목적으로 추진되었고, 정보기술의 활용과 연계되지 못하여 그 효과는 제한적이었습니다(송희준, 1996).

따라서 앞으로 모든 나라의 행정개혁은 정보기술을 활용하여 추진되어야 합니다. 여기에서는 정보기술을 활용한 행정개혁의 내용을 간략하게 살펴보도록 하겠습니다.

1. 정부혁신의 필요성

1) 공공부문 혁신의 미흡

오늘날 공공행정의 대국민서비스에 있어서 주요 장애요인으로는 복잡성, 경직성, 접근곤란성, 지체성, 불친절성 및 비효율성 등을 들 수 있습니다. 이러한 이유로 인하여 공공서비스는 민간부문의 서비스에 비하여 그 질이 낮다고 평가되고 있습니다. 이러한 민간과 공공서비스의 질적인 차이의 원인으로서는 여러 가지 요인이 있을 수 있으나, 그 중에서 가장 중요한 요인은 민간부문에서는 고객서비스를 위해 정보기술을 적극적으로 사용하여 왔으며, 그 결과 신축적이며 접근이 용이하고, 편리하며 신속하고 효율적인 정보의 제공이 가능하게 되었다는 점입니다. 그러나 공공서비스 분야에서의 정보기술의 활용은 아직까지는 광범위하게 도입되고 있지 않은 실정입니다.

역사적으로 볼 때, 세계 여러 나라 정부는 행정개혁을 통해 작고 효율적인 정부를 구현하기 위한 노력을 무수히 기울여 왔습니다. 그러나 그 노력에 비해 정부의 규모는 더욱 확대되었고, 비능률도 지속되었습니다. 이는 대부분의 행정개혁이 장기적인 비전을 제시하지 못하고, 사회의 전반적인 변화를 주도하는 기술지원 없이, 정권유지의 차원에서 정치적인 필요에 따라 단편적이고 임기응변적인 기구의 조정 또는 인원감축 등을 내용으로 전개되었기 때문입니다. 일시적, 전시적인 성격이 농후한 개혁은 그 성과도 미미할 뿐 아니라 국민의 정부에 대한 부정적 이미지를 강화시켜 정부와 국민 사이의 불신감만 더욱 깊게 만들 수 있습니다.

2) 정부실패의 가능성

정부는 어떠한 형태의 조직보다 사업집행에 필요한 물적·인적 자원을 동원하는데 큰 어려움을 겪지 않습니다. 일단 정부가 법령을 제정하여 집행하면 국민은 복종하게 되어 있기 때문에 정부의 입장에서는 노력하지 않고 인적·물적 자원을 손쉽게 동원할 수 있습니다. 그렇기 때문에 자원의 수집에 적극적이지 않고 오히려 수동적입니다. 그러나 반대로 국민의 입장에서 보면 국민들은 실제 행정 과정에서 별다른 선택의 대안을 가지지 못하기 때문에 정부의 안일한 태도나 부당한 대우에도 불구하고 이를 수용할 수밖에 없는 실정입니다.

국민들이 현재의 정부 이외에 선택할 대안이 없다는 것은 정부는 파산의 위험이 없다는 것을 뜻합니다. 또한 필요하다면 적극적인 노력 없이도 비교적 쉽게 자원을 동원하여 사용할 수 있다는 것은, 비용을 절감할 이유를 절실하게 느끼지 못한다는 것을 의미합니다. 이처럼 파산이나 생산비용 절감의 필요성을 느끼지 않는 정부조직은 비능률과 역기능이 가장 많이 나타나는 조직이 될 가능성이 크며, 이것이 정부부문에서의 개혁이 절실하게 이루어져야 하는 이유입니다.

또한 정부조직은 변화에 느리게 반응하는 조직 중 하나입니다. 정부조직의 외부환경은 크게 변화하였지만 조직 내부에는 여전히 산업사회의 관료제적인 타성이 남아있어 변화의 장애가 되고 있을 뿐만 아니라 정부의 경쟁력 제고에도 도움이 되지 못합니다. 또한 과거와는 다른 형태의 질적 서비스를 바라는 국민의 요구를 제대로 감지하지 못하고 있습니다. 국민이 무엇을 원하는지, 국민이 어떠한 서비스를 필요로 하는지, 정부가 국민에게 양질의 서비스를 제공하기 위해 어떤 일을 수행해야 하는지를 파악하지 못하는 것입니다. 환경이 변한 만큼 지금까지 경직적이고 변화에 무감각했던 정부도 그 변화한 환경에서 살아남기 위해서는 더이상 변화의 흐름에서 예외일 수는 없습니다. 그러므로 정부부문에서도 과거와는 다른 혁신을 이룩하여 새로운 환경에 적응해야 할 필요가 있습니다.

2. 정보기술을 활용한 행정혁신

1) 정부혁신과 정보기술

정부조직은 앞에서 살펴본 바와 같이 소위 말하는 파산의 위험이나 효율화, 능률화의 유인이 적고 변화에 대한 반응성이 다른 유형의 조직에 비해 크게 떨어져 진정한 의미의 정부혁신을 이루지 못하고 있습니다. 따라서 앞으로 이런 문제를 해결하기 위한 구체적인 전략을 수립해야 합니다. 즉 변화된 환경에 적응하고, 작고 효율적인 정부로 변화하기 위한 진정한 혁신작업이 필요한 것입니다.

혁신작업은 기존의 정부개혁의 모습과는 다르게 전개되어야 합니다. 이를 위해 요청되는 기술이 바로 정보기술입니다. 정보기술은 현재의 정부가 가지고 있는 여러 가지 문제를 그 어떤 수단이나 방법보다도 가장 효과적으로 해결할 수 있는 기술입니다. 따라서 정보기술과 정부의 혁신을 효과적으로 연결시키면 정부부문의 내부적 행정효율성을 제고하고 대국민 서비스에 충실할 수 있는 고객지향적인 전자정부로의 변화를 가져올 수 있습니다.

최근에야 비로소 정보기술은 정보화의 기반구조로서 행정부문의 활동과 깊은 연관을 맺으며 다양한 영향을 미치고 있습니다. 정보기술의 발전은 정보의 전달, 처리, 유통, 축적을 획기적으로 증대시킴으로써 행정기능의 새로운 변혁을 가능하게 해주며, 새로운 행정패러다임의 창출을 가속화시키고 있습니다. 정보기술의 혁신은 행정서비스의 고도화를 실현하게 해 주며 이는 기존의 단순 반복적인 정형화된 업무처리뿐만 아니라 고도의 창의적인 업무에도 정보기술이 적용될 수 있음을 의미합니다.

2) 전자정부의 중요 분야

우리는 지난 20여 년 동안 전자정부 사업들을 통하여 전자적 대민행정서비스를 제공하고, 내부의 행정효율성을 향상시키기 위하여 노력하여 왔습니다. 따라서 이러한 부분에서는 상당한 효과를 거둔 것으로 판단됩니다. 그러나 아직도 한국 사회는 선진국에 진입하지 못하고 있으며, 국가경쟁력도 제자리에서 맴돌고 있는 실정입니다. 그 이유는 국가사회 전반이 선진화되지 못하고, 특히 행정부분에 부정부패가 만연해 있기 때문일 것입니다.

현재 우리나라가 전자정부 분야에서 세계 최고의 국가로 인정받고 있으면서도, 국가경쟁력, 반부패지수 및 국가투명성 순위에서 30위권 아래로 자리매김하고 있는 현실은 이러한 부분이 취약하기 때문입니다. 그러므로 우리나라의 경우, 정보기술을 이용한 행정혁신에서 가장 중요하게 다루어져야 할 부분이 전자적 시민참여와 전자적 정보공개입니다.

특히 정보기술의 전략적 활용분야 가운데 하나가 정보기술을 활용한 조직의 투명성의 증대입니다. 정보기술의 적용 특히 인터넷의 활용을 통하여 외부적으로는 물론 내부적으로도 파악하기 힘든 업무처리 과정을 투명하게 보여줄 수 있다면 이는 부패방지에 상당한 기여를 할 수 있을 것입니다.

3) 전자정부에서 시민참여

전자정부에서 시민참여의 활성화에 따르는 변화를 정책과정의 측면에서 살펴보면 다음과 같이 정리해 볼 수 있습니다(이하, 이삼열, 2005: 44-62의 수정).

(1) 정책의제형성 주도세력의 변화: 온라인 시민참여의 확대

정보기술의 발전으로 인해 정책의제 형성을 주도하는 세력의 구성이 바뀔 것으로 기대됩니다. 기존에 주도적인 역할을 했던 소수 관료집단 중심에서 일반시민의 역할이 점차 커지는 방향으로 정책의제 형성 주도세력에 변화가 있을 것입니다. 이는 참여자의 정책전문성은 엷어지게 되지만 참여의 폭은 확대되는 것을 의미합니다. 참여자의 전문성 부족도 정보기술이 발전함에 따라 상당히 해결될 것입니다.

물론 이러한 정책의제 형성과정에 있어 일반시민의 대거 참여에는 장단점이 있습니다. 먼저 시민 개개인의 의견이 반영된다는 점에서는 민주주의가 원리가 더욱 충실히 실천되고 직접민주주의의 요소가 기술적으로 구현된다는 장점이 있습니다. 또한 정부는 국민의 목소리를 균형 있게 보다 잘 들을 수 있다는 점에서는 매우 긍정적입니다.

그러나 인터넷을 이용한 의견 표출도 끊임없이 조작의 위험에 노출되어 있습니다. 특정 의견에 대한 견해를 조직적으로 한 방향으로 몰고 가는 현상이 일어날 수 있기 때문입니다. 예를 들어 강남구 홈페이지에서 재건축 대상 아파트 단지를 인터넷 주민투표에 의해 결정한다고 가정해 봅시다. 이 경우, 강남구 대단위 아파트단지의 주민들이 홈페이지에 회원으로 가입하여 자신들의 의견을 반영한다면 이것은 민의가 반영되는 것이 아니라 왜곡되는 것입니다.[24)]

(2) 정책결정과정의 투명화: 밀실의 정책결정에서 광장의 정책결정으로

정책결정과정은 많은 이해관계들이 조정되는 과정입니다. 정책의 내용에 따라 많은 이익단체들의 이해관계가 크게 엇갈리기 때문이니다. 그렇기 때문에 정책결정과정은 과거 '블랙박스'라고 불리어 왔습니다. 투입과 산출은 분명하지만 그 중간과정은 베일에 쌓여있기 있기 때문에 그렇게 불렸습니다. 하지만 민주화의 진전과 이에 따른 시민의식의 성숙은 정책결정과정이 더 이상 블랙박스로 남을 수 없게 만들고 있습니다.

현재 대부분의 정책결정의 경우, 최종결과물만 나타날 뿐 특정 집단의 이해관계가 어떻게 정책에 영향을 미쳤는지 혹은 어느 공무원의 생각이 정책의

24) 실제로 2001년 12월 26일, 강남구청이 전자우편을 통하여 강남구 지역의 재건축 우선 시행단지에 대한 설문을 실시한 직후, 수많은 아파트 거주민들이 일시에 강남구 회원에 가입을 신청하는 바람에 강남구 서버가 마비된 사례가 있습니다.

근간이 되었는지 또는 최초의 생각이 어떤 변화과정을 거쳤는지 알기는 거의 불가능에 가깝습니다. 이러한 구조는 정책결정에 있어 소수 권력집단의 독주와 부패를 조장할 수 있으며 정책결정과정의 민주성을 해칠 수 있습니다.

정보기술의 발전은 정책결정과정을 보다 투명하게 할 것입니다. 보다 많은 정보가 공개되어서 더 이상 블랙박스는 존재하지 않을 것이며 '광장의 정책결정'을 가능하게 할 것입니다. 이러한 '광장의 정책결정'을 결정짓는 가장 핵심적인 요소는 정책결정을 둘러싼 주요 정보의 생성과 공개입니다.

그러한 시스템을 가능케 하는 제도 중의 하나는 정책실명제입니다. 정책실명제는 특정 정책이 태어나서 집행되기까지의 전 과정을 기록하는 정보시스템을 말합니다. 이 시스템에는 누가 어떤 이유로 정책의 특정부분을 다듬고 바꾸거나 더했는지에 관한 모든 자료를 보관합니다. 이러한 기록은 별도의 서류처리를 요구하지 않고 정책결정이 이러한 시스템에 따라 이루어지도록 유도하여 정책자료의 생성이 실시간으로 이루어지도록 고안되었습니다. 앞에서 살펴본 정부업무관리시스템 즉 온나라시스템은 이러한 사고를 반영한 것입니다.

또한 정책결정과정의 공개는 보다 많은 시민의 참여를 유도할 것입니다. 결국 이러한 시스템의 도입은 이전에는 소수에 의해 독점되었던 정보를 다수에게 공개하는 것이기 때문에 정책결정의 단계에 따른 시민의 참여가 제도적으로 보장될 수 있을 것입니다.

(3) 정책집행상황 실시간 모니터링

정보기술의 발전은 정책책임자나 관련 시민들이 특정 정책의 집행상황을 실시간 으로 파악할 수 있게 할 것입니다. 정책관리자의 입장에서 보면 정보의 집중화로 인해 관리업무가 보다 수월해질 것입니다. 시민들의 입장에서 보면 정책집행에 관한 보다 많은 정보를 간편하게 얻을 수 있게 되는 것을 의미하며, 이를 통해 시민들은 특정 사안에 관해 정책담당자들과 대등한 또는 버금가는 정보력을 지니게 될 것입니다. 이러한 변화는 정책집행의 향상된 관리를 뜻하게 되며, 또한 시민들의 보다 엄격한 통제를 의미합니다.

현재 정책의 집행상황을 점검하기 위해서는 많은 시간과 인력이 소요됩니다. 왜냐하면 어떠한 정보도 별도의 노력이 없이는 생성되지 않기 때문입니다. 민원인들이 정책의 진행사항에 관한 정보에 접근하려고 해도 정보 자체가 존재하지 않기 때문에 또는 불필요한 보안으로 인해 정보를 얻지 못하는 경우가 많았습니다. 아울러 진행상황이 집계되어 있더라도 대개는 시기가 늦은 데이터이기 때문에 적실성을 놓치기도 쉽습니다.

정보기술의 발전은 이러한 상황을 변화시킬 것입니다. 이는 전자정부의 발전에 따라 모든 업무가 전산환경에서 이루어지고 이를 집계하는 프로그램이 자동적으로 실시간 정보를 제공할 것이기 때문에 가능하게 되었습니다. 이러한 전자정부의 발전은 빅데이터와 클라우드 정부기술과 결합하여 정부의 정책 정보들을 실시간 분석하여 정책 대안을 도출할 수 있도록 하고 있습니다.

(4) 소규모 행정구역에서부터 직접민주주의 요소 실현: 간접 민주주의에서 직접민주주의로 점차적 이행

현재 우리의 민주주의 체제는 직접민주주의 요소를 일부 가미한 간접민주주의 제도인 대의제를 채택하고 있습니다. 대통령선거와 국회의원 선거 같은 직접적인 투표를 제외한 나머지 의제들에 대해서는 국민들이 의사를 표현하지 않고 자신들의 대표를 뽑아 그들로 하여금 의사결정을 하도록 하고 있습니다. 더구나 행정의 모든 분야는 전문 관료들 즉 공무원들에 의하여 계획이 입안되고 집행되었습니다. 그러나 이제 전자정부의 시스템 구축으로 직접민주주의 및 행정에의 주민참여가 가능하게 되었습니다. 현재 지역 주민들의 경우, 계속해서 정책과정에 폭넓은 참여를 원하고 있는 실정입니다.

특히 인터넷을 활용한 주민참여 시스템의 구축으로 인하여 의사소통은 더욱 광범위해졌고 이제 국민 참여는 돌이킬 수 없는 거대한 흐름이 되었습니다. 과거 노무현 정부는 스스로를 '참여정부'로 이름 짓고 국민 참여를 가장 큰 화두로 삼았습니다. 포탈과 인터넷 대안매체들에서는 정책현안에 대해 국민들이 안방에서 편안하게 자신의 신원을 들어내지 않은 채(정부는 인터넷 실명제를 시도했지만 헌법재판소에서 위헌 판결을 받았습니다), 자신들의 의견을 자유로이 표출할 수 있는 장을 마련해 주고 있습니다. 이를 통해 자유로운 토론이 이루어지고 정책결정자들도 이러한 의견표출이나 토론에 주목하고 이를 정책결정에 반영하기도 하며 토론에 직접 참여하기도 합니다.

하지만 일반적으로 의사표현의 자유는 급격히 신장되었지만 지역 주민들이 지역 현안 문제들에 대하여 주민의 직접투표에 의해 권리를 행사하는 방식은 몇몇 주요 지방자치단체를 제외하고는 아직 이루어지고 있지 않습니다. 직접민주주의의 성장을 막고 있는 요소들은 정보기술의 발달로 인해 상당수 제거되고 직접민주주의 요소의 사회적 적용이 현실적으로 가능해질 것입니다.

저자는 개인적으로 전자적 주민소환에 관심이 있습니다. 왜냐하면 현재의 주민소환 방식은 경제적으로도 정치적으로도 큰 낭비를 불러옵니다. 제가 알기에 경기도 하남시, 제주특별자치도 및 최근에 삼척시 등에서 대표적으로 주민소환 투표가 진행되었습니다. 하남시가 2007년에 최초로 시도되었지만, 9월에 서명부의 본인확인 및 청구사유 미비 등의 이유로 인하여 무산되고, 12월에 다시 한 번 투표가 치러졌습니다. 이어서 2009년에 제주특별자치도에서 주민소환 투표가 이루어졌지만 10.5%의 투표율을 기록하여, 투표함 개봉도 못해보게 됩니다. 가장 최근에는 강원도 삼척시에서 2012년 10월 31일 삼척시장 주민소환투표가 진행되었으나 최종 투표율은 25.9%로 개표할 수 있는 투표율 33.3%에 못 미쳤습니다.

이에 따라 2007년 주민소환제도 도입 후 경기 하남시장, 제주도지사, 경기 과천시장, 강원 삼척시장까지 이어진 주민소환투표는 모두 투표율 미달로 개표도 못 하는 기록을 이어갔습니다. 따라서 이러한 주민소환투표의 경우에 전자적인 방식을 도입한다면 행정력의 낭비를 크게 줄일 수 있으며 시민참여를 보다 활성화시킬 수 있을 것입니다.

제11장 쉬어가기 클린턴정부의 행정 개혁 – 정부재창조

다음은 오스본과 게블러의「정부재창조론」(1992)을 번역한 책인 "정부혁신의 길"의 목차입니다.

001. 서론: 미국판 페레스트로이카
002. 촉진적 정부-노젓기보다는 방향잡기
003. 지역사회가 주도하는 정부-서비스 제공보다는 권한 부여
004. 경쟁적 정부-서비스 제공에 경쟁도입
005. 사명지향적 정부-규칙중심조직의 개혁
006. 성과지향적 정부-투입이 아닌 성과와 연계한 예산배분
007. 고객지향적 정부-관료제가 아닌 고객요구의 충족
008. 기업가적 정부-지출보다는 수익창출
009. 미래에 대비하는 정부-치료보다는 예방
010. 분권적 정부-위계조직에서 참여와 팀웍으로
011. 시장지향적 정부-시장기구를 통한 변화촉진
012. 결론-새롭게 태어나는 정부
013. 보론-우리나라 행정개혁의 기본방향
014. 부록A. 서비스 제공 대안들
015. 부록B. 측정의 기술
016. 부록C. 미국의 정부조직

1993년 미국의 대통령으로 취임한 클린턴은 취임식 직후에 백악관으로 이 책의 저자인 오스본과 게블러를 불러서 정부재창조에 대한 의견을 듣습니다. 이 자리에서 오스본과 게블러는 자신들의 책이 지방정부의 사례를 중심으로 정부혁신의 방향을 제시한 것이지만 미국의 연방정부에도 충분히 활용될 수 있다고 이야기합니다.

클린턴은 이러한 정부재창조의 원칙을 바탕으로 당시 부통령이었던 엘 고어(Al Gore)에게 국가성과평가위원회(NPR: National Performance Review)를 구성하도록 지시합니다. 이에 고어 부통령은 미국 연방정부의 엘리트 공무원 250여 명으로 NPR을 출범시킵니다. 이러한 NPR은 클린턴집권 8년 동안 지속적으로 미국의 행정혁신을 이끌게 됩니다.

클린턴 정부의 행정혁신은 미국에서 성공사례로 인식되고 있습니다. 이러한 클린턴 정부 행정혁신 성공사례에는 세 가지의 요소가 자리 잡고 있습니다. 첫째는 권한의 이양(Delegation)입니다. 클린턴 대통령은 연방정부의 고위공무원들을 소집해서 이렇게 이야기했습니다. "미국 대통령인 나는 외교, 안보, 국방, 치안 및 사회복지 등에 전념할 것입니다. 옆에 있는 고어 부통령은 환경문제와 관련하여 두 권의 저서가 있고, 미국의 정보고속도로(Information Super Highway)인 초고속정보통신기반(NII: National Information Infrastructure)의 입안자입니다. 따라서 지금부터 환경과 정보화에 대한 모든 것은 고어 부통령이 전담할 것이니, 모든 업무보고는 부통령실로 해 주시기 바랍니다." 이처럼 클린턴 대통령이 환경과 정보화에 대해서 부통령에게 공식적으로 권한을 이양했기 때문에 클린턴 정부 시절에 전자정부를 포함하는 국가정보화의 모든 업무는 고어 부통령이 주관했습니다. (우리나라도 환경 문제 하나 정도를 대통령이 국무총리에게 이관하는 것은 어떨까요?)

둘째, NPR이 주도한 행정혁신이 성공한 이유는 행정개혁 주체 때문입니다. 미국 역사상 과거 100년 동안의 행정개혁 모두는 외부의 명망가에 의하여 추진되었습니다. 즉 하버드, 버클리와 스탠포드 등 유명대학교 교수진들이 와서 행정개혁을 주도하였습니다. 따라서 모두 실패했습니다. 왜냐하면 외부 세력이 공무원들을 행정개혁의 대상으로 인식해서 추진했기 때문입니다. 하지만 NPR은 외부의 도움 없이 행정내부에서 공무원들로만 구성원을 선발하였습니다. 따라서 공무원들이 개혁의 대상이 아니라 주체가 되어서 열심히 추진한 결과 성공을 거둘 수 있었습니다. (우리나라도 마찬가지입니다. 우리나라에서 교육개혁은 정치장관을 등에 업은 교육부 공무원들이 추진합니다. 이것을 호가호위(狐假虎威)라고 한다지요? 교육개혁은 공무원이 아니라 일선의 선생님들이 추진해야 합니다. 그런데 선생님들을 촌지나 받아먹는 개혁의 대상으로 설정하는 교육개혁은 절대 성공할 수 없습니다.)

셋째, 미국 클린턴정부의 행정혁신은 역사상 처음으로 정보기술(IT)과 결합하여 추진되었습니다. 즉 정보기술을 활용한 행정혁신을 통하여 행정개혁을 성공적으로 이루어낼 수 있었습니다.

더 읽어야 할 책 3권:

- 오석홍. (2012). 「행정개혁론」. 제7판, 서울: 박영사.
- 서필언. (2005). 「영국행정개혁론」. 서울: 대영문화사.
- 이종수. (2013). 「새 행정개혁론」. 서울: 대영문화사.

꼭 알아야 하는 용어 3개(출처: 허동석, 2010; 이종수, 2009; 두산백과사전):

- 주민소환제(住民召還制)

지방자치제도의 폐단을 막기 위한 지역주민들에 의한 통제제도. 주민들이 지방자치체제의 행정처분이나 결정에 심각한 문제점이 있다고 판단할 경우, 단체장을 통제할 수 있는 제도이다. 일정한 절차를 거쳐 해당 지역의 단체장이나 지방의회 의원을 불러 문제 사안에 대한 설명을 들은 뒤 투표를 통해 단체장을 제재할 수 있다.

정치인에 대한 가장 확실하고 직접적인 통제수단으로 지방자치단체장들의 독단적인 행정운영과 비리 등 지방자치제도의 폐단을 막기 위한 것이 목적이다. 일정수 또는 일정 비율의 선거인이 청원하면 선출직 공직자에 대해 임기 전에 선거를 다시 실시하고, 선거에 지면 공직을 떠나게 할 수 있는 제도이다. 미국에서는 지방의원·교육위원·단체장 등 지방공직자에게 광범위하게 적용된다.

우리나라에서는 2006년 5월 24일 '주민소환에 관한 법률'이 제정되어 2007년 7월부터 시행되었으며, 이 법에 따라 지방자치단체장과 투표로 선출된 지방의회 의원을 소환할 수 있다. 특별시장·광역시장·도지사는 해당 지방자치단체의 주민소환투표 청구권자 총수의 10% 이상의 서명을 받아야 하고, 시장·군수와 자치구의 구청장은 15% 이상, 지역선거구 시·도의회 의원 및 지역선거구 자치구 시·군의회 의원은 20% 이상의 서명을 받아 관할 선거관리위원회에 청구할 수 있다. 주민소환 투표가 실시되어 해당 지방자치단체 유권자 총수의 3분의 1 이상이 투표하고, 유효투표 총수의 과반수가 찬성하면 확정된다.

우리나라에서는 2007년 12월 12일 경기도 하남시에서 지역 단체장이 주민들의 동의를 얻지 않고 광역 장사시설 유치를 발표하였다는 이유로 주민소환 투표가 실시되었으나 투표율이 31.3%에 그쳐 법률로 정한 33.3%에 미달됨으로써 무산되었다. 또 해군기지 건설과 관련하여 제주특별자치도지사에 대한 주민소환 투표가 2009년 8월 6일에 실시되었으나 역시 투표율이 11%에 그쳐 무산되었다.

- 책임운영기관(責任運營機關, Executive Agency, Performance-based Organization)

인사·예산 등 운영에서 대폭적인 자율성을 갖는 집행적 성격의 행정기관을 말한다. 책임운영기관은 정책 기능으로부터 분리된 집행 및 서비스 기능을 전담한다. 책임운영기관은 민영화나 민간위탁과는 다른 개념이며, 공기업과도 다르다. 책임운영기관은 행정기관이며, 소속 직원의 신분도 공무원이라는 점에서 보통의 행정기관과 같다. 다만, 기관 운영을 하는 데 상당한 자율성을 갖는다는 점에 차이가 있을 뿐이다.

영국의 행정개혁 모형에 입각해 각국에 확산되고 있는 책임운영기관의 장은 일반적으로 공개경쟁채용 과정을 거쳐 계약제로 임명되며, 기관장은 해당 부처 장관과 사업 목표 등에 관한 성과계약을 체결하고 그 사업의 실적에 따라 장관에 대해 책임을 진다. 책임운영기관은 행정형 책임운영기관과 기업형 책임운영기관으로 구분되며, 기업형 책임운영기관은 기업예산회계법의 적용을 받으며, 행정형 기관은 일반회계로 운영하되 일반회계에 별도의 책임운영기관 항목을 설치하고 기업형 기관에 준하는 예산 운영상의 자율성을 보장하도록 하고 있다.

- 휘슬블로어(Whistle-blower)

부정행위를 봐주지 않고 호루라기를 불어 지적한다는 것에서 유래한 것으로 '내부고발자'를 의미하다. 흔히 양심선언 또는 내부고발이라고 불리는 것으로 기업이나 정부기관 내에 근무하는 조직의 구성원이거나 구성원이었던 사람이 조직 내부에서 저질러지는 부정, 부패, 불법, 비리, 예산낭비 등을 알게 되어 이를 시정하고자 내부책임자 및 감사부서에 보고하는 것을 말한다.

1972년 6월 17일 리처드 닉슨 미국 대통령을 사임에 이르게 한 워터게이트사건의 '딥 스로트(Deep Throat)' 마크 펠트 전 연방수사국(FBI) 부국장, 엔론과 월드컴의 회계부정을 폭로한 샤론 왓킨스 부사장과 신시아 쿠퍼 감사, 이탈리아의 부패추방운동인 '마니풀리테(깨끗한 손)'를 일으킨 한 중소기업인의 경우가 유명한 내부고발자의 사례다. 현재 미국, 영국 등에서는 내부고발자를 보호하는 법이 제정되어 있으며, 우리나라 역시 '부패방지 및 국민권익위원회의 설치와 운영에 관한 법률'에서 공공기관의 내부고발자보호에 대한 내용을 담고 있다.

제 12 장

미래행정

우리나라에서 행정학은 조선시대의 과거 제도를 이어받은 강한 관료제를 바탕으로 하여 다른 나라들과 비교해 볼 때, 급속하게 발전하여 왔습니다. 하지만 현재 한국사회가 지니고 있는 여러 가지의 문제들을 우리의 행정이 그리고 행정학이 어떻게 풀어나가느냐에 따라서 대한민국의 미래가 달려 있다고 생각합니다. 여기에서는 지난해 저자가 출간한 「미래정부론」 책의 내용 중에서 미래의 우리나라 및 정부 행정의 모습들을 중심으로 기술하고자 합니다.

제1절 미래 우리정부의 모습

1970년 한국미래학회가 출간한 「한국의 2000년」 책자에는 재미있는 글들이 많이 있습니다. 당시 한국미래학회는 미래를 예측하는 델파이기법으로 정치, 경제, 사회, 문화 및 종교에 이르기까지 다양한 분야의 2000년 한국의 미래 모습을 예견하였습니다. 1990년에 고등학교 무상교육이 이루어지고, 2000년에는 서울과 부산을 1시간대에 오가며, 1인당 GNP는 2000달러에 육박하여 복지국가가 이루어진다는 것입니다. 이처럼 30년 후의 미래도 예측하기 힘든 것이 현실입니다.

현재 우리나라에서 미래 정부의 모습을 조망한 내용들은 별로 없습니다. 다만 지난 참여정부와 이명박 정부가 미래의 우리나라를 전망해서 발표한 국가발전 전략 보고서들이 존재합니다. 따라서 이러한 내용을 중심으로 2030년과 2040년의 우리나라 모습을 조망해 보면 다음과 같습니다(정충식, 2012b: 20-28에서 재인용).

1. 참여정부의 비전 2030 내용

1) 추진 경위

2006년 8월 30일, 당시 기획예산처 장관은 노무현 대통령이 주재한 '비전 2030 보고회의'에서, "한국이 2010년대에 선진국에 진입하고 2020년대에 세계 일류국가로 도약해 2030년에는 '삶의 질' 세계 10위에 오른다"는 내용의 '비전 2030-함께 가는 희망 한국'이란 보고서를 발표했습니다.

추진 배경에는 우리 사회가 직면한 저출산·고령화, 저성장, 양극화 등 장기·구조적인 도전요인들에 대응하기 위해서 종합적·체계적 접근이 필요하다는 인식이 자리 잡고 있었습니다. 이 당시에는 한 세대 앞을 내다보는 장기 비전과 전략을 수립하기 위하여 국민적 역량을 결집하고 사회통합을 추진할 필요성이 커지는 시점이었습니다.

특히 잠재성장률 하락 등 장기적 문제가 대두되면서 참여정부 출범 이후에 미래 문제에 대한 논의가 본격화되었습니다. 따라서 "비전 2030"은 당시 기획예산처를 중심으로 민간전문가 의견수렴, 설문조사, 시민사회단체 협의 등 1년 이상의 작업 기간을 거쳐 정부·민간 합동작업단이 작성·발표한 최초의 '국가 장기종합미래전략' 보고서입니다.

2) 비전 2030의 내용

<그림 25> 비전 2030의 목표와 전략

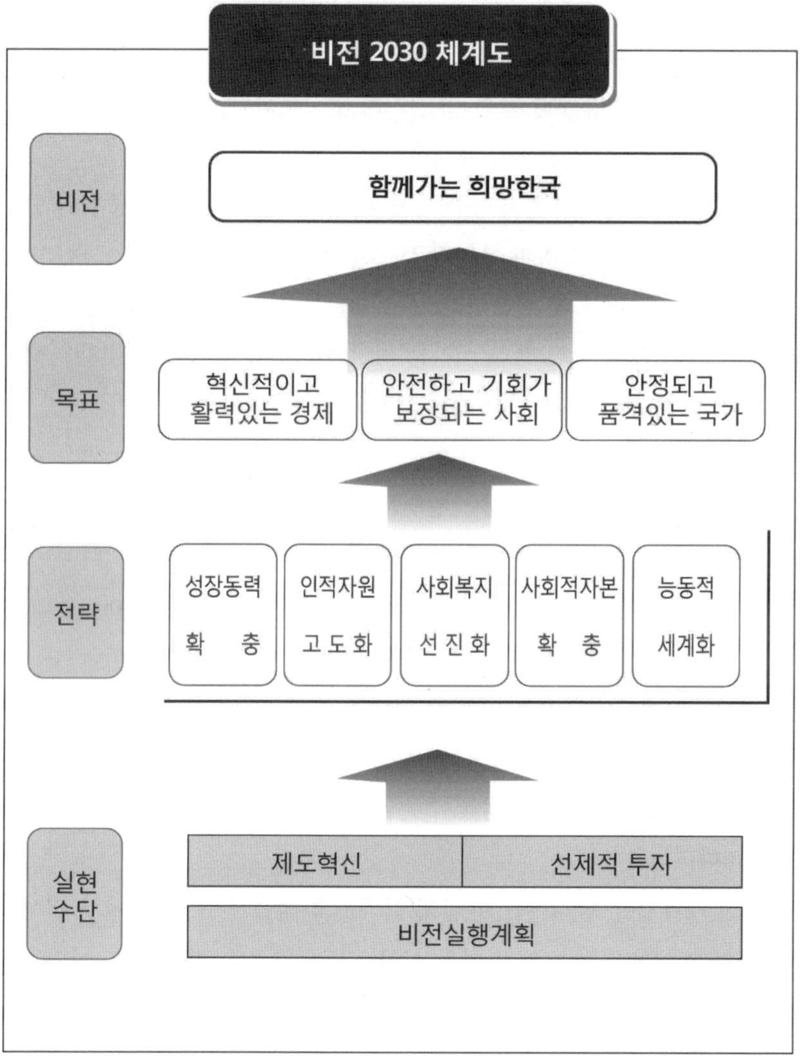

"비전 2030"의 주요 골자는 복지 지출 증가 및 제도 혁신을 통해 2030년까지 1인당 국민소득 4만 9,000달러, 삶의 질 세계 10위, GDP 대비 복지 지

출 규모 21%(2005년 당시 8.6%) 달성을 이룬다는 것입니다. "비전 2030"은 <그림 25>와 같이 "함께가는 희망한국"이라는 비전을 설정하고 3대 목표와 5대 전략으로 구성되어 있습니다.

"비전 2030"의 3대 목표는 ① 혁신적이고 활력있는 경제, ② 안전하고 기회가 보장되는 사회 및 ③ 안정되고 품격있는 국가입니다. 이를 달성하기 위한 5대 전략은 ① 성장동력 확충 ② 인적자원 고도화 ③ 사회복지 선진화 ④ 사회적 자본 확충 및 ⑤ 능동적 세계화입니다.

"비전 2030"은 구체적인 재정 계획에 따라 작성한 복지 투자 중심의 중장기 국가발전전략으로, 성장과 복지의 선순환 구조가 정착돼 지속 가능한 발전을 이루는 국가를 위한 첫 걸음이라고 평가할 수 있습니다. 그러나 발표 직후부터 "비전 2030"은 '세금 폭탄'이라는 비판에 직면했습니다. 이 계획은 당시 언론과 야당으로부터 '허황된 미래상', '공허한 청사진'이라는 등의 비난을 받았습니다. 특히 보고서에서 1,100조에 이르는 재원 마련을 위한 방법을 제시하지 않았기 때문에, 언론에서는 "정부가 용역비용 10억 원을 들여 '천국'을 그렸지만 그곳에 가는 방법과 길은 제시돼 있지 않다"고 비판했습니다.

그러나 "비전 2030"이 제시한 2030년 1인당 GDP(4만 9,000달러)는 2005년 스위스 수준입니다. 삶의 질 순위(세계 10위)는 2005년 미국 수준입니다. 이를 위해 복지 지출 규모를 2019년에 2001년 미국 수준인 15%, 2024년에 2001년 일본 수준인 17%에 도달시키겠다는 것이었습니다. 그리고 2030년에 2001년 OECD 평균 수준인 21% 수준으로 증가시키겠다는 것이었습니다.

이러한 내용들은 당시에는 현실성 없다는 지적을 받았으나, 일부 정책들은 지금까지 여야를 막론하고 선거 공약으로 내세우고 있습니다. 이명박대통령은 2007년 대선에서 무상 보육, 반값 등록금을 공약하였으며, 야당도 2010년 지방선거에서 학교 무상 급식 공약 및 무상 의료 등 무상 정책들을 제시하였습니다. 특히 박근혜대통령도 대선 후보 시절인 2011년부터 한국형 복지를 주장하면서, 비전2030의 핵심 내용인 "생애주기별 맞춤형 복지"

를 그대로 공약에 포함시켰습니다.

2. 이명박 정부의 미래비전 2040 내용

이명박 정부는 출범 직후인 2008년 8월 "비전 2030"을 공식 폐기한 뒤, 2010년 6월에 미래기획위원회를 통하여 "미래비전 2040"을 발표했습니다. "미래비전 2040"은 2040년 1인당 GDP 6만 달러 달성과 세계 10대 경제대국 도약이 핵심입니다.

1) 추진 경위

대통령 직속 미래기획위원회는 2010년 6월 11일, 청와대에서 이명박 대통령 주재로 '제7차 미래기획위원회'를 열고, 미래 변화에 대응한 국가비전과 주요 분야별 대응전략을 담은 "미래비전 2040"을 보고했습니다. 한국개발원(KDI)이 총괄보고를, 과학기술기획평가원과 국토연구원이 각각 '과학기술비전'과 '국토비전'을 담당했습니다. "미래비전 2040"은 2008년 발생한 세계적인 금융위기를 극복하면서, 저출산과 고령화에 대응하기 위하여 준비되었습니다. 따라서 시장제도 개선, 산업구조 고도화 및 국가채무 관리 등을 중점적으로 다루고 있습니다. 또한 2008년 8월 15일, 이명박 대통령이 광복절 경축사에서 '저탄소 녹색성장'을 미래비전의 한 축으로 선포하였기 때문에, 이러한 글로벌차원의 환경변화 및 우리의 현재 모습을 직시하여 미래 전략의 방향을 보다 구체화시켰습니다.

특히 "미래비전 2040"은 글로벌 메가트렌드에 대응하여 다음과 같은 5대 분야를 배경으로 하고 있습니다. ① 인구구조 변화: 인구변화에 대응한 지속가능한 복지체제 구축, 글로벌 인력수급이 가능한 이민정책 및 사회환경 조성, ② 기술변화: 기술-산업 융합·성장 생태계 조성, 새로운 인재 양성 및 교육체제 혁신 ③ 환경·자원 문제: 지속가능한 사회경제체제로 전환, 자원·에너지 안정적 확보, 국제공조·자원협력 강화 ④ 세계경제: 시장제도·

생활여건 개선, 산업구조 전환, 신흥국과의 실용외교 강화, 위험·위기 관리 체제, 국제공조 강화 ⑤ 정치환경: 정부역할 재정립 등 새로운 국가 거버넌스, 유능한 정부, 성숙한 시민사회를 위한 사회적 자본의 확충 등에 대응하여 "미래비전 2040"을 준비하였습니다.

2) 미래비전 2040의 내용

"미래비전 2040"에 따르면 2040년 우리나라의 1인당 GDP는 6만달러로 2009년 세계 41위권에서 23위로 뛰어오르게 됩니다. 전체 경제규모는 12위에서 10위로 상승하며 명실상부한 G10 국가로 자리 잡게 됩니다.

<그림 26> 미래비전 2040의 종합체계도

"미래비전 2040"은 <그림 26>과 같이 "더 큰 대한민국"이라는 비전을 설정하고 3대 목표와 7대 전략으로 구성되어 있습니다. "미래비전 2040"의 3대 목표는 ① 선진국가 ② 통합국가 및 ③ 세계국가입니다. 이를 달성하기 위한 7대 전략은 ① 유연하고 혁신적인 시장경제 ② 성장을 견인하는 과학기술 ③ 창의적 글로벌 인재 ④ 지속가능한 능동적 복지 ⑤ 포용과 배려의 개방사회 ⑥ 통합과 균형의 국가거버넌스 ⑦ 평화와 공영의 국제적 리더십 등입니다.

"미래비전 2040"의 7대 전략을 간략하게 살펴보면 다음과 같습니다.

(1) 유연하고 혁신적인 시장경제 (Flexible, Innovative Market Economy)

민간의 자율과 창의를 극대화하는 시장중심으로 경제를 운용합니다. 이를 위해서 투자환경 개선, 감세 등 시장기능을 강화하고, 공정 경쟁을 유도하며, 유연한 노동시장을 조성합니다.

규제·감독 체계 및 기업·금융 법제 등 시장 인프라 정비 작업을 지속적으로 추진합니다. 이를 위해서 장기적으로 기술발전에 따라 현재의 기업조직, 시장조직 등도 획기적으로 변모시키고, 민간의 창의성과 효율성 극대화를 유도할 수 있는 방향으로 시장 인프라를 정비합니다.

또한 내부지향적 보호주의를 지양하고, 개방과 자유화로 세계화에 대응합니다. 이를 위해서 새로운 기술을 유인하는 경쟁적 생산시장, 혁신을 장려하는 개방경제체제를 유지합니다.

(2) 성장을 견인하는 과학기술 (Growth-enhancing Science & Technology)

기술벤처 등 시장 기제 및 지식재산권·표준 등 기술인프라를 강화합니다. 이를 위해서 기술시장과 기술금융을 활성화하고, 국제표준 및 지식재산권 역량을 강화합니다.

창의성·수월성 중심의 연구개발체제로 개편합니다. 이를 위하여 기초, 원천연구 투자를 확대하고, 도전적이고 모험적인 연구와 다학제적 연구 지원을 강화합니다. 또한 연구자의 자율성과 창의성이 존중되는 '인재 위주'의 연구관리 제도로 혁신시킵니다.

국가적 문제와 글로벌 과제 해결을 위한 과학기술 투자를 확대합니다. 이를 위하여 식량, 환경, 지구 온난화, 에너지 등 지속 발전기반에 대한 과학기술적 대응을 강화합니다.

(3) 창의적 글로벌 인재 (Creative, Global Human Resources)

입시중심의 획일적 교육을 혁파하고, 창의성 중심의 학습 환경을 조성합니다. 구체적으로는 뽑는 시스템에서 키우는 시스템으로, 무엇을 아는 것보다 무엇을 할 수 있는가의 역량을 키우는 학습시스템으로 전환합니다.

세계 최고수준의 대학을 육성, 고등교육의 다양화·글로벌화를 추구합니다. 구체적으로는 유학 가는 나라에서 유학 오는 나라로, 브레인 순환을 통한 해외인력을 활용합니다.

교육 개방 및 미래한국의 성장동력으로 교육산업을 육성합니다. 이를 위하여 온라인과 오프라인, local과 global, 학교와 학교밖 등 교육시스템을 전면 개방하고, 직업교육과 훈련, 성인학습프로그램 등 교육과 산업의 접목을 추구합니다.

(4) 지속가능한 능동적 복지 (Sustainable, Active Welfare)

지속가능한 복지체제를 구축합니다. 이를 위하여 단기적으로는 실업률·빈곤율 변화에, 중장기적으로는 계층·인구 구조 변화에 대응할 수 있는 사회보장제도가 필요합니다.

중산층 복원 및 근로빈곤층 지원대책을 강화합니다. 빈곤의 대물림과 소득양극화 문제는 반드시 해결해야 할 과제입니다. 따라서 근로빈곤층 문제 해결을 위해 소득보장·취업지원·복지서비스 연계를 축으로 하는 근로연계 복지정책을 강화합니다.

사회서비스를 확충합니다. 이를 위하여 재정투입 중심의 사회서비스 공급전략에서 벗어나 시장형성을 촉진할 수 있는 제도를 도입합니다. 고용·복지전달체계를 통합합니다. 구체적으로는 소득보장체계와 취업지원서비스를 연계하는 전달체계를 구축합니다.

(5) 포용과 배려의 개방사회 (Tolerant, Empathic Open Society)

다양성과 호혜적 개방성을 갖춘 열린 문화를 조성합니다. 이를 위하여 국민 모두 문화를 통해 보다 창의적이고 여유로운 삶을 영위할 수 있는 환경을 조성하고, 공공문화전달체계 활성화 및 콘텐츠산업 생태계 조성을 추진합니다.

다민족·다문화에 대한 수용과 사회통합을 실현합니다. 구체적으로는 결혼이주여성 능력개발, 이주민 세대 사회통합, 외국인력 차별 철폐를 시행하고, 성·연령·장애에 관계없이 평등한 기회를 부여하고 처우를 보장합니다.

일과 삶이 양립할 수 있는 기반을 구축합니다. 이를 위하여 유연근로제도, 가족친화적인 복지·노동인프라를 확대합니다. 또한 정부·공공부문 인력다양화, 국가정책에 성인지적 관점 통합 등 고학력 여성인력의 효과적 활용을 추진합니다.

(6) 통합과 균형의 국가 거버넌스 (Integrated, Balanced national governance)

시장·민간·정부 간 국가기능을 합리적으로 재편합니다. 구체적으로는 정부의 시장개입은 최소화되고, 공공서비스 제공에도 민간의 창의적 기제를 활용하도록 한다. 또한 성숙한 시민사회를 위한 사회적 자본을 확충합니다.

통합적 위기관리 등 정부의 정책역량을 강화시킵니다. 이를 위하여 미래위기에 대응할 수 있는 정부의 역량을 배양하고, 사회·경제 환경 변화에 부응하는 공무원의 전문성을 강화시킵니다.

개방화·분권화·참여확대 등 행정 쇄신을 추구합니다. 특히 지역의 문제를 스스로 책임지고 해결해 나가도록 행정·교육 체제를 재편합니다.

(7) 평화와 공영의 국제적 리더십 (International leadership for World peace & prosperity)

능동적 세계화로 국제관계에 새로운 리더십을 실현합니다. 특히 녹색성장전략으로 기후·환경 문제에 선제적으로 대응하고, 글로벌 과제에 적극적으로 참여합니다. 또한 문화적·인종적 다양성이 수용되는 개방정책을 추구하고, 이를 통해서 글로벌 인재를 활용합니다.

ODA 등 국제사회에의 기여활동을 확대하고, 문화·자원 등 외교역량을 강화합니다. 특히 UN 평화유지 활동 참여 확대, 개도국과의 발전경험 공유 등 국제사회에서 적극적인 역할을 수행합니다.

동북아 정치·경제체제의 재구조화에 대응하고, 한반도 상생발전의 기반을 조성합니다. 구체적으로는 동북아 경제통합과 중국의 체제변화 등 역내 정치경제 변화에 선제적으로 대비합니다. 또한 남북한 경제력 격차 축소, 한반도 경쟁력 차원의 중장기 비전을 마련하여 경제협력을 지속적으로 추진합니다.

"미래비전 2040"은 이러한 7대 전략을 통하여 다양한 청사진을 제시하였습니다. 이에 따르면 2040년 한반도는 국토 전체가 하나의 국제경제자유구역으로 변모하면서 대륙횡단철도와 국제항만, 국제공항을 잇는 세계적 기종점으로 부각될 것으로 전망됐습니다. 특히 새만금은 미래 첨단산업의 세계적 중추거점으로 정착하고, 인천공항은 연간 여객량이 1억 5,000만 명 이상으로 증가할 것으로 예상됐습니다. 시속 700km의 초고속 자기 부상열차로 전국이 1시간 생활권으로 바뀌고, 주택보급률은 120%, 외국인 체류자 수는 350만 명으로 늘어날 것으로 예측됐습니다.

특히 복수국적 허용과 해외 우수인력 유치, 이민과 여성인력 활용 등 노동투입을 경제협력개발기구(OECD) 수준으로 확대할 경우, 실질 GDP 성장률이 0.6%포인트가량 확대될 수 있을 것으로 예측했습니다. 다만 복지지출을 중심으로 재정규모가 증가하는 현 추세가 지속될 경우, 연금과 건강보험, 보육지원, 실업급여 등 공공사회지출 규모가 급격히 늘어나, GDP 대비 2013년 8.9%에서 2040년에는 17.7%까지 높아질 것으로 분석했습니다.

이러한 '미래비전 2040'은 재정전략이 없다는 비판을 받고 있습니다. 전문가들은 "복지부문을 중심으로 재정지출이 꾸준히 늘어나면서 국가채무 또는 세금의 증가는 불가피하다"면서 "국가채무를 무작정 늘릴 수는 없다는 점에서 사실상 '증세의 불가피성'만을 시사하고 있다"고 지적하고 있습니다. "미래비전 2040"은 복수국적 허용, 이민 허용 등에서 확인할 수 있듯이 성장동력을 끌어올리는 데 초점을 맞추고 있지만, 국내총생산 대비 복지지출 비전은 담겨있지 않습니다. 그러므로 많은 전문가들이 "미래비전 2040"이 '성장'에 방점을 찍고 있기 때문에 '복지'가 빠져있고, '복지'설계가 없기 때문에 '장기 재정전략'의 필요성도 인지하지 못한다고 지적하고 있습니다.

이제까지 비전2030과 비전2040을 살펴보았지만, 2013년 말 현재의 박근혜 정부도 같은 상황에 직면하고 있습니다. 즉 복지 지출의 확대를 위하여 세수가 기반이 되어야 하는데, 그렇지 못한 상황에서 증세에 대한 논의가 이루어지고 있다는 점입니다. 따라서 향후 대한민국의 미래는 성장 동력 확충과 복지 혜택의 확대 그리고 세원 조달, 즉 증세에 대한 사회적 합의 등을 둘러싸고 다시 한 번 사회적 갈등이 표출될 수 있습니다.

제2절 IT를 활용한 미래정부의 모습들

골치 아픈 국가재정 이야기는 그만하고(제가 잘 모르기 때문에), 제가 잘 아는 IT를 활용한 미래정부의 모습을 빅데이터를 활용한 지능형정부, 그리고 스마트워크를 활용하는 스마트정부를 중심으로 설명해 보겠습니다. 특히 스마트워크 정책은 지난 이명박 정부에서 추진되었지만, 최근에 정부기관들이 세종시로 이전함에 따라서 그 중요성이 부각되고 있습니다.

1. 빅데이터를 활용한 지능형정부의 행정

현재 우리 정부 내에서의 업무처리는 기관별로 단절된 정보의 제한적 활용으로 인하여 합리적 의사결정을 지원하는데 한계를 지니고 있습니다. 특히 정보의 부족과 단절로 인한 공백을 경험칙이나 결단으로 메우게 되어 현실과 괴리된 의사결정을 내리게 될 가능성이 존재합니다. 따라서 앞으로는 정부 내에서 빅데이터를 활용하여 정책 과정을 혁신시켜서 정부의 의사결정 구조가 크게 변화될 것으로 예상됩니다.

궁극적으로는 분야별 정보의 수평적 융합과 실시간 데이터 분석에 기반을 둔 의사결정으로 지능형정부를 구현할 수 있게 될 것입니다. 이러한 지능형정부는 범정부적인 데이터 융합과 소셜 미디어 등 민간 데이터 활용으로 빅 데이터 분석의 토대가 구축되어야만 구현될 수 있을 것입니다. 또한 미래에는 <그림 27>과 같이, 실시간으로 수집되는 방대한 실제 정보에 대한 빅 데이터 분석을 통해, 적시성 있고 현실적이고 선제적인 의사결정 및 정책집행 체계가 마련될 수 있을 것입니다.

<그림 27> 빅데이터를 활용한 미래 지능형 행정 모형

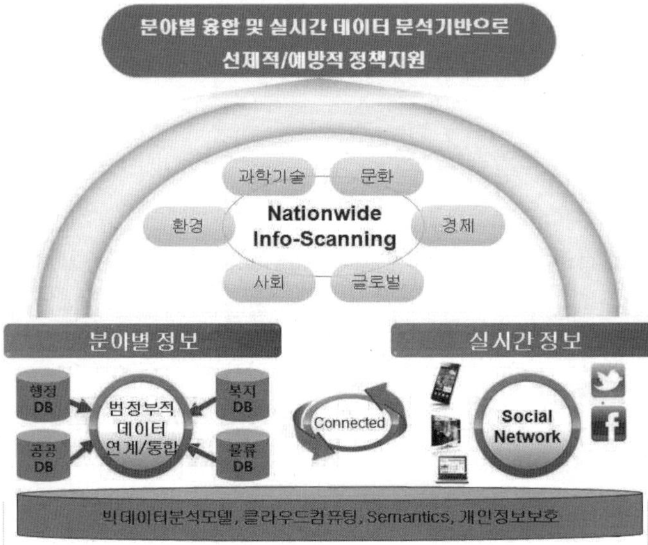

(자료: 국가정보화전략위원회, 2012).

이러한 빅데이터를 활용한 미래 정부의 지능형 행정업무 처리 시나리오는 다음과 같이 설명할 수 있습니다(국가정보화전략위원회, 2012).

1) 재난 전조 감지 분야

현재는 재난분야에서 경험기반의 획일화된 점검과 조치, 시설 위주의 구조적 대비, 인력에 의존한 상황모니터링 등으로 신속한 판단에 어려움이 존재합니다. 그러나 앞으로는 빅데이터를 활용한 피해 위험 사전예측을 통하여 분석 기반의 예방 대비 체계를 구축할 수 있으며, 실시간 상황분석 및 신속 정확한 대응·복구가 가능해 질 것입니다.

빅데이터를 활용하면 실시간 전조감지를 통해 대형재난으로의 확산을 사전에 차단할 수 있게 될 것입니다. 이를 위하여 과거 피해기록과 예상 강우에 따른 도시 침수지역 구간을 사전 예측, 유관기관의 실시간 정보의 자동분석으로 신속한 상황판단, 소셜데이터 뉴스 등의 실시간 분석으로 피해지역 맞춤형 경보, 대응, 복합 피해원인 분석 및 환류체계 구축으로 지능형 재난관리가 수행될 것입니다.

구체적으로는 기상정보(기상청), 수문(국토해양부), 절개지(산림청), 센서(기상청, 산림청), CCTV(경찰청), 계측기, 교통정보(경찰청), 인공위성자료(국정원, 기상청), 재해위험 예측, 과거 피해기록, 언론(신문기사, 방송보도), 민원 및 여론, 소셜네트워크, 지리·사회·환경적 특성 등을 빅데이터를 활용하여 분석한다면, 실시간 전조감지와 융합분석을 통한 위험등급 예측으로 신속하고 정확한 예방책이 마련될 수 있을 것입니다.

따라서 이제 더 이상 서울의 한복판인 광화문이 침수되어서 버스들이 둥둥 떠다니는 사진을 볼 수 없게 될 것입니다. 왜냐하면 정부에서 2012년 가을에 빅데이터 시범사업의 일환으로 광화문 침수 예방정보시스템을 구축하였기 때문입니다. 이에 따라서 광화문 일대에 비가 많이 와서 맨홀에서 빗물이 역류할 경우, 바로 예방 경보를 발령하게 되어 있습니다.

2) 구제역 예방 분야

현재는 가축질병 관련 방역정보가 산재되어 있고, 방역의 핵심정보인 농장 방문(자)정보 등이 수집되지 않아 신속한 의사결정 및 대책 수립에 한계를 지니고 있습니다. 구체적으로는 축산농장을 관리하는 시스템마다 농장DB를 기관별로 관리하고 있어, 연계 및 공동활용의 문제가 발생하고 있습니다. 또한 부정확한 농장DB 및 탐문중심 역학조사 등으로, 예방·예찰부터 진단·통제까지 업무처리 절파가 비효율적으로 운영되고 있습니다.

그러므로 각 기관별로 산재되어 있는 가축방역 및 농장정보 관련 데이터를 융합하여 분석하고, 구제역 등 가축질병 예방 및 통제를 위한 선제적 의사결정지원시스템을 구축하여야 합니다.

구제역 예방 분야에 빅데이터를 활용할 경우, 기관별 농장정보, 축산관계자, 가축이동 정보는 물론 해외 질병발생, 출입국자, 농장방문 정보 등을 융합하여 분석할 수 있기 때문에 사전예방 및 선제적 의사결정 지원이 가능해집니다. 구체적으로는 해외 질병발생 동향, 출국자, 축산관련 차량이동, 소셜 미디어 정보 등을 실시간 자동수집·분석하여 질병 가능성을 예측하고 소독·예방접종 등을 통해 사전예방이 가능해집니다.

더 나아가 가축전염병 이상 징후 발견 시, 확산 및 전파경로 사전분석을 통해 예찰활동, 방역조치 등 지역별 맞춤형 예찰 매뉴얼 체계를 마련할 수 있습니다. 구체적으로는 국가지리정보, 토양, 수질관리 등 시스템과 데이터의 연계를 통해 신속하고, 효과적으로 진단이 가능해지며, 발생지역에 대한 살처분, 매몰, 백신접종 등을 위한 최적의 인력, 장비, 물자 등 대응자원을 확보하고 농장방문 및 이동 통제, 위기 경보 등을 매뉴얼화된 지령체계 및 SNS를 통해 긴급하게 전파할 수 있게 됩니다.

3) 맞춤형 복지 분야

현재 우리 정부는 사회복지통합관리망을 구축하여 복지사업별 기준에 맞는 적정 수급자 관리에 필요한 소득, 재산, 인적사항 등 219종의 정보를 안전행정부, 국세청 등 27개 기관으로부터 수집하여 자격 및 중복수급 여부 판단에 활용하고 있습니다. 이러한 사회복지통합관리망을 통해 적정 수급자를 관리하여, 2011년 8월말을 기준으로 하여 3,847억 원의 복지재정 누수를 방지하고 있습니다. 그러나 현재 시스템은 적정 수급자 관리에 필요한 정보만 갖고 있어 복지사각지대 발굴 및 맞춤형 복지서비스 제공에 한계를 드러내고 있습니다.

향후에 빅데이터를 활용할 경우, 다양한 복지 정보 수집을 통한 맞춤형 복지 서비스를 제공할 수 있게 될 것입니다. 구체적으로는 사회복지사, 각종 포털, 상담센터 등 복지수요 정보와 사회복지시설, 종교 단체, 사회복지공동모금회 등 복지공급 정보를 수집하여 생애주기별, 복지서비스 유형별로 필요로 하는 맞춤형 복지서비스를 제공할 수 있게 됩니다.

또한 수집된 복지수요 정보를 활용하여 잠재적 복지 대상자를 발굴하고, 욕구 조사 및 분석을 통하여 필요로 하는 복지 서비스가 무엇인지를 식별할 수 있게 됩니다. 따라서 복지자원을 조사하여 이를 복지 수요와 매칭시켜 맞춤형 서비스를 제공해주고, 서비스 결과에 대한 분석을 통하여 복지수요와 복지공급을 예측할 수 있게 될 것입니다.

4) 물가관리 분야

현재의 물가관리 방안은 생산·소비·물류 정보를 부처별로 인력에 의존하는 표본 조사 기반으로 산출하고 있어, 부처들 간에 정보 공유가 미흡하고 조사주기가 길어 신속한 대응에 한계를 보이고 있습니다.

특히 여러 기관들이 기관별로 특정 물가관리 대상품목을 선정하고 정기적으로 오프라인 방식(방문, 전화, 서면 등)을 통해 물가지수를 조사·발표하고 있는 실정입니다. 따라서 통계 방식의 표본선정 오류나 대체효과에 의한 왜곡으로 공시 물가와 체감 물가와의 괴리가 크게 나타나고 있습니다. 통계청과 한국은행의 조사를 제외하더라도 관세청의 수출입 물동량, 국세청의 생산유통 물동량, 공정거래위원회의 거래 물류정보 등은 개개 기관별로 신고자의 신고 내역으로만 물류 정보를 파악하므로 잠재적 오류 또는 불성실 신고 가능성이 늘 존재하고 있습니다.

따라서 이제는 빅데이터를 활용하여 실시간으로 생산·소비, 물류 정보의 모니터링을 통해 물가 안정 대책을 수립할 필요성이 있습니다. 빅데이터를 활용할 경우, 생산자부터 소비자까지의 가격 및 물동량 정보를 대용량 데이터베이스 기술을 활용하여 물류 유통 전체 단계에 대해 전수 조사를 기반으로 연계 분석을 수행할 수 있게 됩니다. 구체적으로는 다양한 관련 부처들(기획재정부, 지식경제부, 관세청, 식약청, 농림수산부, 공정거래위원회, 통계청, 국세청, 지자체 등)에서 가지고 있는 생산자 가격 및 물량, 관세 데이터(수출입 물품 데이터), 시장 물가 데이터(전국 마트, 재래시장, 백화점, 경매 POS 시스템 데이터 등), 소비물류정보(신용/체크카드 전표 DB), SNS제공정보(시민단체, 개인) 등을 종합하여 분석할 수 있게 될 것입니다.

이러한 빅데이터 활용을 통하여 지역·품목별 생산자·소비자 가격 변동을 실시간으로 제공하여, 생산 및 수입 규모를 조절하고, 물가 안정화를 위한 거시적 대책 수립 등에 활용할 수 있게 되며, 지역·품목별 물류관리를 통해 유통 구조 최적화 및 물류 재분배로 물가 안정에 기여할 것입니다. 더 나아가 실시간으로 불공정거래 및 불법물량을 탐지하여 세수 확대 및 조세의 투명성 제고에 이바지할 수 있습니다.

2. 스마트워크를 활용한 스마트정부의 행정

정보기술의 환경 변화에 따라서 스마트폰 등 모바일 환경에 정부가 능동적으로 대응하여 더 나은 서비스를 선제적으로 제공하는 전략이 필요한 시점입니다. 특히 스마트폰, 태블릿PC 등의 급속한 보급으로 촉발된 모바일 환경은 타 기술과의 융합으로 더욱 지능화되고 스마트한 서비스가 가능해졌습니다. 이제 정보기술은 업무처리의 효율성을 추구하는 수단을 넘어, 국가사회 현안을 해결하고 인간에게 새로운 가치를 부여하는 핵심수단으로 진화하고 있습니다. 따라서 이제 정부도 이러한 정보기술을 활용하여 미래사회의 환경변화에 능동적 대응하여야 합니다.

1) 스마트정부 추진 전략

지난 2011년부터 우리 정부는 스마트 전자정부의 추진 전략을 수립하여 시행하여 오고 있습니다. 이러한 스마트 전자정부 추진 전략은 크게 다음의 네 가지로 나누어 볼 수 있습니다(행정안전부, 2011). 이러한 정책기조는 현재 박근혜정부에서도 정부3.0으로 지속적으로 추진되고 있습니다.

(1) (공개: Open) - 공공 정보·서비스 공개 및 개방

민간 분야에서 공공정보를 자유롭게 활용·유통할 수 있도록 공공 정보 및 서비스를 단계적으로 개방합니다. 구체적으로는 공공정보의 안내, 검색, 다운로드 및 공공서비스의 재사용이 가능하도록 국가 공유자원포탈(data.go.kr)을 구축하여 서비스를 제공합니다. 그리고 국가안보, 개인정보보호 등 특별한 사유가 없는 한 공공정보를 개방하도록 저작권법과 국가정보화기본법 등에 법적 근거를 마련합니다.

또한 국민의 정책 참여와 소통 활성화를 위해 정부의 주요 정책과 서비스를 투명하게 공개합니다. 우선 국민이 관심 있어 하는 국가 주요 정책, 예산 집행 상황 등을 온라인으로 투명하게 공개하여 국민의 관심도 및 참여를 유도합니다. 국민 의견에 대한 온라인 소통 및 환류 시스템을 구축하여 민원·국민제안 등을 정책수립 집행과정에 신속하게 반영하는 환류체계를 구축합니다. 또한 정부기관, 지자체, 공공기관의 행정청의 위법·부당한 행정처분으로부터 발생한 행정결과에 대한 온라인 행정심판시스템을 확대합니다.

(2) (통합: Integration) - 수요자중심 서비스 통합 및 다채널 통합

수요자가 원하는 맞춤형 통합서비스 제공을 위해 정부 서비스와 데이터를 수요자 중심으로 연계하여 통합합니다. 구체적으로는 스마트폰, 태블릿 PC, 스마트TV 등 多채널 서비스를 제공하고, 多채널간 상호 호환 및 연계·통합을 추진합니다.

또한 국민생활과 밀접한 기존 PC기반의 주요 대표 서비스를 수요자 중심의 모바일 통합 서비스로 단계적으로 전환합니다. 구체적으로는 모바일 기기의 특성(이동성·위치기반·실시간성 등)을 활용한 개인화된 혁신적 대국민 서비스를 발굴하여 추진합니다. 특히 민원, 안전, 복지 등 대국민 파급효과가 크고 모바일 환경에 적합한 전국 단위의 다수기관 연계서비스를 우선 추진할 예정입니다.

(3) (협업: Collaboration) - 조직, 부서 간 협업 및 정보 공유

국민 중심의 선제 행정, 맞춤형 행정, 현장 행정, 융합 행정의 실현을 위해 행정기관 간 협업 및 공유 시스템을 구축할 것입니다. 이어서 정부기관뿐만 아니라, 지자체, 공공기관, 민간까지 협업 및 공유 범위를 확대할 예정입니다. 특히 시스템 구축과 병행하여 조직·부서 간 협업 및 공유를 할 수 있는 문화 및 제도의 정착을 추진합니다.

이러한 협업은 정부 내에서 범정부 디지털 행정협업 지원시스템 구축 및 확산으로 구체화되었습니다. 이것은 다부처 협업과제를 관련 기관 및 담당자가 공동 수행하는 사이버 공간으로서 과제관리, 이슈 대응 등의 협업 지원을 의미합니다. 구체적으로는 공간정보와 행정정보 간 융복합을 통하여 토지, 환경, 산림, 농지, 문화재 등 국토공간정보 통합DB를 구축합니다. 또한 행정서비스와 스마트 IT와의 융복합서비스를 발굴하여 행정서비스 선진화를 단계적으로 확대시킬 예정입니다.

(4) (녹색정보화: Green) - 친환경적 및 저비용 시스템 구축

정부가 선도적으로 그린 IT제품을 사용하고, 클라우드 컴퓨팅 등을 통한 IT시스템의 그린화에 앞장섭니다. 또한 스마트 IT를 사회 각 분야에 적용하여 저탄소 녹색성장의 기반을 마련합니다.

2) 스마트정부 실행 계획

스마트 전자정부는 세 가지의 추진 방향을 가지고 있습니다. 첫째는 (선도)로, IT 신기술을 활용, 정보화 패러다임 변화에 선제적으로 대응하는 것입니다. 둘째는 (고도화)로, 미래사회 환경 변화에 맞춰 정부서비스의 수준을 제고하는 것입니다. 셋째는 (인프라 강화)로, 기초가 탄탄한 지속가능한 전자정부 인프라를 구현하는 것입니다. 이것을 실현하는 구체적인 실행계획을 살펴보면 다음과 같습니다.

(1) 세계 최고의 모바일 전자정부 구현

앞에서 살펴본 것처럼 전자정부 서비스를 모바일 기반으로 전환하고 있습니다. 구체적으로는 범부처 모바일 웹/앱의 접근성·활용도 극대화를 위해 국민 맞춤형 모바일 전자정부 포탈(m.korea.go.kr)을 구축합니다. 이어서 모바일 기반의 혁신적 전자정부 서비스를 발굴하여 제공합니다. 이것은 모바일 기기의 특성(이동성·위치기반·실시간성 등)을 활용한 개인화된 혁신적 대국민 서비스를 제공하는 것입니다. 구체적으로는 민원, 안전, 복지 등 대국민 파급효과가 크고 모바일 환경에 적합한 전국 단위의 다수기관 연계서비스를 우선적으로 추진합니다.

또한 모바일 행정업무 처리를 위한 모바일 오피스를 구현하여, 이동 중 메일, 메모보고, 전자결재 등 내부 행정업무 처리가 가능한 모바일 오피스를 전 부처, 지자체 및 공공기관까지 확산시킵니다. 이를 위하여 식품위생업소 지도점검, 옥외광고물 조사업무, 시설물 관리, 복지·치안·방재 등 현장지원 업무모델을 발굴합니다. 국민들의 관점에서는 원하는 공공정보를 쉽게 활용할 수 있는 기반을 구축하여, 공공정보 안내·검색·다운로드 및 공공서비스 재사용이 가능한 국가 공유자원포탈(data.go.kr) 구축을 지원합니다. 또한 민간기업 등이 보다 편리하게 공공정보를 활용토록 표준화된 접속방식(Open API)으로 공공정보를 개방합니다.

(2) 안전하고 따뜻한 사회 구현

실시간 지능형 공공안전망 서비스 제공을 통하여 사회적 약자에 대한 범죄예방 및 대응체계를 구축합니다. 구체적으로는 경찰청, 보건복지부, 공공·민간단체 등에 산재되어 있는 미아·실종자 정보를 연계·활용하여 미아·실종자 수사에 효과적으로 대응합니다. 지난 2013년 6월에 개최된 정부 3.0 비전선포식에서 박근혜대통령은 이러한 다부처의 실종자 정보를 연계·활용하여 효과를 거둔 사례를 언급한 바 있습니다.

또한 일반 휴대폰, 스마트폰, 전용 단말기를 활용, 위급상황 시 위치 확인이 가능한 「SOS 국민안심서비스」를 도입합니다. 이어서 독거노인, 중증장애인, 심장질환 고위험군에 대한 댁내 안전관리 시스템을 구축하는 u-응급구호체계를 확대합니다.

또한 분석 및 예측 기반의 선제적 재난관리와 현장 중심의 대응역량을 강화하는 국가 재난재해 통합 대응 체계를 구축합니다. 민방위 경보발령, 재난전조정보 수집(제보 기능), 재난상황 메시지 전파 등 신속한 재난상황 다채널 전파체계를 구축합니다. 구체적으로는 기후변화에 따른 상습침수, 산사태 등 재난취약지점에 센서, CCTV 등을 설치하여, 스마트폰 기반의 모니터링·대응체계를 구축합니다. 이를 위하여 중앙부처, 지자체 등의 기관별·목적별 CCTV 영상정보자원에 대한 범정부 공동활용 체계를 구축합니다.

(3) 일과 삶의 조화를 위한 스마트워크 활성화

IT기반의 스마트워크 환경을 구축하여 확산시킵니다. 첫째, 스마트워크센터를 도입하여 확산시킵니다. 2015년까지 총 500개의 스마트워크센터를 구축(정부 50개, 민간 450개)하여 운영할 예정입니다. 둘째, 원격영상회의 및 통합커뮤니케이션을 구축합니다. 정부기관 및 공공기관 공용의 실감형 영상회의시스템을 구축하여, 행정기관의 세종시 및 공공기관 지방 이전에 대비합니다. 또한 스마트TV 등을 활용한 회의 유형별로 원격영상회의 솔루션을 개발하여 보급합니다. 셋째, IT기반 모바일 및 재택근무를 활성화합니다. 이를 위하여 사용자 인증 고도화, 자료보안 및 보안규정·절차 강화 등 재택근무 보안환경을 마련하고, 조직·인사·복무 등 스마트워크 기반을 조성합니다.

(4) 소통기반의 맞춤형 대국민서비스 제공

소셜미디어 기반의 참여·소통 채널을 확대하여, 투명하고 열린 정부 구현을 위한 기반을 마련합니다. 구체적으로는 소셜미디어와 연계한 정부·국민 간 쌍방향 공유·소통 환경을 조성합니다. 정부내에서 부처 공동으로 SNS 서비스 제공을 위한 지침을 마련하고, SNS 활용법 교육, 매뉴얼 제작 및 전문인력 확보 등 역량을 제고합니다.

또한 「국민신문고」의 민원·국민제안 등을 체계적으로 분석하고, 이를 정책수립 집행과정에 신속하게 반영하는 환류체계를 구축합니다. 그리고 정부기관, 지자체, 공공기관의 행정청의 위법·부당한 행정처분으로부터 발생한 행정결과에 대한 온라인 행정심판시스템을 확대합니다. 더 나아가 국민이 관심 있어 하는 국가 주요 정책, 예산 집행 상황 등을 온라인으로 투명하게 공개하여 국민의 관심도 및 참여를 유도합니다.

(5) 기초가 탄탄한 전자정부 인프라 구현

보편적 전자정부 서비스 환경을 구축하기 위하여 전자정부 웹표준 준수를 의무화하여, 이용자의 서비스 환경에 무관하게 국민 누구라도 전자정부 서비스 이용이 가능하도록 웹 표준화를 추진합니다. 또한 정보화 역기능에 대하여 효율적으로 대응하고, 소외·취약 계층에 대한 공평한 디지털 서비스를 제공합니다. 이를 위하여 정보 소외·취약 계층(장애인 고령층 다문화가정 북한이탈주민 등)을 대상으로 정보접근 기회를 제공하고, 정보활용 능력을 배양시킵니다. 또한 정보통신보조기기 개발 보급, 중고PC 보급, 웹 접근성 제고, 통신중계서비스 등 다양한 정보격차 해소 지원사업을 추진합니다. 더 나아가 인터넷 중독예방 상담 및 사이버범죄 예방·교화를 실시합니다.

3) 스마트워크(Smart Work)의 추진 동향

이제 미래 정부에서 우리 공무원들의 일하는 모습은 스마트워크에 의해서 상당 부분 달라질 수 있습니다. 우리 정부는 저탄소 녹색성장이라는 기조 하에 저출산과 고령화의 사회적 해결방안의 하나로 스마트워크를 적극적으로 추진하고 있습니다. 따라서 정부에서 추진하고 있는 스마트워크의 현황을 살펴보면 다음과 같습니다.

(1) 스마트워크의 도입 배경

스마트워크의 도입 배경으로는 인구 구조 변화(저출산, 고령화)로 인한 근로 형태 변화 필요, 가족 친화와 삶의 질 향상에 대한 국민 욕구의 변화, 일과 생활의 균형 추구, 유연한 근무 형태 활성화를 위한 인력 활용도 제고, 지식 근로자 비중의 증대로 인한 업무 방식 선진화 필요, 스마트폰 등 모바일 근무 기반의 급성장, 저탄소 녹색 성장 및 위기관리 대응을 위한 스마트워크의 중요성 부상 등이 거론됩니다.

이처럼 스마트워크의 도입은 인구 구조의 변화, 근로 형태의 변화, 녹색 성장·위기관리 대응, 모바일 워크 기반 급성장 등 네 가지 차원에서 설명할 수 있을 것입니다. 이러한 스마트워크의 도입 배경을 정리하면 다음과 같습니다.

첫째, 저출산·고령화에 따른 노동 인구 부족에 대한 해결 방안이 필요합니다. 국가 차원에서는 우리 사회의 심각한 문제인 저출산·고령화 문제 해결의 대안으로 스마트워크가 부상한 측면이 크다고 볼 수 있습니다.

둘째, 개인 생활과 삶의 질을 중요시하는 사회적 추세를 들 수 있습니다. 개인 차원에서는 직장 중심의 근로관이 개인 생활과 삶의 질을 중시하는 것으로 변화하면서 융통성 있는 시간 활용이 가능한 스마트워크에 대한 필요성이 높아졌습니다.

셋째, 정부차원에서는 스마트워크가 그린 IT의 실천 대안이 될 수 있습니다. 환경오염과 기후 변화 문제가 전 세계적인 이슈로 부상하면서 그린 IT의 실천대안으로 스마트워크에 대한 필요성이 높아졌습니다. 특히 우리나라는 2005년 기준 세계 10위의 탄소 배출 국가이자 OECD 국가 중 온실가스 증가율 1위 국가입니다. 이에 정부는 2020년까지 국가 온실가스 감축 목표를 배출전망치 대비 30%까지 감축할 것을 확정하였습니다.

넷째, 조직 차원에서는 경제 위기와 불황으로 인해 비용절감과 효율성 증대에 대한 요구가 커지면서 스마트워크에 대한 관심이 높아졌습니다. 스마트워크를 통해 출퇴근에 따른 시간과 교통비를 절감할 수 있고, 사무 공간의 효율적 활용으로 조직의 관리 비용 절감이 가능하기 때문입니다.

다섯째, 최근 들어 정보통신기술의 변화 중에서 가장 큰 화두는 스마트폰의 급성장입니다. 2012년 9월을 기준으로 스마트폰 사용자가 3천만 명을 넘어섰습니다. 스마트폰은 PC와 같이 운영체제를 탑재하고 다양한 프로그램을 활용할 수 있어, 정보 이용 소통 방식 등 근본적인 변화를 만들고 있습니다. 스마트폰과 같은 스마트 단말기를 활용하여 인터넷, 전자문서 결재, 고객 관리 등 사무 업무 기능 등을 종합적으로 이용한 스마트워크 구현이 본격화되고 있습니다.

(2) 스마트워크의 개념

스마트워크는 정보통신기술(ICT)을 이용하여 시간과 장소의 제약 없이 업무를 수행할 때 관계자들과 협업하고 지속적인 업무를 수행하는 근로 형태라 할 수 있습니다. 스마트워크는 근로 시간과 장소의 측면에서 유연성(Flexibility)이 심화된 개념으로, 다양한 종류의 정보·지식의 통합과 활용, 상호 간의 신뢰와 협업 등을 통해 노동의 효율성 개선을 추구하는 것을 포괄적으로 함축하고 있습니다. 뿐만 아니라, 스마트워크를 공공부문의 업무 개선 수단으로 삼고 있는 스마트정부(Smart Government)는 PC에서 주로 활용해 온 전자정부 시스템이 모바일 등 스마트 플랫폼으로 확산된 개념에서 유사성과 차별성을 찾을 수 있습니다.

(3) 스마트워크의 유형

정부는 획일화 된 공무원의 근무 형태를 개인·업무·기관별 특성에 맞게 다양화함으로써 공직 생산성 향상 및 공무원 사기 양양을 위한 노력으로 유연 근무제를 도입하여 시행해 왔습니다). 이는 공무원의 근무를 단순 업무 시간(업무량) 관리 체제에서 성과 중심의 근무 체제로 전환하기 위한 노력이었습니다. 그동안의 유연 근무제는 똑똑하게 일하는 근무 형태이기는 했으나 수단적 도구에 불과한 모바일 오피스와 재택근무 중심의 단기적 접근에 치중하였으며, 일하는 방식과 문화의 근본적인 변화를 수반하지 못하여 기대한 성과를 거두기 어려웠습니다.

따라서 정부는 스마트기기 등 최신 정보통신기술을 이용하여 시·공간 제약 없이 언제 어디서나 업무를 수행하는 유연한 근무 형태인 스마트워크를 새롭게 제창하고 업무 프로세스, 공직 문화, 조직·인사 관리 등 총체적 변화를 함께 논의하고 있습니다. 정부는 스마트워크의 유형을 세 가지로 구분하고 있습니다. 첫째는 원격 근무로 정보통신기술을 활용하여 부여받은 업무를 주거지 근처의 지정된 장소(스마트워크센터 등 스마트 오피스)에서 수행하는 것입니다. 둘째는 재택근무로 정보통신기술을 활용하여 부여받은 업무를 집에서 수행하는 것입니다. 셋째는 모바일 근무로 모바일 기기를 활용하여 장소적 제약 없이 근무하는 것입니다.

공공이든, 민간이든 스마트워크를 구분하는 유형에 대해서는 이견이 없습니다. 즉, 스마트워크는 근무 장소에 따라, 공간적 제약 없이 업무를 수행하는 현장·이동근무(모바일 오피스), 정보통신 기술을 이용해 자택과 직장에서 업무를 수행하는 재택근무, 직장 근무, 그리고 거주지 인근에 구축된 전용 시설을 이용하는 센터 근무로 구분됩니다. 또한 장소의 구분을 뛰어넘어 자택·이동·센터·직장 어디서나 스마트워크 솔루션을 활용하여 상호 간 원격으로 업무를 처리하는 원격 협업으로 분류할 수 있습니다. 스마트워크의 유형은 근무 장소에 따라 <표 8>과 같이 구분할 수 있습니다.

<표 8> 스마트워크의 유형

유형	근무방식	도입효과
센터근무	스마트워크센터에서, 사무실 환경과 유사하거나 보다 창의적인 환경에서 근무	• 출퇴근 거리 감소 • 창의적 사고 증진
재택근무 (홈오피스)	자택에서, 업무공간 및 필요한 시설과 장비를 구비하고, 재택근무 및 1인 창업	• 장애·노인 취업확대 • 기업의 비용절감
이동근무 (모바일오피스)	이동 또는 현장에서, 모바일단말기를 활용하여 공간 제약 없이 실시간 업무처리	• 현장업무 신속처리 • 메일, 결재처리 단축
원격협업 (영상회의)	자택·이동·센터·직장 등 장소에 관계없이 어디서나, 스마트워크 솔루션을 활용하여, 상호 원격 협업함	• 출장감소 • 집단지성, 신속 의사 결정

① 스마트워크센터(Smart work center) 근무

정보통신기술 인프라를 활용한 사무실과 유사한 환경에서 근무하는 형태를 스마트워크센터 근무라고 합니다. 스마트워크센터는 출근 시간을 줄이고 근로자의 주거지 인근에서 근무할 수 있도록 정보통신기술기반의 원격 업무 시스템을 갖춘 시설입니다. 지식 근로 활동에 필요한 사무 환경을 제공하는 복합 공간이며, 도심의 사무실과 동일한 근로 환경을 제공하여 업무 몰입도 및 복무 관리가 용이한 특징을 가지고 있습니다.

스마트워크센터는 인구 밀집지역 및 접근성이 편리한 교통 요지를 중심으로 개발이 추진되고 있으며, 각 지자체 별로 시청, 구청, 주민 센터 등 청사 여유 공간과 비즈니스센터, 교통 환승 센터 등의 공공 시설물, 민간 기업의 사옥, 아파트 주민 공동 이용 시설, 학교 등의 시설을 이용하여 지역 수요와 특성에 따라 스마트워크센터 기능을 차별화하여 제공할 수 있습니다.

② 재택근무(Home-based telework, Electronic homework)

재택근무는 정보통신기술을 활용하여 자택에 업무 공간을 마련하고, 업무에 필요한 시설과 장비를 구축한 환경에서 근무하는 유연한 근무 형태입니다. 재택근무를 위해서는 사무실과 동일한 업무 환경을 구축하고, 보안 인증 기술을 이용하여 조직의 인트라넷에 접속하여 업무를 수행하거나, 원격지에 떨어진 다른 근무자들과 영상회의, 업무 프로세스 공유 등의 협업의 업무를 수행하기도 합니다.

③ 모바일 오피스(Mobile Office)

모바일 오피스(Mobile Office)는 스마트폰, PDA, 노트북 등을 이용하여 공간적 제약 없이 업무를 수행하는 근무 형태를 말합니다. 과거 사내무선 네트워크와 노트북을 이용하는 수준에서 벗어나, 이동통신망과 휴대 단말기를 이용하여 움직이는 사무실을 구현하여 언제, 어디서나 사내 시스템에 접속하여 정보 검색은 물론, 결재·승인 등의 업무를 수행할 수 있습니다. 또한

현장에서 발생된 업무의 등록 처리, 근무 현황 입력 등 불필요한 사무실 복귀를 감소시킴으로써 시간과 비용을 절감하여, 기업은 생산성 향상을, 구성원들에게는 일과 삶의 조화라는 만족감을 제공할 수 있습니다.

④ 직장 근무(영상회의를 중심으로)

정보통신기술을 활용하여 업무 효율성을 높일 수 있는 시설과 환경을 구축함으로써 조직 간의 협업을 가능하게 하는 근무 형태입니다. 영상회의를 통해 원격지 간 영상과 음성 공유를 통하여 오프라인에서 직접 만나지 않더라도 각자의 근무 공간에서 서로의 얼굴을 보고 목소리를 들으며 협업을 진행할 수 있습니다.

이는 영상 및 음성의 제공을 넘어서 문서, 이미지, 동영상 등의 콘텐츠를 서로 공유하여 협업을 진행하는 것을 말하며, 서로 다른 공간에 있는 조직원들이 동시에 일 처리를 가능하게 하고 정보를 공유하여 신속한 의사결정을 돕는다는 특징이 있습니다. 앞으로 2014년까지 16개의 중앙부처들이 세종시로 이전할 계획이므로 이러한 영상회의는 보다 활성화 될 것입니다.

(4) 스마트워크 추진 현황

안전행정부는 스마트워크 인프라 구축을 위해 스마트워크 센터들을 구축하고 있습니다. 지난 2010년 도봉, 분당 센터를 개소한데 이어서 수도권을 중심으로 2011년 12월까지 9개의 센터를 구축하였습니다. 또한 스마트워크의 전 부처 확산에 앞서서 시스템 작동, 근무여건 등에 대한 문제점을 발굴·개선하기 위해 스마트워크센터를 시범운영하고 있습니다. 시범운영은 센터가 인근에 골고루 갖추어져 있지 못한 점을 감안해 정기적인 근무가 아닌 체험근무 형식으로 운영하고 있습니다.[25)]

이러한 스마트워크센터 구축은 안전행정부가 전자정부 구현에서 중점적

25) 2011년부터 스마트워크에 대한 이해와 문화 확산을 위해 중앙 부처의 과장급 이상 간부 공무원을 대상으로 스마트워크센터 체험근무를 시행하고 있습니다.

으로 추진하고 있는 사업 중 하나입니다. '스마트워크 활성화 전략'에 따르면 향후 2015년까지 공공부문에 50개소 그리고 민간부문에 450개소가 구축될 예정입니다. 안전행정부는 스마트워크 활성화를 위하여 스마트워크센터를 세종시 이전과 관련해 2012년에 세종청사에 설치하였습니다.

이어서 2013년 4월 8일에 국회 본관 2층에 201㎡, 60여 석 규모로 출장형 스마트워크센터를 설치해서 운영하고 있습니다. 또한 2013년 10월 18일에 서울역에 세종시 이전에 따른 불편해소와 행정업무 효율화를 위해 출장형 스마트워크 센터를 구축하고 본격 운영을 시작했습니다. 서울역 스마트워크센터는 역사와 바로 연결된 한국철도공사 서울지사 8층에 있으며 면적은 405㎡입니다. 모두 5개 회의실(영상회의실 3개)과 16석의 좌석을 구비하고 있으며 회의실 중심의 출장형 스마트워크센터로 구축됐습니다.

그리고 2014년까지 140억 원의 예산으로 개인별 PC가 아닌 정부통합전산센터의 중앙서버에 접속하여 언제 어디서나 일할 수 있도록 하는 클라우드 컴퓨팅 기반의 스마트오피스 환경을 구축할 예정입니다. 또한 스마트폰, 태블릿PC 등 모바일 기기를 활용하여 장소에 관계없이 업무를 수행할 수 있는 환경 구축을 위하여 모바일 정부(M-GOV)를 추진할 예정입니다.

제3절 미래 정부를 위한 이야기들

1. 미래 행정의 방향

2013년에 출범한 박근혜 정부는 개인별 맞춤행복을 지향하는 정부3.0시대를 지향하고 있습니다. 따라서 앞으로 5년간 우리의 행정은 정부3.0의 정책기조에서 운영될 것입니다. 이것을 간략하게 살펴보면 다음과 같습니다.

우선 정부3.0에서는 정부가 하는 모든 일을 국민에게 알리는 투명한 정부를 지향합니다. 또한 정부가 보다 많은 지식을 창조하고, 축적하고, 공유하여 새로운 미래를 선도합니다. 마지막으로 모든 정책을 공급자인 정부 중심에서 수요자인 국민맞춤형으로 전환할 것입니다. 이러한 과제들을 지원하기 위한 변화의 방안은 다음과 같습니다.

1) 정보공개의 확대를 통한 신뢰정부 구현

정보 공개 대상을 확대하여 보다 많은 공공정보들이 국민들에게 공개될 수 있도록 합니다. 행정정보의 공표 대상을 과감하게 확대해서 국민들이 요청하기 전에 공공기관 스스로 국민에게 정보를 공개하도록 합니다.

미국 샌프란시스코시는 정책 현안들을 민간에게 공개하여 해결방안을 민간과 공동으로 모색하고 있습니다. 이러한 개방적 혁신을 통하여 도시 현안 문제에 대한 해결 역량을 강화시켰을 뿐 아니라 정책 수립과정에 대한 투명성도 제고하였습니다. 특히 실리콘밸리 벤처기업들에게 기술 개발과 새로운 사업의 기회를 제공하는 일석이조의 효과를 거두었습니다.

2) 공공정보의 개방을 통한 새로운 성장동력의 기반 조성

공공정보가 개방되면 민간부문의 창의와 활력을 통해 새로운 가치창출의 기반이 마련될 수 있습니다. 따라서 정부는 '공공데이터의 제공 및 이용 활성화에 관한 법'을 제정하여 2013년 10월 31일부터 시행하고 있습니다. 이 법에 의해서 개방된 공공정보는 개인과 기업이 창의적으로 활용할 수 있도록 하였습니다. 이를 통하여 민간부문에서 지식정보산업을 중심으로 새로운 일자리를 창출합니다. 또한 국민들은 기상, 교통, 공공시설 이용, 재난대비 등 생활 전반에 걸쳐서 편의성이 높아질 것입니다.

3) 정부 내 협업 시스템의 구축으로 유능한 정부 구현

복잡한 정책현안의 해결을 위한 부처 내, 부처 간 협업의 필요성이 갈수록 커지고 있지만, 부처 간 칸막이가 협업을 가로막고 있습니다. 정부 통합 의사소통 시스템을 우선적으로 구축하여 부처 내, 부처 간 협업 활성화를 유도할 예정입니다. 부처간 칸막이를 허물어 원활한 의사소통의 환경을 조성하게 되면 정부의 업무 효율성이 한층 높아질 것입니다. 도한 행정기관의 이전이 정부의 협업시스템을 활성화시키는 좋은 계기가 될 것입니다.

현재 덴마크는 6개의 행정구역(Municipalities)을 하나의 시로 통합하면서 5곳의 기존 청사에 가상 민원센터와 스마트워크센터를 설치, 통합 의사소통시스템이 포함된 협업시스템을 운영하고 있습니다. 이를 통해 공무원들의 효율적 업무가 가능하게 되었으며, 주민들이 민원을 위해 이동해야 하는 불편을 제거하여, 주민반발 무마 및 행정구역 통합의 효과를 달성하였습니다.

우리 정부도 2012년 4월부터 복잡한 정책현안의 해결 등을 위한 정부 내 협업시스템을 구축하여 시범운영하고 있습니다. 또한 2013년 현재 안전행정부의 창조정부조직실 내에 협업행정과를 설치하여 운영하고 있습니다.

4) 정부와 민간 간에 협업을 확대하여 협치 강화

정부와 민간의 협업이 확대되면 우리 사회의 많은 문제들이 해결될 수 있습니다. 민간의 다양성과 창의성이 국정 현안 해결과정과 정책 개발에 활용되는 개방적 혁신(Open Innovation)이 가능하기 때문입니다. 정책 과제별로 정부와 민간과의 협업공간을 만들고, 시민, 대학, 연구소, 기업 등에 개방하여 민간부문의 다양한 의견이 반영되도록 할 예정입니다. 이러한 협업체계를 이용하여 민간의 집단지성이 발휘되면, 국가의 정책역량이 한층 높아질 것입니다.

5) 정부 지식경영시스템 구축과 활용을 통한 정책역량 강화

현재 개인별·부처별로 분산되어 있는 정보통신 인프라는 정부지식의 공유와 개방에 걸림돌로 작용하고 있습니다. 정부에서 생성되는 다양한 형태의 업무지식과 정책지식을 클라우드 컴퓨팅 기반으로 통합할 예정입니다. 개인별, 기관별로 독점하고 있는 지식과 정보가 시스템에 의해 자동적으로 통합·축적되면, 정부 정책의 기획-집행-평가에 이르는 전 과정에서 정부의 정책역량이 강화될 수 있습니다. 또한 다른 부처가 하고 있는 정책의 내용과 배경을 상세하게 알게 되어, 정부의 각종 중복사업들도 줄일 수 있습니다.

이처럼 업무지식과 정책지식을 통합하여 정책역량을 강화하는 정부지식경영시스템의 구축은 현재 정부의 빅데이터 마스터플랜과 행정정보 공동이용 발전방안에서 검토하고 있는 정책정보 지원서비스와 유사합니다. 정책정보 지원서비스는 금융, 재난 안전, 에너지 등 정책 분야별로 DB 등 정형자료와 보고서 등 비정형 자료를 연계하여 정책수립 절차별로 필요한 정책정보를 지원하는 서비스입니다.

6) 맞춤형 서비스 정부의 구현

국민이 행정 서비스를 찾아가는 방식이 아니라 행정 서비스가 수요자를 찾아가도록 할 예정입니다. 부처 간 행정정보를 공유하고, 구축된 정보시스템을 활용해 장애인, 육아 등 수혜자 별로 서비스를 제공합니다. 예를 들어, 현재 장애인이 된 경우, 필요한 서비스를 매번 별도로 신청해야 하지만, 앞으로는 장애인 등록 신청 즉시 여러 서비스를 자동적으로 제공받을 수 있는 시스템으로 바꿀 예정입니다.

이러한 수혜자 유형별로 서비스를 제공하는 맞춤형 서비스는 행정정보 공동이용 방안에서 검토하고 있는 선제적서비스와 유사한 개념입니다. 선제적 서비스는 부처별로 분산된 행정서비스를 장애인, 다문화가정 등 수혜자 관점으로 재구성하여 맞춤형으로 서비스를 제공하는 것입니다. 이러한 선제적 서비스는 수혜자 기준으로 업무절차를 재설계하고 각 기관에 분산된 관련 서비스를 연결하여 수혜자 유형별 서비스를 제공할 것입니다.

2. 행정 패러다임 변화에 대응하는 정부의 역할 변화

이야기 하나, 저자가 중고등학교를 다니던 1970년대에는 우리나라에 전매청(專賣廳)이라는 정부조직이 있었습니다. 무엇을 하는 조직이었을까요? 전매청은 담배의 생산과 판매를 독점했던 정부기관이었습니다. 이러한 전매청이 담배인삼공사(公社)로 전환된 이후에 이제는 KT&G로 민영화되어 있는 것입니다. 이러한 전매청 시절에는 외국산 담배를 피우거나 소지하는 것이 불법이었습니다. 당시에 전매청 직원들은 멀리서도 피어오르는 담배 연기만을 보고, 국산인지 외산 담배인지를 분간할 수 있었다고 합니다.

이야기 둘, 저자의 중고등하교 시절에는 서울시에 청소과가 존재했습니다. 이러한 청소과의 주요 업무는 시민들의 주거환경 개선, 즉 쉽게 말해서 주민들 집의 재래식 화장실을 주기적으로 청소해주는 역할이었습니다. 현재 이러한 업무는 거의 다 사라진 상태고, 청소 업무는 외부의 용역으로 대신하고 있는 실정입니다. 이것을 유식하게 민간위탁(民間委託, Contracting-out)이라고 말합니다.

이야기 셋, 저자가 대학교 일학년 시절, 즉 1980년도에 우리나라에서 서울과 부산의 시외전화 통화 요금은 3분에 9,000원대였습니다(현재 돈의 가치로 환산하면 10만 원입니다). 지금은 서울과 부산의 통화가 의미가 없어졌습니다. 전국이 단일 통화권이 되었으니까요. 요금은 아마도 300원이 채 안되는 것으로 알고 있습니다.

1070년대 우리나라에서 전화는 정부, 즉 체신부의 독점 업무 중에 하나였습니다. 이것을 1980년대 초반에 전기통신공사로 분리시키면서, 체신부에서 우체국에 있던 직원들은 공무원으로 남고, 전화국에 있었던 직원들은 한국전기통신공사로 이관되었습니다. 이후에 한국통신을 거쳐서 현재는 민영화된 KT가 된 것입니다. 세계 어느 나라나 전기통신 분야는 초기에 정부가 독점적으로 운영하다가, 이 부분을 점진적으로 민영화를 시키는 추세입니다.

자 전국은 휴대전화 010으로 단일 통화권이 되었고, 세계는 스마트 폰과 휴대용 기기를 통하여 얼굴을 마주 보면서 무료 통화를 하는 세상이 되었습니다. 그런데 우리의 행정은 30년 전의 그대로의 모습을 간직하고 있습니다. 특히 행정구역은 거의 변한 것이 없습니다. 제주도와 창원이 각각 통합되어 변모한 것을 제외하고는 우리나라 행정구역은 30년 전이나 지금이나 변한 것이 없습니다.

물론 행정 영역도 나름대로 변화하는 분야가 있습니다. 제가 어렸을 때는 서울의 길거리에 육교가 많았습니다. 젊었던 저는 좋았지만 지금 생각해 보면 사람보다는 차량의 운행을 우선시하는 무식한 행정이었습니다. 이제 서울과 부산에서 육교는 거의 다 사라졌습니다. 하지만 아직 가야할 길이 많이 남아 있습니다.

선진국의 도시에 가 보면 가장 부러운 것이 도심의 공원입니다. 저는 외국 방문 시에 도심의 한복판에서 여유롭게 휴식을 취하는 시민들을 볼 때, 너무나 부러웠습니다. 런던의 하이드파크와 뉴욕의 센트럴파크가 대표적인 공원입니다. 우리는 이제까지 근대화를 한답시고 빈 공간만 있으면 아파트와 건물을 지어 올렸습니다. 물론 주거환경 개선이 중요하지 않다는 것은 아닙니다. 하지만 이제 우리도 이러한 개발 연대에서 벗어나서 시민들의 삶의 질을 생각해야 하는 수준에 와 있습니다. 따라서 서울에는 용산 미군부대 자리에 가족공원이, 부산에는 옛 하야리야부대 자리에 부산시민공원이 조성되었습니다.

우리나라의 경우, 다른 선진국에서 200년에 걸쳐서 일어난 일들이 지난 50년 동안에 급속하게 전개되었기 때문에, 이른바 압축 성장을 하는 과정에서 여러 문제점들을 잉태하고 있습니다. 따라서 이러한 상황을 해결해 나가는 것은 우리 정부의 몫이요 행정의 역할일 것입니다.

미래 행정의 관점에서 크게 세 가지만 정리해 보면 다음과 같습니다, 첫째는 정치영역입니다. 우리는 과거에 권위주의적 통치 체제를 경험하였습니다. 이때의 행정의 기능과 민주화로 인한 국민들의 욕구 분출에 대응하는 행정의 기능은 완전히 다를 수 있습니다. 따라서 탈권위주의 관점에서 지속적으로 고객지향적 행정 추구가 요망됩니다.

둘째는 경제와 사회복지입니다. 즉 이제까지 우리의 행정은 오랫동안 경제발전 성장 지원정책을 추진하다가 사회복지를 위한 분배정책으로의 전환점에 놓여 있습니다. 따라서 이러한 변화 환경에 적절하게 대응해야 하며 특히 복지정책에서의 대중영합주의(Populism)를 경계해야합니다.

셋째는 지방자치입니다. 즉 지방자치제도가 정착되고 강화되어 가면서 나타나는 지역 간의 갈등 문제 및 좁은 국토 면적에 비해서 수없이 많은 230여 개의 자치단체 문제 등 중앙과 지방의 새로운 관계 설정이 필요한 실정입니다. 하지만 고양이 목에 방울을 달지 못하는 상황입니다.

우리 정부는 이러한 문제점들을 잘 해결해 나갈 것이라고 믿습니다. 왜냐하면, 우리나라는 항상 도전과 응전 및 위기 상황에서 국민들이 결집해서 난국을 타개하는 우수한 국민성을 지니고 있습니다. 또한 우리나라는 세계에서 1위의 전자정부를 구현하고 있는 나라입니다. 이와 함께 사명감을 지니고 열심히 일하는 우수한 공무원들이 많이 있습니다.

따라서 이러한 인프라를 바탕으로 하여 21세기에도 지속적으로 정부혁신을 이루어낸다면 조만간에 선진국으로 진입할 수 있을 것입니다. 이러한 과제는 물론 앞으로 우리의 행정을 어떻게 발전시키는 가에 달려 있습니다.

제12장 쉬어가기 한국행정학 50년의 제안 – 이종범 교수님

자 마지막 장의 쉬어가기입니다. 여기에서는 지난 1996년에 한국행정학회의 회장을 역임하신 이종범 교수님께서 2006년에 한국행정학계에 제안하신 글로 대신하고자 합니다. 이 글은 2006년 한국행정학회에서 발간한 「한국행정학 50년」 서론의 일부분입니다.

한국행정학계에 몇 가지 제안을 할까 한다.

먼저, 축적된 행정개혁의 경험과 지식을 이론화하여야 할 것이다. 지금까지 행정학자들에게는 실천적 도전이 있었다. 즉 그들은 직접, 간접으로 정책결정과정에 관여하였는가 하면 반대로 시민사회단체에 가입하여 비판(실천)적 입장에서 나름대로 충실하게 대응하여 왔다. 예를 들면, 전자정부의 설계, 각종의 행정개혁(조직, 인사, 예산, 지방분권), 규제완화, 개발연대의 성공적 정책의 경험(산업화 정책, 새마을 사업, 과학기술정책, 산림정책 등), 권위주의 정부에서 민주주의로 이행하는 과정에 관한 지식, 다양한 갈등과 딜레마에 대한 대응과 해결은 한국만의 독자적 경험에 속한다. 이제 행정학계는 나름의 분석틀로 이 경험을 정리하여 세계에 그리고 타 학문 분야에 공헌을 하여야 할 것이다. 거창한 업적만이 창조는 아니다. 작은 것이라 하더라도 우리에게 새로운 시각을 제공한 것이라면 그것은 중요한 창조적 업적이다. 기존질서 파괴적 창조가 아니고 기존 질서 속에서 새로운 개선도 창조적 업적이다.

둘째, 한국행정학 분야의 인력은 미국을 제외하면 다른 국가나 학문분야에 비해서 많은 편에 속한다. 그러나 아직도 다양한 분야(예: 인사행정, 환경행정, 조직론 등)에서 인력 부족을 호소하는 것이 현실이다. 먼저 불필요한 연구를 줄이고 창조적 과업으로 그 정력을 집중할 수 있도록 하는 풍토를 조성하는 것이 중요하다. 동시에 인력의 확장을 위하여 협동연구를 권장하고 싶다. 동료학자들, 국제적 협력, 타 학문 분야와의 협동, 행정실무자와의 협동, 마지막으로 대학원생을 공동연구자로 취급하고, 이들과의 공동연구를 활성화하여 나가는 방법을 모색하여야 할 것이다.

셋째, 행정학이 학문으로서 철학, 과학, 처방(이해와 실천) 연구가 균형적으로 발전할 수 있도록 학계가 노력을 기울일 것을 권장하고 싶다. 행정학이 처방적 성격을 갖고 있는 학문이기 때문에 학자들이 처방에 많은 노력을 경주하는 것은 이해가 된다. 하지만 가치판단이 빠진 처방이나 과학적 근거가 약한 처방은 사상누각과 같다. 특히 행정학 분야 중에서 과학적 연구도 취약하지만 특히 더 취약한 것은 가치 판단이나 윤리문제와 관련된 분야의 철학적 기초 분야이다. 학계 전체가 철학 분야에 더 많은 관심을 갖도록 유도하고 이에 맞는 교육프로그램이 주어질 수 있도록 배려하여야 하며, 유인책을 제공하여야 할 것으로 생각된다. 세 분야 간의 균형이 잡히고 연구가 활성화되면 될수록 처방도 현실적합성이 증가할 것이고, 결과적으로 행정학계는 행정이 필요로 하는 지식을 제공할 수 있게 될 것이다.

넷째, 방법론에 대한 균형도 필요한 것으로 생각된다. 경험·실증주의에 근거한 지식도 중요하고 더 많은 연구가 되어야 하는 것은 사실이다. 이에 못지않게 반실증주의적 시각인 해석학, 비판이론, 포스트모더니즘, 철학적 또는 역사·제도주의적 방법에 근거한 많은 연구가 필요하다. 행정학계는 다양한 시각들을 통합하여 새로운 질서를 창출해 나가는 데 일조할 수 있어야 할 것이다.

지금까지 행정학계가 각 시기에 필요한 일을 적절하게 수행하여 왔던 것과 같이 앞으로도 시대적 필요를 선도하고 적절하게 대응하는 행정학계가 되었으면 하는 바람이 있다. 그래서 한국행정학이 조속한 시일 내에 창조기를 지나서 학문 성숙기를 맞이할 수 있기를 기대한다.

자료: (이종범, 2006: 32-33).

더 읽어야 할 책 3권:

- 정충식. (2012). 「미래정부론」. 서울: 대영문화사. 2012년 11월.

- 김동욱 외. (2012). 「다가온 미래 스마트 라이프」. 삼인. 2012년 11월.
- 박영숙 외. (2008). 「유엔미래보고서」. 서울: 교보문고. 2008년 12월.

꼭 알아야 하는 용어 3개(출처: 허동석, 2010; 이종수, 2009; 두산백과사전):

- 민간위탁(民間委託, Contracting-out)

정부가 생산·공급하는 공공 서비스를 정부 대신 민간기관이 위탁받아 생산·공급하는 것을 말한다. 서비스 공급의 세 가지 요소를 서비스의 공급 결정, 서비스 생산, 서비스의 대가 지불(재정 부담)이라고 한다면, 서비스의 공급 결정과 대가 지불의 역할은 정부가 담당하고 서비스의 생산만을 민간 부문이 담당하는 방법이라고 할 수 있다. 공공 서비스의 생산을 민간에 위탁해도 서비스 공급의 책임은 정부에 귀속되어 있는 만큼 공익의 관점에서 일정한 개입이 필요하다. 민간위탁 방식으로는 계약 방식, 면허 방식, 보조금 방식, 구입증서 방식(Vouchers), 자원봉사자 방식, 자조활동 방식(Self-help), 조세 유인 방식 등이 있다.

- 빅데이터(Big data)

데이터의 생성 양·주기·형식 등이 기존 데이터에 비해 너무 크기 때문에, 종래의 방법으로는 수집·저장·검색·분석이 어려운 방대한 데이터를 말한다. 빅데이터는 각종 센서와 인터넷의 발달로 데이터가 늘어나면서 나타났다. 컴퓨터 및 처리기술이 발달함에 따라 디지털 환경에서 생성되는 빅데이터와 이 데이터를 기반으로 분석할 경우 질병이나 사회현상의 변화에 관한 새로운 시각이나 법칙을 발견할 가능성이 커졌다. 일부 학자들은 빅데이터를 통해 인류가 유사 이래 처음으로 인간 행동을 미리 예측할 수 있는 세상이 열리고 있다고 주장하기도 한다.

빅데이터는 초대용량의 데이터 양(Volume), 다양한 형태(Variety), 빠른 생성 속도(Velocity)라는 뜻에서 3V라고도 불리며, 여기에 네 번째 특징으로 가치(Value)를 더해 4V라고 정의하기도 한다. 빅데이터에서 가치(Value)가 중요 특징으로 등장한 것은 엄청난 규모뿐만 아니라 빅데이터의 대부분은 비정형적인 텍스트와 이미지 등으로 이루어져 있고, 이러한 데이터들은 시간이 지나면서 매우 빠르게 전파하며 변함에 따라 그 전체를 파악하고 일정한 패턴을 발견하기가 어렵게 되면서 가치(Value) 창출의 중요성이 강조되었기 때문이다.

- 포스트모더니즘(Postmodernism)

1960년대에 미국·유럽에서 일어난 문화운동이다. 여성운동·학생운동·흑인 민권운동 등의 사회운동과 전위예술, 그리고 후기구조주의로부터 시작된 운동 및 이념이다. 좁게는 문학·예술, 넓게는 정치·경제·사회 등 인간사회의 모든 산물에 걸쳐 나타나는 현상으로, 20세기 후반의 인간과 세계를 파악하는 사고방식이라 할 수 있다.

혁신적이었으나 다소 보수적인 성향으로 대중과 유리되었던 모더니즘에서 탈피해 개인의 개성 및 자율성을 되찾고 다양성, 대중성을 중시하는 경향이 포스트모더니즘이라 할 수 있다. 포스트모던시대의 사회정치현상은 한국사회와도 무관하지 않다. 미술 ·건축 ·무용 ·연극에서는 실험과 저항이 맞물려왔고 1980년대 말 동구권의 사회주의 몰락과 문민정부의 출현은 한국 문학과 예술에도 포스트모던 바람을 일게 하였다. 근대나 현대는 서유럽에 비하여 짧고 급속히 이루어졌기에 시민의식과 기술 산업사회가 균형을 이룰 수 없었다. 서유럽과 한국사회를 똑같이 볼 수 없는 여러 상황에 의해 한국사회에서 포스트모더니즘은 영역에 따라 큰 차이를 보인다.

참고문헌

강신택. (2013). 「행정사상과 연구의 논리」. 서울: 조명문화사.

국가정보화전략위원회. (2012). "빅데이터 마스터플랜 추진현황 및 향후 계획". 2012년 6월 21일.

김동욱. (2012). 「정부 기능과 조직」. 서울: 법문사.

김동욱 외. (2012). 「다가온 미래 스마트 라이프」. 도서출판 삼인.

김병섭. (1996). "기업가적 정부혁신의 길 ; 그 의미와 한계" 「한국정책학회보」. 제5권 제2호:11-30. 서울: 한국정책학회.

김병섭·박광국·조경호. (2007). 「살아있는 우리 정부조직 이야기」. 서울: 법문사.

나중식. (2008). 「재무행정론」. 형설출판사

남궁근 외. (2002). 「전자정부를 통한 부패통제」. 서울: 한울아카데미.

박영숙·제롬 글렌·테드 고든. (2008). 「유엔미래보고서」. 서울: 교보문고.

백완기. (2005). 「한국행정학 50년」. 서울: 나남출판.

송희준. (1996). 한·미·일의 전자정부 구축 사례에 대한 국제 비교. 「국가기간전산망저널」, 3(3):96-106. 한국전산원.

오석홍. (2006). 「행정개혁론」. 제5판, 서울: 박영사.

유민봉. (2012). 「한국행정학」. 제4판, 서울: 박영사.

윤영진. (2011). 「신재무행정학」. 대영문화사

이삼열. (2005) "IT와 디지털 정책과정 트렌드: 대응적 정책결정에서 시스템적 정책결정으로” 「e-Government와 정부의 변화」. 서울: 정보통신정책연구원.
이종범. (2006) “한국행정학 50년(1956-2006) 서론” 「한국행정학 50년」. 서울: 한국행정학회.
이종수. (2009). 「행정학 사전」. 개정판. 서울: 대영문화사.
이종수. (2012). 「새 행정윤리」. 서울: 대영문화사.
이종수·윤영진 외. (2012). 「새 행정학」. 6정판, 서울: 대영문화사.
임도빈 외. (2013). 「공직사회의 낭중지추를 찾아서」. 법문사.
임승빈. (2013). 「지방자치론」. 제6판. 법문사.
정부혁신지방분권위원회. (2007). 「참여정부의 혁신과 분권」. 2007년 4월.
정충식. (1999). 「멀티미디어 시대의 행정」. 서울: 나남출판.
정충식. (2012a). 「2012 전자정부론」. 서울: 서울경제경영.
정충식. (2012b). 「미래정부론」. 서울: 대영문화사.
조경호·진종순·박석희. (2009). 「공무원의 역할 연구」. 서울: 대영문화사.
최봉기. (2008). 「정책학 개론」. 서울: 박영사.
최호진·정지범·박경돈·임동진. (2008). 「미래선진한국의 행정연구」, 법문사.
하동석. (2010). 「이해하기 쉽게 쓴 행정학용어사전」, 새정보미디어.
한국행정연구원. (2008). 「한국행정 60년, 1948-2008」, 법문사.
한국행정학회. (2006). 「한국행정학 50년, 1956-2006」. 한국행정학회.
황윤원. (2001). 「행정학원론」. 서울: 형설출판사.
행정안전부. (2008). 「2008 정부조직개편 백서」. 2008년 11월.
행정안전부. (2009). 「2009 공무원 인사실무」. 행정안전부.
Osborne, David & Gaebler, T. (1992). *Reinventing Government: How the Entrepreneurial Spirit is Transforming the Public Sector.* (MA: Addison-Wesley). 「정부 혁신의 길」. 삼성경제연구소 옮김. 1994년 5월.
Schick, Allen(1998). *A comparative Approach to Public Expenditure Management*. World Bank Institute.

찾아보기
(용어)

(ㄱ)
갈등협상모형 / 258
감사원 / 9
개인정보보호 / 362
거버넌스(governance) / 4
경력직공무원 / 77
경제협력개발기구(OECD) / 91
계속비 / 177
계약직공무원 / 80
계획예산제도 / 194
고객서비스기준(Customer Service Standard) / 56
고령화 사회 / 17
고용노동부 / 59
고위공무원단 / 55, 170
고위공무원단제도 / 155
공개(Open) / 417
공개키기반구조(PKI) / 364
공공선택론 / 39, 50
공공선택론적 접근 방법 / 39
공공재(Public Goods) / 8, 28
공기업화 / 55
공무원 부패 / 43
공무원 연금 제도(Government Employees Pension System) / 95
공무원 직위분류제 / 101
공무원연봉제 / 93
공익성 / 32
공정거래위원회 / 59
공직 적격성 테스트(PSAT) / 23
공직자 재산등록 / 46
공직자윤리법 / 46, 373
공직자윤리위원회 / 47
과정평가 / 261
과학적 관리론 / 38, 108
관료과정모형 / 257
관료제론(Bureaucracy) / 114
관리예산처 / 143
관방학 / 12
광역자치단체 / 210
교육부 / 59
국가경쟁력강화위원회 / 383
국가균형발전위원회 / 377
국가기록원 / 352
국가브랜드위원회 / 383
국가성과평가위원회(NPR: National

Performance Review) / 396
국가재정법 / 186
국가정보원 / 46
국가정보화전략위원회 / 357, 412
국가청렴위원회 / 377
국고보조금 / 219
국고예치기관 / 187
국고채무부담행위 / 178
국무총리실 / 370
국민고충처리위원회 / 373
국민권익위원회 / 59, 162, 163, 167, 381
국방부 / 59
국세청 / 47
국정감사 / 9
국제통화기금 / 44
국제투명성기구 / 44, 49
국토교통부 / 59
국회도서관 / 57
국회사무처 / 57
국회예산정책처 / 57
규제개혁위원회 / 375
균형성과지표(BSC, Balanced Score Card) / 125
근대국가 / 52
금융위원회 / 59
기관대립형 / 60, 213
기관통합형 / 213
기금 / 181
기능직공무원 / 77
기술결정론 / 280
기업가적 정부 / 42
기업가정신 / 41
기초자치단체 / 210
기획재정부 / 59

(ㄴ)
농림축산식품부 / 59
뉴딜정책 / 53

(ㄷ)
다면평가 제도 / 155
다면평가제도 / 157
단체 위임 사무 / 229
단체자치 / 208
대통령기록관 / 352
대통령제 / 52
대통령직인수위원회 / 140
델파이기법 / 401
독임제 행정기관 / 127
독점적 산업자본 / 53
동북아시아위원회 / 377
디지털 예산회계 프로그램 / 64
디지털예산회계시스템(dBrain) / 198

(ㄹ)
로스쿨제도 / 23

(ㅁ)
매카시즘(McCarthyism) / 234, 272
명시이월비 / 177
모라토리엄(채무지불유예) / 64
모바일정부 / 281
목표관리 / 195
무사안일주의 / 33
문화체육관광부 / 59
미국무역대표부 / 143
미래기획위원회 / 383, 405
미래창조과학부 / 17, 59
민간위탁(民間委託, Contracting-out) / 55, 431, 436

민영화 / 55
민원24 / 307
민원서비스시스템(Government for Citizens: G4C) / 306
민원처리 온라인공개 시스템 / 163, 359
민주성 / 32
민주평화통일자문회의 / 59

(ㅂ)
발전행정론 / 10
법무부 / 59
별정직공무원 / 80
보건복지부 / 59
보이지 않는 손 / 53
보편적 서비스 / 282
복마전 / 43
본예산 / 183
부패방지법 / 163
부패방지위원회 / 44, 376
부패인식지수 / 44
붉은 테이프(Red Tape) / 28
빅데이터 / 411, 436

(ㅅ)
사대주의 / 19
사회결정론 / 281
사회적 형평성 / 35
사회통합위원회 / 383
산업통상자원부 / 59
삼권분립 / 52
삼성경제연구소 / 48
상설특별검사제 / 386
선거관리위원회 / 57
성과관리 / 263
성과주의 예산제도 / 193, 204
성인지 예산제도 / 203
세계은행 / 44
세외수입 / 219
세입세출예산 / 177
수석전문위원 / 58
수익형 민자사업 / 74
수정예산 / 183
스마트워크 / 18, 421
스마트워크센터 / 424
스마트정부 / 411, 418
시민단체 / 9
시민헌장(Citizen's Charter) / 56
시장성 테스트 / 55
시장실패 / 54, 74, 370
시차적 접근 / 271
식민사관 / 20
신공공관리 / 55
신공공관리론 / 40
신정치행정일원론 / 10
실적주의(Merit system) / 152

(ㅇ)
안전행정부 / 59
애드호크라시(Adhocracy) / 116
양성평등채용목표제 / 85
업무의 재설계(BPR: Business Process Reengineering) / 282
여성가족부 / 59
연방파산법 챕터9 / 65
열린 정부(Open Government) / 289
엽관제도 / 169
엽관주의(Spoils system) / 151
영기준예산 / 194
영상회의 / 426
영향평가 / 261
예산개혁 / 192
예산결산특별위원회 / 190

예산불성립 / 184
예산정책처 / 370
외교부 / 59
외부효과 / 54, 75
원자력안전위원회 / 59
월마트 / 7
유비쿼터스정부 / 281
의원내각제 / 52
이지원(e-知園) / 350
인민일보(人民日報) / 99
일반직공무원 / 77
일반회계 / 176
일반회계 예산 / 180
입법부 / 9
입법조사처 / 58
입헌주의 / 52

(ㅈ)
자금성 / 20
자연독점 / 54
자체평가 / 267
자치경찰제 / 226, 230
자치구역(Autonomous Area) / 211
자치사법권 / 217
자치입법권 / 217
자치재정권 / 217
자치조직권 / 217
자치행정권 / 217
재정자립도 / 67
전매청(專賣廳) / 431
전자문서교환(EDI: Electronic Data Interchange) / 323
전자민주주의 / 284
전자서명 / 363
전자서명법 / 364
전자인사관리시스템(e-사람) / 154
전자정부 / 19
전자정부법 / 278, 361
전자정부전문위원회 / 295
전자정부특별위원회 / 293
전제주의 / 52
정무직공무원 / 80
정보격차(Digital Divide) / 284
정보공개법 / 35
정보공개시스템(www.open.go.kr) / 330
정보공개위원회 / 332
정보공개청구권 / 164
정부 간 관계(IGR: Inter-Government Relations) / 215
정부3.0 / 304
정부개혁 / 40
정부기업예산법 / 60
정부실패 / 370, 388
정부업무평가기본법 / 263
정부업무평가위원회 / 265
정부재창조 / 395
정부재창조론 / 40
정부통합전산센터 / 338
정부혁신지방분권위원회 / 295, 377
정책결정과정 / 243
정책기획위원회 / 377
정책대상 / 241
정책목표 / 240
정책분석(Policy Analysis) / 259
정책불응(Policy Noncompliance) / 274
정책수단 / 240
정책순응(政策順應, Policy Compliance) / 274
정책의제 / 246
정책의제설정과정 / 242
정책종결과정 / 244
정책집행 / 252

정책집행과정 / 243
정책평가과정 / 244
정치행정이원론 / 10, 26
정치행정일원론 / 10, 26
제2의 건국 운동 / 374
제도론적 접근방식 / 37
제주특별자치도 / 226
조세저항운동 / 72
조직몰입 / 145
조직문화 / 145
조직발전모형 / 258
좋은 예산센터(http://goodbudget.kr) / 201
주민발의안 13호(Proposition 13) / 72
주민소환 / 394
주민소환제 / 397
주민자치 / 208
주민참여예산제도 / 200
준예산제도 / 185
중앙집권(Centralization) / 216
중앙행정기관 / 57
지능형정부 / 411
지방교부세 / 219
지방분권(Decentralization) / 216
지방세 / 219
지방의회 / 214
지방인재채용목표제 / 87
지방자치(Local Autonomy) / 208
지방자치단체 / 59
지방자치발전위원회 / 229
지방자치제 / 59
지방재정(Local Public Finance) / 218
지방재정교부세 / 205
지역이기주의 / 217
지출통제예산 / 55
직무감찰 / 9
직무성과계약제 / 159
직무성과계약제도 / 264
직업공무원제 / 147

(ㅊ)

참여민주주의 / 19
창조경제 / 384
책임성 / 34
책임운영기관 / 398
철의 삼각(Iron Triangle) / 12, 29
청백리(淸白吏) / 168
청와대 / 21
체제관리모형 / 257
초고속정보통신기반(NII: National Information Infrastructure) / 396
총괄적 평가 / 261
총체적 품질관리 / 195
최봉기 / 236, 240, 242, 272
최소수입운영보장제 / 74
최소수입운영보장제(Minimum Revenue Guarantee: MRG) / 67
추가경정예산 / 183

(ㅋ)

쿠바 미사일위기(Cuban missile crisis) / 273
쿠바의 미사일 위기 / 234
클라우드컴퓨팅 / 347

(ㅌ)

태스크 포스 / 116
테일러 시스템 / 108
통일부 / 59
통합 전자민원창구 / 309
통합(Integration) / 417
투명성 / 35

특별감찰관제 / 386
특별회계예산 / 176, 180
특수경력직공무원 / 80
특정직공무원 / 77
특정평가 / 268

(ㅍ)
파킨슨의 법칙(Parkinson's Law) / 144
펜들턴법 / 152
포괄적 평가 / 261
포디즘(Fordism) / 109
포스트모더니즘 / 437
포퓰리즘(Populism) / 217
품목별 예산제도 / 192
피셔(Fisher) 방식 / 94

(ㅎ)
한국미래학회 / 401
한국행정연구원 / 16
한국행정학회 / 13, 140
함께하는 시민행동(www.action.or.kr) / 201
합법성 / 33
합의제 행정기관 / 127
해양수산부 / 59
행정개혁(Administrative Reform) / 367
행정관리론(POSDCORB) / 113
행정구역(Administrative Area) / 211
행정국가 / 54
행정부 / 9
행정쇄신위원회 / 373
행정윤리 / 44
행정정보공동이용센터(PISC: Public Information Sharing Center) / 311
행정통제 / 32
행태론적 접근 방법 / 37
헌법재판소 / 46, 57
현대복지국가 / 53
협업(Collaboration) / 418
형성적 평가 / 261
형식주의(red tape) / 8
환경부 / 59
황금양털상(Golden Fleece Award) / 201
회계감사원(Government Accountability Office; GAO) / 144
회계검사 / 9
회계검사기관 / 189
회계연도 / 174
효과성 / 34
효율성 / 33
휘슬블로어 / 399

(기타)
Government3.0 / 280
ODA / 409
OECD / 44
UN / 44

찾아보기
(인명)

(ㄱ)
가우스(J. M. Gaus) / 27
가필드(J. A. Garfield) / 152
강신택 / 48
게블러 / 40, 395
귤릭(L. Gulick) / 113
김광웅 / 144
김동욱 / 142, 144, 436
김병섭 / 42, 74, 117

(ㄴ)
나중식 / 196, 200, 203
나카무라(R. T. Nakamura) / 252, 255

(ㄷ)
드로어(Yehezkel Dror) / 236
디목(Marshall. E. Dimock) / 27

(ㄹ)
라스웰(H. D. Lasswell) / 234, 238
라이트(D. Wright) / 216

(ㅁ)
마시(William L. Marcy) / 170
마이크셀(Mikesell) / 195
막스 베버(Max Weber) / 114
매카시즘(McCarthyism) / 234, 272
머스그레이브(Musgrave) / 196

(ㅂ)
박영숙 / 436
박천오 / 144
백완기 / 13
베네트(R. J. Bennett) / 216
뷰캐넌(J. Buchanan) / 39
빈센트 오스트롬(Vincent Ostrom) / 39

(ㅅ)
서재호 / 229
서필언 / 397
송희준 / 387
쉬크(Schick) / 196, 197
슘페터(Schumpeter) / 198
스몰우드(F. Smallwood) / 252, 255

(ㅇ)
앙리 페이욜(Henri Fayol) / 111
애플비(P. H. Appleby) / 27
어빙(W. Irving) / 29
어윅(L. H. Urwick) / 113
엘코크(H. Elcock) / 216
오석홍 / 168, 367, 397
오스본 / 40, 395
우드로 윌슨(Thomas Woodrow Wilson) / 12, 26
윌다브스키(A. Wildavsky) / 252
유민봉 / 3, 6, 28, 38, 52, 114, 116, 168
윤영진 / 3, 4, 5, 9, 28, 52, 57, 62, 119, 148, 196, 197, 203, 222, 238, 245, 259
이삼열 / 390
이승종 / 229
이종범 / 434, 435
이종수 / 3, 4, 5, 9, 28, 44, 48, 52, 57, 62, 74, 101, 119, 144, 148, 168, 203, 222, 229, 238, 245, 259, 272, 397, 436
임도빈 / 100, 168
임승빈 / 224, 229

(ㅈ)
잭슨(A. Jackson) / 170
정성호 / 74
정인홍 / 13
정정길 / 272
정창훈 / 74
정충식 / 71, 100, 276, 402, 435
조경호 / 100

(ㅊ)
최봉기 / 236, 240, 242, 272
최호진 / 16, 74

(ㅌ)
테일러(F. W. Taylor) / 108

(ㅍ)
프레스맨(J. L. Pressman) / 252

(ㅎ)
허동석 / 27, 48, 74, 101, 144, 168, 203, 229, 272, 397, 436
허버트 사이먼(H. A. Simon) / 38
헨리 포드(Henry Ford) / 109
황윤원 / 14, 28, 31

이야기 행정학

초 판 2014년 2월 19일

지은이 _ 정충식
발행인 _ 이재영
발행처 _ 도서출판 조명문화사
133-819
서울시 성동구 뚝섬로4길 28(성수동1가)
전화 02-498-3017
팩스 02-498-3018
등록번호 / 제2-846호(1989.7.13)

ISBN 978-89-7257-413-2 93350
정가 18,000원

이 책은 2013학년도 경성대학교 학술연구비 지원에 의하여 연구되었습니다.